村庄规划教程

（第二版）

安国辉 等 编著

科学出版社
北 京

内 容 简 介

新的《城乡规划法》颁布后，在实施城乡一体化建设的背景下，针对第一版《村庄规划教程》中存在的问题，结合几年来完成数以百计的村庄建设规划、村庄整治规划及村庄面貌改造提升规划设计的经验，对于村庄规划有了新的认识和理解，在此基础上，对原版的《村庄规划教程》进行删减、调整和重大修改。目的有四：一是突出村庄规划的特质性，强调村庄规划是一高度综合性规划，村庄规划内容比以往的存量规划要复杂得多，其内容、任务、体系、模式均不同于其他规划，值得研究；二是村庄规划的主体与存量规划也不同，因此，规划的理念、思路、方法与以往的诸多规划也不相同，这是编制村庄规划必须重视的现实问题，它影响规划编制的技术问题与技术路线；三是针对目前村庄规划中基础设施、公益设施建设标准缺失的问题，强化了这方面的内容，对于编制规划具有很强的指导作用；四是明确了村庄规划适应农村生活、生产和生态建设的需求，增强了实用性。

本书可作为高等院校规划专业学生的教科书，也可供村庄规划编制工作者、村庄建设者与管理者参考。

图书在版编目(CIP)数据

村庄规划教程 / 安国辉等编著. —2 版. —北京：科学出版社，2015.11
ISBN 978-7-03-046241-1

Ⅰ. ①村… Ⅱ. ①安… Ⅲ. ①乡村规划–中国–教材 Ⅳ. ①TU982.29

中国版本图书馆 CIP 数据核字(2015)第 264878 号

责任编辑：杨 红/责任校对：何艳萍
责任印制：张 伟/封面设计：陈 敬

科学出版社出版
北京东黄城根北街 16 号
邮政编码：100717
http://www.sciencep.com
北京凌奇印刷有限责任公司印刷
科学出版社发行 各地新华书店经销
*
2008 年 10 月第 一 版 开本：787×1092 1/16
2015 年 11 月第 二 版 印张：21 1/2
2024 年 7 月第七次印刷 字数：544 000

定价：69.00元

(如有印装质量问题，我社负责调换)

《村庄规划教程》（第二版）

编 委 会

主　编： 安国辉（河北师范大学）

副主编： 董　硕（河北师范大学）

吴士锋（河北经贸大学）

刘春亮（河北安远规划设计院）

编　委： 张顺礼（河北安远规划设计院）

张二东（邢台学院）

韩素卿（河北经贸大学）

安蕴梅（石家庄工程技术学校）

张　婷（石家庄信息工程职业学院）

胡艳慧（河北安远规划设计院）

张　旺（河北安远规划设计院）

袁云杰（河北安远规划设计院）

刘　丽（河北安远规划设计院）

陈敬欣（河北安远规划设计院）

崔保堂（河北安远规划设计院）

第 二 版 序

习近平总书记说“中国要强，农业必须强；中国要美，农村必须美；中国要富，农民必须富”。他在 2015 年 4 月 30 日中共中央政治局第 22 次集体学习会上进一步指出：推进城乡发展一体化要把工业和农业、城市和乡村作为一个整体统筹谋划，促进城乡在规划布局、要素配置、产业发展、公共服务、生态保护等方面相互融合和共同发展。着力点是通过建立城乡融合的体制机制，形成以工促农、以城带乡、工农互惠、城乡一体的新型工农城乡关系，目标是逐步实现城乡居民基本权益平等化、城乡公共服务均等化、城乡居民收入均衡化、城乡要素配置合理化，以及城乡产业发展融合化。这是乡村规划的大目标。到 2020 年，要实现“全面小康社会”的第一个百年目标，就必须按照城乡发展一体化的要求，发展现代农业，富裕农民，就必须按照《中华人民共和国城乡规划法》做好农村的村庄规划，指导好、建设好新农村，保护好传统村落，传承农耕文明。

《中华人民共和国城乡规划法》颁布实施以来，我国乡村地区的村镇规划取得了积极进展，据城乡建设统计公报，2014 年全国已编制总体规划的建制镇 16417 个，占 93%；已编制总体规划的乡 9060 个，占 76.3%；已编制村庄规划的行政村 32.2 万个，占 58.97%；已编制村庄规划的自然村 76.6 万个，占 28.35%。当年投入编制规划经费 35.47 亿元。各地在实践中积极探索城乡统筹规划、城乡一体化规划，促进了村庄规划的理论发展与技术进步。《中华人民共和国城乡规划法》是我国一切建设活动必须依循的基本法，是城市与乡村规划管理的统一的法规体系，不能任意曲解和割裂。在城市与乡村规划行政管理中，统一法规基础，分层组织实施是我们要坚持的基本原则。由于长期形成的城乡二元结构，城市规划与乡村规划还有着一定的差别，村庄规划的特殊性和适用性还将客观存在，乡村规划人才的缺乏也非短期内能够解决。针对乡村规划的紧迫性和专业需求，针对性编写出版适用教材是社会发展的需要。

当前，中国城镇化进程正处在城乡空间格局形态、城乡民俗特色保持、城乡建设形象塑造的关键时期。自 20 世纪 90 年代开始的城镇化快速发展，我国大城市自身的空间格局大部分已经基本定型，今后二十年将是我国城乡聚落空间体系尤其是城市群和乡村居民点体系空间基本定型时期。农村地区聚落空间快速变化，自然村落从 20 世纪 90 年代初期的 360 多万个，已经减少到 260 多万个，这个趋势还会继续一段时间。如何随着新型城镇化进程，规划、建设好农村新社区，发展保留的农村居民点，保护好传统村落，科学规划调并空心村落、集中分散村落、发展中心村落，科学统筹乡村地区各类发展要素，规划指导农村地区可持续发展，进而实现城乡发展一体化，实现全面小康社会发展目标，都是村庄规划必须与时俱进完成的重要任务。

安国辉教授主持编著的《村庄规划教程》（第二版），是他和他的团队在广泛参与村庄建设规划实践基础上，研究了村庄规划的基础理论、规划内容、任务和技术方法，把握和吸收了村庄规划的新进展，比较深入地探讨当前社会关注农村发展的难点和焦点后形成的。本书村庄规划基本要素齐全，展示了村庄规划发展基本走势，覆盖了村庄规划多个专业层面，列举了村庄规划行政管理的要求，既可作为高等院校相关专业的教材，也可供村庄建设管理人才培训使用，还可作为农村“村官”等村干部了解村庄规划的读物。

我祝贺《村庄规划教程》的再版。若能广纳各地村庄规划案例，凡解不同的做法路径，此书当更可为之。

期盼着社会和更多人士对农村规划的关注与支持！

李兵弟

中国城镇化促进会副会长，住房和城乡建设部村镇建设司原司长

2015 年 12 月 22 日

第二版前言

建设社会主义新农村是新中国成立以来历代党和国家领导人所关注的一项重大历史任务。1978 年党的十一届三中全会以农村改革伊始，实行联产承包责任制，使生产力得到快速提高，农民脱贫致富。20 世纪 90 年代，党中央推动乡镇企业大发展，为农民生活转型奠定了良好基础，也成为我国城乡一体化、工业化发展的重要条件。2006 年党的十六届五中全会提出了“生产发展，生活宽裕，乡风文明，村容整洁，管理民主”的建设目标和任务，社会主义新农村的建设出现了新气象。在 60 多年的发展中，我国农村、农民对于新中国的工业化、城乡一体化发展做出了巨大的贡献，在长期的发展与建设中也形成了我国的城乡二元化的社会形态。习近平总书记指出：“中国要强，农业必须强；中国要美，农村必须美；中国要富，农民必须富”。党的十八届三中全会指出：“城乡二元结构是制约城乡发展一体化的主要障碍。必须健全体制机制，形成以工促农、以城带乡、工农互惠、城乡一体的新型工农城乡关系，让广大农民平等参与现代化进程、共同分享现代化成果。”

《村庄规划教程》是我国第一部有关村庄规划的高校教材，面世后产生了良好效果。我国坚持“两个一百年”的发展目标，实现小康社会的主要任务在农村，故建设社会主义新农村成为我国经济社会中具有重大意义的事件。近十年新农村建设规划的实践证明，按照城市规划的思维与理念对农村进行规划，实际上有许多问题需要研究。但至今尚未出台一部《村庄规划的技术导则》，使得村庄规划仍然处于迷茫阶段。为此，我们结合近几年从事村庄规划的实践，总结出一些适合村庄规划的理论与技术方法，在对原书稿进行了较大的改动后，以新的内容再版《村庄规划教程》。目的主要是为完成村庄规划的规划师和大学生村官所用，也给工科院校学规划的大学生提供一本崭新的《村庄规划教程》教材，以带动村庄规划事业健康发展，为建设社会主义新农村探讨一条科学之路。

在第一版基础上，本书第二版内容有较大调整。为密切联系实际，提高教材适用性，本版在第一版基础上做了较大改动，编写队伍也进行了调整。重点修改的内容有：一是加大村庄规划中核心的内容，专列章节讲述村庄总体规划（第五章），第七章、第八章专门撰写基础设施和公共设施，明确了基础设施和公共设施配备的规格、标准和规划的具体方法，以指导具体实践；二是增加了村庄规划案例，进一步增强该书的可操作性和实用性；三是加大了村域规划相关内容，增加了农村产业发展规划内容，特别突显村庄规划的特质性；四是更新了数据，引入新政策和新观点，更进一步适应和满足新时期编制村庄建设规划的需求。参与本书编写的主要人员基本都有从事村庄规划编制的经验。具体编写分工为：第一、二、三章由安国辉负责；第四、十七章由韩素卿撰写；第五、六章由刘春亮、吴士锋负责，其中第三节的案例由刘丽、崔保堂、袁云杰等完成；第七章由张顺礼撰写；第八章由张二东撰写；第九、十章由胡艳慧撰写，实例由陈敬欣撰写；第十一章由张婷撰写；第十二、十三章由吴士锋撰写；第十四、十五章由董硕撰写；第十六章由安蕴梅撰写。全书由安国辉、董硕、吴士锋统稿和定稿。

本书是在完成村庄规划项目后编写的，非常感谢支持我们完成项目的领导和单位，主要有河北省住房和城乡建设厅吴铁、鲍龙、封刚、李忠、姜云清、吴永强、冯锐以及河北省小城镇协会盖文生会长的大力帮组，在此表示感谢！

特别是本书在完成的过程中得到中国城镇化促进会副会长、住房和城乡建设部村镇建设司原司长李兵第先生认真负责的指导，做了重大修改，并在百忙中撰写了序言，给予了巨大的帮助和支持，在此表示衷心的感谢！

由于编者水平和编写时间所限，书中难免存在疏漏和错误之处，对相关内容取舍也可能不尽完善，恳切希望广大读者和有关专家不吝赐教。

安国辉

2015 年 9 月于石家庄

第一版前言

党的十六届五中全会和“十一五”规划纲要提出了“建设社会主义新农村”的重大历史任务，部署了编制村庄规划的任务，继而提出了“生产发展，生活富裕，乡风文明，村容整洁，管理民主”的规划目标，村庄规划将成为我国未来一段历史时期社会经济领域中的热门话题。村庄规划与以往传统的村镇规划有所区别，它是最小单元的“国土规划”，不仅包括村庄的建设规划，还包括村庄的经济规划、土地利用规划、环境保护与生态建设规划、景观规划、政治文明和精神文明建设，还有部分村庄所需要的旧村改造规划、交通规划、新能源规划、保护规划、旅游规划等内容。村庄规划的模式也不同于其他规划，应是总体规划、专项规划加规划一步到位的模式。因此，建设社会主义新农村的村庄规划有了新的内容和规划方法，基于这种理念编著这本教材。

以往很少有人开设“村庄规划与管理”这门课程。伴随建设社会主义新农村活动的开展，《村庄规划与管理》将成为一些相关专业教学中的一门必修课程。它是一个新兴的学科，是在原村镇规划基础上扩展的学科。它源于村镇规划，但又不完全等同于传统的村镇规划，它比村镇规划内容要广泛一些，是满足建设社会主义新农村发展需要的学科。

《村庄规划教程》这本教材，是在完成“河北省栾城县村庄体系规划”和“河北省宁晋县小河庄村庄规划”的基础上编著的，是一本系统介绍村庄规划的教材，其中许多理论、方法、内容都具有创新性，并具有一定的指导性和应用性。本教材的特点是系统、全面地介绍了村庄规划应完成的任务和内容、方法和程序，其中重点介绍了总体规划、专项规划，村庄体系规划的编制方法，对村庄的体系规划等内容做了简要介绍。本教材既可作为高校、大中专院校相关专业在校学生的教材，也可作为村庄规划培训教材，适用于编制村庄规划的专业技术人员，同时也适用于村庄建设和管理人员。它既是一本教科书，也是一本建设社会主义新农村的工具书。

本书是在完成村庄规划项目后编写的，非常感谢支持该项目的领导和单位，感谢对本书给予帮助的人。

由于编者水平和编写时间所限，书中难免存在疏漏和错误之处，对相关内容取舍也可能不尽完善，恳切希望广大读者和有关专家不吝指正。

安国辉

2008年6月1日

目　录

第四篇 村庄专项规划与设计

第五篇 村庄规划技术与管理

第一篇　村庄规划总论

第一章　村庄与村庄规划

第一节　村庄及其发展

一、村庄的概念与演变

（一）村庄的概念

村庄，又称村子、村寨、庄子、村落、聚落等。聚落（settlement）是指以居住为主，人类聚居在一起的生活与活动场所。由于聚落功能的分异，形成城市聚落、农村聚落，农村聚落被称为“农村”。农村是农民的居住地，在我国土地利用分类中，被称为“农村居民点”，即把村庄当做国土资源中的一个“点”。从村庄到农村居民点称谓有所区别，但其含义是一致的，是指农民生活居住的场所。这也是把村庄与农村等同的原委。

村庄还是一个“面”的概念。村庄是人们生存、生活和生产活动的空间范围，除了居住功能以外，还承载农民的各类生产和其他各种活动。村庄在空间上是组成国土资源的最小单元，是人们的社会、经济活动载体的基本单元。生活在村庄的人们的一切活动都展现在这一土地单元的“面”上。

村庄，还可以理解为是以村庄界限为边界相对独立的“柱体”。村庄作为一个立体，可看作是国土资源中的一个断面，犹如“沧海一粟”。空间中的人流、物质流、能量流、信息流都要注入和穿越这个断面，村庄必须接纳注入的人流、物质流、能量流、信息流，这些要素与外界的交流形成了人类社会，这说明了村庄和整个国土资源、人类社会的关系。在这个独立的空间内，容纳了居住人群的社会、经济、文化、农业、工业、居住等方面的社会活动。村庄作为国土的最小组成单位之一，是一个有机的生命整体，也存在着生长、发展、壮大、消亡、更新的过程。在村庄发展的过程中，也存有一定的规律和制约条件，研究村庄发展的规律和制约因素是人类社会发展研究的必要内容和重要组成部分。

村庄与社会的发展是个体与整体的关系，没有村庄的发展就没有人类社会的整体发展，人类社会的发展也同样对村庄发展起着重要的作用。人类社会发展的现实告诉我们，村庄发展的研究是人类社会发展研究中的严重缺陷，村庄发展是人类社会发展研究中必须关注的问题。

（二）村庄的形成与演变

村庄并非是原来就有的，而是人类社会发展到一定历史阶段的产物。人类形成之初，人的祖先以自然采摘和狩猎为生，并没有固定的住所。大约在新石器时代(7000～8000年前)，由于劳动工具的改变，人类学会了种植，人类社会出现了第一次大分工，农业从自然采摘、狩猎业中分离出来，继而出现家禽的养殖，耕作、养殖使人类开始定居，有了固定的聚落，形成了原始的村庄，如我国西安市半坡博物馆展出的古老的半坡村就是原始的村落。村庄在形成过程中表现了人与自然的和谐，是我国“天人合一”理论形成的基础，村庄是人与自然环境相协调的产物，形成了美好的“田园风光”。

人类社会经历了漫长的发展时期。劳动工具由石器发展到金石并用时代，最后金属工具代替了石器工具。金属工具的使用带动了农业的较快发展，从而出现了农产品的加工业，如手工业、纺织业等，使生产力得到很大的发展与提高，继而劳动产品有了剩余，便出现了剩余产品的交换，即最初的商品交易。商业的发展带来了人类社会的第二次大分工，即手工业、商业从农业中分离出来，使原始的聚落分化，一部分形成以手工业、商业为主的非农村聚落，即“城市聚落”，相对应的另一部分则为“农村聚落”，从而便产生了“城市”与“农村”的概念。按人类历史记载，大约在6000年前便出现了城市。城市是由农村演变而来，高度集中和相对分散是城乡的本质区别。城市是居民点中高度密集的“点”，农村可以看做是相对广袤的“面”。城市与农村居住并存的格局被一直保留下来，形成了聚落的“二元化结构”。农村以第一产业为主，城市以二、三产业为主，形成了产业空间布局的分离。马克思说，“城市的建造是一大进步”（《马克思全集》第三卷 P24～25）。城市的出现使人类生产、生活发生了“质”的变化，把人类带入了文明时代。人类进入文明的三大标志是：文字的出现、金属工具的使用及城市的建造。尤其近现代人类社会发展进入快速发展阶段，工业化、城市化构成人类发展的主旋律。工业化、城市化促进了科技的发展，使人类文明发展到一个新阶段。与此同时，工业化、城市化的发展又给人类社会带来了一系列问题，这些问题危害了人类社会的发展，使人类逐渐认识到与自然抗衡应转向顺应自然，要回归自然，“可持续发展”理念应运而生，人类文明发展从此进入一个崭新的发展阶段。

二、我国村庄的现状

我国是一个文明古国，是世界上经历封建社会历史最长的国家，是一个农业大国，也是当今世界上农民、农村、农业“三农”问题最为突出的国家之一。村庄作为农民生产、生活的固定场所，是“三农”问题的载体。中国历代的统治者都曾提出“国富民强”，让百姓“安居乐业”的治国目标，这也说明了村庄建设与发展问题是人类社会发展中最为重要的问题之一。我国现实社会中存在的“城乡二元结构”，形成的城乡差别和城乡发展的不平衡状态，是我国社会发展的制约因素，成为我国社会发展中必须要解决的重要问题。

（一）村庄现状概况

据民政部门统计，2013年，我国共有建制镇20117个，乡12812个，乡镇共计32929个；行政村53.72万个，自然村265万个。从村庄存在的态势和基本特征分析，具有以下一些特点：①空间分布密度差异大，密度大的地方每平方千米有10～20个村庄之多，稀疏的地方每平方千米不足0.01个村庄，甚至更为稀疏，村庄密度相差悬殊；②人口规模相差甚远，大的村庄有上万人或数万人之多，小的仅有几个人；③村庄的用地规模不均衡，大的村庄达几平方千米，小的不足几百平方米，用地差距极大；④村庄建筑状况差异显著，有的村庄建筑远远超越城市，农民都住上了别墅，有的村庄仍然是千百年来的老样子，居住状况差异显著；⑤农民生活质量高低不均，有的村庄已经实现了现代化生活，人们的生活水平达到富裕程度，人均年收入达万元或数万元，远远超过一般城市家庭，也有的地方农业生产仍然停留在自给自足的自然经济状态下，甚至处在贫困线以下，2014 年，我国农村仍然有 7000 余万人处在贫困线以下；⑥就农业生产状况来看，一些乡镇企业发达、农业产业化、机械化发展好的村庄已经进入现代化社会的行列，其生产、生活水平已达到世界先进水平，而生产落后的地方，仍然沿用着几千年来的生产方式，相当落后；⑦经营组织形式多种多样，有高度集约化生产的集体经济模式，有产业化经营的企业加农户，企业、公司加农户，市场加农户模式，但更多的是个体单干户。总之，我国村庄千差万别，情况极为复杂。这是我国村庄现状的真实写照。

（二）村庄的功能

我国大多数村庄历史悠久，是在自给自足的自然经济状态下形成的。村庄容纳了农民的生产生活和各种活动，构成了一个小社会，具备了生活居住、工农业生产、休闲娱乐、市场交易、交通信息、组织管理等多种功能。

1. 生活居住功能

村庄的首要功能是满足人类生活居住的需求。村庄为人类定居提供场所，使人类能“安居乐业”。人类只有在定居之后，方可安排生产生活及其他各种活动。居住是人类生活的最基本需求之一，是事关民生的大事。人类社会发展的基本任务之一就是不断地改善人的居住条件和居住环境。

2. 工农业生产功能

生产是能量流转换的主要方式，也是人类生存和经济活动最基本的活动方式。村庄不仅是人类居住的场所，也是发展生产的场所，例如，有些地方的农民利用庄园中的土地种植必需的农作物；有的利用宅院发展养殖业满足生活需求和物品交换；还有的利用宅院安排手工业，如纺织业、加工工业等；我国的乡镇企业绝大多数安排在村镇中。村庄是农民的生产基地。

3. 休闲娱乐功能

村庄还是人们实现精神需求的场所。人的休闲、娱乐、接受教育等活动一般都在村庄中进行。随着经济社会的发展，农民的精神文化生活的设施将会进一步得到发展和完善。

4. 市场交易功能

交易是物质流、能量流的表现形式，也是人类在经济活动中商品流通的基本形式。交易将人们的生产与消费两种最基本的经济活动联系在一起。村庄给人们提供了进行剩余产品交流的场所，剩余的农副产品、养殖的畜禽、手工业品等产品，不管是以物易物，还是用钱币交换的方式，农民各种的交易活动多在村庄内进行。多数村庄中设有规模不等的商业和服务业的基础设施，有的村庄还是集市市场。村庄的市场交易，是人类调剂生活用品的主要交易方式，也是资本积累的初始方式。

5. 交通信息功能

交通信息是信息流存在的主要方式，居住在村庄中的农民为了组织生产和开展各项活动，必不可少的是人的交往。交往通过交通、信息来完成。村庄的交通可分为对外交通、村内交通和田间交通，交通促进和帮助人们完成各种经济和社会活动，是农村建设中的重要基础设施。交通建设是村庄建设和发展的重要组成部分，尤其在社会主义市场经济体制下，交通功能显得十分重要。现代农村流行的一句谚语“要想富，先修路”，就是交通与人们生产生活关系极为密切的真实写照。人们的交往还可以通过信息沟通来完成，信息传播的硬件和软件建设也是村庄建设的重要组成部分，特别是现代社会进入信息时代，信息的传播作用更为突出。

6. 组织管理功能

人们生活生产在经济社会中，需要社会组织管理和社会化服务。村庄是农民生产生活和各种活动组织场所，农村的行政管理、社会服务组织管理、各种民间社团组织管理和行业组织管理都设立在村庄中，这些组织机构从不同方面组织农民进行生产生活和各种活动。组织管理是解决“三农”问题和引导农民、农村、农业不断发展的必要措施，是人类社会有序发展的必要手段。

三、村庄发展的趋势

村庄作为一个有机整体，有其自身发展的规律。村庄存在不断生长、壮大、消亡和更新的演化过程，村庄的变化趋势是村庄生命体延续的有机组成部分。我国现代社会的发展使全国进入一个转型期，农村的发展也将由“温饱型”向“富裕型”转化。村庄的发展也进入重大变革期。村庄在急剧变革的态势中发展，主要有村庄的合并趋势、村庄建设城乡一体化的趋势、城乡互动的发展趋势和村庄实现现代化的趋势。

（一）村庄的合并趋势

我国众多农村是在千百年来形成的，历史悠久。起初以自然生产单位构成村庄，许多村庄功能比较单一。伴随着社会进步和人民生活水平的日益提高，分散单一居住的环境已不能适应现代人的生活需要。因此，分散的自然村向相对集中的村庄合并成为必然趋势。据民政部门统计，1990 年，全国共有乡级单位 83182 个、镇 7956 个，乡镇个数共计 91138 个之多，农村村庄有 476 万个。到 2013 年，有建制镇 20117 个，乡 12812 个，乡镇共计 32929 个；行政村 53.72 万个，自然村 265 万个。呈斑点状分布在 960 多万平方千米的国土上，呈明显的合并趋势。村庄合并主要有以下几种态势：一是在山区中，分散的自然村向生活居住条件好的村庄合并；在平原区，一些规模小的村庄向相对规模大的中心村村庄迁并建设农村新村庄；还有一些村庄，在发展的过程中从空间上由两个或几个逐步形成一个村庄。二是城市的发展兼并了部分村庄。我国多数城市的发展以外延为主，使城市郊区的村庄并入城市，消失了很多村庄。三是城镇化的发展，许多新扩建的小城镇是以农村为基础发展而来，小城镇的增加，就意味着农村数量的减少，反映了城乡互动的基本趋势。四是在经济发达地区，把村庄合并作为一项发展战略任务，逐渐形成城乡经济社会一体化的发展新格局，如上海市提出“农民向集镇集中，农田向农场集中，工业向园区集中”的“三集中”战略。制定了 1 个中心城，9 个新卫星城，60 个左右新市镇，600 个左右中心村组成的“1966”城乡规划体系，也就是把众多农村集中到 600 左右个中心村的发展战略。

目前，我国农村出现了“四减少两增加”的趋势，即农村人口在减少、村庄个数在减少、乡镇个数在减少、分布在村镇中的乡镇企业个数也在减少；单位村庄的人口数量在增加、小城镇的个数在增加。村庄合并是建设社会主义新农村的一项战略任务，是村庄发展的必然趋势，也是城乡一体化发展的必然趋势。

(二)城乡一体化趋势

城乡一体化是在新的城乡规划法的指引下，提高村庄的基础设施、公益设施、居住条件建设的标准。农村和城镇的显著差别，就是农村的基础设施和公益设施严重不足，给人形成农村就是“脏、乱、差”的印象。因此，实现城乡一体化，是建设社会主义新农村的基本目标之一，也是解决“三农”问题、消除城乡二元化的重要举措。通过城乡一体化建设，改善村民的居住环境，缩小城乡基本生活条件的差距，从外部环境消除城乡差别，逐步解决城乡二元化结构的社会形态，实现城乡一体化发展的目标。由此看来，城乡一体化是建设社会主义新农村的必然结果，也是村庄规划的重点内容之一。

(三)城乡互动的发展趋势

城乡互动的发展，是城市的“聚集效应”和“扩散效应”的有机和谐。其具体内容有以下五点：一是按照新的城乡规划法，我国正在实施城乡一体化的发展战略，要把城镇与农村统筹在一起，共同建设。二是我国提出“工业反哺农业，城市支持农村”的发展战略方针，为了贯彻这个战略方针，把城乡一体化列为经济建设的重要任务，要付诸具体行动，未来社会发展的重点应向农村倾斜。三是伴随城镇化的发展，有些村庄将被城市所兼并，有些村庄发展成为小城镇，改变了村庄的性质，表现出城市的“聚集效应”。四是分布在村庄中的乡镇企业向小城镇集中。工业化是城镇化的基础，通过村庄中的乡镇企业调整集中到小城镇的工业园区，形成规模聚集效应，促进区域经济发展形成新格局，同时也改善了农村的生态环境，加快了城镇化的发展。五是通过建设社会主义新农村，改变农村居住环境、改善农民的生活条件，把农村建设成空气清新、环境优美、绿色生态的“田园风光”，成为城里人向往的新农村。通过建设与发展城乡共同应用的基础设施，为加强城乡交流创造条件，促使城市人口流向郊外的农村，工作在城市，居住回到新农村中去，减少城市的压力，展现城市的“扩散效应”；同时也方便农民进城就业和打工，使农村的剩余劳动力找到合适的出路，融入城市之中，让农民过上富裕的生活，缩小城乡居民的生活差距，形成城乡协调发展的新格局。

(四)村庄的现代化趋势

村庄现代化的趋势，是指农村建设与发展要实现现代化。农村建设和发展现代化的内容很广泛，主要包括了村庄建设、社会建设、经济建设、文化建设和生态建设，要促进农业经济发展的产业化和培养造就一代现代化的新型农民。村庄现代化建设，不仅要有城乡一体化建设的居住环境，还必须有现代化生产的农业和现代化意识的一代新型农民，这才是建设社会主义新农村的真谛。因此，农村现代化是未来村庄的发展必然趋势。

总之，村庄发展趋势表明，我国村庄正在经历一场巨大的变革，面临前所未有的大好局面，几千年来形成的村庄将变成现代化的新农村，农村建设和发展将步入一个新阶段。社会主义新农村的建设与发展将有助于构建我国区域经济发展的新格局，形成城乡一体化的新局面。社会主义新农村的建设不仅改变了农村的面貌，也是我国社会主义事业发展的新面貌，其意义极为深远。社会主义新农村的建设与发展也给村庄规划提出了新课题。

第二节　村庄规划及其背景

一、村庄规划

（一）村庄规划的概念及其发展

村庄作为人类社会的一个组成部分，历来是不容忽视的重要内容。村庄规划也由来已久。1982 年，由国家基本建设委员会和国家农业委员会颁发文件（82 建发农字 9 号），印发制定的《村镇规划原则》（试行）中第 13、14、15、16 条对村庄规划作了详细解释。

第 13 条　村镇规划可分为总体规划和建设规划两个阶段。

第 14 条　村镇总体规划，是在全公社范围内进行的村镇布点规划和相应的各项建设的全面部署，是公社山、水、田、林、路、村综合规划的组成部分。村镇总体规划的主要内容为：在公社范围内按照生产发展的需求和建设的可能性，确定主要村镇的性质、发展方向、规模和位置；村镇之间的交通运输系统；电力、电信线路的走向，以及主要公共建筑物和生产基地的位置等。

第 15 条　村镇建设规划，是在总体规划的指导下，具体选定有关规划的各项定额指标；安排各项建设用地；确定各项建筑及公用设施的建设方案；规划村镇范围内的交通运输系统、绿化及环境卫生工程；确定道路红线、断面设计和控制点的坐标、标高；布置各项工程管线及构筑物；提出各项工程的工程量和概算；确定规划实施的步骤和措施。

第 16 条　村镇总体规划和建设规划的深度取决于所依据的基础资料的完备程度。在资料不足的情况下，为便于安排急于修建的项目，指导当地建设，可以先概略地做出各项用地的合理布局，布置道路网和确定近期建设用地，然后再逐步完善规划。

村镇规划的期限应与当地一定时期内的经济发展水平相适应。

《村镇规划原则》中对村镇规划做了详细说明，是以公社为区域单位进行的总体规划，村庄规划属于其中的一个组成部分，村庄规划也是侧重村庄的建设规划。

1993 年，中华人民共和国国务院颁布的《村庄和集镇规划建设管理条例》（1993 年 6 月 29 日国务院令第 116 号文件），关于村庄、集镇规划的内容解释为：村庄、集镇总体规划的主要内容包括：乡级行政区域的村庄、集镇布点；村庄和集镇的位置、性质、规模和发展方向；村庄和集镇的交通、供水、供电、邮电、商业、绿化等生产和生活服务设施的配置。村庄建设规划的主要内容可以根据本地区经济发展水平，参照集镇建设规划的编制内容，主要对住宅和供水、供电、道路、绿化、环境卫生及生产配套设施做出具体安排。

由此不难看出，以上这两个文件都是把小区域规划与村庄、集镇点的规划分为两个层次进行规划。其规划内容把集镇和部分村庄规划作为小区域规划中的一个方面予以安排，是“以面带点”的规划，所要做的村庄规划内容也是以建设规划为主，这与建设社会主义新农村所要做的村庄规划有所区别。不能包括像现在建设社会主义新农村所进行的村庄全面综合性规划。

为了加强城乡规划管理，协调城乡空间布局，改善人居环境，促进城乡经济社会全面协调可持续发展而制定了《中华人民共和国城乡规划法》，自 2008 年 1 月 1 日起施行。为贯彻党的十八大“关于建设美丽中国、增强小城镇功能、深入推进新农村建设的意见”的指示精神，住房与城乡建设部决定开展美丽宜居小镇、美丽宜居村庄示范工作，并发出《关于开展美丽宜居小镇、美丽宜居村庄示范工作的通知》(建村〔2013〕40号)。为进一步改善农村人居环境，2014年5月29日国务院办公厅发出《关于改善农村人居环境的指导意见》(国办发〔2014〕25号)。

(二)村庄规划的含义

《中华人民共和国城乡规划法》规定，乡规划、村庄规划的内容应当包括：规划区范围；住宅、道路、供水、排水、供电、垃圾收集、畜禽养殖场所等农村生产、生活服务设施、公益事业等各项建设用地的布局、建设要求，以及对耕地等自然资源和历史文化遗产保护、防灾减灾等具体安排。

村庄规划是以行政村为单位编制的规划。村庄作为国土资源的最小单元，在村庄的空间范围内进行全面规划，要依据本村的自然、经济、社会条件和相关的法律、法规及有关的方针政策，组织落实各项基本国策和各级政府与职能部门的相关规划，要对村庄的经济建设、社会建设、文化建设、村庄建设、生态建设等进行统一部署，并制定具体的实施措施。

对于建设社会主义新农村所要编制的村庄规划，党中央、国务院提出了“生产发展、生活宽裕、乡风文明、村容整洁、管理民主”的发展蓝图；以做好农村的物质文明、政治文明、精神文明、生态文明的“四大文明”建设为目标；立足于解决“三农”问题，促进农村经济的发展，增加农民收入；改善农村人居环境，治理环境“脏、乱、差”；保护文化遗产，延续历史文脉；防止灾害，注重村庄安全；一切从农村实际出发，尊重农民意愿；分步实施，防止大拆大建；编制一个为改变农村居住和生产环境、改善农民生活条件和生产条件，改革农村经济体制和管理体制，建设现代化的新农村，发展现代化的新农业，培养现代化的新农民，重构农村社会，再造农村河山，让农民生活达到小康水平目标的综合性规划。

二、村庄规划的性质

由村庄、村庄规划的概念可以看出，现在所要编制的村庄规划的目标、任务、内容和特征与以往的村镇规划相比较是有些区别的。就其性质分析，更凸显其村庄规划的整体性、综合性、实施性、协调性、动态性和特质性。

(一)整体性

村庄规划的建设目标定为“生产发展、生活宽裕、乡风文明、村容整洁、管理民主”，要从整体上对村庄景观进行总体规划，表明村庄规划的整体性。规划的内容不仅要考虑物质建设，还必须注重经济建设、社会建设、文化建设和生态建设等内容，缺一不可，这是有别于原村镇建设规划的一个特点。就村庄规划的任务来说，不但要考虑村庄建设规划，还必须考虑村庄经济与社会发展规划，要落实各项基本国策、各级政府与各职能部门的规划内容。其内容已超出原村镇建设规划，颇有“海纳百川，融为一体”之势，也突出显示了村庄规划的整体性。从村庄的整体性分析，以前的村庄建设规划应是村庄规划中的一个组成部分，二者关系是局部与整体的关系。

(二)综合性

村庄规划的目标、任务及内容已超出村镇建设规划的范畴，村庄的范围虽小，但其内容却包罗万象，要接受来自外界的人流、物质流、能量流、信息流，还要安排本村各业的发展；

要落实各项基本国策和各种规划，还要结合本村的实际情况确定本村各业的建设与发展，表现出它的综合性。村庄规划的编制既要实现农业的现代化，也要实现农村建设的城乡一体化，最终目标是使农民生活实现小康社会的标准，其目标也是综合性的目标。因此，村庄规划必须坚持统筹兼顾的原则，要全面综合平衡，不可顾此失彼，否则将失去村庄规划的作用与意义，表现出“麻雀虽小，五脏俱全”的特点，规划的方法具有很强的综合性。编制村庄规划的过程实质就是要全面系统分析研究，统筹兼顾方方面面，通过一系列会议达到综合平衡的目的，也就是要用统筹兼顾的方法做出一个综合性很强的规划。

（三）实施性

村庄规划最突出的特点就是规划的实施性。与其他诸多规划相比较，其他规划一般为宏观控制性规划，规划内容多是宏观战略性的，规划所制定的目标也是整体的战略目标，规划的方法也需分步进行，先做总体规划，再做详细规划，然后再做规划设计。而村庄规划则不同，村庄是各种规划落实的最小基层单位，它的规划内容不仅要贯彻落实各种基本国策和各种规划，还必须把各种规划的内容落实到地块，规划的目标和内容十分具体，因此，村庄规划的方法也应是总体规划、专项规划和规划设计一步到位的规划。所以，村庄规划是一项实施性规划。

由此看来，村庄规划的内容不仅广泛，而且十分具体，它不仅要考虑村庄自身的发展，还要落实各种规划。诸多规划的内容必须落实到地块，表现出“上有千条线，下由一针穿”的特点。要求村庄规划是一个结构规划与布局规划并重，突出布局规划的规划模式。对规划的地块做到“四定”，即“定性、定量、定位、定序”。也就是要明确地块的使用性质、地块的大小、具体位置、用途变化的时间，同时还要明确各种用地的管制措施，突显村庄规划内容是刚性极强的实施性规划，这也是实施性规划的另一个特点。

还有，村庄规划的模式应是总体规划、详细规划和规划设计一步到位的模式，这说明了村庄规划的编制要具有较高的科学性与可操作性。村庄规划不仅要解决村庄建设的问题，还要解决农民的生活、生产的具体问题，让农民在物质生活、精神生活、政治生活等方面达到小康标准，在农业生产方面达到农业产业化生产水平，进而实现农业现代化。也就是说村庄规划编制完成后，村庄的建设与管理就可以根据规划进行操作，直接满足农村发展和农民生活、生产与建设的需求，规划的可操作性是规划实施性第三方面的表现。

（四）协调性

村庄为国土资源中的最小单元，注入和容纳了人流、物质流、能量流、信息流，拥有各种职能，涉及诸多的部门和落实各项基本国策及各种相关规划，在村庄规划编制过程中必然要进行组织、协调。首先，诸多的规划是不同部门从不同角度按不同需要所编制的，当落实到一个单元上时会形成这样或那样的矛盾，而村庄规划都必须接纳，并一一落实。对其矛盾冲突之处，要结合本村的实际情况协调与落实，并应做出相关说明。然后，村庄规划作为最基层的规划，各项国策和各类规划落实到村庄规划中，是国家、集体、个人三者利益直接冲突表现的地方，因此，村庄规划编制过程必须协调这些矛盾，在局部服从整体，集体、个人服从国家的大原则下，要统筹兼顾，做到各有所取，综合平衡，偏向任何一方都会影响规划的实施。最后，村庄规划是社会主义新农村建设的依据，村庄规划必须尊重当地农民的意见和愿望；农民的传统意识观念与现代的意识观念之间存在的矛盾，构成社会主义新农村建设和编制村庄规划中的不和谐因素，因此，在村庄规划编制过程中也必须注意进行协调。此外，还要建立现代新型的经济发展模式，走循环经济的发展道路，要协调经济发展与生态建设的关系；在现代农村经济发展的方向、产业结构的调整、生产要素的组合等方面，与传统的农业经济、生产方式、经营模式都存在突出的矛盾，在编制村庄规划时也必须注意协调。这多方面的协调任务，均体现了村庄规划的协调性。

(五)动态性

首先，村庄作为一个有机整体，也存在和遵循生成、成长、衰亡的规律。目前，大量的村庄合并已说明了这一现象。其次，村庄的形成经历了数百年或更长的历史，在长期成长过程中，由于功能、结构及人们的生产、生活发展的需要，更新、兼并、消亡是不可避免的现象。最后，我国正处在社会转型期，在长期的社会发展中形成的旧村庄，转化为社会主义新农村，农村居住建设要城乡一体化，农业生产要实现产业化，农民生活标准要实现小康化，村庄内部的变化无疑是翻天覆地式的。因此，村庄的动态性是村庄规划的一个突出特点，在编制村庄规划时必须予以关注。村庄规划时，一是要按时间和空间顺序明确对旧村庄应保护什么？改造什么？规划什么？做出动态的规划；二是规划后，要依据村庄规划实行动态监测与管理，不断修改和完善村庄规划，这些均体现了村庄规划的动态性。

(六)独特性

村庄规划虽然也属于规划系列中的一项规划，但它有许多特殊性。第一，它的规划主体并非像其他规划一样，属于政府或是某一部门的规划，而是以当地的农民为规划主体；第二，它的规划方法并非“自上而下”模式，而是多采取“自下而上”的方式展开；第三，它的特点并非像其他规划那样目标和内容具有单一性、宏观性和战略性，它是具体化的内容，具有明显的实施性和可操作性；第四，就其规划期限来说，其他规划的时限很明确，一般是 5 年、10 年，而村庄建设规划需要更长的时间方可完成；第五，就内容来说，其他规划内容相对单一、针对性较强，而村庄规划的内容则是包罗万象，异常丰富、庞杂；第六，其他规划的模式有的是目标规划、空间规划、规划设计，或是一两项的结合，而村庄规划则是总体规划、专项规划和规划设计一步到位的规划。总之，村庄规划自身有很强的独特性，表现出村庄规划与其他规划具有明显的差异性，值得认真分析和研究。

三、村庄规划的背景

(一)历史背景

从历史发展角度分析，我国农村自新中国成立以来经历了三次大的变革。第一次是新中国成立初期的土地改革，此次改革打破了几千年来土地私有制，使得亿万农民翻身得解放，获得了最主要的生产资料——土地，实现了“耕者有其田”的目标，是我国取得革命胜利的主要象征。第二次是 1978 年党的十一届三中全会后实施的农村改革，实行了土地联产承包责任制，调动了农民生产的积极性，为我国改革开放 30 余年的经济社会发展带来了前所未有的动力和能量。实践证明，农村在 20 世纪 80 年代初的变革也是一场革命，并且有力地推动了我国经济社会的进步。第三次是目前进行的社会主义新农村建设，也是我国农村面临的又一场深入的变革，与前两次不同的是，这次主要是彻底改变农村经济社会形态的变革。党的十八大以来，我国进入经济社会改革的“深水区”，农村面临新的重大改革，在这次改革中，村庄规划与建设的重要性不言而喻，其科学推进对改革全局和我国未来发展具有重要的历史和现实意义。

（二）现实背景

20 世纪 80 年代以来，我国的经济与社会改革获得了很大成功，国民经济与社会的快速发展，使我国的经济发生了质的变化。进入 21 世纪以来，一是我国的经济实力大大增强，2013 年中央税收和地方税收总和，已经占到 GDP 的近 20%，再加上预算外财政收入，整个财政规模占 GDP 的比重已经有 22.7%。此外，到 2010 年，我国已成为世界第二大经济体，综合国力逐年增强，这就有条件由国家财政为主导来提供农村的公共品开支。二是产业结构已由原来的第一产业为主导转化为二、三产业为主的发展结构。全国的工业化程度有了很大提高，总体已进入工业化中期阶段，较发达的省、市已进入后工业化阶段。三是我国加入 WTO 以后，在世贸框架允许的范围内，大力推动农产品进入国际市场，农产品国际竞争力显著提升，显示出农业大国的优势。这就给“工业反哺农业，城市支援农村”奠定了雄厚的物质条件。

伴随经济社会的发展，经济建设中的深层次问题日益突出。在生产与消费这个关键环节中，我国人口中占主要成分的是农民，农民的消费是拉动经济向更高层次发展的关键一环。2015 年中央 1 号文件指出：农业现代化是国家现代化的基础和支撑，目前仍是突出“短板”，全面建成小康社会的重点难点仍然在农村。我国经济发展进入新常态，加快推进农业现代化，对稳增长、调结构、惠民生意义重大。挖掘农民这个最大群体的消费潜力，可以更好发挥消费的基础作用；农业农村基础设施和公共服务落后，有巨大新增投资需求，用好这个空间，可以更好发挥投资的关键作用；做大做强农业产业，可以形成很多新产业、新业态、新模式，培育新的经济增长点。

我党制定了实现小康社会的建设目标，给我国社会主义建设提出了明确目标与任务。事实证明，在我国只有农民实现了小康，才能达到和实现我党制定的目标与任务。因此，建设社会主义新农村，是实现农民小康水平的最基础工作，也是社会主义建设事业赋予我们的一项重要的战略任务。

第三节　我国村庄建设中存在的问题

编制村庄规划是为了科学管理和指导村庄的建设和发展。规划源于问题，准确分析和研究村庄建设和发展中的问题，是编制村庄规划的基本出发点和落脚点。当前，我国经济发展进入新常态，正从高速增长转向中高速增长。在经济增速放缓背景下如何继续强化农业基础地位、促进农民持续增收，是必须破解的一个重大课题。国内农业生产成本快速攀升，大宗农产品价格普遍高于国际市场，在“双重挤压”下创新农业支持保护政策、提高农业竞争力，是必须面对的一个重大考验。我国农业资源短缺，开发过度，污染加重，在资源环境硬约束下如何保障农产品有效供给和质量安全、提升农业可持续发展能力，是必须应对的一个重大挑战。城乡资源要素流动加速，城乡互动联系增强，在城镇化深入发展背景下如何加快新农村建设步伐、实现城乡共同繁荣，是必须解决好的一个重大问题。破解这些难题，是今后一个时期“三农”工作的重大任务。必须始终坚持把解决好“三农”问题作为全党工作的重中之重，靠改革添动力，以法治作保障，加快推进中国特色农业现代化。村庄建设与发展中存在的问题复杂多样，但从总体上可以概括为以下九个方面的问题。

一、人口问题

（一）农村人口

人口问题是当今世界经济社会发展中突出的问题，也是我国社会主义建设事业中的重大问题，在人口问题上，一是我国13.68亿人中有近6.5亿人在农村，农村人口问题是关键点。我国城镇化率从1978年的17.92%发展到2014年的54.77%，大量的农村人口流入城镇，说明了市场经济的动力，但即使我国的城镇化人口达到70%，那么还有4亿多人口生活在农村，仍然需要规划建设。二是“土地城镇化”快于“人口城镇化”，建设用地粗放低效。2000～2011年，我国城镇建成区面积增长76.4%，远高于城镇人口50.5%的增长速度；农村人口减少1.33亿人，农村居民点用地却增加了3045万亩①。三是我国人口众多，使得我国许多资源变得十分紧缺；经济收入总量很大，但人均收入排位非常靠后，是我国经济社会发展的巨大压力和存在的主要问题。四是当今经济社会的发展，农村人口将会大量向城镇转移，人口流动构成我国经济社会发展中的重要课题。农村户籍人口在增加，但常住人口却在大幅度减少，农村基本上以老人和“留守儿童”为主，许多外出打工人员把孩子留在农村，形成一个社会问题。五是由于农村人口居住分散，村庄规模小，对产业发展、生活消费、经济发展都不利。所以，人口的控制、流动、规模化、聚集化是村庄必然研究的课题，这是村庄规划的重点内容。

（二）劳动力转移的问题

由于农业机械化、农业现代化的发展，农村出现大量剩余劳动力，劳动力的转移构成我国社会发展中的突出问题。据2014年的统计，我国农民工进城人数高达2.7亿之多，人口的流动正成为我国经济社会发展中的主要问题之一。农村劳动力的失业和隐性失业，是农村社会的严重问题，也是今后一个历史阶段必须解决的重大问题。劳动力转移也是城乡统筹发展的重要因素，是城乡一体化发展的焦点问题。村庄的建设就是解决这些问题的出路之一。

二、土地利用

（一）人多地少、资源不足，土地资源存有浪费现象

我国人多地少，尤其是人多耕地少，我国人均耕地不足1.4亩，不到世界人均耕地的40%，土地资源的不足，是农村人口转移的原因之一。因此，我国制定了“十分珍惜、合理利用土地和切实保护耕地”的基本国策。就我国村庄分布状况分析，在人口密集的中、东部地区，许多地方的村庄密度大、规模小，村庄占地多，尤其是占耕地多，造成土地资源的极大浪费。村庄分布的特点是小、散、乱，如有的地方村庄的密度达每平方千米10～20个，在我国南方农村中存在“一去二三里，沿途四五家，店铺六七座，遍地是人家”的写照。在经济发达的

---

① 1亩=666.6m^2

江苏省常熟市共有农村居民点10588处，其中，10户以下的占18.7%；11～20户的占18.6%；21～50户的占41.6%，户均占地1亩。黄淮海平原地区多数县(市)农村居民点用地为平均每户1亩以上。农村建设占地多，造成土地资源浪费。这些地区在新村庄规划中通过整理农村建设用地可节约1/3～1/2的土地，是未来我国城市建设用地和平原地区耕地后备资源的主要来源。

(二)村庄建设以外延为主，占耕地多，加剧了人地矛盾

农村建设用地问题，是农村发展中最为突出的问题之一，其表现主要是农村人均建设用地面积偏大，造成土地资源的巨大浪费。据统计，2012年我国农村建设用地达到20.8万km^2，人均用地高达218 m^2(高出国家标准55～150 m^2上限68 m^2)。近年来，农村建设用地的规模和人均建设用地都在增加，需要关注和深入研究。

(三)“空心村”和“双栖”占地现象普遍，建设用地超标

许多村庄成为“空心村”，其主要原因：一是农村中有些农民一家有两处或几处宅基地，建新不弃旧，住新宅闲旧宅，使得村中空闲宅基地多。二是村庄中“双栖”占地现象普遍。我国社会处在转型期，城乡一体化发展速度快，城市人口增长主要来源于农村。据近年不完全统计，我国有近2.7亿多农民转入城市打工经商。据部分大中城市人口的统计，暂居在城市的农业人口占城市人口的15%～25%，有的甚至更高。有不少进城人员携带家眷入城，其中部分在城中定居下来，这些人在城市、农村都有“家”，造成农村的家闲置。三是农户宅基地占用后归自己所有，助长了农民占用多套住宅的欲望。四是城镇建设用地发展快，以占据城郊农村的土地为主，这些被征占土地的农民得不到应有的补偿，许多农民以土地作为生活的基本保障，农民失去土地带来社会的不安定因素，造成严重的社会问题，也必须引起高度重视。总之，近些年农村建设用地发展快，占耕地多，也是构成我国耕地锐减的主要原因之一。

村庄建设的一个重要意义，就在于通过村庄建设节约大量的农村建设用地，以满足我国经济社会建设中建设用地的需求，通过城乡一体化的统一规划、统一部署、统一建设，依靠“增减挂钩”政策来缓解建设用地与保护耕地的主要矛盾，这是我国经济社会坚持可持续发展的必经之路。2008年国务院出台《城乡建设用地增减挂钩试点管理办法》，在政策上明确了“拆村并居”的政策依据，不少地方开始结合新农村建设，推进村庄建设，其中有成功的案例，也收获了一定的经验。

三、乡镇企业

20世纪80、90年代，我国工业发展就是大面积地发展乡镇企业，颇有“村村点火，镇镇冒烟”之特点，但是由于缺乏指标控制，一些乡镇企业自身实力不足，贪大求多，大量拿地，缺乏指标控制，或自身经营不善造成资金不足而无法开工建设。乡镇企业一次性拿地，整体规划，分期建设，后续资金链断裂，造成剩余土地没有开工建设，大片土地荒芜。一是许多乡镇企业在乡镇政府负责人的口头承诺下先开工建设，再补办项目立项手续、环评手续、用地手续，“先上车后补票”现象普遍存在，缺乏规划制约。乡镇镇区规划的滞后性和乡镇本身发展的落后性，造成乡镇区域布局不合理，没有统筹区域土地利用，没有形成以指标控制为基础、以政策约束为导向、以评价考核为保障、以市场配置为主导的土地节约集约利用长效机制。二是缺

乏市场配置。乡镇领导受招商引资指标的制约，招商引资项目作为乡镇经济考核的一项主要指标，每个乡镇领导都有一定数量招商引资指标，致使过去一部分乡镇在招商引资时，不能甄别“假、大、空”企业，不能拒绝淘汰类、产能过剩、重复建设项目，认为“捡到盆里的都是菜，飞到窝里的都是凤凰”。过去，为了本地区总体经济的提升，对企业的要求无限制地满足，许多乡镇企业采取协议出让方式取得用地，土地地价很低甚至出现零地价招商，致使许多企业出现贪大求多、摊大饼式地外延扩张性用地，甚至有许多假项目，出现恶意圈地、占地现象。三是缺乏评价机制。没有统筹安排项目用地，没有科学操作性强的土地产出效益评价机制，对淘汰落后技术和低产出率企业没有相应措施，对引进高新技术企业和行业领先企业，提高土地利用效率，通过政策引导产业升级的相应措施政策不够强劲。

由于众多乡镇企业规模小，又无治理污染能力，对环境造成严重污染。目前，我国乡镇企业废水 COD 和固体废物等主要污染物排放量已占全国工业污染物排放总量的 50%以上。农村成为乡镇企业和城市环境污染的主要对象，对农村的大气、水体、土壤及生态环境造成严重污染，破坏了农村的生态环境，影响人的身体健康。乡镇企业这种发展态势构成了村庄建设中的一个严重问题。

总之，乡镇企业的发展对于农村建设用地、污染环境等问题带来了严重影响，也是形成今天环境污染的主要原因。

四、基础设施

经过多年的建设，特别是近几年的加大投入，我国农村面貌有了较大改观，到 2013年末，村庄内道路长度 228 万 km，其中硬化路 71 万 km，道路面积 641 亿 m^2，其中硬化路 197 亿 m^2。村庄内排水管道沟渠长度 50.7 万 km。全国 61.3%的行政村有集中供水，9.1%的行政村对生活污水进行了处理，54.8%的行政村有生活垃圾收集点，36.2%的行政村对生活垃圾进行处理。

（一）建设投资不足，造成农村发展滞后

过去对农村基本上是索取多、投入少，尤其是国家对村庄基础设施和公益建筑建设历来投资较少，多数地方集体经济基础薄弱，农民的总体收入水平偏低，也无能力投入村庄基础设施和公益建筑，村庄的基础设施和公益建筑成为极其薄弱的环节。投入严重不足是限制农村基础设施建设的主要因素，造成了农村的“脏、乱、差”问题，这是农村发展滞后的主要原因之一。“十一五”期间，中央决定“调整投资方向，把国家对基础设施建设投入的重点转向农村”。以支持粮食主产区为重点，加强粮食综合生产能力建设。同时，还加强了建设农村饮水安全工程，新增中央投资 31.6 亿元确保农民饮用水安全卫生；中央投资 1000 亿元用于农村公路建设。但即便如此，截至 2009 年，农村固定资产投资仍占全国总固定资产投资的 13%。这说明我国农村基础设施建设投资与城镇基础设施建设投资相比，无论总量还是相对量均还有很大差距。

（二）基础设施建设欠账多，造成农村生活条件差

由于对农村的投入不足，使得我国许多村庄之间的道路不通，街道狭窄难行，多数村庄仍然沿袭数千年、数百年的旧村庄状态，街道不足 10m，胡同一般 2～4m，不能满足农业现代化的要求；多数村庄缺乏排水设施，即使硬化的道路也是排水渠道，遇上雨雪天气，道路积水泥泞难行。到 2012 年，全国农村 90%村庄没有排水沟渠管网，80%以上的建制镇和村庄

没有任何污水处理设施，污水无出处，生产、生活垃圾不能集中处理，随地乱倒，形成“垃圾靠风刮、污水靠蒸发”的局面。全国农村每年 1.2 亿 t 农村生活垃圾 95%露天堆放；村庄的生活污染物直接排放到周边环境，每年 2600 多万吨的农村生活污水全部直排渗漏，污染水源和地下水。农村“人畜混杂”造成影响农民身体健康的祸源；70%的村庄没有公共厕所，60%的农民还没有卫生厕所，柴草粪肥随便堆放，污染环境的现象到处可见。其他公益建筑方面，如行政管理、文化教育、商业服务、医疗卫生、休闲娱乐、邮电通信、科技文体设施更不具备。到 2014 年，全国还有 20 多万人用不上电，多数村庄夜晚没有路灯，6%的村庄还没有电话；数千万农村家庭喝不上“干净水”，还有 7.7 万个建档立卡的贫困村庄不通客运班车。这种低劣的人居环境质量，给村庄发展与建设带来很多问题，解决这些问题是社会主义新村庄建设的重要任务。

五、生态环境

(一)环境、生态建设投入不足，影响农业生产和农民的收益

为了保证国民经济与社会的和谐发展，我国制定了环境保护的基本国策和全国生态建设规划。但农村占据国土资源的 99.915%的空间，是国土资源的主体。我国农村生态环境存在的问题比较多。一是人口多、人均资源少，对资源的过度开发利用，造成自然资源的破坏，打破了人与自然的和谐，危害了人类社会的健康发展。例如，全国牧区饲草料灌溉面积仅占可利用草原面积的 0.4%，与 20 世纪 80 年代初相比，天然草原载畜能力下降了 30%，而同时载畜量却增加了 46%。过度开发使全国 33.8 亿亩可利用草原的 90%出现了不同程度的退化、沙化，对牧业发展带来严重威胁。中国荒漠化土地面积为 262.2 万 km^2，占国土面积的 27.4%，近 4 亿人口受到荒漠化的影响。据中、美、加国际合作项目研究，中国因荒漠化造成的直接经济损失约为 541 亿人民币。二是带有掠夺性的粗放经营经济活动，使生态环境遭到严重破坏，造成大面积的水土流失、土地沙化、土地盐碱化，给土地利用带来严重影响。在我国耕地中有盐碱地近 1 亿亩，灌溉不当及技术粗放使局部区域的土地盐碱化有增无减，农村受害首当其冲。

(二)环境污染严重，影响农村环境和农民的健康

环境污染体现在三方面：一是由于城市污染源，形成对农村和农业生态环境的严重污染。这也是城乡发展中另一个剪刀差，使近 10%的耕地遭到污染，众多的水系受到严重污染。近年来全国的大气污染已达到严重的程度，雾霾越来越严重，引起多方面的关注。我国 1/3 的国土已被酸雨污染，七大江河水系的 48%和主要水系的 2/5 成为五类劣质水。二是农民在生产和生活中大量使用化肥、农药、薄膜等生产资料，化肥年使用量达 4637 万 t，我国每公顷土地的化肥使用量是世界平均水平的 4 倍以上，每年农药使用量高达 180 万 t，导致农田土壤污染。三是乡镇企业污染物得不到治理，乡镇企业带来的污染占工业污染的 50%。乡镇企业和生活中污染物带来农业面源污染，成为农村区域环境恶化的新问题。再加上对农村的生态建设投入严重不足，缺乏规划治理，环境污染有加重的趋势。环境破坏和污染等因素限制了农村、农业的发展，造成对农民身体健康的严重影响。环境保护部发布的《化学品环境风险防控“十二五”规划》指出，个别地方因环境污染出现了癌症村，持续恶化的生态环境已经成为中国人癌症高发的一个主要诱因。2014 年 4 月国家卫生计生委疾病预防控制局副局长

王斌说，过去30年间，我国癌症死亡率呈明显上升趋势，并成为城乡居民的首要死因，而且我国农村癌症死亡率上升趋势明显高于城市。

（三）抗御自然灾害能力差，影响农业产出效益

农村、农田生态环境差，遇上各种自然灾害侵袭时，抵御能力差，造成农作物减产，使农民收益减少，风险增大。我国地域辽阔，每年都发生各种不同的灾害，如洪涝、干旱、台风、大风、冰雹、霜冻、干热风、病虫害、泥石流、地震等，这些自然灾害的受害者首先是农村和农民。近些年的地震、洪水、泥石流灾害频频发生，造成了巨大的损失，我国每年因各类自然灾害造成的人员伤亡事故80%以上发生在农村，农、林、牧、渔业是受天气气候影响最大的行业；2000年以来，每年因自然灾害造成的农业损失占整个农业GDP的15%～20%，远高于自然灾害损失占整个国家GDP的比重。河北省地形复杂，植被稀少，生态脆弱，气候的年际变率大，极易发生各种气象灾害。全省每年气象灾害的受灾面积占总耕地面积的73%以上，其中干旱占44%，是第一大气象灾害，冰雹占11%，霜冻占6%。为此，环境问题和农村、农业的生态建设问题是新村庄规划中必须关注的一个重要问题。

六、规划管理

（一）村庄建设缺乏规划指导，造成脏、乱、差

由于缺乏统一规划，农村建设缺乏约束力，村庄建设以外延为主，农民利用自己的责任田随便乱占乱建，造成土地资源利用的极大浪费和耕地的减少，加大了土地的非农化趋势；许多地方的村镇建设沿公路发展，形成马路和带状村镇，住宅和工业园区、商服用地混杂，布局混乱，影响村镇建设的整体性；村庄建设水平参差不齐，建筑物布局混乱，从不顾及整体环境和美观；村庄中建筑参差不齐，高低不一，造成诸多邻里矛盾，影响社会安定；许多农村基础设施建设、公益建筑严重不足，造成农村脏、乱、差的落后印象，严重制约和影响了新农村的建设和发展。一是无规。规划空白，新村乱建与旧村破败共存。尽管国家有明确的村镇规划法规文件，但部分省市往往偏重于镇级以上的规划，致使农村规划较为滞后。特别是随着农村人口的非农转移和农民收入增加，农民住房需求大幅增长。在农村规划缺失的情况下，个体建设往往是随心所欲，比楼高，比面积，比装修，而私搭乱建、违建的现象在一些偏远乡村比比皆是，无人过问，更无人究责。《国家新型城镇化规划(2014～2020年)》明确提出提升乡镇村庄规划管理水平、发展中心村、保护特色村、整治空心村的要求，但各地方在落实上，大都存在对新城镇规划投入足、考量细、办法多，对农村设计重视不够、任其发展的现象，缺少具体思路和有效举措。二是乱规。盲目模仿，千村一面等现象丛生。村貌不美，村庄景观和风貌尚待改观。由于新农村规划兴起的时间较短，可借鉴和参考的经验较少，有的地区就盲目克隆城市的风格，导致农村成为缩小版的城市。很多新建建筑在高度、体量、建筑形式和色彩方面与传统风貌形式不相协调，破坏了村落历史文脉的延续性，很大程度上造成了农村特色的削弱和消失，消退了自身古朴田园的特质，丢失了原有的吸引力和魅力。三是缺规。规划不全，公共服务滞后凸显。一些地方将新农村建设片面地理解为村容村貌的改造，目光视角更多地投放在乡村景观设计，追求“形象工程”，把改善“村容村貌”视为首要任务，把主要精力用在“旧貌换新颜”上。很多规划没有涉及村民安全的项目，如饮用水源的选址和保护。村中供电供水、天然气、热力管道、污水处理、垃圾处理等现代化

基础设施缺乏，农村中小学办学条件差、卫生基础设施落后、基层计划生育服务能力滞后、公共文化设施不足等问题长时间得不到解决。四是失规。农村功能减退，留守问题亟待解决。随着城镇化进程的加快，越来越多的农村青壮年选择进城务工寻求发展机会。而为农业提供主要劳动力的群体则更多的成为留守老人乃至儿童。广袤的农村逐渐演变为去人口化，土地、产业和基础设施开始“空心化”。村里大多只剩下年迈力衰的老人和妇女儿童，留守人口呈现出老龄化、弱龄化、弱势化的态势，以致农村剩余的妇孺老幼无力耕种承包土地，造成大片耕地撂荒。调查中，村民普遍反映，农村“90后”基本不愿种田。与此同时，留守老人的养老、生活保障问题，留守儿童的教育与亲子之间的交流问题，留守妇女的家庭稳定等问题也给农村社会管理提出了新的命题。

(二)建设管理不到位，形成诸多问题

农村建设用地管理均有不到位的现象。在社会现实中农村集体土地所有权与使用权也是二元化的结构，更增加了管理的难度。由于管理不到位，形成一系列问题。一是受利益驱动，农民利用土地使用权擅自改变责任田的经营方式，变责任田为工厂、商店、住宅等其他非农建设用途，变集体财产为私有财产。二是农村土地归农民集体所有，土地的处置权应由村民代表处置，但一些村干部成为土地所有权的代言人，利用职权寻租，出卖集体土地纳为私利，使集体土地成为“唐僧肉”。类似这些违法违纪现象时有发生，并得不到应有的处治。这种因素也是造成农村建设用地浪费的原因之一。三是农民建房，由于缺乏统一规划，自己建自己的，没有整体观念，造成布局混乱，参差不齐，使得村庄建设出现“只见建新房不见新村，只见新村不见新貌”现象。四是村庄建设速度加快，但盲目建设严重。自改革开放以来，农民变得相对富裕了，不少农村建房周期加快，建了拆，拆了建，造成极大的浪费。据有关部门测算，仅此一项年耗资就高达350亿元，同时也有一些农户因此返贫。

七、经营方式

我国传统的农业生产方式已有4000多年的历史，对农民的居住空间影响很大，要改变居住方式也是颠覆性的变化，农村居住空间相对封闭，基本上保持着自给自足的自然经济形态。

自改革开放以来，我国农村推行联产承包责任制，形成以农户为生产单位的生产体制。这种生产方式在改革初期对调动农民的生产积极性起到很大作用，推动了农村的改革并取得了成功。从农业经营方式来看，基本上是一家一户核算的经营方式，也是农户建设用地需求较多、资源浪费的原因之一。据国家农村固定观察点办公室对分布在全国 29 个省(市、区)的 274 个村庄的调查，完全按人口平均分配土地的村庄占 74.3%；口粮田按人均分、责任田按劳动力均分的占 5.5%；口粮田按人均分、责任田按农业劳动力均分的占 11%；有 76.5%的村庄在分配土地时又采取了按好、中、差分等级搭配分地，因此，造成地块过度分散。但经济社会发展到今天，伴随生产力的发展，其弊端也逐渐显示出来。规模集约经营是节约农村建设用地的出路，例如，河北省晋州市周家庄乡是全国唯一的乡级核算单位的经营模式，1999年全乡土地利用总体规划时，把6个村庄农村建设用地2520亩经过统一规划、统一图纸，建统一样式楼房，每户建设用地控制在200m^2，到2010年村庄建设用地节约土地1/3可整理为耕地。可见过度分散的土地不利于规模生产，不利于机械化生产，不利于农业产业化发展，不利于农业产业结构的调整，造成农业后劲不足，制约了农业现代化的发展。过度分散的经营方式，也加大了农业生产成本，成为限制农民增收的重要因素。

八、科教文化

改革开放以来，为了推动国民经济与社会的快速、稳定发展，我国提出了“科教兴国”的基本国策。但科技教育的发展也存在着严重的不平衡。相比较而言，农村的教育设施配备低下，教育资源严重不足，农村文化教育发展落后，不利于贯彻执行“科教兴国”的国策。首先，农村教育大多是以中小学为主的基础教育。由于教育资源与环境等因素的影响，农村教育质量不高，学校规模小，撤点并校现象严重，造成许多中小学生辍学，据2011年审计署对27个省1185个县审计，重点核实1155所学校，辍学人数由2006年的3963人上升至2011年的8352人，增加了近1倍。农村青少年的文盲和科盲人数增加。其次，受经济条件等因素限制，农民很少有接受再教育的机会，农村缺少对农民进行职业教育的学校，农村文化教育发展相对落后。最后，受传统意识观念影响，农民对文化教育认识不够重视，再加上农村的文化教育设施不足，许多农村没有图书室、科技室、影剧院、文体娱乐场所，缺乏文化教育的氛围，影响了农民素质的提高。农民文化和科技素质的不高又影响了农村教育事业的发展，使农村教育进入恶性循环状态。

农村文化教育的状况与现代化生产的发展和现代生活的需求形成巨大的反差，落后的农村文化教育制约了农村各项事业的建设和发展。这也是我国在社会经济发展中贯彻执行“科教兴国”基本国策时必须解决的问题。

九、社会管理

我国在长期的经济社会发展中形成了明显的城乡二元化的社会结构形态，这种社会形态也逐渐形成了人们的二元化的意识形态。各地历来采取以农养工、以农养城，牺牲农村和农业的发展，优先发展工业化、城市化，加大了城乡的差别。党的十八届三中全会《决定》指出：“城乡二元结构是制约城乡发展一体化的主要障碍。必须健全体制机制，形成以工促农、以城带乡、工农互惠、城乡一体的新型工农城乡关系，让广大农民平等参与现代化进程、共同分享现代化成果。”而只有建设社会主义新农村，才能改变农民的生产、生活状况，使得城乡在生活方面缩小差距，才能实现城乡协调发展的目标，使我国城乡同步进入小康社会。

综上所述，我国村庄建设中还存在诸多问题，这与当今世界经济社会发展中存在的经济、人口、资源、环境、粮食等问题有着极大的一致性，说明了这些问题带有普遍性和长期性。其中有些问题是通过简单整治便可得到解决的；有些问题则是需要下大气力、加大经济和科技投入才可以解决的；还有一些是深层次的问题，要在长期规划与发展中逐步解决。所以，村庄建设中的问题要分类别、分层次、分时段、有计划、有重点、分步骤地去解决。村庄发展中的问题给村庄规划建设发展提出了具体的任务、目标、方法和步骤。

从目前农村建设现状来看，同样也存在着诸多的问题。一是在社会主义新农村建设中，对于新农村建设的含义不能够充分理解，仅把新农村建设停留在物质建设上。新农村建设包括村庄的物质建设，更重要的是经济建设、社会建设、文化建设等内容。二是用城镇建设规划的思维来规划村庄，这也是容易引起错误的决策，误导村庄的建设。村庄居住的人群、生产生活方式与城镇有着很大的不同，二者不可画等号。城市规划是“自上而下”的思维，而农村应该是“自下而上”的规划理念。三是用计划经济的思维来组织村庄的规划与建设，也是十分有害的，要看到这是一个长期的建设任务，不可能在短时间内完成，要制定切实可行、长远发展的规划和部署。四是制定一些不切合农村实际情况的政策，盲目的、过于乐观的估计新农村建设的任务，使得一些政策仓促出台，而得不到应有的贯彻执行，反而有害于新农村的建设。五是社会主义新农村建设的受益主体是农民，对于农民的实际情况要充分调查研究，要了解农民想什么？农民需要什么？如何解决农民在建设新农村中的一些不正确认识，如何宣传、教育、组织农民，这些都是要经过大量的工作才能实现的，要本着“以人为本”的理念，坚持国家、集体、个人三者利益统筹兼顾的原则去建设。六是要正确分析现代农村中的农民。从全国的实际情况分析，生长在农村的青年人基本上不是真正意义上的农民，而是进城的农民工，多达 2.7 亿之多，这一群体流动于城乡之间，他们的工作基本上以做工、经商为主，主要收入是以工资为主，新农村建设他们需要的是什么？七是建设社会主义新农村是一项长期的历史任务，需要国家、地方制定相应的法律、法规来控制，而现状都有缺失，这些都值得研究。八是建设社会主义新农村需要大量的资金，钱从何来？如何筹集？这是个根本性、实质性的问题。

第四节　村庄建设与规划发展简史

村庄建设是社会事业中的重要组成部分，古今中外对其发展的研究从未间断过，村庄建设和规划的发展在国内外都有成功的先例，也有失败的案例。这些经验教训对我们进行社会主义新农村建设和编制村庄规划都有重要借鉴价值。

一、旧中国的乡村建设

(一) 20 世纪初的乡村建设

旧中国乡村建设可追溯到 20 世纪初。早在 1904 年，河北省定县的米迪刚、米鉴三在家乡翟城村开始进行乡村改造运动，成立了“爱国宣讲会”“改良风俗会”“睦邻会”“勤俭储蓄会”，试图振兴农村，但没有成功。20 世纪 20～30 年代，我国掀起文人志士建设乡村的高潮，先后有：以晏阳初为代表的平民教育派在河北省定县推行平民教育，于 1926～1936 年创办了平民教育实验室。试图用教育改变乡村“贫、愚、弱、私”四大问题，以增强农民的“知识力、生产力、健康力和团结力”。以教育家陶行知为代表的乡村生活改造派，于 1927 年在南京创办乡村建设学校，以学校为中心，设有卫生会、商店、医院、救火会、武术会、石印厂、民众学校。提出“以大众的工作，养活大众的生命，以大众的团结力量，保护大众的性命”的口号，试图通过教育民众，改造乡村。还有以梁漱溟为代表的乡村建设派，提出“中国为乡村国家，应以乡村为根基，以乡村为主体，以乡村为本，以农业引发工业，而繁荣都市”，于 1931 年 6 月在山东成立了乡村建设研究院，在邹平县建立了乡村建设试验区，欲以乡村学校为中心，建立乡村社会组织。以上这些实践都说明他们想通过教育改变旧中国的农村，搞好乡村建设。这些文人志士好的主张和想法均因社会制度不允许、体制不好而失败了。历史事实证明，社会制度是保障村庄建设和发展的根本所在。

（二）解放区的村庄建设

我党的斗争史是以农村为基地的。在国内革命战争时期、抗日战争时期、解放战争时期，始终把战略重点放在农村，先后在农村建立农村革命根据地，在根据地农村中进行了土地改革和农村建设，并取得了很大的成功。在长期的战争中，农村、农民为我国的革命胜利做出了巨大贡献，已载入史册。在极其艰苦的条件下，我党通过自力更生，艰苦奋斗，帮助农民发展生产，建设农村，解决了根据地农民的生活和我军的军需物资。历史证明，农民是我国革命和建设的主力军，同时也给乡村建设积累了丰富的经验。

二、新中国乡村的建设

新中国成立以来，建设社会主义新农村成为我党的一项重要建设任务。回顾近60余年的发展历程，建设社会主义新农村的道路也是十分曲折的。基本可分为1949～1978年，1979年至今两个大时期，大致经历了七个阶段，现简述如下。

（一）新中国成立后前八年的乡村建设

1949～1957年，是新中国成立后的前八年，也是我国恢复生产、重建家园，贯彻执行第一个五年计划的时期。农村经过土地改革、互助组、初级合作社、高级合作社几个发展阶段。农业和农村都得到快速发展，农民翻身做了主人，极大地激发了农民的积极性，掀起农业生产的高潮，农村建设也出现了前所未有的新局面。农村建了不少的新房，基础设施有了很大改善，农民的精神面貌也发生了巨大的变化。可以说这是我国农村建设的一个好的时期。

（二）人民公社时期的乡村建设

1958～1966年为人民公社时期，这一阶段又可分为1958～1961年、1962～1966年两个时段。1958年全国掀起人民公社化、大跃进的高潮。在人民公社化阶段，全国掀起村镇规划的高潮，这也是我国第一次进行大规模村镇规划编制。当时遇上三年困难时期，又在“一大二公”和“一平二调”的“共产风”影响下，村镇规划也是一风吹，搞所谓的“快速规划”，没有扎实的基础工作，使得村镇规划只能是“纸上画画，墙上挂挂”，规划的效果很差。在“左”的思想冲击下，村庄建设受到很大影响。

1962～1966年，党中央提出“以农业为基础，以工业为主导”和“各行各业都支援农业”的号召，社会主义建设进入一个稳定发展阶段，全国农村建设和农业生产都得到快速发展。农村的住宅建设在建设规划部门的指导下，有了新的发展。这个时段也是我国社会主义建设和新农村建设比较好的时期。

（三）“文化大革命”时期

1967～1977年，这一期间我国的社会主义建设和经济建设都受到很大冲击，农村建设同样也受到影响。当时在全国农业学大寨的号召下，以大寨为样板，自力更生建设社会主义新农村。农村在当时也得到一定的发展。不过在农村集体经济和计划经济模式下，农村的经济发展比较缓慢，经济力量和技术力量比较薄弱，农村建设的标准和质量都较差。

（四）改革开放后前十年的乡村建设

1978～1987年，党的十一届三中全会以后，我国坚持以经济建设为中心，坚持改革开放的政策。首先在农村进行改革，并且取得了巨大的成功。农村实行联产承包责任制，极大地调动了农民的积极性，农业生产取得了空前的发展，农民富裕起来了。农村掀起建房的高潮，特别是在 20 世纪 80 年代的几年中，每年都有 6 亿 m^2 以上的新房建成，农民的居住条件有了很大改善，农村面貌发生了巨大变化。在此期间，为指导建设社会主义新农村，1979 年、1981 年先后两次召开了全国农村建房工作会议，提出了“全面规划、正确领导、依靠群众、自力更生、因地制宜、逐步建设”的方针，制定了一些关于村庄规划的法律、法规文件，也编制过村镇、村庄规划，如在 1982 年国家基本建设委员会、国家农业委员会印发的中国建筑科学研究院农业建筑研究院所拟定的《村镇规划原则》。同时，根据当时的实际情况，原国家基本建设委员会提出了“先粗后细”的工作方法，以满足农村来势过猛的需求。总之，这个时期是我国农村建设的最好时期之一。

（五）乡镇企业和小城镇快速发展阶段

1988～2002 年是我国农村乡镇企业的快速发展阶段，同时也是小城镇的快速发展阶段。由于乡镇企业和小城镇的快速发展，农村建设的内容发生了很大的变化，农村经济也得到了快速发展，农村建设管理的思路也相应做出了调整，由管理农村建房转到对农村规划建设的综合管理，并提出“抓好试点，分类指导，提高村镇建设总体水平”的工作指导思想。1994 年建设部等六部委制定了《关于加强小城镇建设的若干意见》，1998 年党的十五届三中全会提出了“小城镇、大战略”的发展要求，先后出台或颁布《村镇建房用地管理条例》《建制镇规划管理办法》《村镇规划标准》《村庄和城镇规划建设管理条例》（中华人民共和国国务院令第 116 号）等相关文件，为村庄规划与建设提供了政策法规依据。

伴随社会主义经济建设的快速发展，由计划经济体制转变为社会主义市场经济体制，农村建设也有了快速发展，1978～2004 年农村人均住房面积由 11.2m^2 增加到 20.5m^2，房屋质量由土坯房、茅草房占 58.8%提高到楼房占 33.3%。但农村的发展已跟不上整个社会经济发展的形势。农业、农村、农民的“三农”问题成为我国社会主义建设中的突出矛盾，城乡二元化结构的社会形态影响了社会的发展和建设，给乡村建设提出了新问题。历史的发展把乡村建设推向新阶段。

（六）党的十六大以来的社会主义新农村建设

党的十六大以来，党中央认识到城乡二元化结构、农业、农村、农民的“三农”问题构成我国社会主义建设事业中的主要矛盾。要加快我国的经济与社会发展，就必须下大气力解决这两方面的问题。在党的十六届三中全会上提出“五个统筹”的科学发展观的理论，即“统筹城乡发展，统筹区域发展，统筹经济社会发展，统筹人与自然发展，统筹国内发展与对外开放”，统筹城乡发展居首位。十六届六中全会把建设社会主义新农村列为首要任务。在制定“十一五”国民经济与社会发展规划中提出村庄规划，使我国乡村建设进入了空前的好时期。这也是农村彻底改革、农民实现二次创业、实现小康生活水平的最佳时机。因此，对于村庄建设和村庄规划来说是个千载难逢的好机会。

（七）党的十八大以来的变化

党的十八大以来，我国进入经济社会改革的“深水区”，目前进行的社会主义新农村建设，也是我国农村面临的又一场深入的变革，与以前不同的是，这次新农村建设是设计在城乡一体化基础上的，目的是推动整个经济社会的全面发展，这次新农村主要是彻底改变农村经济社会形态的变革，它不仅是生产资料的变革，也是农村经济社会的根本变革。习近平指出："中国要强，农业必须强；中国要美，农村必须美；中国要富，农民必须富"。党的十八届三中全会决定指出："城乡二元结构是制约城乡发展一体化的主要障碍。必须健全体制机制，形成以工促农、以城带乡、工农互惠、城乡一体的新型工农城乡关系，让广大农民平等参与现代化进程、共同分享现代化成果。"我国经济社会正处在一个社会转型期，农村经济社会将由自给自足的小农经济向现代化农业、现代化农村转化，农民也正在向现代化新农民转化。这也正是共产党人不断进取的鲜明标志，是经济社会不断前进的必然趋势。

（八）我国部分地区的村庄规划经验

近些年，我国部分省、市开展了村庄规划的编制工作，在经济较发达的北京、上海、江苏、浙江等地已展开，积累了不少宝贵的经验。

(1)北京市。2005 年，北京市确定了 13 个旧村改造的试点，并组织发动了"百名规划师下乡"运动，北京有 48 家设计单位的 200 多名规划师、建筑师、工程师组成的规划小组，对远郊县区 73 个试点村庄义务进行了规划。2006 年年初，又组织编制市级 350 个试点村规划，并出台了《2006～2007 年北京市村庄规划编制工作方法和成果要求》(暂行)和《北京市远郊区县村庄体系规划编制要求》(暂行)。由于人才聚集、资金到位，北京的村庄规划针对性很强，在分析自然经济社会条件的基础上，对村庄规划的原则、内容、任务、成果标准做出具体要求，对不同村庄进行了因地制宜的科学规划。

(2)上海市。为解决城市化进程中引发的村镇建设发展和用地矛盾，上海市政府提出"农民向集镇集中，农田向农场集中，工业向园区集中"的都市郊区发展战略，简称"三集中"战略。并制定了由"1 个中心城、9 个新城、60 个左右新市镇、600 个左右中心村"组成的"1966"城乡规划体系，标志着上海城市规划由城镇向农村地区延伸，首次实现了城乡规划在市域范围内的全覆盖。其中 600 个左右中心村的规划建设，是上海新郊区新农村建设的主体内容之一。

(3)江苏省。江苏省早在第一轮土地利用总体规划编制时就率先在全省范围内展开了"两区"划定工作。此次工作共划定一级基本农田 7050 万亩、二级基本农田 1276 万亩，完成乡镇规划 1905 个，自然村从 28.9 万个缩并为 2.03 万个中心村和 3.11 万个基层村，人均居住用地从 $172m^2$ 下降到 $98.3m^2$，规划全部实施后整理耕地约 300 万亩，为实现可持续发展创造了条件，协调了经济发展与建设用地的关系，村镇体系布局趋于合理。在村镇规划中强调了市县域城镇体系规划对编制村镇规划的指导作用，避免"就镇论镇，就村论村"的缺陷。贯彻"适当发展县城、重点发展小城镇、缩并自然村、建设中心村"的原则，确定村镇发展的合理布局，明确了中心镇、一般镇、中心村和基层村等四个等级居民点体系的空间布局。

(4)浙江省。浙江省的"温州模式"是对村庄进行整治规划。村庄布局小而散，有的地方每个农村居民点不足 10 户，既影响了土地集约利用，又不利于农村发展，为引导农民向城镇和中心村迁移，浙江省做出了加快村庄撤并、推进城乡一体化发展的战略部署，实施了"千村示范万村整治"工程，以及"示范村、整治村建设规划""村庄布局规划"等乡村区规划，作为村庄规划的新探索。从协调农村居民点入手，通过全面的乡村住区规划，对区域内各乡镇、村庄进行综合布局与规划协调，统筹安排了各类基础设施与社会服务设施的建设。

（九）从国内典型地区村庄规划得到的启示

(1)社会体制是乡村建设的根本保证。纵观百余年的乡村建设史，不难看出，社会体制是决定乡村建设的根本保证。再好的愿望和措施，没有良好的社会制度也达不到预期的目标。社会稳定和正确的政策是建设农村的重要前提。历史证明，只有在我党的正确领导下，坚持正确的政治路线，才能有农村建设和发展的出路。

(2)社会主义新农村建设是一项长期的任务。我国社会主义新农村建设还处于初级阶段，没有现成的规律可循，村庄规划要结合不同地区的实际情况，因地制宜地进行，要分类指导、先行试点、再推广开来分步建设，村庄规划要坚持循序渐进道路。村庄规划和建设是未来一个历史阶段的任务，要充分利用这一前所未有的大好时机，既抓紧，又要谨慎稳步推进，要有长期建设的思想准备。

(3)村庄建设和发展要置于区域总体规划之中。村庄规划不能脱离县域城镇体系规划和城镇发展总体规划，要将村庄置于整个城乡网络体系中考虑，避免“就城论城，就村论村”。村庄规划是区域规划的一个重要组成部分，城乡之间的规划是互动的，城镇规划是建立在农村消减基础上的。因此，村庄规划必须以城镇规划为基础，先完成村庄体系规划，再进行村庄规划。城乡一体化是完成村庄规划的前提。

(4)集约发展、集中布局是村庄规划发展道路。村庄规划的重点是要完善基础设施、公共建筑，要整合土地资源。一是要将分散的居民点、乡镇企业适当集中；二是要把基础设施和公共建筑的建设布局集中；三是把农业产业化生产和生态建设集中布局。在加强各业集中发展的同时，又要注意保护好村庄的田园特色。因此，村庄规划和建设要坚持走集中、集约化发展的道路。

(5)农民的积极性是乡村建设的主要动力。历史事实证明，建设社会主义新农村，只有调动了农民的积极性，才能出现农村建设的新高潮。农民是农村的主体，是社会主义新农村建设的受益者。只有当他们认识到建设社会主义新农村能给他们带来巨大利益时，才能唤起他们极大的积极性，使农民成为新农村建设的主力军。这就给村庄规划提出了明确的任务，首先要发动农民、组织农民，要依靠农民，把农民当成村庄建设的主力军，使农民的确感受到村庄规划和建设是改变他们命运的重要举措，调动农民的积极性是完成村庄规划和建设的重要任务。

(6)村庄规划需要大量的人力和物力做保障。经济发达地区村庄规划的经验告诉我们，编制村庄规划需要有一定的经济基础和规划的技术人员做保障，各级政府要把这项工作列入议事日程，组织人力、物力完成这项具有历史意义的重要任务。

三、国外村庄规划的经验

发达国家的城市化基本上可分为两个阶段。城市化初期是以牺牲农业和农村为代价的单向型城市化，以集聚效应为主，导致人口向大城市迅速集中；城市化后期，集中于城市的先进生产要素向农村地域渗透、转移、扩散，推动人口大量外流，解决农村劳动力老化、农村景观丧失等问题。随着城市化进入调整阶段，乡村建设日益受到重视。发达国家积累了许多村庄规划建设的宝贵经验。

（一）国外村庄建设的实例

(1)德国。德国的村庄建设是从区域规划入手的，它以大城市为中心，加强经济结构脆弱地区的开发建设。国家每年从大城市提取一定数量的资金投入到“国家补偿库”中，用于支援经济薄弱地区的发展。通过统一规划，合理分散布置工业，使集中在城市的50000多个工业企业，有26000多个分布于小城镇，从而使人口分布和经济布局趋于合理。20世纪60年代末，又在全国范围内推行村落更新计划，对落后的农业区采取投资补贴、农产品价格支持、低息贷款等措施，加快了农业和农村现代化发展。另外，还通过土地整理，调整农业结构，增加农民收入。同时颁布了《农村社会保障法》《农民医疗保险法》等法律法规，建立起覆盖整个城乡的现代化社会保障体系。

(2)美国。为摆脱大城市恶性膨胀的困境和解决城市发展带来的一系列问题，早在20世纪50年代，美国就提出建设小城镇的发展战略。1968年美国国会通过了《新城镇开发法》，建设了一批人口规模在20000人左右的小城镇。长期发展中，美国特别注意乡村原有景观面临被破坏的危险，为防止在现代化过程中牺牲农村，80年代又提出建设“都市化村庄”。1984年于马萨诸塞州成立了“乡村中心”，专门研究农村面临的特殊问题，指明如何通过创造型的规划，实现保留乡村特色的目标，并开展乡镇规划效果讨论会，出版有关乡村景观特色及规划的期刊。1990年又分别在各州建立“州农村发展委员会”，各州的委员会都有自己的战略规划，村镇风貌大为改观。目前，约有42%的人生活在小城镇和乡村，基本实现了城镇均衡发展。

(3)日本。20世纪60年代，日本农村人口大量涌向东京、大阪和名古屋三大都市圈，城市近郊大量农田被占、城乡居民混杂、污染日趋严重，而农村地区则出现人口老龄化、农业生产力下降的现象。在这种情况下，日本制定了农村整备计划，先后出台了《町村合并法》《过疏法》等一系列政策法规，目的是控制大城市盲目发展，引导工业合理分布，实现农村城市化、工业化和生活现代化。70年代，开始加强农村基础设施建设，对村镇地区实行特色规划，民居散布于农田、道路、水网、山坡之间，建筑与自然环境、本地文化、生活方式相结合，提出了“造村运动”，至80年代已建成田园式小城镇450多个。目前，日本已形成农村、小城镇和大城市并列的三大居住空间，建立起城乡互相受益的新格局。

(4)韩国。20世纪60年代，韩国是一个落后的农业国，1962年韩国人均GDP仅为82美元，全国250万农户中80%住茅草房，仅20%的农户通电，5万个自然村只有60%的通汽车。1970年韩国发起“新村运动”，在增加农民收入、改善农村面貌、缩小城乡差距等方面进行探索并取得成功。“新村运动”主要历经了以下三个阶段：第一阶段(1970年10月至1973年)，激发农民积极性阶段，主要是农村基础设施建设，国家提出草屋顶改造、道路硬化、改造卫生间、供水设施等计划。由村民自主选择，政府给予物质支持，如集中建水池或给水井加盖、架桥、建村活动室等多种工程项目。这一阶段初步改变了农民的生活居住条件，也激发了农民投身农村建设的积极性。第二阶段(1974～1976年)，以增加收入为主的全面发展阶段，主要做法一是调整产业结构，大力倡导种植经济作物；二是推广科技文化知识和先进技术。通过普及高产的“统一稻”优良品种，1974年达到大米自给，1975～1978年实现自给有余，同时，林业、畜牧业、渔业也都有了很大的发展。第三阶段(1977～1981年)，自立发展阶段，主要是发展以农产品加工为主的农村工业。1978～1980年，农村企业由384家发展到790家，在短时间内取得了良好效果。1970～1980年十年间，韩国政府财政累计向新村运动投入2.8万亿韩元，相当于财政支出的1%。到2004年，全国人均GDP已跃升至1.4万美元，城乡居民收入比为1：0.84，实现了城乡经济的协调发展和城乡居民收入的同步提高。

(5)印度。作为发展中国家的代表，印度的村庄整治经验很值得借鉴。印度是一个以农业为主、人口众多的国家，村庄问题尤为突出。20 世纪 80 年代，印度政府为了改变城市严重拥挤和农村严重贫困的状况，开始在全国范围内推行“乡村综合开发运动”，其战略着眼点是缓解乡村的贫困，制止农村人口的外流。具体措施有：一是发展农业技术，提高农业生产水平；二是在农村发展劳动密集的手工业和乡村工业，以解决部分农民的就业问题；三是在农村中心大力建设以工业为主的小城镇；四是合理调整村庄规模，着力解决农民住房问题，调整合并分散的地块，以利于管理和耕作。在调整村镇规模的过程中又采取开发援助的形式，向农民提供贷款，改造住房，建设公共设施。经过多年努力，农村的贫困状况普遍有所改变。

（二）国外村庄规划建设的启示

(1)要发挥政府在农村规划和建设中的主导作用。首先，政府要把农村建设列为国家的重点发展战略，作为社会发展的重要任务，积极倡导和推动农村建设和规划。然后，对农村建设规划的具体部署与安排，做出合理具体的规划目标与技术规范；还要在人力、物力和财力上给予重要的支持。最后，国家对农村规划和建设提供制度和机制上的保障。村庄的建设和规划，没有政府的调控和指导就不可能实现。

(2)要依靠农民主体力量，调动农民建设农村的积极性。农民是农村的主体，农村的建设和规划没有农民的积极参与就无从谈起。所以要从提高农民生活质量入手，采取有效的激励机制，吸引农民积极参与；尊重农民的意愿，调动农民的积极性，发挥农民的创造力，对于农村改革和建设具有重要作用。

(3)村庄建设不仅涉及村庄景观，更与村庄社会发展密切相关，其目标是使农村地域的整体结构更新。建设新农村首先要有步骤地进行合理规划，将乡村建设与乡村经济产业的发展相结合，以经济建设为中心，逐步实现城乡经济社会一体化发展的新格局，以乡村建设和发展促进整个社会的发展，同时要保护村庄文化和特色，使乡村发展走可持续发展的道路。

(4)乡村经济发展是带动经济均衡发展的动力。国外的经验告诉我们，工业发达国家是在工业化后转向农村建设的，目的是以工业化带动农业农村的发展，使产业均衡发展，使城市人口向农村发展，以此带动国土的均衡发展，这些经验对我国现状来说很值得借鉴。我国经济发展不平衡，自 21 世纪以来，国家已步入工业化中期阶段，一些发达的省(市、区)迈向工业化后阶段，“工业反哺农业，城市带动乡村”已具备条件，建设社会主义新农村就是这个背景下的产物。

(5)建立法律法规和行政管理的保障体系。国外的乡村发展历史事实告诉我们，进行乡村建设要有相关的法律法规和行政管理来保障。为了推动我国的社会主义新农村建设，就要打破限制农村发展的行政管理体制和政策。首要任务是尽快建立起一系列与之相适应的行政管理体制和政策体制，使社会主义新农村建设和发展有法可依。

值得注意的是，我国与其他国家在自然条件、人口压力、社会背景及城镇发展阶段等方面有很大的差异，城市化运行机制及乡村空间演化机制也有很大区别。在制定村庄规划发展战略时，要重视我国的基本国情，在充分研究我国的基本国情基础上积极借鉴外国的乡村建设的成功经验，为推动社会主义新农村建设做出贡献。

第二章 村庄规划理论

村庄规划理论是指村庄规划的基本规律及应遵循的基本原则。村庄是人类社会重要的组成部分，村庄规划理论基础是科学发展观理论；规划过程的指导理论是系统平衡控制论；规划内容的参照理论是经济发展阶段论。

第一节　科学发展观理论

一、科学发展观理论的含义

科学发展观理论是党的十六届三中全会提出的，是指导我国社会主义建设的理论基础。科学发展观是自党的十六大以来，以时任总书记胡锦涛为首的党中央及时总结我国国情，对马列主义、毛泽东思想、邓小平理论和“三个代表”重要理论的创新和升华，其内容丰富，涉及政治、经济、文化、社会发展的各个领域。理论的第一要义是发展，核心是“以人为本”，基本要求是全面协调可持续发展，根本方法是统筹兼顾。科学发展观理论，要求把坚持发展作为第一要务，以经济建设为中心，加快社会主义现代化建设，全面推进小康社会的建设；构建“和谐社会”，其内涵可概括为“坚持以人为本，树立全面、协调、可持续发展观，促进经济社会和人类的全面发展”。具体讲就是坚持以人为本的发展理念，坚持全心全意地为人民服务的宗旨，尊重人民主体地位，发挥人民的首创精神，保障人民的各项利益，走共同富裕的道路。坚持可持续发展观，要按照中国特色社会主义事业总体布局，全面推动经济建设、社会建设、政治建设、文化建设，促进现代化各方面的协调发展；促进生产关系与生产力、上层建筑与经济基础互相协调。坚持“生产发展、生活富裕、生态良好”的文明发展道路，建设资源节约型、环境友好型社会。坚持“五个统筹”，即“统筹城乡发展、统筹区域发展、统筹经济社会发展、统筹人与自然和谐发展、统筹国内发展与对外开放”，也就是坚持全面统筹兼顾；指明我国社会主义建设事业发展的道路与发展方式，是社会主义事业建设的理论基础，也是建设社会主义新农村、编制村庄规划的理论基础。

二、科学发展观理论在村庄规划中的应用

科学发展观理论是指导我国社会事业发展的理论基础，村庄的发展作为社会事业的一个组成部分，科学发展观理论当然也是村庄发展、建设和规划的理论基础。遵循其含义，村庄规划必须坚持以经济建设为中心，以农村发展为根本；坚持“以人为本”，以改善人居环境，改善人民物质生活，建设政治文明、精神文明、生态文明，培育造就一代新型农民为宗旨；

以“生产发展、乡风文明、村容整洁、管理民主”为蓝图；以打破城乡二元结构，彻底解决“三农”问题为基本任务；以实现农业现代化、农村建设城镇化和农民生活小康化为基本目标；坚持可持续发展理念，建立农村循环经济的发展道路，建设社会主义新农村，也就是要求全面推动农村的经济建设、社会建设、政治建设、文化建设、生态建设。科学发展观理论指明了村庄规划的中心任务、宗旨、目标和发展道路，是指导村庄规划的理论基础。

科学发展观理论指出：以经济发展为中心，推动农村各项事业的发展是建设社会主义新农村和编制村庄规划的根本任务。各项事业发展的目的是全心全意为农民服务，改善农民的居住环境和生活条件，改善农业生产条件，发展以农业产业化为主的现代化农业生产，建立资源节能型、环境友好型的农业经济。稳定、快速地增加农民的收入，提高农民的消费能力；改善农村教育现状，加强农民专业技术培训，培养造就新型农民，提高农民乃至整个民族的素质；以提高农民消费能力促进社会主义的经济发展，以提高民族素质促进人类社会的进步。构建新型和谐的同步发展的社会形态，重新组合农村的生产力、生产要素，建立新型的农村经济发展模式和道路，实现城乡统筹发展，达到共同实现小康的目标。因此，村庄规划具有重要的现实意义和深远的历史意义。

第二节　系统平衡控制论

系统平衡控制理论是指编制村庄规划的过程理论，主要说明编制村庄规划所应经历的步骤，也就是编制村庄规划必须完成的各项工作和经历的过程，即村庄规划的技术路线。

一、系统平衡控制论的含义

系统平衡控制论是指导村庄规划编制程序的理论，指明了编制村庄规划应坚持的方法步骤。整个规划的过程首先应建立理论支持系统，以此为基础建立规划的决策系统，然后再建立规划的执行系统，形成完整的规划体系。

村庄规划是一个复杂的系统工程，在村庄这个大系统中包括自然、经济、社会三个子系统，子系统中又包括诸多的因素、因子，在规划过程中要应用系统分析原理对区域内的子系统进行严密的系统分析和研究。在这个系统中，在横向上要以规划的理论系统为基础，协调各项基本国策的落实，统筹各方面的利益，建立一个完整的决策系统，即村庄规划方案；以规划方案为基础，达到对村庄各项建设的控制与安排，为村庄的建设、发展和管理提供依据，即规划的执行系统；在纵向上要经过系统调查、系统分析、系统研究、系统平衡，达到系统控制的目标。系统平衡控制论的含义揭示了村庄规划的程序与方法，指明了村庄规划编制的步骤。

二、系统平衡控制论在村庄规划中的应用

（一）系统分析

村庄作为国土资源的最小组成单元，也包含在由自然、经济、社会三个子系统和诸多因素、因子组成的大系统中。系统所包含的子系统内的因素、因子是互相联系、互相作用和互相制约的，它们都不同程度地对村庄这个大系统起着一定的制约作用。因此，编制村庄规划时必须对诸多因素、因子进行分析研究，尤其是对村庄发展和建设起控制作用的因素、因子（即

主导因素）更要重视。通过对它们的分析研究，找出村庄的优势、劣势及存在的问题，才能有针对性地提出村庄规划的明确目标。这样做出的规划才能是“一村一品”，以免出现脱离实际、千村一面的现象。因此，编制村庄规划最基础的工作就是要对自然、经济、社会条件进行全面调研和系统分析。系统分析包括村庄的条件分析与评价、现状分析与评价、村庄发展的预测、发展目标和发展战略的分析与研究等内容，经过系统综合最终达到系统控制的目标。这是编制村庄规划的基础工作。

（二）协调平衡

村庄规划的整体性和综合性决定了协调平衡的重要性。村庄规划的协调平衡包括以下几个方面：一是村庄规划是最基层的实施性和综合性规划，要全面贯彻落实各项基本国策，均需落到实处。这些基本国策既要认真落实，又必须符合本村的实际情况，这就需要进行协调。二是落实各级政府与各有关部门的种种规划，可以说是“海纳百川，融为一体”“上有千条线，全由一针穿”。在纵向上要与各种规划相衔接，横向中要使各项规划相协调，这往往会出现多种矛盾。既要落实各种规划的内容，又要符合本村的实际，没有足够的协调平衡，全面落实这些规划难度很大，说明了村庄规划协调平衡任务的艰巨性。三是村庄规划内容必须落实到“地块”，国家、集体、个人三者的需求都必须得到合理安排，在局部服从整体，个人、集体服从国家前提下，合理做出安排，也需要进行大量的协调平衡。四是社会主义新农村建设规划与农民传统的意识观念也存在许多矛盾，个人利益与整体利益、短期利益与长远利益、未来发展理念与传统意识观念等诸多矛盾，均需协调平衡解决。五是村庄规划的动态性说明了规划是一种平衡状态被新的平衡状态所代替，规划就是要打破旧的平衡，建立一种新的平衡，这是规划综合平衡方法的具体体现。由此看来，协调平衡是村庄规划过程中非常重要的一环，其基本方法就是统筹兼顾、综合平衡。

（三）控制管理

规划方案是通过对基础资料的系统分析研究和全面综合协调平衡最终形成的，是在多方案评比中优选出来的。选定方案后，经村民审议和县、乡人民政府审批后形成最终的决策方案，便是决策系统。遵照规划方案来制订实施方案和具体的实施办法，作为村庄管理和建设的依据。规划的目的，就是要按人的意志控制村庄的建设和发展。村庄规划流程如图 2-1 所示。

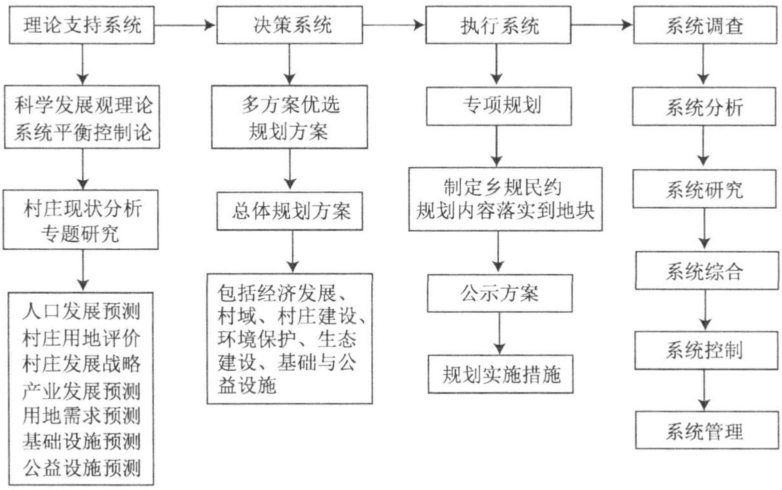

图 2-1　村庄规划流程图

第三节　二元经济结构理论

一、二元经济结构理论

(一) 二元经济结构的含义

美国著名经济学家阿瑟·刘易斯(W.A.Lewis)于1954年发表了《劳动无限供给条件下的经济发展》一文，首次系统、全面地提出了发展中国家二元经济结构模型，成为影响最大、应用最广的二元经济结构理论。这一理论指出发展中国家一般存在着性质不同、成熟度不一的两个经济部门：一个是现代部门，一个是传统部门，它们在资本运用、生产规模、生产方式、生产效率、收入水平等方面存在明显不同。该理论不仅揭示了发展中国家二元经济结构的表现形式和特征，而且在二元经济结构的基础上构建起一种全新的经济发展模型，揭示了传统部门和现代部门的消长机制。二元经济结构现象被认为是发展中国家工业化过程必然出现的经济现象，因而二元经济结构理论对广大发展中国家的经济和社会发展发挥了重要的理论指导作用。

(二) 我国的二元化结构

二元经济结构的理论是村庄规划的参照理论。我国经济发展中的确存在着二元化的结构。在社会发展中，不仅表现在经济方面，而且在社会形态、意识形态方面也存有二元化结构的状况，构成我国经济社会发展中的主要矛盾。

我国在过去的发展中，传统农业为现代化工业提供了巨大的物质基础，是工业化快速发展的重要基础条件。我国总体已进入工业化中期阶段，并有不少地区步入后工业化阶段，先进的工业化与落后的农业生产构成经济建设中的深层次矛盾。因此，党中央提出“工业反哺农业，城市支持农村”和“对农业多予少取”的战略方针，目的是解决经济发展中结构型矛盾和深层次的矛盾，通过发展现代化农业，缩小城乡差距，构建“和谐社会”。我国继续坚持以经济建设为中心，保持国民经济健康、稳定、快速发展的伟大战略部署。这也是进行村庄规划的重要指导思想。

二、二元结构理论的应用

现实状况表明，我国不仅在经济结构方面存在着二元化结构，在社会形态方面还表现为城乡二元化的结构，进而反映在社会形态、意识形态方面也存在二元化结构，构成我国目前社会经济和意识形态中的突出矛盾，只有化解了这些矛盾，社会经济才能持续健康发展。解决这些矛盾的焦点就是解决农业、农村、农民的“三农”问题。首先，要发展农村经济，以现代化的经济建设推动农村各项事业的发展，农业经济要坚持产业化的发展方向，坚持可持续的发展道路，建立循环经济的发展模式，从经济上缩小城乡差别。其次，村庄建设要走集约化的道路，建设的标准是实现城乡一体化，使农民与市民在生活环境上各有千秋，只有空间分布的差异，而生活标准、生活水平都要均衡发展。要从经济、生活标准等方面解决城乡二元化结构的矛盾，进而从意识形态上解决二元化的观念，促进社会经济的和谐发展。要解决“三农”问题，关键就是建设社会主义新农村。因此，编制村庄规划必须以此为基本目标和任务，重点解决多重二元化结构问题。以实现农业现代化、城乡建设一体化、农民生活小康化为目标，落实党中央提出的重大目标与任务，促进我国国民经济与社会稳定、健康、快速发展，其意义重大而深远。

第三章

村庄规划技术与应用

村庄规划技术原理的应用研究，是指在编制村庄规划时应有的规划理念；应明确规划的目标；确定规划的原则、依据；确定规划体系与模式；确定规划应遵循的程序与方法。这些都是村庄规划编制时要掌握和应用的技术原理。

第一节　村庄规划的理念

一、宏观性理念

（一）建设和谐社会

自改革开放以来，我国坚持以经济建设为中心，取得了举世瞩目的辉煌业绩。在今后的一段时期内，我国的社会发展要坚持以建设和谐社会为发展方向。村庄规划就是以建设和谐社会为目标。目前，我国的经济转型与建设和谐社会正在稳定、快速地前进。前进中存在的突出问题是社会发展的不均衡,其主要表现是区域之间的不平衡和城乡二元化结构中的矛盾。建设社会主义新农村，编制村庄规划的核心目标之一就是打破城乡二元结构，使占总人口2/3的农民富裕起来，提高农民的收入，增强农民的消费能力，促进生产。在农村经济发展中坚持走可持续发展道路、建立循环经济模式，进入新常态，落实“稳增长、优改革、调结构、惠民生”的发展目标，因此，建设社会主义新农村，编制村庄规划必须坚持以构建和谐社会为中心的理念。

（二）坚持改革创新

我国实行改革开放以来，首先在农村改革中取得成功。我国经济社会正处在一个社会转型期，农村经济社会将由长期自给自足的小农经济向现代化农业、现代化的农村转化，农民也正在向现代化新农民转化。特别是党的十八大以来，我国进入经济社会改革的“深水区”，农村面临新的重大改革，因此，建设社会主义新农村，编制村庄规划，必须贯彻深化改革、不断创新的理念。深化改革，就是要解放思想，打破多年的城乡分离观念，消除城乡二元化结构，制定新的发展目标、建立新的发展模式、选择新的发展道路，有力推动经济的全面发展，让城乡人民共同富裕，实现全社会共同进入小康社会的目标。创新，就是通过建设社会主义新农村，让农民改变生产、生活环境，建立循环的农业经济，使农村产业发展由主要依靠增加物质资源消耗向主要依靠科技进步、劳动者素质提高、管理创新转变，坚持可持续发展的道路，促进农业现代化、城乡建设一体化、农民生活小康化，实现二次创业，培养造就一代新型农民。

(三) 坚持“以人为本”

2015年中央农村工作会议指出：积极稳妥推进新农村建设，加快改善人居环境，提高农民素质，推动“物的新农村”和“人的新农村”建设齐头并进。“物的新农村”是指道路、饮水、电力设施和住房等人居环境条件的改善。推进“人的新农村”是指建立健全农村基本公共服务、关爱农村“三留守”群体、留住乡土文化和建设农村的生态文明。长期以来，我国在“物的新农村”方面关注较多，对“人的新农村”建设和关注不够。同时，近年来农村出现了新情况，农民外出打工导致的“空心村”增加，“三留守”问题突出，“人的新农村”建设亟须提到日程上来。对于如何推进“人的新农村”建设，一要建立农村留守老人、儿童、妇女的关爱服务体系，建立健全养老、教育、医疗等农村公共服务，让“三留守”有依靠有保障；二要做好农村传统文化、乡土文化的保护，不让农村变成荒芜的农村、留守的农村和记忆中的故乡；三要做好农村生态环境的保护。正因如此，党中央提出“以人为本”的科学发展观，并提出建设和谐社会的目标，目的是消除城乡差别、工农差别的社会现象。具体举措就是建设社会主义新农村，使占全国人口近2/3的农民富裕起来，让城乡人民共同进入小康社会。因此，在编制村庄规划过程中，必须坚持“以人为本”的理念。

(四) 坚持全面实现小康社会目标

党的十六大以来制定了一系列关于建设社会主义新农村的决策和措施，提出“工业反哺农业，城市支持农村”、对农村、农业“多予少取”的战略方针，其核心目的就是让广大农民与城市居民共同富裕，城乡居民只有生活方式的差异，但生活标准、水平都达到小康的目标。2015年中央1号文件指出：农业现代化是国家现代化的基础和支撑，目前仍是突出“短板”，全面建成小康社会的重点难点仍然在农村。我国经济发展进入新常态，加快推进农业现代化，对稳增长、调结构、惠民生意义重大。挖掘农民这个最大群体的消费潜力，可以更好发挥消费的基础作用；农业农村基础设施和公共服务落后，有巨大新增投资需求，用好这个空间，可以更好发挥投资的关键作用；做大做强农业产业，可以形成很多新产业、新业态、新模式，培育新的经济增长点。城乡人民共同实现小康社会的标准，是社会主义初级阶段和建设社会主义新农村的基本目标。因此，编制村庄规划必须把农民达到小康生活水平的标准作为最基本的理念。

(五) 坚持全球化

全球化是指我国在加入世界贸易组织(the World Trade Organization，WTO)后，国际市场的开发为我国农产品和乡镇企业产品带来巨大的商机，给农村的发展带来新的机遇。但同时也对农业和乡镇企业提出更高的要求，生产的产品必须符合国际标准和在交易中要遵守国际贸易规则。因此，村庄规划时要根据当地的实际情况合理安排适合国际市场需求的产品，要改变传统的、狭隘的、不适应新形势的理念，树立符合新的国际市场需要的全球化的理念。

二、技术理念

(一) 问题导向的理念

规划始于问题。规划是国家管理的一种具体制度，是经济社会管理的一种手段、措施，而不是目的，因此，在编制村庄规划时应着眼于问题，以解决问题的理念来编制规划，防止为规划而规划的虚无的理念。村庄规划主要解决村庄建设中存在的问题，通过实现农业现代化、城乡建设一体化、农民生活小康化目标，消除城乡二元化结构，实现共同富裕，建设和谐社会。为解决村庄建设中存在的诸多问题，如人口与劳动转移、土地利用、资源开发、经济建设、规划管理、行政区划、管理体制和政治体制等，编制村庄规划时要坚持实事求是的理念，因地制宜拟定发展目标与任务，使之既有提高又切实可行。

（二）全新发展的理念

全新的理念是指建设社会主义新农村要树立全新的意识，通过村庄规划建立城乡一体化的区域经济新格局，建立经济发展的新常态；发展农业产业化，生产集约化，建设现代化的新农业；培育和完善社会主义新农村的新市场体系；加大技术投入，建设农村的生态环境，发展新能源，走可持续发展的道路；加强农村精神文明、政治文明、生态文明建设，树立新风尚，提高农民的整体素质，培养造就一代新型农民；促进社会主义新农村的基础设施和公益事业的发展，建设农村新面貌，开创社会主义农村的新局面。

（三）合理用地的理念

村域规划和村庄建设规划的核心内容都是合理布局各项用地。用地问题是规划中一个突出的矛盾，也是一个非常敏感的问题。一是村庄规划必须落实县（市）、乡（镇）土地利用总体规划，但又必须符合本村的实际情况，在编制村庄规划时要认真协调，妥善处理各种用地矛盾，这是一项重要的基础工作。二是土地资源短缺，特别是耕地资源的严重不足是限制农村、农业发展的主要因素。在规划中贯彻“十分珍惜、合理利用土地和切实保护耕地”基本国策是首要任务。因此，编制村庄规划时必须坚持合理用地、保护耕地的理念。

（四）集约发展的理念

村庄规划的重要内容，包括村庄经济的发展规划、村庄的建设规划、土地利用规划、村庄环境与生态建设规划、政治精神文明规划等内容。关于经济发展、村庄建设、土地利用等方面都需要树立集约发展的理念。这是现代化生产与传统生产的分水岭，也是社会经济发展与建设和谐社会的必然趋势。村庄产业和用地布局的集中化和集约化，也是村庄规划的重要指导原则。因此，编制村庄规划时必须坚持集约发展的理念。

（五）宜居环境的理念

村庄规划的核心目标之一是建立宜居的环境，以满足人的生产和生活需要。农村的环境给人的印象是“脏、乱、差”，其原因是农村基础设施建设投入太少。只有加大对农村基础设施建设的投入，才能早日实现农村空气新鲜、环境优美、基础设施完善的“田园风光”。编制村庄规划时，要把建设农村宜住环境当做一项重要任务予以安排。

第二节　村庄规划的原则与依据

一、村庄规划的原则

（一）宏观性原则

1. 人本主义的原则

充分利用现代文明成果，因地制宜地建设适合人类生存与发展的和谐人居环境，满足人们物质生活和精神文明发展的需求；培养造就一代新型农民，构筑具有地方特色的社会主义新型农村。“以人为本”，充分尊重民意，社会主义新农村建设必须维护广大农民的根本利益，促进农村全面发展。必须明确村庄规划是为他们服务的，因此编制村庄规划要充分尊重农民的自主权，要采取“自下而上”的规划方法。

2. 可持续发展，建立节约型社会的原则

坚持综合协调、长期、渐进的可持续发展战略，实现村庄人口、经济、社会、资源与环境的协调发展；通过村庄规划建立“高产、优质、高效、环保、安全”的现代化农村循环经济新模式；积极推广“节地、节水、节能、节材”的经济建设新技术，使之成为经济、社会、生态三大效益的最佳组合。

3. 区域协同、城乡协调发展的原则

村庄形似一个孤立的点，但它总是一定区域的组成部分。在区域范围内协同发展，以区域经济与社会发展战略为指导，谋求区域协调、城乡协调、优势互补、相互融合、相互利用；以共同实现小康社会为目标，城乡互动，工业反哺农业，城市支持农村，缩小城乡差别，实现城乡一体化，建设和谐的社会主义社会；以城乡一体化规划为依据，统筹区域的基础设施、公共设施建设是社会事业的组成部分。要有“慎砍树、禁挖山、不填湖、少拆房”的精神，保持农村特色和田园风光。因此，村庄规划必须遵循区域协同、城乡一体化发展的原则。

4. 因地制宜、分类指导的原则

村庄基础条件、发展空间差异很大，应充分发挥个体的独特之处，走特色发展道路，形成“一村一品”，不要搞成“千村一面”。各地经济条件、风俗习惯差别显著，要根据当地实际情况科学地确定具体的目标、重点、方法和标准，实事求是地编制村庄规划，不要搞“一刀切”，根据不同情况分类指导，充分发挥地方的自主性和创造性。因此，村庄规划必须坚持因地制宜、分类指导的原则。

5. 市场与政府调控相结合的原则

国内外村庄建设的经验表明，村庄的建设和规划都离不开政府的调控。同时，也必须按市场经济规律进行资源配置，充分利用资源优势，提高经济效益。促进农村和地方的经济发展，这也是地方政府的一项重要职责。因此，村庄规划也必须在政府指导下，坚持政府指导和市场调控相结合，保障村庄规划的编制和各项建设事业协调发展。

（二）技术性原则

1. 科学合理与农民自愿相结合的原则

坚持科学发展观，使规划内容科学合理，并切实可行，同时要注意村庄规划的主体是农民，要充分尊重农民的意愿，广泛动员农民参与规划和规划的管理与实施，保障农民的决策权、参与权和监督权，不搞形象工程。因此，编制村庄规划要深入调查，了解民情、反映民意、珍惜民力，要得到农民的认可和积极参与，使规划的科学性、合理性与农民的意愿相结合。

2. 统筹兼顾，充分考虑国家、集体、个人三者利益和量力而行、循序渐进的原则

村庄规划要落实各项基本国策和一系列的相关规划，这给村庄规划带来许多约束条件。规划中应充分考虑各方面的利益，在局部服从整体的原则下，力求最大可能地兼顾各方的需

求，使村庄规划与各项规划相衔接。统筹兼顾还要注意发展地方特色产业，因地制宜，扬长避短，走可持续发展的道路。要按照村庄现有情况和条件，区分轻重缓急，坚持“量力而行、循序渐进”的原则。

3. 保护与开发并重，坚持集约发展的原则

村庄规划中需保护的内容很多，如基本农田、生态环境、文化古迹等。在村庄开发建设中，必须把需保护的内容划定范围，作为保护对象，不得随意开发。对资源与工业发展，坚持集约发展道路，规划建设中充分体现“节地、节能、节水、节材”的原则。

4. 远期规划与近期规划相结合，突出规划的可操作性原则

要着眼长远，立足现实，使远近规划相结合。远近规划均要突出规划的可操作性，使规划内容能满足各项建设的需求。尤其近期规划必须突出规划的实施性，要把近期需要规划建设的项目安排到位，并且做到总体规划、详细规划和规划设计一步到位。

5. 总体规划与专项规划相结合，突出布局规划的原则

村庄规划包括村域、村庄建设两个层次规划，各层次都有总体规划和专项规划，对规划内容有目标规划和布局规划，但村庄规划应突出布局规划，用布局控制达到规划实施的目标。

二、村庄规划的依据

(一)法律法规依据

法律法规分为国家制定的和地方制定的相关法律法规。其中，国家制定的法律法规有：《中华人民共和国城市规划法》《中华人民共和国土地管理法》《中华人民共和国环境保护法》(2014年修订)《中华人民共和国农业法》《中华人民共和国森林法》《中华人民共和国草原法》《中华人民共和国水土保持法》《中华人民共和国水利法》《中华人民共和国村民自治法》等。

(二)国家规定标准

国家制定的规定标准包括：《村镇规划标准》(GB50188—93)《村镇规划水土保持标准》《村镇基础设施规划标准(含给水、排水、电力、通信等)》《村庄建设用地标准》《土地开发整理标准》《环境保护规划标准》。以上各种标准，在村庄规划中尚未单独做出明确的规定，所以只能参照小城镇建设的标准执行。

(三)政策依据

政策依据包括国家制定的和地方党委政府关于村庄规划制定的相关文件。国家制定的政策依据有：《中共中央国务院关于加大改革创新力度加快农业现代化建设的若干意见》《中共中央国务院关于推进社会主义新农村建设的若干意见》《中国共产党第十八届中央委员会第三次、第四次全体会议公报》《中国共产党第十八次全国代表大会报告》《中共中央关于全面深化改革若干重大问题的决定》《中央城镇化工作会议精神》《全国主体功能区规划》《国家新型城镇化规划(2014～2020年)》《中共中央关于制定国民经济和社会发展第十三个五年规划的建议》《中华人民共和国国民经济和社会发展第十二个五年规划纲要》《建设部关于村庄整治工作的指导意见》。

（四）规划依据

规划依据主要有：国家、省、市、区编制的关于城镇体系、土地、环境、水利、交通等的规划；县级土地利用总体规划，城镇体系与城镇规划，环境保护与生态建设规划；乡镇，城镇规划，土地利用规划。

（五）村庄基础资料

详见第五章第一节。

第三节　村庄规划的体系与模式

一、村庄规划的体系

体系是指一个有规律的相互依赖或相互作用的诸多因素、因子组成的综合体或集合体；一种由发展或事物的相互联系所形成的自然结合或组织；一个具有生命的有机整体。村庄规划是一个整体性、综合性很强的规划，其内容具有很强的广泛性，村庄规划的内容是由若干相关事物相互联系、相互制约而构成的一个整体。村庄作为人类生存的一种方式，在时空分布上形成一个完整的体系，这个体系具有明显的层次性和复杂性。这表明村庄规划是一个复杂的系统工程，它是一个完整的体系，该体系主要包括以下几方面内容。

（一）以县（市）或乡（镇）级区域制定村庄体系规划

以县（市）域或乡（镇）域对村庄的布局进行调整规划是村庄体系规划。村庄作为一个有机的整体，存在形成、生长、壮大、消亡和更新的机制，尤其伴随社会的转型期和农村的巨大变革，这种变化趋势更为显著。因此，村庄空间布局的调整是目前社会变革中的一个重要社会现象，是反映村庄合并趋势的必然结果。进行社会主义新农村建设时，要把村庄空间布局规划调整放在重要地位，只有完成村庄体系规划，才可以编制村庄规划，确定哪些村庄可以进行规划，哪些村庄不用编制规划。编制村庄体系规划，是建设社会主义新农村进行村庄规划和实现城乡一体化的需要，同时也是编制好村庄规划的前提和依据。要在县、乡级村庄体系规划的指导下编制村庄规划。

（二）村庄规划包括村庄的总体规划和专项规划

村庄规划是个立体空间的总体规划，从空间层次上可分为村域规划和村庄建设规划，两者都是用地规划。在村庄建设规划中还包括其他专项规划，如经济发展规划、基础设施和公益建筑规划、政治、精神文明建设规划等。村域规划中还包括村庄土地利用规划、环境保护和生态建设规划、村庄的保护规划、旅游规划等。

（三）村庄规划

在村庄总体规划和专项规划的基础上，应继续完成村域的专项规划的规划和村庄建设规划的规划。村域总体规划中，要对土地利用规划的土地开发、整理、复垦、保护、整治等项目的内容，环境保护与生态建设工程建设，村庄的对外交通、田间交通、电力线布局诸方面做出详细的规划。村庄内的各业用地布局、各种基础设施的安排、公益建筑和生态环境的建设，也必须做出具体的规划。通过各项规划的规划，使村庄规划的内容具体化，指导和管理村庄的建设和发展，实现建设社会主义新农村的目标。

二、村庄规划的模式

规划模式是指所作的规划内容的表现形式。不同层次、不同内容的规划有不同的模式，例如，从规划层次可分为高层次的宏观战略规划、低层次的微观实施性规划；从规划内容所组成的性质可分为综合性规划和专项规划；从内容表现形式可分为目标规划、结构规划、布局规划等；从规划内容空间范围和详细程度划分为总体规划、详细规划和规划设计；从规划内容的指标严格程度，可分为弹性规划和刚性规划；按规划内容的设计要求，可做出单方案规划或是多方案规划。村庄规划的模式是规划内容和性质的表现形式，决定了村庄规划不同于其他诸多规划。

（一）小而全的综合性规划模式

村庄规划的整体性、综合性表明，村庄规划范围虽小，但它是一个综合性很强的规划。村庄内外的各种条件都对村庄建设和发展起着控制作用，这就要求做到全面分析和研究，在不同条件下诸多因素、因子能形成不同的组合，要趋利避害、扬长避短，选择最佳方案；村庄规划要落实各项基本国策、各级政府的各种规划，而各种规划的落实都是对村庄规划的约束条件，要做到各种规划的上下衔接、彼此之间的协调，说明了村庄规划落实各种规划的艰巨性和需要高度的协调性。因此，村庄规划是一个最小单元的协调性、实施性、综合性很强的规划，这也是其与其他规划相区别的一个突出特点。

（二）村庄规划是总体规划、专项规划加规划设计一步到位的规划模式

村庄规划内容包括村庄、村域、村庄建设的总体规划和各种专项规划，对各层次规划的内容不仅做出总体安排，同时还要做到详细的规划，便于规划的实施和操作，要求总体规划内容通过专项规划和规划设计一步到位的规划模式表现出来。规划的成果不仅有总体规划图，还要有村庄规划的各种建设的设计图。不像城镇规划那样，先总体规划、再做详细规划、然后再做规划设计的多步程序，而是三步规划一步到位的程序，这也是村庄规划与其他规划模式的不同之处。

（三）结构规划与布局规划并重，突出布局规划的模式

村庄规划与其他规划有相似之处，就是结构规划与布局规划并存。但村庄规划是一个微观实施性很强的规划，是总体规划、专项规划和规划设计一步到位的规划。因此，在坚持结构规划与布局规划并重的前提下，应突出布局规划。对其大小空间均应由相对应的比例尺的规划图来反映成果，用布局控制和安排各项规划内容。这也是村庄规划不同于其他一般空间规划的一个突出特征。

（四）多方案优选的模式

村庄规划是依据国民经济与社会发展规划制定的实施性规划。我国经济处在快速发展阶段，经济发展的突出矛盾是结构性的区域不平衡。农村经济发展的不平衡问题更为突出，村庄发展的机遇有许多不可测因素，不同环境条件的变化、不同因素在不同状态下形成不同的有机组合，便能产生不同的结果，形成村庄发展的不同选择。因此，村庄规划应采用多方案

比较优选的模式，村庄规划至少应有2～3个方案，以保障村庄在发展过程中可根据发展的需求对规划的目标因时而异做出不同的选择。

总之，由于村庄规划的内容和性质，决定了它的模式与其他规划的模式有很大差异。因此，编制村庄规划要注意规划的主体是农民，而不是政府或其他部门，要充分尊重农民的意愿；编制村庄规划的方法是“自下而上”，而不是其他规划的“自上而下”，规划过程中要充分考虑农民的切身利益；编制村庄规划应采取总体规划、专项规划与规划设计一步到位的模式，要充分考虑规划的可操作性和实施性；编制村庄规划要做到内容应是结构规划与布局规划并重，突出布局规划的模式，要充分考虑规划的实用性，规划内容要做到“四定”，即“定性、定量、定位、定序”；规划方案的选择应是多方案比较、好中选优的规划模式，规划对村民要做到“三公”，即公开、公示、公布，以满足村庄建设和发展的需要。只有采用这样的模式编制村庄规划，才能保障村庄规划得到实施，对村庄的建设与管理起到规划的“龙头”作用和指导作用。

第四节　规划的程序与方法

村庄规划的程序即规划编制的步骤，其中包括村庄规划编制的程序、规划的审批程序和规划的实施程序。规划编制的程序是以规划系统平衡控制论为基础依据，划分为三个系统和六个阶段。规划的方法包括常规方法和先进技术方法，即模型法。

一、规划的程序

(一)规划的编制程序

(1)准备阶段。村庄规划的准备阶段主要内容是以乡镇人民政府发布文件，进行动员；成立规划的领导和规划编制技术的组织；进行相关人员的技术培训；确定规划的重点；筹措规划经费；制定村庄规划的工作方案和技术路线；相关的村庄成立规划领导小组等相关工作。

(2)调查研究阶段。需要编制规划的村庄进行资料搜集，包括大比例尺地形图的测绘和相关部门的规划资料；本村的自然、社会、经济各方面的资料；村庄建设的资料；环境保护和生态建设的资料；政治、精神文明建设的资料，并在资料调查过程中进行必要的协调。

(3)综合平衡阶段。通过资料的调查、分析研究、初步的协调，拟定初步的规划草案，并且做出2～3个方案供筛选和审定。然后召开村民代表大会或村民大会对规划方案进行审定；召开相关部门的协调会对规划方案进行评定；召开上级主管部门对规划方案进行鉴定。通过对规划草案进行反复修订，基本上要以本村村民意见为主，充分尊重农民的意愿，达成村民能接受的规划方案。

(4)成果整饰与规划报批阶段。经过筛选和审定形成2～3个规划方案，选中其中一个方案为规划方案。进行规划方案成果的整饰，编制文本和绘制图件，形成一套完整系统的成果准备报批。

(5)规划审批阶段。在完成规划方案的成果后，要通过村民的审议，做到“三公”，即公布、公示、公开达到村民的公认，然后由乡人民政府批准，安排向县人民政府报批。经县人民政府批准后方可安排规划的实施。

(6)规划实施阶段。规划经批准后，要拟定规划的实施方案，制定实施措施，成立实施领导小组，进行规划动态监测，指导村庄建设和管理。村庄规划编制程序如图 3-1 所示。

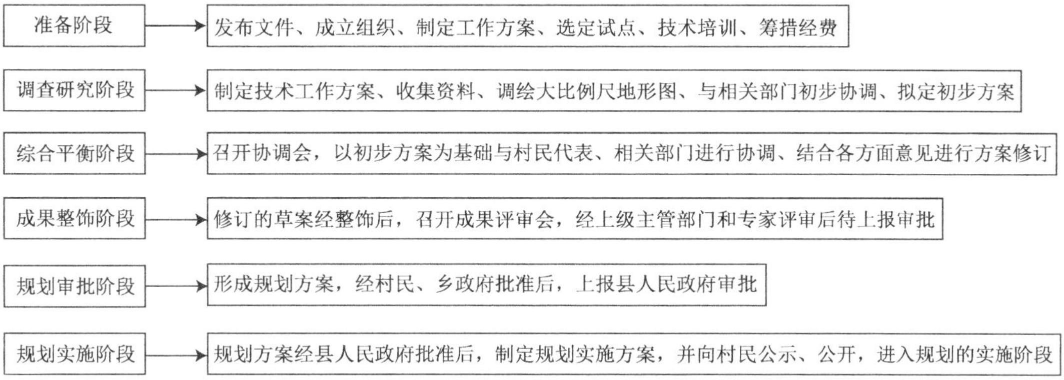

图 3-1 村庄规划编制程序框图

(二)村庄规划的审批程序

(1)村民代表大会通过审议后，要在村内公布方案，公开征求村民的意见，最终结果要公示，征求村民的意见。在意见统一后，经修改准备报批。

(2)向乡(镇)人民政府申报并通过乡镇政府批准。

(3)乡镇政府批准后，向县人民政府报批，经县人民政府批准后，方可安排规划的实施。

(三)村庄规划的实施程序

(1)村庄规划批准后，村委会要制定规划实施方案，拟定规划的实施方法。

(2)实施方案中要制定实施的具体措施、办法，要成立规划实施领导小组，明确责任。

(3)建立村庄规划的动态监测机制，对规划实施中出现的问题及时解决，并对规划做出及时的调整与修改。

(4)向村民公开、公示规划方案，使村民明白村庄规划的要求，并制定乡规民约，形成大家共同遵守的准则。

二、规划方法

村庄规划的方法是多种多样的，基本可分为两大类：一类是常规方法；一类是模型法。在编制规划的过程中，根据不同的内容和阶段可选择不同的方法，方法是解决问题的手段，具体选择哪种方法因内容而定。

(一)常规方法

1. 外业调查法

外业调查指编制村庄规划时要进行实地调查。村庄规划的一个基本任务就是完成村庄建设所需要的大比例尺地图。外业调查的内容还包括实地填图法，目的一是通过现场实地勘测，确定村庄发展的现势性；二是对村域土地利用现状图上缺失的内容实地填图，保持现状的真实性和科学性；三是通过现场调查，对于各种规划的内容予以落实，作为村庄规划的基础依据，增强规划的实施性。现场调查发现一些问题时，还必须进行一定量的补测任务。另一种方法就是抽样调查法，目的是通过抽样调查核实一些统计资料，保证资料的真实性，为编制针对性强的规划奠定基础。再一种方法就是走访部分干部群众，了解村庄建设和土地利用中的基本特征和存在的问题，为制定村庄规划提供必要的基础资料。

2. 公众参与法

公众参与法是众多规划所常用的一种基本方法，因为规划是一公共决策，公众参与是保障规划质量和实施的重要途径。村庄规划也毫不例外，而且更要突出这种方法。村庄规划是涉及农民个人利益的规划，是实施性的规划，是先进的规划理念与传统的意识观念相结合的规划。因此，村庄规划不仅要有规划的科学性与合理性，还必须是让农民能接受的规划，才能确保规划的实施。因此，没有广大农民的参与，没有先进的规划思想与旧传统意识观念的协调，规划就会成为一纸空话。这也是村庄规划与其他规划相比较难度较大的一个方面。因此，在编制规划过程中要耐心细致地做好工作，让大家把众多意见反映出来，进行耐心协调，把先进的理念让大家接受，这是搞好村庄规划的最基本的方法。

公众参与的方法要贯穿于村庄规划的全过程，在各个阶段的具体做法是，规划的准备阶段要向广大村民广泛地宣传和公布村庄规划的意义和意图，并进行动员，要求村民积极参与；规划调研阶段要深入细致地调查了解村民对规划的意见和想法，在草案拟定过程中，要公示反复征求村民意见和听取村民代表的意见，了解村民对规划草案的要求，充分反映他们的意愿；在综合平衡、制订方案阶段要经过村民大会和村民代表对方案的审定；规划方案报批后，经乡人民政府和县人民政府批准的方案要向村民公开、公示，让大家清楚规划的内容，便于规划的实施；在规划实施阶段也要尊重村民的权利，对规划中出现的问题也必须注意协调解决，在维护规划原则的前提下做好思想工作。

3. 综合平衡法(统筹兼顾法)

综合平衡是指规划的实质是建立一个动态平衡，由一种平衡转化为新的平衡。编制村庄规划时统筹兼顾各个方面，使各种需求、利益达到一种新的平衡。村庄规划落实诸多规划，要坚持局部服从整体、个人利益服从集体利益、集体利益服从国家利益的原则。仅有单一服从的原则还不够，应充分利用综合平衡法，广泛听取方方面面的意见，对各方面的利益统筹兼顾，各得其所，使各方面利益都得到合理安排。这是村庄规划难度最大的地方，也是规划编制工作量最大的方面。综合平衡的方法是协调解决众多矛盾的最基本方法，因此，村庄规划中的综合协调平衡是必不可少的方法。

综合平衡法的具体做法是，在调查研究阶段的搜集资料过程中要与各部门进行必要的协调；在综合平衡阶段要召开相关部门的协调会、召开村民代表协调会。协调、平衡各种规划和各部门规划的内容和目标，协调、平衡各部门、各层次的利益与要求，以达到各方面协调与认可。对必要的内容和条款要用文字记载或签订协议。

4. 对规划内容要做到“四定”的方法

规划内容的“四定”，是对规划的地块做到定性、定量、定位、定序。村庄规划是最基层规划，是实施性规划。规划内容刚性很强，具体到每一地块都要做到“定性”，即确定其用途，并明确地块的管制措施；“定量”即确定地块用途的数量，精确到平方米以后两位小数；“定位”是确定各用途的确切位置，划定用途边界；“定序”是指在规划期内，用途的安排时序，具体什么时间安排它的用途。“四定”的方法把村庄规划的标准提到一个很高的难度和精度，这与其他规划相比，是显得更为突出的一种方法。

5. 多方案评价、优选方案的比较方法

村庄条件千差万别，村庄发展空间与环境更是各有千秋，发展机遇难以估计，也就是说村庄发展的预测准确度难度较大。因此，村庄规划不可以做一套规划方案，应是多方案评价优选的方法，在多方案中优选 2～3 个方案以满足村庄发展需要。

这种方法的具体做法是，经村民审定规划草案后，拟定几种可能实现的规划方案；再经村民或相关部门的专家审定，筛选出符合本村的可实施的 2～3 个可用规划方案；然后经过村民委员会审定上报一个规划方案待批，其余方案作为备选方案。

（二）自下而上的方法

村庄规划与诸多规划最显著的区别在于规划的主体并非是地方政府或是政府的职能部门，它的主体是村庄里居住的农民，所以规划的方法与诸多规划不同，不是常见的“自上而下”的规划思路，而是必须采取“自下而上”的规划方法。

（三）模型法

规划采用模型法是现代规划与传统规划的分水岭。不难看出，村庄规划是一个多目标规划。从规划内容上讲，村庄规划应用多目标规划模型。在规划过程中，应用多目标规划的模型法进行规划都是必需的。村庄规划中应用模型进行规划是必然的趋势。

第二篇　村庄体系规划

第四章

镇村体系规划

镇村体系规划是指县（市）或乡（镇）行政区域范围内村庄空间布局调整的规划。村庄布局的空间配置要适应现代社会经济发展的需求，村庄作为人类社会的一个组成部分，伴随人类社会的发展也必然需要进行相应的变革，这是一种必然趋势，同时也是我国行政区划改革的必然趋势。

镇村体系规划为村庄规划提供基础依据，是消除城乡二元化结构、促进城乡协调发展的关键措施，同时也是我国由区域城镇体系规划向完整区域规划迈进的关键一步。所以，编制行政区域的镇村体系规划是建设社会主义新农村和编制村庄规划的一项重要的基础工作。

第一节　镇村体系规划的意义与任务

一、镇村体系规划的意义

（一）适应社会主义新农村建设需要，推动村庄转型，促进城乡协调发展

我国的村庄发展历史悠久，是在自给自足的自然经济状态下形成的。其特点是规模小、分布广、比较散乱、层次复杂，按现状的层次分析，可分为小城镇、集镇、中心村、基层村、自然村；大小差别悬殊、形态各异，地方特色显著。伴随社会经济发展，我国已进入工业化中、后期和城乡一体化加速发展的阶段，尤其是社会主义市场经济体制日趋完善，农村的生产、生活已发生了深刻的变化，原来的村庄布局已不能适应农民的现代化生产、生活的需要，也不能适应建设社会主义新农村的需要。因此，为适应建设社会主义新农村的需要，村庄空间布局需要进行新的调整，目的是推动村庄转型，使村庄满足社会经济发展的工业化、城乡一体化需要，满足农村现代化生产、生活的需要，改变城乡二元化的结构，促进城乡协调发展。编制村庄体系规划有着十分重要的意义。

（二）集中布局基础设施建设，保护农村生态特色，建设宜居的优美环境，促进农村面貌提升改造

农村给人的基本印象是“脏、乱、差”，尤其是生产、生活的基础设施投入少、建设力

度不够，使城乡景观差异显著，这是城乡差别的表面现象。改变城乡二元化结构，应首先对农村基础设施加大投入、加强建设力度，农村基础设施建设要以最小投入、取得最大效益为目标，需要对散乱布局的村庄集中布局，以便合理布局和安排基础设施建设。同时，农村是在农业文明基础上发展起来的，它的主导功能是满足农业生产，村庄布局调整还必须尊重这一客观事实。农村是与周围环境完美结合，体现了自然与人工、环境与村庄的和谐，在村庄规划时，要注意保护和继承农村生态特色。基础设施的完善与村庄完美的生态特色相结合，是建设社会主义新农村的基本目标之一，这样才可以改善农村落后面貌，建设宜居的优美环境，这为村庄规划提出了具体目标和任务，是一项具有深远历史意义的工作。

（三）集约利用土地资源，有效增加耕地，实现可持续发展

人口多、耕地少是我国基本国情，也是制约我国社会经济发展的因素。一般村庄建设用地占地多为质量较好的耕地，这与耕地资源短缺形成了突出的矛盾。因此，合并村庄，合理控制村庄用地是集约利用和节约土地资源的重要措施。通过村庄空间布局调整有效增加耕地面积对农村可持续发展有着重要意义。

（四）是集中公共服务设施的利用，改善农民消费结构、建设节约型社会的重要举措

村庄分布散而乱，农村的公共服务设施建筑质量差，分布零散，是影响和制约农民生活和消费水平提高的原因之一。通过村庄空间布局的调整规划，可以发展为较大、较集中的村庄。村庄规模较大、公益设施也好统一规划，村庄内的学校、医院、文体设施、商业服务设施也好统一建设。一是方便农民的生活，二是方便农民的消费需求，提高农民消费水平。再者，村庄规模大，各种政治、精神文明建设的硬件也便于建设与完善，使农民受到多方面素质教育，有利于提高农民的文化、精神文明素质，这也是社会主义新农村建设的基本目标之一。从改善农民的物质、精神生活需求来说，村庄空间布局调整规划也有着重要的意义与作用。

（五）将镇村体系规划纳入区域城镇体系规划，建立我国完整的区域体系规划

镇村体系规划主要目的是调整村庄空间布局，使之与生产力、生产关系相匹配，促进农村经济发展，乃至整个区域的发展。在我国已建立了完善的城镇体系规划，近些年也特别注意小城镇规划，但这些规划总是“以城论城”的单级规划模式，从而造成我国区域规划体系不完善，城乡不能够协调发展。现在提出建设社会主义新农村的目标之一就是消除城乡二元化结构，促进城乡协调发展。因此，通过镇村体系规划，逐步形成我国城乡一体化的区域规划体系：一是满足国民经济社会发展的需求；二是弥补城镇体系单一模式规划的缺陷，建立和完善我国区域统一体系的规划，这也是规划界发展的必然趋势，这对经济与社会的发展和规划的发展都有重大意义。

二、镇村体系规划的任务

（一）确定村庄发展目标

以区域为整体，以长远规划为目标，以资源环境合理利用保护为基础，统筹区域经济的发展，按分类指导的原则，制定村庄整体发展策略和空间布局调整方案。通过合理优化村庄发展布局，有效配置基础设施和公益建筑，改善农村发展条件，加快农村社会经济的协调发展，促进城乡一体化、协调发展的格局。

(二)确定村庄布局

充分利用政府的职能，切实改善农民的生存条件，对生存环境恶劣的地区和生态敏感区的村庄要有计划地搬迁，对规划较小的村庄进行合并，通过搬迁、合并，实现村庄空间布局合理化，促进整个区域的协调发展。

(三)建设良好环境

在维护公平竞争的前提下，协调区域开发、整治活动的空间布局和时序，限制不符合区域整体利益和长远利益的活动，保护环境，建立良好的生态环境，促进区域农村经济的协调发展。

(四)推动城乡一体化进程

明确未来城乡一体化地区村庄的改造工作，实现城乡互动发展，有效避免城镇发展中再有“城中村”的现象出现，避免造成重复建设和投资浪费，这也是合理利用土地资源的有效措施。通过以上方法从而稳步推动城乡一体化的发展和农村城乡一体化进程。

(五)建立一体化的设施

保障社会公共服务项目的建设，促进经济社会的协调发展，统筹安排区域内基础设施建设和公益建筑。避免重复建设，实现区域基础设施和公益建筑的公共资源共享和有效利用，降低区域开发和建设成本。

(六)确定村庄的发展定位

千方百计为农民增收创造条件，拓宽农民就业渠道，对确定保留发展的村庄，进行经济发展战略研究，推进“一村一品”，合理配置资源，大力发展宜农产业，培育村庄支柱产业。以农村经济发展带动村庄建设，进而推动社会主义新农村的建设。

第二节　镇村体系规划的理论、程序

一、镇村体系规划的理论

(一)经济发展阶段论

社会经济发展具有明显的阶段性，这是一个客观的历史事实。不同的经济模式反映了不同的社会性质和不同的发展阶段。当今社会关于经济发展的阶段理论比较公认的是工业化划分阶段论，其代表者有美国的经济学家H.钱纳里在《工业化和经济增长的比较研究》一书中给出的人均GDP指标划分标准。该标准以人均GDP水平作为划分依据，将经济发展划分为三个阶段和六个时期(表4-1)，对照这个标准，我国已经进入工业化的中级阶段，但我国国内的经济发展很不平衡，在发达的东部地区有许多省、市的人均GDP超过5000美元，已进入工业化高级阶段，但在西部地区也有人均GDP不足1000美元的地方，区域之间经济发展的不平衡带来工业化、城乡一体化的差别，相比较而言，东、西部的农村差别就更大。区域之间、城乡之间经济发展的不平衡是我国经济发展的突出矛盾。对照这个标准可以看出，我国不同的地区处在不同的工业化发展阶段，因此，依据经济发展阶段论因地制宜地研究村庄的建设和规划是一个基本的原则和方法。

表 4-1　人均 GDP 水平与经济发展阶段的关系

经济发展阶段		人均 GDP/美元[a]（1970 年）	人均 GDP/美元[a]（1980 年）	人均 GDP/美元[b]（1998 年汇率值）
初级产品生产阶段		140～280	300～600	530～1200
工业化阶段	初级阶段	280～560	600～1200	1200～2400
	中级阶段	560～1120	1200～2400	2400～4800
	高级阶段	1120～2100	2400～4500	4800～9000
发达经济阶段	初级阶段	2100～3360	4500～7200	9000～16600
	高级阶段	3360～5040	7200～10800	16600～25000

a. H.钱纳里等《工业化和经济增长的比较研究》，上海三联书店 1989 年版，第 3 章；b. 国务院发展研究中心《调查研究报告》第 50 号，2000 年 4 月 19 日。

（二）城乡协调发展理论

城乡协调发展的理论已被世人所公认。经济发展到一定阶段，单一的城乡一体化、工业化都给社会和经济发展带来很多矛盾和问题，人类社会发展的事实告诉我们，只有城乡协调发展才能推动人类社会的前进。正因为这个原因，我国提出了城乡统筹发展的科学发展观，提出了建设社会主义新农村的新任务。

20 世纪，关于城乡协调发展的理论，美国的人文科学家芒福德提出"区域整体论"(regional integration)，主张建立综合性的、城乡融合的区域发展框架，并强调城乡协调发展，把更多的目光投向农村地区。他认为城乡及其所在的地区原本是不应该分开的，"真正成功的城市规划必须是区域规划"。主张建造多中心的、范围更广泛的区域综合体，以区域作为规划的单元，在区域范围内依据生态环境承载能力建立独立自存又互相联系的密度适中的村庄，包括大、中、小城市及农村的小型乡镇、村庄等，通过整体化的区域交通体系把各村庄有机地联系起来，最终形成网络式的空间结构体系。不管是从理论上还是实践中都证明，城乡协调发展是人类社会和经济建设的必然趋势，也是建设社会主义新农村的基本指导思想和基本理论。

二、镇村体系规划的程序

镇村体系规划程序见图 4-1。

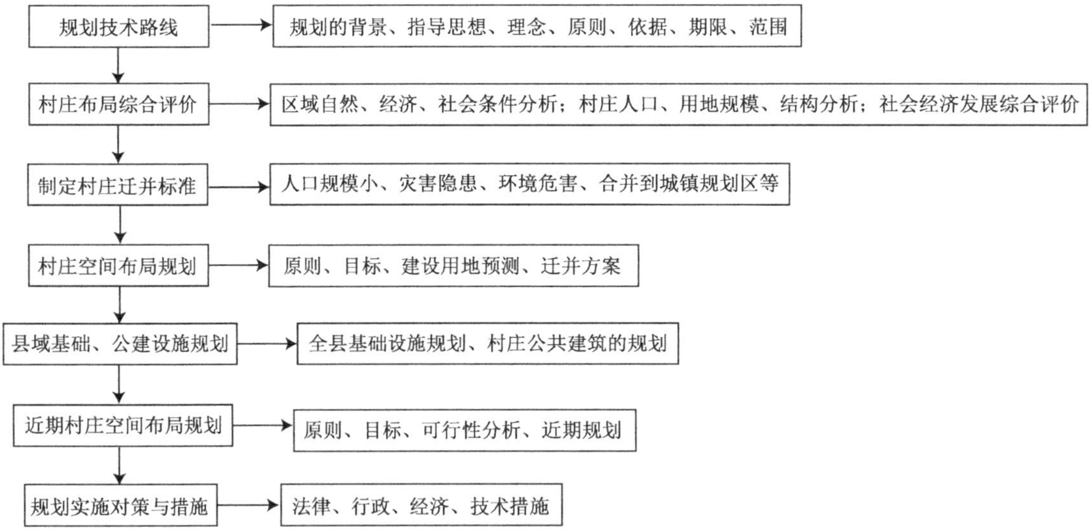

图 4-1　镇村体系规划程序

第三节　镇村体系规划的原则、依据

一、镇村体系规划的原则

镇村体系规划涉及村庄的搬迁、合并、整合，这是一项具有历史意义的活动。但也必须看到，基层组织与农民意愿、现代发展意识与传统观念、国家利益与个人利益诸多方面的矛盾，这项工作不可能一蹴而就，是一项艰难细致的工作。因此，在规划编制和管理实施中应坚持以下原则。

（一）坚持国家、集体、个人三者利益统筹兼顾的原则

进行村庄空间布局调整，目的是改善农民的生产、生活条件、避害趋利，以适应农村现代化发展的需要，是一项利国利民的重大决策行为，是政府为农民办实事的具体表现。然而，农民的传统意识和生产相对比较分散难以组织的特点将是工作中的一个难题，本着国家、集体、个人利益统筹兼顾的指导思想，耐心细致地做好工作，要十分慎重对待，不要依靠行政命令解决问题，逐步使村庄规划内容和规划实施得以实现。

（二）坚持集约节约发展、可持续发展的原则

我国基本特点是人口多、人均资源少、农村的生态环境条件较差。村庄布局调整的目的是大量节约农村建设用地，有效增加耕地，缓解尖锐的人地矛盾，走集约发展之路，建设农村宜居环境，规划建设应充分体现“节地、节能、节水、节材”的“四节”原则，也就是坚持走可持续发展的道路。

（三）坚持分类指导的原则

农村状况千差万别，发展极不平衡。要根据区域特点，因地制宜选择评价因素，科学制定标准，把区域内村庄进行分类、合并、整合，严格按标准和城乡一体化的发展思路对村庄空间布局进行调整。

（四）因地制宜，方便生产、方便生活的原则

坚持一切从实际出发，尊重农民意愿。各地经济发展水平不一，村庄建设投入的能力差别很大，在村庄空间布局调整时，要因地制宜，把方便生活和生产作为指导思想，在具备一定条件基础上做出调整，现在不具备条件的，可以延缓调整时间，不可强制推行。

（五）合理配置公共服务设施和基础设施，稳步推进村庄布局调整的原则

村庄规划的一项重要任务就是建设和完善农村公共服务设施和基础设施，这也是方便农民生产生活的基本条件。在投入公共服务设施和基础设施时，要科学合理规划，坚持以最小投入、取得最大效益的原则，以两项建设稳步推进来促进村庄的调整。

（六）坚持村庄空间分布均衡的原则

村庄空间布局均衡的理念，是指村庄的层次清楚，村庄之间距离分布均匀，过近则弱化了中心村的作用，过远则造成生产的不方便和影响经济辐射及引力作用。

二、镇村体系规划的依据

（一）法律、法规依据

镇村体系规划的法律、法规依据主要有《中华人民共和国城乡规划法》《中华人民共和国土地管理法》《中华人民共和国环境保护法》（2014 年修订）《中华人民共和国森林法》《中华人民共和国水法》《中华人民共和国文物保护法》（2013 年修订）《村庄和集镇规划建设管理条例》《历史文化名城名镇名村保护条例》《村镇规划编制办法》。

（二）规划依据

镇村体系规划依据有：①区域国民经济与社会发展规划；②区域城镇体系规划；③城镇发展总体规划；④区域土地利用总体规划；⑤区域环境保护规划；⑥相关部门规划。

（三）基础资料

镇村体系规划的基础资料包括：①区域自然、经济、社会条件；②村庄空间的布局及存在问题；③村庄人口变化和劳动力转移的资料。

第四节　镇村体系规划的内容

一、镇村体系规划的内容

镇村体系规划主要是在县、乡（镇）范围内，解决村庄合理布局的空间规划，需要确定村庄的结构层次和村庄的数量、性质、规模和具体位置，最终确定发展哪些村庄、合并哪些村庄。其具体内容主要包括以下几个方面的内容：一是要系统研究区域内村庄现状之间的相互关系和存在的问题；评价规划期内的有利发展条件、潜力和限制因素；制定村庄的发展战略。二是确定村庄发展的层次，明确发展哪些村庄、控制哪些村庄、合并哪些村庄。三是预测村庄人口、产业结构、用地需求，确定村庄性质职能分工和等级结构，合理配置区域内产业布局和村庄空间布局。四是确定规划期内建设的时序，明确分期分步安排的具体任务，确定近期建设内容，划定禁建区、限建区和适建区范围，从时间空间上做出明确的安排。五是统筹安排区域内各项基础设施和公共服务设施的具体部署，明确建设的规模和标准，为村庄规划奠定基础。也就是说，村庄体系规划包括规划的现状概述、综合评定、村庄迁并标准、空间布局规划、区域性基础设施和公共服务设施协调布局、近期空间布局规划和规划实施措施等。

二、现状概述

（一）区位与历史沿革

村庄区位与历史沿革包括大的地区类型、上位行政区划、地理位置（经纬度）、辖区下位行政单位、总人口、总面积、人口密度、历史沿革、建制演变、风土人情、地方传统等。

（二）区域自然条件

区域自然条件包括地质、地貌、水文、气象、土壤、生物及自然灾害，对一些突出限制因素条件要做比较详细的描述，如行洪、蓄滞洪区、矿产采空区等对村庄建设带有强制性限制因素的问题必须搞清楚，并在基础图件上注明。

（三）社会经济条件

社会经济条件包括：区域经济总量、产业结构、社会商品销售、人均纯收入、社会产品总量及人均占有量、生活必需品的人均拥有量；基础设施建设状况，如电力、交通道路、供水、排水、通信、供热和垃圾处理等；水、土资源总量与分类及人均占有量，社会公共服务设施状况。

（四）村庄空间布局概况

村庄空间布局概况有：区域内村庄总数，空间分布密度与区划；各乡镇的村庄名称、数量及各村人口规模；劳动力转移和外出打工状况。

三、综合评价

（一）村庄分布特征

依据不同地域面积、村庄数量，分析村庄空间分布密度，研究空间分布规律和形成原因。

（二）人口规模结构与村庄用地评价

依据不同地域面积、村庄数量、人口规模，分析村庄人口规模结构和人口空间分布密度，研究分布规律和形成原因。按人口规模和用地规模计算各村人均用地面积，参照国家制定的人均用地标准进行村庄用地评价，并进行分类排队。

（三）生存环境分析

确定地处自然灾害安全隐患区、生态敏感区、基础设施严重匮乏及地方病高发区等地区的村庄名单。

四、村庄发展预测和迁并标准

在评价县域村庄空间布局基础上，结合当地实际，经过预测分析，确定村庄的人口规模、产业结构和用地规模等内容，综合考虑下列因素确定不同地域的村庄迁并标准。

（一）人口规模

村庄的人口规模大小因地而异，一般山区的村庄人口规模相对较小，而在平原地区村庄的人口规模偏大。大、小是相对的，要根据当地实际情况确定。

（二）安全隐患

存在自然灾害安全隐患的村庄，包括地处行洪区、蓄滞洪区、矿产采空区，泥石流、滑坡、塌陷、冲沟易发区等地区的村庄。

（三）环境问题

存在严重环境问题的村庄，包括供水、供电、通信、交通等基础设施严重匮乏且修建困难的村庄；位于水源地、自然生态保护区、风景名胜核心区等生态敏感区的村庄；地方病高发地区的村庄。

（四）其他

重点建设项目占地或压占矿产资源的村庄；位于城镇内部和近郊逐步与城镇相融合的村庄；地域空间上接近且逐渐融为一体的村庄等。

五、空间布局规划

（一）确定中心村

确定各乡镇重点发展的中心村，与县域内城镇共同作为吸纳迁并村庄的主要居民点。

（二）迁并村庄

依据迁并标准和实际情况，提出各乡镇村庄迁并的具体方案。①明确迁并村庄的数量、名称、迁并原因及去向；②确定迁并后各村庄人口规模、建设用地规模、整合节约土地规模；③编制全县及分乡镇迁并村庄情况一览表（表 4-2 和表 4-3）。

表 4-2 分乡镇迁并村庄情况一览表

乡镇名称：

迁并前村庄名称	迁并后村庄名称	人口规模/人		建设用地规模/hm^2		整合节约土地规模/hm^2	迁并原因	村庄数量/个	
		迁并前	迁并后	迁并前	迁并后			迁并前	迁并后
合计									

表 4-3 县域迁并村庄情况汇总表

乡镇名称	村庄数量/个		建设用地规模/hm^2		整合节约土地规模/hm^2
	迁并前	迁并后	迁并前	迁并后	
总计					

（三）保留村庄

明确不涉及迁并的村庄名称、数量，编制保留村庄情况一览表（表 4-4）。

表 4-4 县域保留村庄情况一览表

乡镇名称	村庄名称	村庄数量/个
总计		

（四）自然村庄

对行政村辖属的自然村提出空间布局优化调整建议。

（五）布局规划

根据村庄迁并方案，确定县域村庄空间布局。

（六）发展目标

提出县域村庄空间布局规划分阶段实施目标，包括迁并村庄数量、人口及建设用地规模、整合节约土地规模等。

六、区域经济社会发展规划

区域经济社会发展规划是区域发展的整体规划，村庄规划应建立在区域整体规划的基础上。区域经济社会发展规划主要由区域国民经济与社会发展规划和区域城镇体系规划组成，其内容应包括村庄规划。也就是说，村庄体系规划属于区域经济社会发展规划的组成部分。由于村庄规划的缺失，目前的区域经济社会发展规划是不完整的规划。村庄体系规划与区域经济社会发展规划和城镇体系规划关系最为密切，因此，编制村庄规划必须依据区域经济社会发展规划和区域城镇体系规划。

区域经济社会发展规划为村庄体系规划提供了目标和发展方向，指明村庄规划建设的内容与要求，因此，编制村庄体系规划和村庄规划都必须研究区域经济社会发展规划。同时，区域经济社会发展规划也对区域的产业结构调整与布局做出了具体的部署，对村庄的经济发展和产业结构调整指明了具体的目标。

区域城镇体系规划明确了区域内基础设施建设规划和布局，为村庄体系规划和村庄规划的基础设施建设提供了依据，编制村庄体系规划和村庄规划都要参考区域城镇体系规划。同时，依据该规划的基础设施安排村庄的基础设施建设。

七、区域性基础设施和社会公共服务设施协调布局

（一）基础设施

提出村庄交通、供水、排水、供电、通信、污水处理、垃圾处理等基础设施的共建共享方案。

（二）公共服务设施

提出中心村、基层村的文化教育、医疗卫生、体育娱乐、社会福利、商业服务等公共服务设施的配置原则、内容、标准及共建共享方案。

八、近期空间布局规划

（一）规划原则

坚持近远结合、分期实施、突出重点的原则。

（二）村庄

列为近期村庄空间布局调整的重点。

（三）迁并方案

确定迁并村庄名称、数量、人口规模，建设用地及整合节约用地规模（表4-5），明确村庄迁并方向，做出年度计划。

（四）技术经济分析

综合分析近期村庄迁并的原因、建设条件和投资估算，论证村庄迁并的可行性。

表 4-5 县域近期迁并村庄情况一览表

乡镇名称	迁并村庄名称	迁并去向	迁并人口规模/人	建设用地规模/hm^2	整合节约用地规模/hm^2	投资估算/万元	迁并原因

九、规划实施措施

从编制乡镇与村庄规划、安排迁并后村庄建设到明确迁并实施程序，提出迁并保障措施等方面及规划实施措施建议。

第五节 镇村体系规划的成果

县(市)域或乡(镇)村庄体系规划的成果包括规划文本、规划图纸和规划附件三部分。

一、规划文本

规划文本是表达规划的意图、目标和对规划有关内容提出的规定性要求，文字表达应当规范、准确、含义清楚。包括以下内容。

(一)前言

前言应说明规划依据、规划原则、规划期限。

(二)县域村庄迁并标准

县域村庄迁并标准文本应在评价县域村庄空间布局基础上，结合当地实际，经过预测分析，确定村庄的人口规模、产业结构和用地规模等内容，综合考虑人口、安全、环境等因素，确定不同地域的村庄迁并标准。

(三)县域村庄空间布局

县域村庄空间布局规划文本应包括：①迁并前后的村庄数量、建设用地总量，迁并后的村庄减少数量、整合节约用地总量；②迁并前后村庄名称、人口及建设用地规模；③确定村庄空间布局，村庄迁并去向；④提出村庄空间布局规划分阶段实施目标。

(四)区域性基础设施和公共服务设施协调布局

区域性基础设施和公共服务设施协调布局的文本应提出中心村、基层村公共服务设施的配置内容和标准，确定村庄基础设施与公共服务设施共建、共享方案。

(五)近期村庄空间布局

近期村庄空间布局应明确近期迁并村庄名称、去向、数量、人口及建设用地规模，整合节约用地规模，制定村庄迁并年度计划。

(六)提出规划实施措施

从编制乡镇与村庄规划、安排迁并后村庄建设、明确迁并实施程序等方面，提出迁并保障措施及规划实施措施建议。

二、规划图纸

规划图纸是用图像表达现状和规划内容，应绘制在与行政区划一致的现状图上，规划图上应显示出村落现状和主要基础设施及线路走向，并标注图名、比例尺、图例、绘制时间和规划编制单位名称。

(一) 县域村庄空间布局现状图

县域村庄空间布局现状图应注意：①图纸比例尺为 1：50000～1：100000；②标明行政区划、居民点分布及人口密度等情况；③河流水系、交通网络，主要基础设施和公共服务设施分布；④矿产资源分布及开采波及区、采空区、地质灾害分区及行洪、蓄滞洪区等范围；⑤主要水源地、自然生态保护区、风景名胜核心区等生态敏感区分布范围。

(二) 县域村庄空间布局规划图

县域村庄空间布局规划图应注意：①图纸比例尺为 1：50000～1：100000；②标明村庄空间规划布局及迁并去向；③交通网络、主要基础设施及公共服务设施协调布局；④明确近期村庄空间布局。

(三) 依据实际情况可适当增加其他必要的图纸

依据实际情况可适当增加其他必要的图纸，规划图纸表达的内容和要求应与规划文本一致。

三、规划附件

规划附件包括说明书和基础资料汇编。规划说明书的内容包括现状分析、论证规划意图、解释规划等文本；基础资料汇编是对基础资料调查结果的汇总整编。

第六节　镇村体系规划实例——以新河县镇村体系规划为例

一、区位与交通条件

(一) 区位

新河县位于河北省中南部，邢台市东北部，地处 115°04′E～115°27′E，37°23′N～37°34′N。西、西北与宁晋县交界，东、东北与衡水市冀州接壤，西南与巨鹿县为邻，东南与南宫市毗连。全县东西长 31.7km，南北宽 20.2km，县域总面积 367km^2。

县政府驻地新河镇，位于县域北部，西北距省会石家庄市 98km，西南距邢台市区 112km，东北距衡水市 50km，是全县的政治、经济、文化、信息中心。

(二) 交通

新河县对外交通便利，县境内现状公路通车里程达到 219km，其中，青银高速公路县内 15.12km；308 国道县内 27km；安新公路县内 7.85km，神无公路县内 14.19km，邯黄铁路、邢衡高速从本县经过。邯黄铁路线路正线全长 369km，是以货运为主、兼顾客运的区域性干线铁路。初步形成了以青银高速公路、邢衡高速公路和 308 国道为骨架，以县城为中心一横

(308国道)两纵(安新线、神无线)加一环(四条乡道相连)、干支相连、纵横交错的公路交通网络。

二、自然条件

新河县位于河北低平原区，属黑龙港流域滏阳河冲积平原，境内地势平坦开阔，地表自西南向东北缓倾，海拔高程在24～27.5m，坡降为1/5000～1/2000。

新河县属季风气候和暖温带半干旱区，具有大陆性气候显著、四季分明的特点。根据1993～2002年县气候资料，年平均气温为13.6℃，月平均气温以冬季1月份最低，以盛夏7月份最高，年较差为30.1℃；全县光照充足，年均日照时数为2410小时，日照百分率为59%；年均降雨量为442.6mm，降水季节变化大，70%集中在夏季，易形成春旱秋涝；年均无霜期为215天，最长227天，最少207天；历年最大冻土厚度为40cm，平均相对湿度为65%；主导风向以正南正北风为主。

新河县境内有四条季节性河流，自北而南依次为滏阳河、滏阳新河、滏东排河、西沙河。它们主要是行洪排涝，几条河道都兴建了节制闸，并开挖了干、支渠，年引客水3887万m^3。

全县土壤以潮土为主，另有盐化潮土、褐土化潮土。壤质潮土和轻壤质轻度盐化潮土分布较广，占总土地面积83.45%，适宜各种农作物生长。

三、各乡镇发展状况

农村城镇化是新河县实现工业化、现代化的必要条件，是国民经济三大产业协调发展、转移农村剩余劳动力的根本途径。为实现农村城镇化目标，需要把工业和服务业建设投资集中在城镇，鼓励农民进镇建厂建店，更需要加速农村分工分业，实施非农业人口向城镇集中，使县域形成以县城和城镇为中心、三次产业结构优化、布局合理的新格局(表4-6)。

表4-6　新河县2009年各乡镇综合情况一览表

乡镇名称	总人口/人	行政村/个	总面积/km^2	人口密度/(人/km^2)	工农业总产值/万元	人均纯收入/元
新河镇	32396	43	57.06	568	78880	3650
寻寨镇	30630	25	54.56	561	16451	2387
白神首乡	21912	26	41.35	530	59017	3506
荆家庄乡	28419	19	66.59	427	56864	3354
西流乡	30222	28	66.89	452	46992	2897
仁让里乡	30612	28	76.63	399	47789	2831

(一)城镇等级职能规划

根据各镇的基本情况及发展趋势，确定各镇的职能见表4-7。

表4-7　新河县规划各城镇职能一览表

级别	等级	城镇名称	职能
Ⅰ	全县中心	新河镇	以发展造纸、机械加工、生物化工和农副产品加工为主的县域中心城镇
Ⅱ	次中心	寻寨镇	以发展畜禽养殖业、红枣种植和农副产品加工为主的建制镇
Ⅱ	中心镇	西流镇(规划)	以发展畜禽养殖业、红枣种植和蔬菜种植为主的建制镇
Ⅲ	一般镇	荆家庄乡	以发展奶肉牛养殖、建材和果品深加工为主的一般集镇
Ⅲ	一般镇	白神首乡	以发展化工、蘑菇种植为主的一般集镇

(二)人口分布结构

1. 人口密度

新河县域人口密度平均为 490 人/km²。其中，人口密度最大的是新河镇，为 568 人/km²；第二是寻寨镇，为 561 人/km²；第三是白神首乡，为 530 人/km²；最小的是仁让里乡，为 399 人/km²。其他各乡镇的人口密度分布见表 4-8。

表 4-8 各乡镇人口密度分布一览表

人口密度/(人/km²)	乡镇名称
>500	新河镇、寻寨镇、白神首乡
400～500	荆家庄乡、西流乡
<400	仁让里乡

2. 村庄规模

从 169 个行政村的人口规模情况看，500～1000 人口的村庄数量最多。详见表 4-9。

表 4-9 2009 年各乡镇行政村人口规模情况表

乡镇	>3000 人	2000～3000 人	1000～2000 人	500～1000 人	300～500 人	<300 人	合计
新河镇/个	0	1	11	12	12	7	43
寻寨镇/个	1	1	10	7	4	2	25
白神首乡/个	0	1	3	11	8	3	26
荆家庄乡/个	0	3	10	2	2	2	19
西流乡/个	0	3	7	13	3	2	28
仁让里乡/个	0	4	6	11	5	2	28
合计/个	1	13	47	56	34	18	169
所占比例/%	0.59	7.69	27.81	33.13	20.12	10.65	100

3. 城乡居民点及人口密度分布特点

村镇人口密度在很大程度上是自然条件和历史原因形成的，但是随着社会经济的发展及自然资源、交通条件的变更，人口的流动和聚集随之发生变化，从而导致村庄聚落的兴衰更替。

(1) 与经济发展水平的一致性。县城是全市的经济中心，是全县经济发展水平最高的地区。其次是白神首乡，规划此乡为以地区性集散贸易为特色的经济区。全县的人口密度分布状况是：新河镇最高，其次是寻寨镇和白神首乡。

(2) 与资源条件的一致性。原始的村落以农业种植为主，土壤、灌溉条件决定生产条件，土地耕种条件较好的地区人口密度较大。随着社会经济的进步，现代村庄更多依赖人才、生产技术、生产设备和基础设施资源及矿产资源，因此，工业、服务业发达的乡镇，人口密度较大。相反，环境恶化、自然灾害频发的地区居民点和人口密度较小。

(3) 与区位交通条件的相关性。在平原地区，区位交通条件是其区域发展的主要因素之一。临近公路、铁路交通线的乡镇，人口密度较大。例如，新河镇、白神首乡分布在 308 国道和神无公路两侧，人口密度较高。

四、县域镇村布局体系

规划村庄按照“县城—中心镇—一般建制镇—农村新村庄—基层村”的五级模式发展。根据相向发展的原则，对县城、中心镇、一般镇(乡)和中心村进行统一规划，农村居民点分布逐渐趋向集中，规模逐渐扩大。通过分级设置，统筹兼顾，实现多层次发展、整体发展。

为实现资源利用效益的最大化和基础及公共服务设施的共建共享，规划在全县范围内以各乡镇为基础，将规模较大、经济实力较强、基础设施较为完备、能起到带动周围村庄建设和发展的村庄划定为中心村，服务半径宜覆盖 2～3km，见表 4-10。

表 4-10　新河县各乡镇的村庄情况表　　(单位：个)

乡镇名称	村庄名称	数量	乡镇名称	村庄名称	数量
新河镇	望腾、挽庄、子林、六户	4	寻寨镇	秋口、牛家庄、东小漳、南杜兴、董夏、南阳	6
白神首乡	葫芦湾、菜园、团村	3	西流镇(规划)	白杨林、故现、苏田、苏章、董村、邢彦、亭则头	7
荆家庄乡	平头楼、大塔则口、陈海、西李家庄、王府、曹庄	6	仁让里乡	北冯召、千家庄、良家庄、东边仙庄、辛章、沙洼	6
合计					

1. 村庄迁并原则

以“统筹”“协调”“和谐”为主旋律，统筹城乡发展、推进城乡一体化，以科学发展观为指导进行村庄空间布局规划。

村庄迁并原则有：①就近安置原则；②突出重点原则；③由小及大原则。

2. 镇村体系规划方案

(1)进入城区的村庄：①优先安排与拓展城市发展空间关系密切的村；②统筹安排县城控制区之外，距县城 5km 的村；③有限度地安排距县城 5km 之外的村。

(2)并入镇区的村庄：①仅限于提升城镇形象、完善城镇功能的镇，对周边村庄进行有限度的合并；②具备较完善公共服务设施，需要拓展城镇发展空间、优化布局的镇，尽可能扩大合并范围；③距县城较近、县城能为其提供良好公共服务的镇，按县城发展的要求进行合并；④发展潜力大、在县域城镇体系中担负重要职能的镇，合并范围应有利于今后又好又快的发展。

(3)合并的村庄：①依托大村合并，兼顾农民生产生活；②临近县域主要道路，有较好的基础设施条件；③充分利用自然景观资源，便于形成特色。

(4)保留村庄：①距周边村空间距离较远；②有特殊原因不能与其他村合并。

按照以上村庄搬迁合并的原则，169 个村庄经过搬迁合并后，有 25 个村(12730 人)纳入县城城区范围，10 个村(7816 人)并入镇区。117 个村(88835 人)合并为 38 个新农村村庄，保留村庄有 17 个(28582 人)，形成 6 个城镇区，55 个居住聚落的格局(表 4-11～表 4-13)。

表 4-11 新河县域镇村体系规划汇总表

<table>
<tr><th rowspan="3">序号</th><th rowspan="3">乡镇名称</th><th colspan="6">村庄/个</th><th colspan="2">合并后人口/人</th></tr>
<tr><th>原有数量</th><th colspan="2">迁并数量</th><th colspan="3">合并后数量</th><th rowspan="2">镇域</th><th rowspan="2">镇区</th></tr>
<tr><th>总数</th><th>进城</th><th>并入镇区</th><th>总数</th><th>中心村</th><th>基层村</th></tr>
<tr><td>1</td><td>新河镇</td><td>43</td><td>18</td><td>0</td><td>10</td><td>4</td><td>6</td><td>45179</td><td>27026</td></tr>
<tr><td>2</td><td>寻寨镇</td><td>25</td><td>0</td><td>0</td><td>11</td><td>6</td><td>5</td><td>26526</td><td>3600</td></tr>
<tr><td>3</td><td>荆家庄乡</td><td>19</td><td>0</td><td>2</td><td>8</td><td>6</td><td>2</td><td>24435</td><td>5559</td></tr>
<tr><td>4</td><td>白神首乡</td><td>26</td><td>7</td><td>4</td><td>4</td><td>3</td><td>1</td><td>18534</td><td>3333</td></tr>
<tr><td>5</td><td>西流镇</td><td>28</td><td>0</td><td>2</td><td>10</td><td>7</td><td>3</td><td>28185</td><td>4326</td></tr>
<tr><td>6</td><td>仁让里乡</td><td>28</td><td>0</td><td>2</td><td>12</td><td>6</td><td>6</td><td>26502</td><td>3494</td></tr>
<tr><td colspan="2">合计</td><td>169</td><td>25</td><td>10</td><td>55</td><td>32</td><td>23</td><td>169361</td><td>47338</td></tr>
</table>

表 4-12 进入镇区村庄汇总表

<table>
<tr><td colspan="7">新河县进镇村共 10 个：西流镇 2 个、荆家庄乡 2 个、白神首乡 4 个、仁让里乡 2 个</td></tr>
<tr><th>镇名</th><th>序号</th><th>村名</th><th>村庄人口/人</th><th>村庄占地/hm²</th><th>规划用地/hm²</th><th>减少用地/hm²</th></tr>
<tr><td>新河镇</td><td>1</td><td>—</td><td>—</td><td>—</td><td>—</td><td>—</td></tr>
<tr><td>寻寨镇</td><td>1</td><td>—</td><td>—</td><td>—</td><td>—</td><td>—</td></tr>
<tr><td rowspan="2">西流镇</td><td>1</td><td>梨园</td><td>392</td><td>9.12</td><td>4.7</td><td>4.42</td></tr>
<tr><td>2</td><td>九门</td><td>1285</td><td>18.98</td><td>15.42</td><td>3.56</td></tr>
<tr><td rowspan="2">荆家庄乡</td><td>1</td><td>西杨家庄</td><td>1885</td><td>37.92</td><td>22.62</td><td>15.3</td></tr>
<tr><td>2</td><td>埝城</td><td>756</td><td>9.97</td><td>9.07</td><td>0.9</td></tr>
<tr><td rowspan="4">白神首乡</td><td>1</td><td>张神首</td><td>1062</td><td>19.35</td><td>12.74</td><td>6.61</td></tr>
<tr><td>2</td><td>芝芳头</td><td>429</td><td>7.46</td><td>5.15</td><td>2.31</td></tr>
<tr><td>3</td><td>西小铺</td><td>184</td><td>6.41</td><td>2.21</td><td>4.2</td></tr>
<tr><td>4</td><td>官李庄</td><td>623</td><td>9.71</td><td>7.48</td><td>2.23</td></tr>
<tr><td rowspan="2">仁让里乡</td><td>1</td><td>徐十户</td><td>340</td><td>5.63</td><td>4.08</td><td>1.55</td></tr>
<tr><td>2</td><td>杨十户</td><td>860</td><td>10.55</td><td>10.32</td><td>0.23</td></tr>
<tr><td colspan="3">合计</td><td>7816</td><td>135.1</td><td>93.79</td><td>41.31</td></tr>
</table>

表 4-13 新河县合并到县城的村庄

<table>
<tr><th>乡镇</th><th>村庄名称</th><th>户数/户</th><th>人口/人</th><th>村庄占地/hm²</th><th>村庄数量/个</th></tr>
<tr><td rowspan="11">新河镇</td><td>葛赵庄</td><td>108</td><td>451</td><td>8.28</td><td rowspan="11">18</td></tr>
<tr><td>杜家庄</td><td>104</td><td>462</td><td>8.32</td></tr>
<tr><td>刘家庄</td><td>160</td><td>593</td><td>8.45</td></tr>
<tr><td>邢家庄</td><td>208</td><td>732</td><td>11.1</td></tr>
<tr><td>尹家庄</td><td>56</td><td>246</td><td>6.81</td></tr>
<tr><td>大贾家庄</td><td>125</td><td>478</td><td>8.9</td></tr>
<tr><td>三街</td><td>315</td><td>1143</td><td>8.22</td></tr>
<tr><td>沙圪塔</td><td>129</td><td>477</td><td>7.34</td></tr>
<tr><td>安家庄</td><td>130</td><td>462</td><td>15.73</td></tr>
<tr><td>后保居庄</td><td>56</td><td>185</td><td>3.31</td></tr>
<tr><td>前保居庄</td><td>308</td><td>1178</td><td>33.46</td></tr>
</table>

续表

乡镇	村庄名称	户数/户	人口/人	村庄占地/hm^2	村庄数量/个
新河镇	东宋亮	123	459	6.78	
	五里铺	92	281	5.22	
	南赵家庄	66	253	3.79	
	南宋家庄	75	264	4.58	
	李家庄	92	302	5.69	
	齐家庄	90	326	8.11	
	朱家庄	130	500	7.65	
白神首乡	夏神首	131	478	8.18	7
	付神首	290	918	24.1	
	付兴庄	158	440	11.13	
	西小屯	302	982	16.11	
	西郑家庄	219	779	44.1	
	尼家庄	102	321	35.41	
	尧头	234	688	19.59	
合计					25

第三篇 村 庄 规 划

第五章 村庄规划的基础研究

村庄规划是一个系统工程，在规划的编制过程中，对村庄进行全面系统地分析研究是编制好规划的重要基础。村庄的基础研究，包括对村庄进行现状的分析与评价、村庄未来发展预测、村庄发展的限制与约束条件分析，目的是弄清楚村庄发展的基础条件、特征与优势、问题与劣势，扬长避短，为科学地制定规划提供坚实的基础。因此，村庄的基础研究是村庄规划的重要前提。

第一节 村庄现状条件分析

村庄现状条件分析是指对村庄的自然、社会、经济条件的分析，目的是通过对村庄历史、现状的分析，正确认识村庄基本特征，明确村庄发展的优势与劣势、发展的潜力与存在的问题、发展的限制因素与克服的可能性，为扬长避短、制定合理的对策与措施，为科学编制村庄规划提供基础依据。

一、自然条件分析

村庄作为一个客观实体，其形成与发展无不受自然条件的约束与影响。自然是村庄系统中的一个子系统，该系统中包括了地质、地貌、水文、气象、土壤、生物等因素，在诸因素中又包括了更多的因子，诸多的因素、因子或多或少地影响和制约着村庄的发展与建设。所以编制村庄规划必须认真分析研究自然子系统中的因素、因子。

（一）地质因素

地质因素包括了地质构造、工程地质、水文地质等因子，各因子中又包括多种分因子，有些因子对村庄规划起到限制性作用时要认真的分析研究。

(1) 地质构造。地质构造是指地壳和地壳组成的岩层、岩体的空间分布和形态特征的总和，是由地质构造作用形成的，包括断层和褶曲作用。断层地区、地质活动因素活跃的地方是村庄建设用地选择的限制区域。

(2) 地震活跃地区。地震是一种毁灭性灾害，在地震活跃地带上不易进行村庄建设。若村庄处在地震活跃地区，在村庄规划中要在建筑设计时采取防震措施。

(3) 地质灾害。地质灾害主要是指山体滑坡和崩塌的物理工程地质现象。在山体滑坡和崩塌现象较重的山区、丘陵区，村庄建设时要进行研究分析，尽可能远离这类区域。在已建成的村庄周围有这种地质现象时，要采取一系列的工程措施保护村庄，并制定相应的保护工程规划。

(4) 建筑工程的土壤承载力。由于成土母质的差异，不同地方的土壤承载力差异很大，形成地基承载力的差异，在村庄建设时要认真研究分析当地地基承载力。不同母质的土壤质地层的地基承载力见表 5-1。

表 5-1　不同地质构造的地基承载力　　（单位：t/m^2）

类别	承载力	类别	承载力
碎石（中密）	40～70	细砂（很湿、中密）	12～16
角砾（中密）	30～50	大孔土	15～25
黏土（固态）	25～50	沿海地区的淤泥	4～10
粗砂、细砂（中密）	24～34	泥炭	1～5
细砂（稍湿、中密）	16～22		

(5) 地下采空区，是指地下矿产被开采区，由于地层结构受到人为破坏，容易造成地表沉陷。地下采空区范围内不宜建设村庄，已建有的村庄也要有计划地搬迁，免得地表沉陷带来重大灾害。

总之，地质因素复杂多样，以上仅是常见的几种因素，在编制村庄规划时要引起注意。还有一些特殊环境的其他地质因素，在地质调查中也应予以关注。

（二）地貌因素

地貌因素包括的因子很多，如多种不同的地貌类型，在某一种地貌类型中又有一些因子限制和影响村庄建设与发展。对各种不同的地貌因素和因子应分别分析研究。

(1) 山地。我国山区面积广大，有相当的人们生活在山区中，山区给人的交通、交往带来很大不便，也给人的生产和生活带来种种限制。同时，山区村庄的基础设施建设也有较高的投入，使得山区农村生活条件较差。山区中一些居住较高（相对高程）的村庄逐渐向下搬迁，合并到相对较大、交通便利的村庄是村庄体系规划中布局调整的主要内容之一。

(2) 冲沟。在山地、丘陵、高原等地貌类型中水土流失较重的地方，冲沟是一种常见的地貌形态。冲沟是由间断流水在地表冲刷形成的沟槽。在水土流失严重地区，受地层的成土母质、地形、降水等条件影响，冲沟发育发展很快，对土地利用和村庄建设起到限制作用。所以，一般村庄建设不宜在冲沟发育地区选址。在该地区已建成的村庄应根据当地条件和经济能力对冲沟采取治理措施。

(3) 岩溶地貌。岩溶地貌是发育在石灰岩地区的一种地貌类型，石灰岩、盐岩受到地下水的溶解和侵入作用，使地下岩层变空，形成空穴和溶洞，而且有时分布面积很广、洞穴空间很大。在该地区进行村庄建设时，把村庄建设在空穴和溶洞上是很危险的。因此，在岩溶地区进行村庄建设选址时应该特别注意地下岩层的真实情况，不能盲目进行建设。

(4)河流地貌。河流是人类赖以生存的条件之一，人类祖先多居住在河流沿岸。河流地貌是村庄选址的重要条件之一，河流汇水处往往是人类集居处，也是洪涝灾害易发生地区。因此，在村庄规划选址时必须注意这一点，沿河流和河流交汇处建成的村庄一定要有防洪规划。

(5)坡度。坡度是地貌因素中的一个因子，坡度对土地利用、村庄建设起到控制性作用。因此，编制村庄规划时，弄清村庄范围内的坡度十分重要。在山地、丘陵区的耕地利用和村庄工程建设方面，对坡度的具体要求见表 5-2。

表 5-2　村镇各项建设用地适用坡度　（单位：%）

项目		最小坡度	最大坡度
工业、手工业用地		0.5	10.0
道路	主干道	0.3	4.0
	次干道	0.3	6.0
	巷道	0.3	8.0
铁路站场		0	0.25
对外主要公路		0.4	30
建筑物	大型建筑	0.3	2.0～5.0
	中型建筑	0.3	5.0～10.0
	住宅或低层建筑	0.3	10.0～20.0

在山地、丘陵区有时候关于坡度的具体标准很难实现，要因地制宜，此标准仅供参照。

（三）水文及水文地质条件

(1)地表水。地表水是村庄建设和发展中的影响因素之一，从有利方面讲，江河、湖泊、水库等水域，具有调节气候、成为灌溉和饮用水源、利用地表水发展水运、汇集雨水、美化环境等功能。不利因素有洪涝灾害、河流淤积、河流冲刷、滩涂宽阔而又难以利用。对江河、湖泊、水库因素的影响有水位、水质、流速、流量、水面、水深等因子，往往是其中的某一种因子就能起到限制作用，所以对这些因子要全面分析研究。

(2)地下水与水文地质。地下水由于成因与埋藏条件不同，可分为上层滞水、潜水和承压水。地下水一般多为较好的饮用水源。影响地下水的因子有水质、水量、水温等。地下水补给较困难，一般开采量不宜大于补给量。当年开采量大于补给量时，往往造成地壳下沉或水资源的过度开发形成“地下漏斗”，在许多沿海大城市会出现地壳下沉的现象，威胁城市安全。“地下漏斗”地区会造成农业生产成本的加大并导致区域生态环境的恶化。所以，在村庄规划中应注意地下水的开采研究。

（四）气象气候

(1)太阳辐射。太阳辐射是自然界的主要能量，光照在一个地区多年平均是比较稳定的，决定了农作物的选择，也决定村庄建设的朝向选择、日照标准、建筑间距等。在村庄规划时参考日照条件选择农作物和耕作方式进行生态建设；村庄建设的建筑朝向、建筑房屋的间距、建筑材料等方面也要认真研究，要充分利用太阳辐射的能量，建造节能的新住宅，利用太阳能发电建设新能源。

(2) 风。风作为一种自然现象，对村庄建设影响较大，如农田生态建设中要防大风、干热风；沿海地区多台风，对村庄的建设和农业生产生活带来很大影响。因此，在农村建设和农业生态建设中要采取一些具体措施，防大风、干热风和台风。在村庄建设中应关注风向，考虑污染大气的物质流向，必须要有防风、通风、抗风的设计。在风能大的地区建设风能发电站，也可以作为新农村的一种新能源。

(3) 温度。温度对村庄规划的影响是多方面的。例如，农田耕作中，一个地方≥10℃的积温就是多种农作物生长的限制因素，如果一个地区≥10℃的积温<1600℃时就限制了多种作物的生长。温度是多种作物生长极限值的重要参数。在农用地评价时，温度对于许多地方都是个重要参数。村庄建设中，要考虑建筑施工与温度的限制，住宅中要考虑降温和采暖的设置，建设节能的住宅，要充分利用太阳辐射能和其他新能源。

(4) 降水。降水(降雨、降雪、降霜、冰雹等现象)是一种自然现象，决定因子有降水的方式、降水量大小和强度、降水的年际分布和季节分布等。降水是自然补给水资源的主要来源，是满足多种作物生长的重要条件，降水影响温度、湿度大小，对居住环境也有影响。降水强度和年际季节分布往往会造成许多灾害，如山洪暴发、洪涝等，由于降水的季节不均匀，易造成旱涝交替；强对流天气往往形成冰雹；强降雪和降雪量过大，过早的降霜形成霜冻等，也会形成灾害，使农作物和牲畜死亡；降水方面引起的自然灾害是多方面的，编制村庄规划时要引起关注。

(5) 气象灾害。气象灾害包括许多因子，如洪涝、干旱、冰雹、霜冻、大风、干热风、台风、病虫灾害等。气象灾害有些是毁灭性的，如严重的洪水、干旱、冰雹使农作物绝收；气象某些因素对农作物生长有着严格限制条件，如无霜期长短决定农作物的播种类型，复种指数决定农耕方式和农业效益。某些因素造成农作物的减产，如北方干热风对冬小麦的影响每年都不同程度造成小麦减收 1～2 成。冻土深度决定工程管线的埋藏深度。总之，气象灾害因子有很多，不同的因子从不同方面、不同程度来制约农业生产和村庄建设。因此，在编制村庄规划时必须认真研究，要与当地的农业生态建设规划紧密联系在一起。

(五) 土壤因素

土壤是农业生产的基础条件之一，影响土壤条件的因素有很多，如土壤母质、土壤种类、土壤结构、土壤质地、土壤养分、土层厚度等诸多因素决定了农业用地的类别和土地利用方式。土壤的种类，如沙地、盐碱地、荒漠沙化土地则难以种植农作物。土壤质地也是农作物选择的因子之一。土壤的承载力决定了村庄建设形式等，所以在做村庄规划时，对土壤要认真分析研究，因地制宜发展农业生产和进行村庄建设规划。

(六) 生物因素

分析生物的物种资源、种类、植被特征及生物生态条件，为村庄生态建设、景观规划提供依据。

总之，自然子系统由万物组成，是村庄及其周边环境的物质基础。只有通过对自然子系统中的自然因素、因子进行分析，才能找出村庄发展存在的问题、特征与优势，才可以扬长避短，编制好村庄规划(表 5-3)。

表 5-3　自然环境条件的分析

自然环境条件	分析因素	对规划与建设的影响
地质	土质、风化层、冲沟、滑坡、岩溶、地基承载力、地震、崩塌、矿藏	规划布局、建筑层数、工程地质、工程防震、设计标准、工程造价、用地指标、村镇规模、工业性质、农业
水文	江河流量、流速、含沙量、水位、洪水位、水质、水温、地下水水位、水量、流向、水质、水压、泉水	村镇规模、工业项目、村镇布局、用地选择、给排水工程、污水处理、堤坝、桥涵工程、港口工程、农业用地
气象	风向、日辐射、雨量、湿度、气温、冻土深度、地温	村镇工业分布、环境保护、居住环境、绿地分布、休疗养地布置、郊区农业、工程设计与施工
地形	形态、坡度、坡向、地貌、景观	规划布局与结构、用地选择、环境保护、管路网、排水工程、用地标高、水土保持、村镇景观
生物	野生动物种类和分布、生物资源、植被、生物生态	用地选择、环境保护、绿化、郊区农副业、风景规划

二、社会、经济条件分析

社会、经济两个子系统，是指人为因素在村庄建设发展中的作用的子系统。社会、经济两个子系统包括因素繁多，就其组成可以概括为以下几类：经济地理、交通运输、基础设施建设等。按其成因来说，又可分为自身因素和外来因素，对各种因素影响与限制作用简述如下。

（一）经济地理因素

经济地理是一个十分广泛的概念，就村庄规划与经济地理中的相关因素分析，主要是村庄的区位、人口、经济及产业结构，产品种类及其商品量，物产与人均占有量，人均纯收入，人的消费状况。这些因素都是村庄自身发展的物质基础，为村庄发展提供有利因素，同时从多方面影响和制约村庄的发展。

(1) 区位条件分析。村庄的区位条件，是指村庄所在行政、经济辖区内的位置和周边环境；体现出村庄在区域中的地位与作用，为村庄规划的准确定位提供依据，同时也明确村庄在区域中应发挥的功能与作用，指明村庄规划的任务。通过与周边村庄的关系分析，了解村庄与周边的关系和各种信息流与能量流，明确村庄发展的外部条件，指明村庄与周边村庄合作与协调发展的可能性，这对村庄的发展起至关重要的作用。区位条件分析是研究村庄与区域关系的重要方面，必不可少。

(2) 人口。人口因素是社会经济子系统中的一个重要因素，也是村庄规划的重要内容。村庄规划坚持“以人为本”的原则，围绕人口这个重要参数确定生产力、生产水平和经济发展的方向，人口成为村庄规划的主体。人口的总量、人口发展的趋势、劳动力的数量、劳动力的就业状况、劳动力与人口的转移；人的收入、人的居住环境、人的消费、人的精神文明状况、人的休闲娱乐等方面都要认真地分析研究。因此，村庄规划中必须加重对人口发展的预测与规划。对人口的研究是村庄规划的重要内容。

(3) 经济及产业结构。村庄的经济主要是生产与消费状况，反映在产品产量、消费量、商品化程度，表现为经济收入、人均占有量、人均收入等方面。产业结构、优势产业决定了村庄的性质和村庄的发展方向。村庄建设应以经济建设为中心，研究和部署村庄经济发展规划。确定合理的产业结构，明确主导产业，是村庄规划的核心内容，也是体现村庄特色的一个重要方面。经济是重要基础，因此，编制村庄规划，要把村庄经济发展规划放在重要地位。

(4) 产品种类与商品化程度。在社会主义市场经济体制建立与完善和市场国际化背景下，农村经济必须纳入国外、国内两个市场中去。农村经济的发达程度取决于产品的种类与商品化程度，每个村庄都有自己的特点，根据自己的优势特征生产满足社会市场需求的产品是农业专业化生产的必然趋势，抛弃过去的“小而全”自给自足的自然经济是村庄迈向现代化经济的关键一步。村庄的产品应置于整个社会市场中去。根据市场需求，结合本村的优势，形成具有地方特色的拳头产品，不论种类多少，只有能够形成商品化程度较高的产品才有生命力，才能促进农业产业化和村庄经济的发展。这是在村庄规划中必须明确的经济发展目标。

(5)经济指标的人均占有量。在村庄规划中，对村内经济状况分析不可缺少的是若干经济指标的人均占有量分析，如国民经济总量、第一、二、三产业的产值、人均纯收入、人均土地资源、耕地、建设用地、绿地等。通过一系列单项人均占有量的分析，明确村庄的优势与不足，对照小康社会发展水平的标准寻找差距，为村庄规划明确目标和任务。

(二)交通运输

交通运输是经济建设的重要环节，是村庄物质流、信息流、能量流的基础设施建设。道路交通是村庄建设中的一个非常重要的基础设施，村庄的交通应从对外交通、村域的田间交通和村庄内的道路三个方面分析。

(三)基础设施与公共建筑

农村的基础设施、公共建筑设施投入少、建设差，是城乡差别的一个突出表现，是建设社会主义新农村和编制村庄规划需要解决的主要问题之一。村庄规划的主要目标就是改变农村基础设施和公共建筑差的状况，通过规划，使农村的基础设施和公共建筑的标准向城乡一体化看齐，从外观上消除城乡差别。因此，村庄现状分析与规划中的重点是要解决基础设施和公共建筑差的问题。

(1)给、排水。目前我国大部分村庄饮用自来水，但饮用水的水质、水量还存在许多问题。有些地方饮用水不符合标准，不少地方的饮水水量不足。排水状况差距更大，多数村庄没有排污水的管渠和污水处理设施，也造成了污染，应引起高度重视。因此，要充分利用当地条件规划安排给、排水设施。

(2)电力设施。我国农村基本实现了电力化，仅有个别地方缺电。但电力供应并不能满足农民的需求，不少农村仍然存在停电、限电的现象，尤其在农忙季节往往会出现停电、限电；在许多农村，电力线的布局混乱，造成很大浪费；电力设施配备不足，限制了电力的合理应用。通过区域规划，合理部署村庄发电、用电是村庄发展的重要条件。

(3)电信。伴随通信网络和无线电话的迅速发展，我国农村的电信事业发展迅猛。但农村面大点多，通信基础薄弱，相比较仍然落后，通信基础设施的建设直接影响着信息流的传播，在农村普及有线、无线电话、网络和发展有线电视是村庄规划的重要内容，也是帮助农民致富的重要途径。

(4)供热采暖。我国北方都有采暖期，农村建设中应推广节能、节材的新住宅，因地制宜地采取采暖方式，利用不同的能源材料解决供暖问题。同时，在有条件的地方也必须改变一家一户采暖的方式，走集中供热的道路，这也是减少农村污染、改善农民居住环境的重要措施。在村庄规划时，因地制宜地制定采暖供热规划也是一个重要内容。

(5)公共服务设施。农村的公共服务设施不足，如商业、教育、医疗卫生、文体娱乐、绿地等配套设施缺失与不足，是农村居住环境较差的重要方面。在现状分析时，参照村庄规模，适当配置公共服务设施，也是村庄规划的重要内容。

(四)区域的民俗和传统习惯

我国地域辽阔、民族众多、民俗丰富多样、传统习惯差异显著。在编制各地村庄规划时，一定要对以上诸方面进行深入的研究，尊重当地风土人情、风俗习惯、民族特点、建筑风格和自然特色，做到因地制宜、顺应民意，合理地编制适合地方特色的村庄规划。这也是继承和发扬我国传统文化的一个方面，所以，村庄规划中要有保护传统文化的内容。千万不可追求千篇一律的固定规划模式，这是编制村庄规划的最大忌讳。

(五)村庄的生产经营模式和经济组织方式

村庄规划与村庄的生产经营模式和经济组织方式有密切的关系。我国农村生产经营模式和经济组织方式复杂多样，有集体经营的经营模式，有企业加农户的经营模式，有公司、企业加农户的经营模式，还有联户合作经营的模式，更多的是个体单干户的经营模式。在不同的经营模式下经济组织的形态、生产的产品及产品的商品化程度都有较大区别，在很大程度上决定了村庄的经济发展方向和道路，同时对村庄的建设产生了重大的影响和作用。所以，在编制村庄规划时必须研究各村的生产经营模式和经济组织方式。社会主义新农村的发展方向是逐步引导农民、农村建立新的合作经营方式，改变一家一户的经营模式，为实现农业产业化和农业现代化奠定基础，这是村庄规划的重要任务之一。

总之，通过对村庄这个大系统中的自然、社会、经济子系统中诸多因素、因子的分析研究，目的是找出村庄建设与发展中存在的问题和限制因素，明确解决问题和限制因素的对策和措施，明确村庄规划目标与任务，增强规划的针对性和科学性。这都说明了对村庄各种条件的研究是编制村庄规划的基础工作。

第二节　村庄规划专题研究

在村庄规划中，应对一些专题进行分析研究。所谓专题分析研究是指对村庄的经济发展、村庄建设、土地利用、环境保护与生态建设、精神文明、政治文明、生态文明建设的现状分析，通过综合分析研究，使编制村庄规划更具有针对性和符合村庄个性。

一、土地利用现状分析

(一)土地利用现状

土地利用现状是指村域内各种土地的数量、结构与布局的调查，其调查结果可以列表表示，如土地利用现状表、结构表和布局表。土地利用现状分析可以从以下四个方面对比分析：一是从时间序列上进行纵向对比分析，形成动态变化的分析研究，弄清土地利用变化的趋势与问题；二是从结构和布局上与上位(乡镇)土地利用结构与布局对比，找出特征与优劣势；三是进行土地利用程度分析，如土地利用率、未利用率、复垦率、复种指数、建设用地率和土地利用集约度等，看土地利用是否充分和潜力所在，找出问题；四是效益分析，从土地产出率、土地的产出效益、人均占有量等角度分析，找出存在问题。总之，通过多方面的分析，找出问题，确定土地利用的对策与措施，为村庄土地规划提供依据。

（二）上位土地利用规划的指标分析

村庄规划必须依据上位土地利用总体规划和土地利用专项规划下达的指标编制村庄土地规划。上位土地利用总体规划中明确村庄的基本农田保护量、建设用地的指标、土地开发、整理、复垦的指标，这些内容都应一一落实。根据本村实际情况，在落实一系列指标存在问题时，应及时与上级主管土地的国土部门相协调，应有书面材料阐述落实不了的原因。经过沟通、协调，做出相应的调整，实现与上位土地利用总体规划的衔接。村委会无权私自调整上位土地利用规划的指标。

（三）农用地评价

为满足农业产业化生产和调整农用地结构的需要，要对村域内农用土地做出评价，一般采用土地适宜性评价的方法。该方法是以农用地的用途为评价对象，建立适宜类、适宜等、限制型的土地评价系统；以土地利用现状图地类图斑为评价单元，选择相关制约土地利用的主导因素为评价因素；可以通过评价因素中的单要素图在土地利用现状图上叠加来确定每个图斑的适宜类、适宜等和限制型；按照最低限制律确定每个评价单元的等级。也可以在主导因素中按限制作用程度排序，确定评价因素的权重，并给每个评价因素划分等级，相应的等级给予相同的分值；然后根据每个单元的分值来确定它的适宜等级。也就是用指数法评定每个单元的适宜类、等。评价目的是明确土地的质量，按适宜类、适宜等和限制型来作为农用地调整用地结构的依据，以满足农业产业化需要。

总之，通过对村域内土地数量、结构、布局的分析，通过农用地评价，确定各单元的适宜类、等，参照上位土地利用规划指标，编制村庄土地利用专项规划。明确各地块的利用方式、各类土地的可利用数量与管制措施，确保农业的基础地位，为实现农业产业化提供基础保障。

二、村庄建设用地现状分析

村庄建设用地包括村庄住宅用地、工矿企业、交通、水利、能源等建设用地，这是村庄规划中用地的矛盾之一，必须认真分析研究。

（一）村庄建设用地现状

村庄建设用地包括村庄建设区用地、独立工矿建设用地、交通用地、水利用地和其他建设用地，主要目的是搞清村庄建设区的各类用地的数量、结构与布局。用人均占有量、人均单项用地指标和用地结构与国家制定的标准比对，弄清村庄土地整理的潜力和村庄用地中存在的问题。参照国家规定各类用地的比例结构，分析结构中的不合理状况；用地布局对照当地的自然条件分析，找出不合理布局。对于工矿企业用地，要根据县（市）、乡（镇）的工业园区建设要求，合理安排，按照集约、集中用地原则，使乡镇企业向园区集中。通过现状分析，明确村庄建设用地中存在的问题，为改造旧村庄、编制村庄建设规划提供依据。

（二）县（市）、乡（镇）建设规划指标落实情况

市郊、建制镇近郊村庄往往是城镇规划区内的村庄，这部分村庄不用单独规划，只需执行和落实城市、建制镇规划。城镇规划区外的村庄需要单独编制村庄规划，其建设用地要依据市、县（市）、镇的城镇体系规划和县域内村庄体系规划来编制，根据村庄性质规模，确定村庄建设用地数量、结构与布局，划分功能分区，明确“三区”“五线”。

（三）村庄建设用地外的其他建设用地

其他建设用地包括交通、水利、能源及其他建设用地，这类建设用地在县（市）、乡（镇）土地利用规划和城镇规划中一般都有安排，村庄规划要认真落实，一般情况下不允许调整。

三、环境保护与生态建设的现状分析

（一）环境保护与生态建设的现状调查

环境保护与生态建设的现状调查包括村庄周边环境的污染状况、污染源的分布、环境污染程度、治理的设施及未来发展趋势，为制定环境保护规划提供依据。对于环境污染治理的基础设施，一般情况不是每个村都具备处理能力，应在城镇区域范围统一规划、统一部署、统一治理。

（二）农业生态建设

村庄规划中的生态建设是实现农业现代化的基础。针对我国农村现状，大部分村庄的生态建设任务繁重，农业生态中的问题构成农业发展的主要限制因素，村庄农业生态建设现状分析要明确现有基础设施状况、存在问题及对农业的限制因素与作用程度，使村庄生态建设规划具有针对性，为更科学合理地安排农业生态建设提出具体措施与对策。

四、精神文明、政治文明、生态文明建设现状分析

精神文明、政治文明、生态文明建设是村庄规划的重要内容之一。精神文明、政治文明、生态文明的建设内容有两方面的含义，一是农村是我国优良传统文化的宝库，是继承和发扬传统文化的重要阵地，要保护这块重要的阵地，应加强保护和继承；二是农村文化中有许多需要重新建立的新观念，要破旧立新，用新观念建设社会主义新农村，培养一代新农民。就目前我国农村精神文明、政治文明、生态文明建设的现状分析，这方面存在的问题带有普遍性，一方面是精神文明、政治文明、生态文明建设的硬件差距大，所需要的基本建设缺失量大；另一方面是精神文明、政治文明、生态文明建设任务艰巨，农村中的传统意识观念根深蒂固，农民意识形态中要改革的任务难度大，而且有些是深层次的意识形态的问题，短时间内难以完全改变，要有常抓不懈的思想准备。

（一）精神文明、政治文明、生态文明的现状调查

精神文明、政治文明、生态文明的现状分析包括硬件、软件两方面问题。硬件建设包括党员活动室、老年、青少年活动室、图书室、文化站、文体活动场所和器械、成人培训和科技活动中心，政务公开栏、牌、征求意见箱等基础设施建设。其规模大小、利用方式则因村而宜，这些硬件建设是必不可缺少的。软件方面包括各种活动的规章制度、组织管理、监督实施等内容。

（二）明确精神文明、政治文明、生态文明建设的任务

通过调查分析，找出村庄在五个文明建设中存在的问题，针对这些具体问题，依据村庄实际情况予以落实和安排，为村庄精神文明建设、政治文明、生态文明建设制定明确具体的任务和目标。

第三节　村庄建设用地及其评价

一、村庄建设用地

村庄建设规划是村庄规划中最为主要的专项规划。为搞好村庄建设规划，要搞清楚村庄建设用地的现状，通过用地评定，选择村庄建设用地的发展空间布局及建设方向。为了对村庄建设用地进行现状分析，要明确村庄建设用地的分类、建设用地的标准，为现状分析提供依据。

二、村庄规划建设用地标准

村庄建设用地标准，是村庄各项建设在技术上达到合理的量化指标，也是村庄规划的依据，同时，也是对村庄建设用地现状分析和控制村庄建设用地的基础依据。它包括人均用地标准、各类用地结构标准和人均单项建设用地标准。

（一）人均用地标准

人均建设用地是由村庄建设用地总规模与总人口相除所得。按国家规定的人均建设用地标准为 55～150m²/人，指标弹性很大，这是因为我国农村状况差别很大。各地要因地制宜地制定符合实际情况并且切实可行的标准，既达到节约用地的目标，又能满足当地农民生产、生活的需求。

（二）村庄建设用地的构成比例

村庄建设用地共分 9 大类 28 个小类。村庄建设用地规划不仅要调整各类用地的结构比，还要考虑人均单项建设用地，即村庄建设地类中的人均占有量。

由于自然条件不同，各地人均建设用地和单项用地定额指标差别也很大。因此，不可能在全国制定一个通用的指标。各地单项用地指标要由地方建设部门综合考虑各种因素之后制定。

三、村庄建设用地规模

村庄建设用地规模一般指村庄建成区总面积。而建成区总面积又是随村庄建设的不同发展阶段而变化的。如当前的建成区总面积是村庄现状用地规模；进行村庄总体规划时，确定的各项用地总面积是村庄规划期内用地规模。规划期末的建设用地规模估算可用下式：

$$F=N\cdot P/10000$$

式中：F 为规划期末建设用地面积（hm²）；N 为人口发展规模（人）；P 为人均建设用地面积（m²/人）。

例　河北省平原区某村规划人口规模为 5800 人，根据河北省规划定额指标，人均建设用地取 100m²/人，求该村建设区的建设用地规模。

解　$F=N\cdot P/10000=5800\times100/10000=58$（hm²）

四、村庄用地评定

村庄用地评定是村庄建设规划的重要依据之一。它的工作内容是在调查分析村庄基础资料的基础上，对可能成为村庄发展建设用地的地区进行科学的分析评定，对用地在工程技术与经济方面进行综合质量评价，确定用地的适用程度，即哪些用地适合搞建设，哪些不适合，为选择村庄建设用地和编制村庄建设规划方案提供依据。

(一)用地评价的分类

参照《城市规划编制办法实施细则》的规定，对村庄建设用地做出适宜性评价和区划，一般可将村庄建设用地分为三类。

(1)一类用地，即适合于修建的土地。是指用地的工程地质等自然环境条件比较优越，能适应村庄各项设施建设要求，一般不需或只需稍加工程措施即可用于建设的用地。

(2)二类用地，即基本上可以修建的用地。是指需要采取一定的工程措施，改善条件后才能修建的用地。它对村庄基础设施或工程项目的分布有一定的限制。

(3)三类用地，即不适于修建的用地。是指用地条件很差、一般不宜作修建用地。众所周知，现代工程技术几乎没有绝对难以修建的用地，不适于修建的用地是指用地条件极差，必须付以特殊工程技术措施后才能用作建设的用地，这取决于科学技术和经济的合理性。

上述用地类别的划分，也要根据各个村庄的具体条件来拟定，不同村庄用地类别不应强求统一，其类别也不是固定不变的。例如，甲村的一类用地，在乙村中可能只是二类用地。这是因为甲村可能规模较小，建筑层数低，其对地形、地质条件的要求也较低，而乙村规模大，建筑层数高，要求的地形、地质条件也较高。有的村庄用地评定可分为三类，而有的则分为两类或者不分类。因此，用地适用性评定的分类必须因地制宜地加以确定。

(二)村庄用地评定的方法

用地评价工作是一项综合分析的工作。在实际工作中，可以先根据某一条件做出单项的评定，再将几个单项评定综合起来，最后做出村庄用地的评定。

1. 用地评定的步骤

(1)选择地形图。地形图的比例尺与村庄建设总体规划图的比例尺应一致。一般用 1：1000～1：2000 的比例尺。村庄建成部分一般已经标示在地图上。按不同的坡度将用地进行分类，可按10%以下、10%～20%、20%以上分成三类，并将用地范围内的沼泽、洼地、冲沟、陡坎、砂丘等标出来。对这些地段可分别标明是经过处理可以修建的，还是不适于修建的。

(2)根据洪水资料，在地形图上画出洪水淹没范围，或分别画出五十年一遇洪水淹没范围和百年一遇洪水淹没范围。

(3)根据地下水资料，在地形图上画出地下水等深线图。画法是将已掌握的地下水位数据在地形图上标出，然后分别将地下水位距地面 1.0m、1.5m、2.0m……的相邻各点顺序连接起来成一平滑的曲线，这就是地下水等深线图。地下水等深线和地形等高线不一定一致。但是，如果地下水资料不够详细，而地形又比较简单、土质和地下水情况变化不大时，可以取地下水位的若干个控制点，而后大体参考地形等高线画出地下水等深线。如果地形地质条件复杂，就不能用这种方法。

(4)根据工程地质资料，在地形图上画出地下不同土壤结构或不同承载能力的分布状况，以及滑坡、溶洞、断裂带等的分布状况。

(5)在地形图上画出地下矿藏分布情况，包括已开采的和尚未开采的，以及矿藏的采空区、塌陷区。此外，露天开采的矿场、采石场、采砂场、取土场等也要画出来。

(6)在地形图上画出地下文物的分布和保护范围，其他限制修建的范围，以及现有水源保护地等不能作为修建用地的范围。

(7)现有高产农田、菜地、果园、苗圃等也应在地形图上画出。只是因为用地评定主要是从用地的地形、地质等自然条件出发来分析研究的，而选择村庄建设用地时，除了考虑自然条件外，还要考虑经济因素等其他条件。

2. 用地评定的成果

用地评定的成果包括图纸和文字说明，是村庄规划文件之一。用地评定图可以按用地的具体情况分别表示出各项分析与评定的内容，如地下水深线、洪水淹没线、地形坡度、地基承载力等。也可以不表示这些内容，只画出几类用地的范围。图纸的比例尺宜与规划图纸比例尺相一致，以便对照。用地评定的说明就是将用地评定各步骤中考虑的问题、用地分类的理由及各类用地的基本情况用文字加以简要说明。

第四节　村庄发展的预测

预测是根据事物的历史、现状按照它的发展规律对未来的推测和估算。村庄规划的预测包括村庄经济发展预测、人口发展预测与各类用地需求预测。各种预测的方法种类繁多，具体到某一项内容采取什么方法，要根据内容和基础资料情况而定，也要因地因时而异。

一、经济发展预测

（一）经济总量

村庄的经济总量即国内生产总值(GDP)。对经济发展总量进行预测，一般为第一、二、三产业产值总和，因此，应分别以第一、二、三产业分别预测后汇总为经济总量。

（二）产业结构

产业结构是反映一个村庄经济状况的重要标志，其产业结构预测主要是第一、二、三产业的结构比，通过经济总量预测基本上确定了第一、二、三产业的产值和结构比。村庄经济发展规划要实现农村经济产业化，第二、三产业的比重加大是村庄经济发展的必然趋势。对于一个村庄的产业结构究竟达到一个什么样的比例，要依据村庄经济基础和工业化、现代化的程度来决定。

（三）第一产业的产业结构

第一产业即大农业，包括农、林、牧、渔各业。村庄规划要对大农业的结构比进行分析和预测。大农业中的种植业、养殖业、林业、牧业的结构比是反映村庄农业生产状况和村庄定性的主导因素，是实现农业产业化的主要依据，要进行认真分析和预测。

（四）农作物的产量预测

大农业的结构确定后，要对各种农业的产量进行预测。例如，种植业中各种农作物的总产量预测，要用各种农作物的单产和用地数量来决定。根据优势作物和社会需求量来决定用地数量。对畜牧养殖、果品种植要进行市场调查，依据市场信息指导预测，力求做到削峰填谷，确保优势产品得到优势价格，取得较好的经济效益。对农产品的总量预测后，计算出各种产量的人均占有量。

（五）产品的商品量

农村的产品（包括工业产品和农产品）投放市场的数量与贸易交易量是农业产业化和农业现代化的重要标志。农村经济必须纳入国内外市场经济体系中，以生产更多的产品投入国内外市场中，这是农村经济发展的必然趋势，也是改变农村传统生产方式的根本出路。同时，产品贸易量的多少决定了村庄的经济实力。因此，在村庄经济发展规划中，产品商品量的预测显得十分重要。

（六）农村产业转变的趋势

经济是基础，经济的变革是上层建筑乃至行政区划变革的基本原因。目前，我国的社会经济发生了巨大的变化，伴随社会经济的转型，行政区划变革也势在必行。村庄也是这种历史背景下的产物，经济全球化的格局日趋明显，使得我国产业也发生了巨大变化；社会经济的转型、信息化的发展及科学技术的进步，使得产业日趋聚集化、现代化，也带来居住的变化，聚集居住成为一种必然趋势；农村经济由过去的自给自足的小农经济转向社会化、产业化、规模化经济模式，生产环境、生产条件、机械化设备都对生产与生活带来前所未有的变革，居住形式变革也势在必行。

1. 农业产业化的发展趋势

农业是我国传统的产业，在长期自给自足的小农经济发展历史中形成了农村的特有的居住方式。但经济社会发展至今日，落后的、自给自足的小农经济已走入历史博物馆，取而代之的则是现代化、产业化的农业生产。农业产业化发展的道路为农村变革奠定了基础，因而农村居住方式的变革势在必行。这就是村庄建设与发展的基本原因。

农业是我国的经济基础，任何时期都不能放弃对农业的高度重视，但问题是如何选择农业发展的道路？如何提高粮食生产的综合能力？农业如何步入产业化的经营模式？农业产业化、现代化是未来农业的根本出路，现代农业发展的趋势已充分表明了农业产业转型、农业生产机械化、农业产品市场化、农业产业化和规模化，这一切的变化都对农业产业的发展提出了新的要求，亟须改变农业产业的生产方式和经营方式。

2. 农村第二产业成为主导产业的趋势

历史经验证明，发展第二产业是农村发展的必然之路，没有农村的工业化，就没有我国的工业化，近30年发展事实证明了农村工业化成为我国工业发展的半壁江山。由自发发展起来的乡镇企业在新时期要走聚集化的道路，乡镇企业向园区聚集成为时代发展的必然趋势。乡镇企业向工业园区聚集，使得我国民营企业得到进一步发展。

农村工业化的道路是我国工业发展的特色，我国在实现工业化、城镇化、现代化的道路上没有农村工业化是不可能实现既定目标的。

3. 农村第三次产业加速发展的趋势

产业发展成熟的标志就是第三产业的发展及所占比例的多少。我国农村的产业结构基本是以农业，即第一产业为主，这是经济结构落后的具体体现。经济社会的转型与经济结构的调整是经济发展的必然趋势，在经济结构发展中，巩固第一产业、积极发展第二产业、大力推进第三产业是未来我国经济发展的基本格局。在农村，正是由于第三产业发展的不足，才形成了农村经济发展落后的局面。所以，要建设社会主义新农村，就必须大力发展第三产业，这也是我国拉动内需的需要。

近年来农村发展的事实证明，农村发展第三产业的资源十分广泛、基础雄厚，但又大有前途，如乡村旅游业的崛起、农村产品的出口、农村工业的发展占了全国的半壁江山等均说明了农村发展第三产业的潜力无限。发展农村第三产业首先要给予一定的发展空间和消费环境，建设村庄就是为实现这一目标所做的努力。

总之，农村产业的转型是农村建设与发展的根本，农业现代化的实质就是以工业发展的道路和理念来发展农业。只有在产业转化中才会实现农村的转化，才是解决“三农”问题的根本出路。因此，在城乡建设一体化的进程中，重点是搞好农村产业转型，并进一步积极发展 1+2+3 的第六产业，以产业发展促进村庄建设。

二、人口发展的预测

(一)人口的现状

现状人口的数量、结构与空间分布是一系列经济问题的综合反映。人口的现状对未来发展起到控制性作用，未来的人口数量是村庄规划的重要参数。因此，以历史、现状分析为基础，村庄经济发展趋势与人口发展政策为依据，对村庄人口的发展进行预测。

(二)农村剩余劳动力转移问题

伴随我国农村经济建设的发展，农业产业化和农业机械化有了很大的发展。农村剩余劳动力转移成为我国目前社会经济生活中的一个重大问题，也是在编制村庄规划时必须认真研究的问题。劳动力转移是“三农”问题中的一个突出问题，是影响我国城乡一体化水平与城乡人口数量变化的重要参数。劳动力转移的预测是合理安排城镇和农村建设用地的重要依据。

从总体来看，劳动力的转移是农村人口机械减少的主要因素，是城乡人口此长彼消的主要原因。对它的研究不仅关系村庄规划，也关系城镇规划与城乡一体化水平。所以，在村庄规划中对劳动力转移问题的研究显得十分重要。

(三)人口发展动态预测的方法

人口发展预测的方法很多，这里介绍两种较常用的方法供参考，人口预测时可根据当地情况选择一种或几种方法进行。

(1) 自然增长法。该方法简单实用，可用于村庄规划的人口预测，它以现有总人口为基数，通过预测期内人口的自然增长和机械增长，确定预测期末的总人口数，常采用的公式有

$$P = N(1 + R)^n$$

$$P = N(1 + R)^n \pm G$$

式中：P 为预测人口数；N 为人口现状数字；R 为人口增长率；n 为预测年限；G 为人口机械增长数(迁入与迁出的差数)。

(2) 回归方程法。近年来很多地区用这种方法推算未来人口规模。用该方法建立的人口预测可分为一元回归方程和多元回归方程。较为简便适用的是一元线性回归方程，其公式与

上述人口机械增长一元回归模型相同，即

$$P=B_0+B\cdot T$$

式中：P 为预测人口数；B_0、B 为方程参数；T 为年代数。

人口预测的方法很多，如劳动平衡法、人口统计学法、灰色系统法、宋健模型等均有应用。

三、土地需求量预测

土地需求量预测是指对村庄在一定时阶内各类用地的规模和动态变化所进行的测算。在村庄规划中需要落实各部门的规划，要与各部门进行用地的协调，在协调的基础上对用地做出预测。各类用地的预测是编制规划时进行协调与排序的基础。

(一)土地需求量预测方法

土地需求量预测方法是多种多样的，原因在于用地类型复杂多样。总体可以把预测方法分成两大类：第一类是趋势外推法，即由事物的过去、现在推算其未来，它的结果建立在“可能”的基础上，是探索性的预测；第二类是目标预测法，也就是拟定未来的发展目标，为实现这一目标，需要一定的条件来达到目的，它重点研究实现目标的条件，即对各式各样的条件进行假设，在不同条件下实现不同的目标，这种方法是建在“需要”的基础上，是一种规模性预测。

(二)各种用地需求预测

1. 耕地需求预测

耕地需求量预测在土地利用规划中是一项重要预测工作。不仅对耕地总需求量进行预测，还要对耕地内粮、棉、油、菜与其他作物用地需求量进行预测。各类农作物需求量一般以国民经济与社会发展总体规划中规定的指标为依据，在没有这种资料时，也可以根据人口发展的总量与人均占有量及农产品商品量进行测算。耕地总需求量由以下公式计算可得

$$C=\sum D_i/A_i \qquad (i=1,\ 2,\ 3,\ \cdots,\ n)$$

式中：C 为规划目标年耕地总需求量；D_i 为第 i 种农作物规划年总需求量；A_i 为第 i 种农作物规划年单产。

2. 园地预测

园地包括果园、桑园、茶园、橡胶园和其他果园。园地用地需求预测是村庄规划中的重要内容。果园用地选择性很强，要在土地适宜性评价的基础上做出预测，同时果品生产还必须根据国内外市场的需求来做预测，增加了预测的难度。

3. 林地预测

林地包括有林地、疏林地、灌木林、苗圃、迹地、未成林造林地。林地是农业生态建设的主要措施，因此，林地的预测要特别重视。林地预测要根据土地适宜性评价结果来确定，尤其在生态环境较差的地区更要注重林地的规划。一般地区都有林地覆盖率的指标，要根据指标的要求做出安排。

4. 牧草地预测

牧草地包括天然草地、人工草地和改良草地。牧草地是养殖牲畜的基础，是畜牧业发展的基本条件。牧草地的合理利用、改良和人工栽培是发展畜牧业的基础工作。因此，在牧区科学地、合理地预测牧草地是保障畜牧业发展的一项重要工作。

5. 村庄建设用地预测

村庄建设用地的预测是村庄规划的重要组成部分，从我国农村的现状分析，农村建设用地存在的问题也最多，农民对建设用地也最为关注，因为这关系他们的切身利益。因此，村庄建设用地的预测成为村庄规划的焦点。预测的方法比较简单，在确定村庄的人口规模后，按照国家规定的人均用地标准进行计算即可。

农村居民点用地面积预测，可根据规划期间农村个人建房面积，并考虑一定的公共建设，道路和乡镇企业生产占地系数，求出新增农村居民点用地面积。计算公式为

$$Z=H(1+K)$$

式中：Z 为规划期间新增农村居民点用地面积；H 为规划期间农村个人建房用地面积；K 为公建、道路和乡镇生产占地系数，一般可取 0.3～0.6。

规划期间农村个人建房用地面积可根据规划期间建房户数和每户宅基地定额指标予以确定。计算公式为

$$H=(N/P+F_0)\times n/2\times d\times e$$

式中：H 为规划期间农村个人建房用地面积；N 为规划目标农村人口数；P 为户均人口数；F_0 为规划基期农村总户数；n 为规划期限；d 为规划期间建房户占总户数的比例；e 为每户宅基地占地定额标准。

同样，也可以采用指标额定法预测：

$$Z=C\times J$$

式中：Z 为规划年农村居民点用地面积；C 为规划年农村总人口数；J 为农村居民点人均用地标准。

6. 工矿用地预测

独立工矿用地是指设置在村庄以外的工矿用地，包括国家、省、市、县、乡和村办工矿企业。独立工矿用地的预测，一是落实各级政府的工业发展规划；二是布局村办工矿企业。前者属于必须落实的内容，通过上级规划得到预测的结果；后者则要根据村办企业发展的趋势来确定。独立工矿用地要根据国家规定行业标准控制用地规模。

7. 交通用地预测

村庄交通用地包括各级政府的交通规划用地和村庄交通用地两部分。前一部分只有落实的任务，不能调改。后一部分则需要认真预测，村庄的交通包括三部分：一是对外交通；二是村域内的田间交通；三是村庄内的交通。对外交通包括村庄与等级公路、水路干线相连接的道路，是村庄对外联系的纽带，也是村庄的经济命脉，对于这种道路必须予以保障。对于村域内的田间交通，要根据土地整理和生态建设的规划进行预测，在许多农村通过土地整理规划，田间道路用地则会减少，能增加耕地面积。

8. 水利建设用地预测

水利建设用地包括骨干水利工程、农田水利工程两部分。骨干水利工程属于非农建设用地，农田水利工程属于农用地建设，二者有区别。骨干水利工程包括大型渠道、防洪工程、排灌工程、水库和水电工程。田间水利工程包括田间的灌溉和排水工程。村庄规划中对水利部门的骨干工程要一一落实，对农田水利工程要依据县乡的水利工程安排，结合本村的实际情况进行规划安排。水利工程按规划图纸上的形状量算面积；沟渠按其长度和宽度进行面积计算，较大的渠道工程要考虑永久占地和临时占地的问题；水库用地在山区一般按等高线求面积，在平原区的形状比较规范，按设计图纸求面积。总之，不同类型的工程面积按不同的方法进行量算，必要时还必须到现场进行测量。对于水利工程用地参照水利部门的规划进行预测，对水利建设用地予以保障。

第六章

村庄总体规划

第一节　村庄总体规划概述

村庄总体规划是建设社会主义新农村、实现城乡一体化的主要内容。村庄总体规划是对村内的基础设施、公共服务设施、住宅、工业区、中心区等方面进行具体规划，构成村庄建设规划蓝图。

一、村庄规划的基础研究

1. 地理位置、人口、建成区的面积分析

村庄的地理位置对村庄建设有决定性的作用，不同的地理位置对确定村庄的性质、基础设施建设力度和投资力度都有指示作用。人口是村庄建设的重要参数，人口规模决定了村庄建设的规模。建成区的面积、人均用地的数量都关系到规划村庄建设用地总量控制规模，对村庄建设规划起决定性作用。

2. 与周边村庄、城镇的关系

村庄不是孤立的居民点，与周边村庄、城镇有着千丝万缕的联系。周边村庄、城镇的发展和建设都对村庄产生重大的影响，如周边的产业结构、产业类型、产业发展的方向均给村庄带来巨大影响，城镇基础设施为村庄建设带来可利用的资源，是村庄建设规划中必须考虑的因素。

3. 自然、经济、社会条件的分析

自然条件中有多种因素对村庄的建设起到控制性作用，如地质地貌因素限制了村庄建设用地的选址、工程地质和水文地质决定是否可以建设村庄，诸多的因素在村庄建设中必须要做因地制宜的分析研究。经济条件更是村庄建设的基础，就我国农村的现状分析，发展快、建设好的村庄均有良好的经济基础作保障。社会因素也是村庄规划中不可缺少的因素，村庄的管理、村庄建设的政策、周边的社会环境都起到重要的作用。

4. 村庄的历史与发展过程

我国多数村庄发展历史悠久，在长期的发展中也给村庄建设带来了不小的差距，良好的基础条件使许多村庄建设处在不同的起点上，即使相邻较近的村庄也有不小的差距，村庄建设和规划也因地而异。

5. 文化遗产和民俗风情

我国疆域辽阔、历史悠久、民族众多、风俗各异，形成了千姿百态、建筑形态各异的村庄。其中有众多具有文化遗产价值的村庄，在村庄规划和建设中必须保留和重点保护；由于各地的民情和风俗习惯不同，建筑风格和建筑形式也各具特色，在村庄规划和建设中也必须注意这些因素。

6. 村庄建设用地现状分析

村庄建设用地现状分析包括用地总面积、人均用地、各业用地规模及其比例及建筑密度等，可以村庄建设用地现状表表示。

7. 公共服务设施现状分析

公共服务设施是指村行政、商业服务业、教育、宗教、医疗卫生、文体娱乐、敬老院、老、青少年活动中心等公益建筑状况及用地状况，按村庄的规模和配置标准分析配置状况，计算人均公益用地。

8. 基础设施现状

基础设施是指村中道路、给排水、供电、通信、防洪、消防、抗震等设施建设状况分析。例如，道路的长度，主、干、支路的宽度，人均道路用地等量化分析；其他基础设施的有无，建筑的时间，标准是否可以满足村庄建设需求等。

9. 居住状况

居住状况指居住的建筑类型、人均居住面积、人均居住用地面积，生产、生活的方便程度，人们的居住习惯和民族特点等，是否适应现代化生活生产的需求。

10. 村庄绿地

村庄绿地是农村建设的重要组成部分，绿地包括绿化用地和生产防护性绿地，其现状包括有无及空间分布状况。

11. 村中心区的配置

村中心区是村庄建设的重要组成部分，一般较大的村庄都应该配备和规划中心区。中心区主要把村庄需要建设的行政管理、商业服务业建筑、文化休闲娱乐、医疗卫生、体育活动场所和器材、公园绿地、停车场站、公厕、垃圾处理场等公益建筑统一规划安排，形成村民的活动中心。村庄中心区的规划要因村而异，主要按人口规模确定，不要贪大求洋，造成对土地利用的浪费。

12. 产业发展现状调查

产业发展是村庄建设的基础。从目前产业发展的现状分析，产业向多元化发展是必然趋势，产业的发展必须走集约化的道路。村庄的产业应是“1+2+3”的发展方向，逐步形成第六产业。对于保留产业要进行整合，要进工业园区。工业园区的规划也必须按照国家规定的用地标准进行规划，厂区建设的建筑密度、建筑容积率、环保标准和污染物的处理条件和能力都必须按国家规定的标准进行规划，从而为农村建立循环经济、可持续发展提供良好的基础条件。

二、村庄总体规划的任务

(一)村庄总体规划的总任务

村庄规划是村庄建设与管理的依据，其基本任务是：遵照当地国民经济与社会发展规划，依据村庄的自然、经济、社会条件，以科学发展观为指导，协调村庄人口、资源与环境关系。落实各项基本国策、各级政府和相关部门的规划，确定村庄的性质与发展规模，合理安排各项建设用地，确定各项基础服务设施的规模，制定旧村改造规划，使村庄的各项事业能科学地、有计划地进行。

（二）村域总体规划的任务

(1)村庄总体规划要贯彻落实县、乡(镇)城镇体系规划、区域经济发展规划、土地利用规划、环境保护与生态建设规划、村庄景观规划和相关的专项规划。要结合本村实际情况，协调一系列规划的落实情况，确定村域内各项规划的用地布局。

(2)制定村庄经济发展规划，依据本村的自然资源、劳动力资源与产业发展状况，确定村庄经济发展战略、方针与目标。确定经济产业结构调整的任务与目标，明确村庄发展方向，确定各业用地布局。

(3)制定村庄土地利用规划。依据县(市)、乡(镇)土地利用总体规划，结合本村土地资源的实际情况，根据土地资源的条件制定土地利用总体规划，确定各种用地规模和布局，保障各种建设事业的发展。

(4)制定村庄环境保护与生态建设规划。为改善人居环境和农业生态环境，确定环境保护与生态建设的方式、基础设施的格局，为可持续发展奠定基础。

(5)确定村庄范围内道路交通、电力通信、灌溉、给、排水工程等基础设施的标准与规划布局。

(6)确定村庄景观规划。村庄作为社会整体环境的重要组成部分，村庄的景观规划也是十分重要的内容，村庄景观规划包括村庄的自然环境、社会环境、经济环境和文化环境等内容。村庄景观规划的内容要求从整体上确定村庄建设的总体方向。

(7)划定基本农田保护区。确定基本农田保护的地块面积、四至、质量、用途、负责人，明确保护措施，以地块建立登记卡。

（三）村庄建设规划的任务

村镇建设规划是村庄规划的核心内容，其任务如下。

(1)确定村庄建设用地布局，确定村庄发展的用地规模，分析研究村庄发展的范围与发展方向，确定旧村改造规划。

(2)确定村庄工业区、住宅、中心区的方位与规模。

(3)确定村庄内居住建筑、公共建筑、生产建筑、道路、绿化、给排水、电力通信、集中供暖、供气的标准规模与具体安排。

(4)确定村庄环境保护、生态建设、能源、防灾等规划、垃圾转运站。

(5)居民区的建筑形式、建筑密度及居民区用地。

(6)村庄内的道路交通规划、道路等级、标准。

(7)精神文明硬件的建设，如党员活动室、老年活动室、青少年活动室、文体活动场所与器材、文化室、图书室、文娱室、影剧院。

(8)学校、医院、敬老院等公共服务设施的规模布局，停车场、公交站、集市、市场、物资站。

(9)精神文明的硬件建设与公共服务设施在村中心区安排。

三、村庄建设规划的布局

村庄建设规划的实质是村庄建设用地的结构与布局调整规划。要根据当地的自然条件、社会经济条件，根据村庄的经济发展状况，因地制宜地调整村庄用地的结构与布局。

(一)用地结构调整与规划

用地总量是根据村庄到规划期的总人口规模和根据本村实际拟定的人均用地标准所确定。国家颁布农村人均用地标准为 55～150m^2，在人均耕地小于 0.7 亩的地区，人均用地标准为 60～80m^2。具体到某一村庄选择人均用地多少，应在范围内选择。对村内各类建设用地需求量应遵照人口规模和人均占有量计算各类用地数量。在规划的标准内(各类用地的比例、人均用地量)确定各类用地的比例。村庄人口规模、人均用地标准、村庄用地结构比例标准见表 6-1～表 6-3。

表 6-1　常住村庄、集镇人口规模　　(单位：人)

	基层村	一般村	中心村	集镇
大型	>300	>1000	>3000	>10000
中型	100～300	300～1000	1000～3000	3000～10000
小型	<100	<300	<1000	<3000

表 6-2　村庄建设人均用地标准

现状人均建设用地水平/(m^2/人)	人均建设用地指标级别	允许调整幅度/(m^2/人)
50	一、二	应增 5～20
50.1～60	一、二	可增 0～15
60.1～80	二、三	可增 0～10
80.1～100	二、三、四	可增、减 0～10
100.1～120	三、四	可减 0～15

表 6-3　农村建设用地构成比例

类别代号	用地类别	占建设用地比例/%		
		中心镇	一般镇	中心村
R	居住建筑用地	30～50	35～55	55～70
C	公共建筑用地	12～20	10～18	6～12
S	道路广场用地	11～19	10～17	9～16
G1	公共绿地	2～6	2～6	2～4
四类用地之和		65～85	67～87	72～92

村庄建设用地结构调整的规划见表 6-4。

表 6-4　村庄用地计算表

分类代码	用地名称	现状(　年　人)			规划(　年　人)		
		面积/hm^2	比例/%	人均/(m^2/人)	面积/hm^2	比例/%	人均/(m^2/人)
R							
C							
M							

续表

分类代码	用地名称	现状（　年　人）			规划（　年　人）		
		面积/hm^2	比例/%	人均/（m^2/人）	面积/hm^2	比例/%	人均/（m^2/人）
W							
T							
S							
U							
G							
村庄建设用地			100			100	
E							
村庄规划用地范围							

（二）布局调整规划

由于缺乏规划，一般情况下，村庄建设布局较乱，在空间分布上问题比较突出。因此，村庄建设规划的重点内容应是调整村庄布局。在布局中要考虑街道宽度、布局，住宅、中心区、工业区、绿化、水源地选择，热源、消防、防洪、排水和治理，对外交通等方面的空间布局。

第二节　村庄总体规划的内容与成果

一、村庄规划的内容

（一）村庄现状调研

对村庄人口、土地利用现状、基础设施、产业发展、公共服务、住房等方面进行现状调查分析，发现村庄发展建设中的问题，为村庄规划提供基础资料。

（二）村庄产业发展规划

(1)经济发展规划是村庄规划的重要组成部分，对村庄的经济发展和村庄建设都起到决定控制性的作用。产业发展方向、目标，产业的结构调整，产业的近远期发展策略及具体落实措施，要与生产力空间布局进行有效地衔接，应在规划中作为重要的内容进行论述。

(2)村庄产业规划编制的要点：①因地制宜，分析村庄发展的现实条件，预测村庄宜农产业发展前景，制定村庄经济发展战略；②确定村庄发展的主导产业和辅助产业，推进“一村一品”，做出多种可行性方案；③对一些村庄不适宜发展的产业，提出限制性布局措施；④提出规划实施的多种参考方案，包括明确资金投入的方向、重点、绩效和时序等。

（三）村域规划

村域规划主要解决村域范围的城乡建设规划、土地利用规划、环境保护与生态建设规划、对外交通和产业发展空间布局问题。村域规划要按照上位相关规划，落实各种规划的用地布局和功能分区，按照建设规划要求，划定“三区”“五线”。“三区”即宜建区、限建区和禁建区；“五线”即红线、黄线、蓝线、绿线和紫线。村域规划应本着集约利用土地的原则，在村域范围内对农用地和建设用地进行合理规划布局。遵照田、渠、井、路、林、电综合治理措施安排农业生态建设。重点做好用地布局、环境保护、农业生态建设、满足农业发展和对外交通基础设施的规划。

（四）村庄建设规划的具体内容

(1)人口及产业发展包括：人口规模预测，建设用地规模，宜农产业发展规划，劳动力安置计划。

(2)用地布局规划包括：村庄建设范围的用地规划，产业发展空间布局和自然生态环境保护，住宅、产业区、中心区、公共服务设施用地布置。

(3)道路交通规划包括：村庄内的道路系统和道路宽度，停车设施，公交车站布置等；村庄对外交通及主要干路规划；村域内田间道路和生产路的规划。

(4)基础设施规划包括：供电、电信、给水、排水（雨水管沟，小型污水处理设施）、冲水厕所、三格式雾化处理厕所、燃气（煤气、沼气、秸秆气化）解决方案、供暖节能方案等。

(5)公共服务设施规划包括：行政管理、教育设施、医疗卫生、文化娱乐、商业服务、集贸市场。

(6)绿化景观规划包括：村庄景观（风景）、景点规划，保护有历史文化价值的建筑物、历史遗存和古树名木。

(7)防灾及安全包括：针对可能出现的灾害提出可行的安全防范措施。

（五）近期建设项目规划

(1)村庄规划在做出长远规划的基础上要做近期规划，近期规划一般为3～5年。近期规划重点是安排急需的项目，安排投资少、见效快的项目，但这些项目必须是长期规划的组成部分。因此，各级政府要加大投入力度，与当地经济发展水平相适应，本着农民自愿，以满足多数农民合理的实际需求为目的，对涉及村庄近期建设的道路、基础设施、环境绿化等项目进行总体合理选址布局，协调与其他相关规划一致的安排，并制定近期实施的具体措施和方案。

(2)近期建设项目规划的要点。为指导村庄在近期解决当前面临的急迫问题，在充分调研和尊重农民意愿的基础上编制近期建设项目规划。①优先解决农村最急迫要求改善的方面，区分轻重缓急，突出建设重点；②重点加强农村基础设施建设和完善公共服务配套设施；③在政府投入和村集体经济可以承受的范围内，不搞形象工程，防止大拆大建；④考虑近远期建设结合，避免与今后城镇建设矛盾，造成投资浪费；⑤应是近期能够完成的项目；⑥近期建设项目规划应落实建设的场站用地、主干管网大致走向、站点分布，配合必要的图纸表示，以表格汇总量化结果并估算投资，其中重点项目之外的投资（如产业项目、大型交通市政设施等）可以单独列出并分类标识，区分政府主导投入与市场引资投入的项目。

(3)近期建设项目规划的具体内容主要有：产业发展；道路交通；安全饮用水；排污和改厕；垃圾收集处理；公共服务设施；绿化美化环境；其他项目。

（六）农村住宅设计

(1)根据村庄的实际情况和农民生产和生活的需要，因地制宜地规划符合农民需求、有地方特色的多样化农村住宅。住宅形式多种多样，采取什么形式的住宅，要按当地的经济条件、民族风俗习惯和自然环境条件来决定。

(2)农村住宅设计的要点：①农村住宅设计应在现有宅基地面积标准下，充分考虑农村生活习惯，提高土地使用效率，设计出功能合理的院落空间和房屋功能布局；有条件的村庄应规划居民组团或居民小区。②农村住宅设计要采用当地材料，建筑形式应与地区环境和现状村庄面貌相互协调。③农村住宅设计应考虑当地现有成熟的施工做法，采取科学合理的工程措施以保证房屋安全。④在外墙保温、室内供暖、照明通风、水电布线等方面提供科学合理、节能环保的做法。⑤农村住宅设计应考虑现实需要、经济水平和未来发展，预留用地并留有建筑分期实施的条件，避免大拆大建带来的浪费。

二、规划成果的图纸要求

(一)现状和分析图

现状和分析图包括：①村庄区位图；②相关上位规划图(如乡镇域总体规划)；③村域土地利用现状图(1：5000 或 1：10000)；④村庄土地利用现状图(1：2000 或 1：1000)；⑤其他。

(二)规划图

规划图包括：①村域发展规划图(应结合产业发展布局)(1：5000 或 1：10000)；②村庄建设规划图(1：1000 或 1：2000)；③村域道路交通规划图(可结合村庄道路交通规划图)；④村庄公共服务设施规划图；⑤村庄基础设施规划图；⑥村庄绿化景观规划图；⑦历史文化保护规划图；⑧其他。

(三)近期建设项目有关规划图纸

近期建设项目有关规划图纸包括：①近期产业发展规划图；②近期村域用地发展规划图(可与上图合并)；③近期村庄建设用地规划图；④近期道路建设规划图；⑤近期供水规划图；⑥近期排水规划图；⑦近期垃圾收集规划图；⑧近期环境整治规划图；⑨近期公共服务设施规划图；⑩其他。

(四)农村住宅设计有关图纸

农村住宅设计有关图纸包括：①庭院平面(1：100)；②住宅平面(1：50)；③住宅立面(1：50)；④住宅剖面(1：50)；⑤建筑局部构造大样图(可根据实际情况选画)；⑥表现院落与住宅的透视图(表现形式不限)；⑦其他。

三、附表要求

(1)村庄现状、规划、近期规划土地使用平衡表。

(2)近期改造及新建项目及造价估算表。

第三节　村庄建设规划实例

一、城郊型村庄规划——以河北省平乡县魏庄村庄建设规划为例

(一)农民的向往

城郊村由于地理位置特殊，土地不断升值并被大量征用，不少村庄划入城市规划区。

多数村民主要从事第二、第三产业，工资性收入成为家庭主要经济来源。农民的思想意识早已转变，对过上更有发展机会的城镇化生活有着强烈的愿望。以平乡县魏庄为例，魏庄村包含魏家庄、魏闫庄、大时村、铺上 4 个自然村。隶属于县城丰州镇，位于县城南环路南侧，紧邻县城(图 6-1)。4 村共有 1730 户、7609 人。现状单个村庄规模较小、分布零散，公共服务设施、基础设施不完善，4 村虽距离很近，但各自为政，农民分散居住难以实现村庄化管理和服务(图 6-2)。

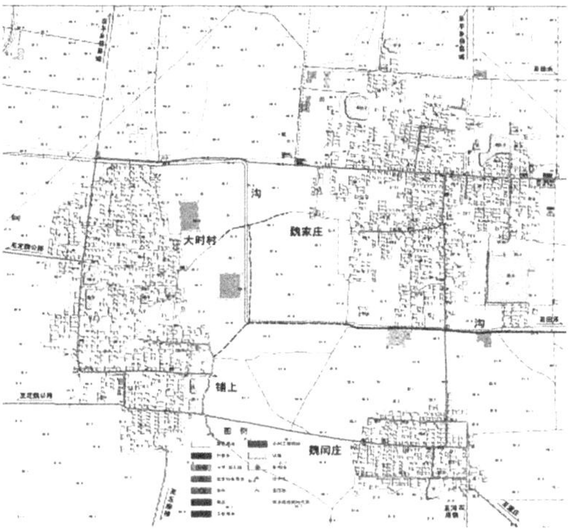

图 6-1　魏庄 4 村现状图

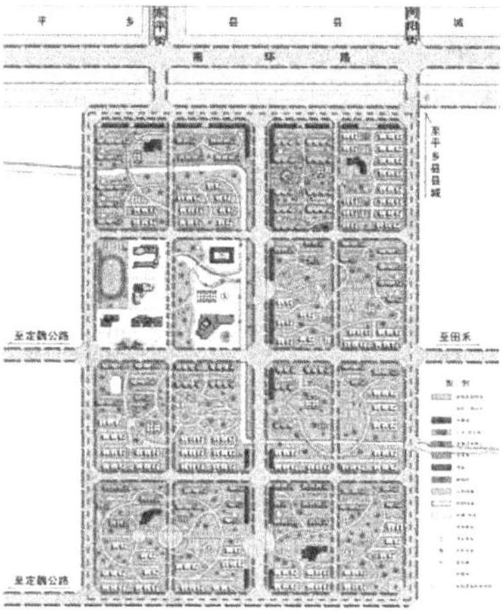

图 6-2　魏庄平面布局规划图

(二)土地集约化利用的需要

土地集约化是新型城镇化的基本特征之一。现以平乡县魏庄为例，魏庄总建设用地面积为 139.42hm^2，人均建设用地面积达 183.23m^2，指标明显偏大。农民分散居住占用大量土地资源，在农村拥有两套以上住宅的农民占到 50%以上，建新房不拆旧房的占到 30%以上。种种迹象显示，农村土地浪费现象严重，土地利用率低下。

推进城郊型村庄建设有利于节约土地。魏庄通过实施村庄建设规划，建设用地缩减到 96.22hm^2，比原来节约用地 43.2hm^2，实现了土地的集约化利用(图 6-3)。

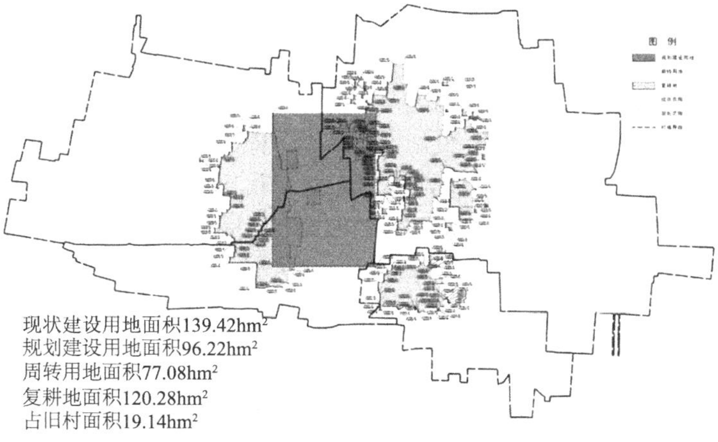

图 6-3　魏庄用地占补平衡图

城郊型村庄规划带来最大的效益就是变被动城镇化为主动城镇化，这对于贯彻落实党中央提出的建设新型城镇化是一个有力的措施。这部分村庄的优先城镇化，有利于城市长远建设规划的实施：一是实现了集约用地，为城镇建设置换了建设用地指标，同时也是节约用地；二是这部分农民率先城镇化，使得农民转化为市民，增加了城镇化人口，促进了城镇化发展；三是改善了居民的生产、生活环境，这部分农民更容易接受，使得城镇建设与新农村建设融为一体，做到城乡统筹发展，实现了城乡一体化的发展。

(三)城郊型村庄建设的措施

推进城郊型村庄建设有利于节约土地、加强土地综合开发，能够节省大量土地资源，实现集约化经营，提升农村生产生活环境，有效提高农民生活水平。实现城镇化之后，使这部分农民“离土不离乡”，尽快享受城市化的生活环境。

城郊型村庄建设既不等同于村庄翻新，也不是简单的人口聚居，而是要加快缩小城乡差距，在农村营造一种新的社会生活形态，逐步打破城乡二元结构，让人们共享经济发展、社会进步所带来的物质和精神文明成果。

二、中心村型村庄规划——以固城店镇4村联建村庄建设规划为例

(一)村庄概况

固城店镇位于柏乡县的北部，镇政府驻地西南距县城11km，为柏乡县的次中心镇。固北、固南、北天村、崔家庄4村属柏乡县固城店镇下属行政村，中心村位于固城店镇的固北村，是镇政府所在地。县道赵辛线在村庄区域内南北穿越而过，村庄规划在赵辛线以东，东距县道柏隆线3km，北部紧靠省道393(郑昔公路)，交通便利(表6-5)。

表6-5　4村基本情况一览表(2012年)

村名	人口/人	耕地/hm^2	人均耕地/(亩/人)	建设用地/hm^2	人均建设用地/(m^2/人)
固北	2374	214.67	1.36	52.19	219.84
固南	2407	221	1.37	34.16	141.92
崔家庄	318	23.9	1.12	6.13	192.77
北天村	1578	187.5	1.78	25.88	164.00
合计/平均	6677	647.07	1.41	118.36	179.63

现状的村庄建设状况大部分是20世纪80年代后期农民的自建房，建筑的质量、形态、格局均显得落后，不适应现代化生活的需求；自90年代后期以来改建的新房，质量较好，但所占比例偏低。形成村庄建筑多种形态和外新内旧、老房闲置的“空心村”(图6-4)。现状村民住宅以一层庭院式为主。

(二)产业发展规划

坚持第一产业为发展基础的指导思想，继续推进农业结构调整和农业现代化，把特色农业、设施农业作为农业发展的主导产业，逐步形成规模、建立品牌，形成较大生产力，以农业的发展带动经济社会的全面发展。

(1) 种植业。较为丰富的土地资源为新村发展特色农业提供了有利条件，在崔家庄、北天村大力发展生态农业种植业，根据村庄实际情况大力发展大棚蔬菜、食用菌等。

(2) 农产品加工业。在固北村域北侧建立新型工业园区，鼓励各企业以技术创新为突破点，加快向“高、精、尖”方向发展，强力促进产业聚集发展，打造品质卓越、高效环保的投资环境。

(3) 现代服务业。依托良好的交通条件，培育一批物流公司，构建集仓储、配送、贸易、服务于一体的物流体系。坚持以物流、市场为主导，带动整个区域的物流产业发展。

(三) 村域基础设施建设

(1) 道路交通：将赵辛线向西外迁，原有道路改为生活性交通，使生活性交通与过境交通分离。根据《柏乡县固城店镇总体规划》，利用两条县道和一条乡道，在村域内规划田间道，一般硬化为 4m 宽，对于一般的生产路，宽为 3m，尽可能铺成沙石路或砖面路，满足农业需求。

(2) 污水处理工程：规划在镇区以北建设污水处理厂一处，污水排至污水处理厂进行集中处理后通过排水渠汇入北沙河。居民区污水经镇区污水管网排入污水处理厂处理。

(3) 雨水工程：村域范围内雨水的排放通过雨水管排出，采用就近排放原则，通过管道及渠道排入北沙河。

(4) 电力设施：利用固城店镇 110kV 变电站，供全域用电。

(5) 规划在镇区南部新建给水厂一座，对镇区生活、工业企业及西部现代物流组团集中供水。

(6) 在新民居东北侧建设农机存放点及粮食晾晒场地(图 6-5)。

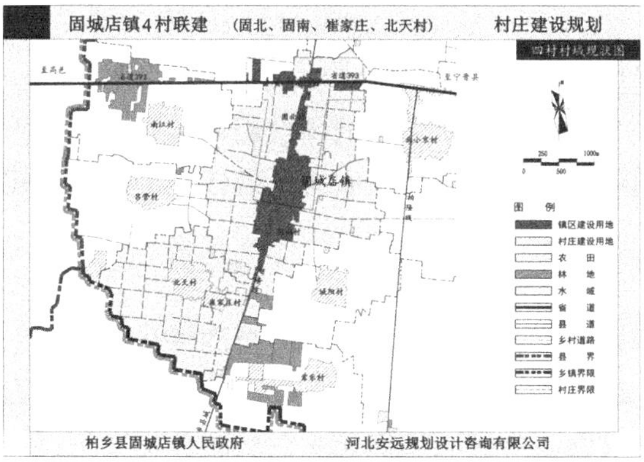

图 6-4　村域现状图

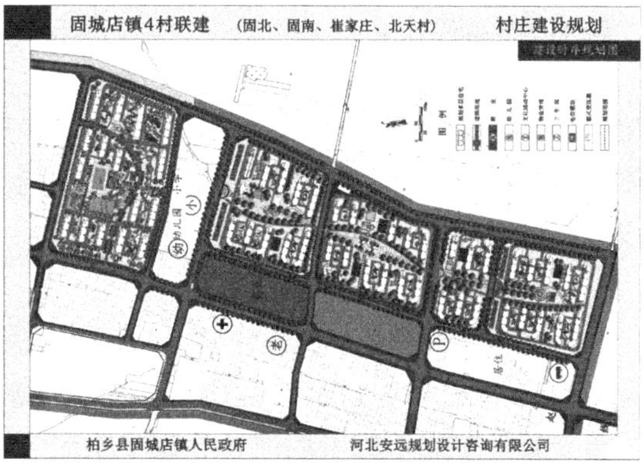

图 6-5　村域基础设施规划图

(四) 村庄定位与规模

1. 村庄定位

规划确定村庄的定位为：以发展现代服务业、农产品加工业、种植业为主的中心村庄。

2. 村庄规模

(1) 人口规模。规划预测 2020 年村庄人口为 6800 人，共 2300 户。

(2) 规划用地规模。规划新村庄建设总用地面积约 $74.53hm^2$，人均建设用地 $109.6m^2$/人，规划节约用地 $43.83hm^2$。

（五）村庄用地布局规划

规划新村庄以居住为主，公共服务设施位于中心，沿赵辛线布置沿街商业，形成“一心、一带、四组团”的规划结构。

1. 居住建筑用地

本规划期内新建2540户楼房，层数为6+1层，总用地32.02hm^2。

2. 公共建筑用地及生产仓储用地

行政管理：在新村庄中心设村委会，建筑面积为2500m^2，占地2.1hm^2，配建小区物业管理中心，占地0.7hm^2。

教育机构：在新建小区步行入口西侧规划幼儿园，建筑面积500m^2，占地0.3hm^2，修建幼儿活动场地，配备活动器材。

文体娱乐：在新村庄内部结合绿地、广场、村委会设置，设置文化活动中心，满足村民日常文体娱乐的需要，大型活动与固城店镇区共享。

医疗卫生：在一期规划小区村委会南侧，规划四期小区广场南侧新建卫生室，占地0.4hm^2，满足村民的就医需要。在固城店镇区设有中心医院，可共享。

商业金融：在新区中部设置商店，可满足村民日常的购物需要，沿赵辛线设置沿街商业，以满足村民日常生活需要，在固城店镇区设有大型商场，可共享。

集贸市场：与固城店镇区的集贸市场共享，不单设集贸市场。

规划指标：规划公共建筑用地16.09hm^2，人均23.66m^2，占总用地面积的21.58%。

3. 道路广场

道路规划：小区路网采用枝环结合的混合式路网结构，分两级设置。一级路为小区路，二级路为宅前路。

广场、停车场：①布置中心广场，为村民提供休闲娱乐的场地，突出强化村民中心的地位，使其成为村庄的窗口，提升村庄的景观形象。②规划房前屋后的闲散用地可作为临时性停车场所使用，体育活动场地兼有停车职能，同时鼓励有小汽车或农用车的住户进行住宅建设时配备车库。

4. 绿化

村庄绿化包括庭院绿化、道路绿化、公共绿化，形成点、线、面相结合的绿化系统。

(1)公共绿化：规划新区内共设置大型绿地2处、小型绿地5处，以高大的乔木绿化为主，设置一定面积的硬地铺装和凉亭座椅等休息设施，为村民提供茶余饭后的休闲之所。

(2)道路绿化：街道绿化形成绿树成荫的街道空间，减少污染、提供绿荫、美化村庄。街道绿化以乔木种植为主，砌筑树池，规整环境，与道路硬化建设充分结合。

主要经济技术指标见表6-6。

（六）村庄基础设施规划

1. 道路工程规划

新村庄范围内包括主路、支路、入户道路，中心线由规划坐标控制，局部地段可设置圆曲线，不考虑缓和曲线。交叉口缘石半径一般为2～5m，特殊路口可根据房屋情况及交角情况增减半径（表6-7）。

表 6-6 主要经济技术指标

总用地面积/hm^2	32.02
建筑面积/m^2	64300
住宅建筑面积/m^2	385800
公共建筑面积/m^2	45207
车库及库房面积/m^2	21000
小区居住户数/户	2540
小区绿化率/%	36.87
容积率	1.20

表 6-7 道路等级、宽度、断面形式一览表(单位：m)

路名	红线宽度	断面形式
小区级主干路	13	3+7+3
小区级次干路	12	3+6+3
宅前路	3	3
入户道路	2	2

村庄主要道路单侧设置道路边沟，故道路坡向采用单向坡，坡向向排水沟侧一侧。其他路段边沟设置于路面与一侧人行道之间，排水沟两侧坡向排水沟方向。

固城店镇总体规划将赵辛线调整，原道路位于新村西侧，作为新村主要生活道路。

2. 给水工程规划

村民生活用水标准取 100L/(人·d)，按照居住人口 7500 人计算，预测村民生活日用水量为 750m^3。规划结合道路建设新铺设给水管网，采用枝环结合状管网形式，保证供水安全。主管管径为 DN150，支管管径为 DN100。规划利用固城店镇给水管网以保证全村供水需求。

3. 排水工程规划

规划采用雨污分流排水体制，雨水直接排入镇区雨水管道，经主管道排入北沙河；生活污水经污水处理厂处理后，达到排放标准后方可排放。规划雨水管在新区内部沿主干道敷设，在道路的西侧和南侧，经雨水管排入镇区雨水管网，管材采用钢筋混凝土排水管。雨水管最小管径为 DN500，最大管径为 DN1500。规划新区污水量为 600 万 m^3/d。规划污水管敷设在道路的东侧和北侧，结合地形沿道路设置排水管道对雨水和污水进行统一收集，排放到村庄北部镇区污水管道，进入污水处理厂集中处理。污水主管道管径采用 DN400。

4. 供电工程规划

预测 2020 年全镇生活用电量为 484.1 万 kW·h；规划电力线由镇区方向接入，沿纵主干道敷设；在小区入口处设变电室 4 处，经变电室接入用户。

5. 信息工程规划

村庄电信线路由固城店镇区接入，沿主次路铺设，保证通信水平，并同时铺设有线电视电缆，实现有线电视户户通。

建立宽带综合业务数字网，实现以电信网为基础、以 Chinanet 和 Internet 为手段的“信息高速公路”。使传统的电信网向智能网转变，实现通信的全数字化、综合化、智能化和宽带化。

6. 供热工程规划

根据上位规划，在镇区经三路和纬三街交口西北方向新建供热站，占地 3.26hm^2。集中供热设施提供高温高压热水，由小区换热站降温降压(二次热网)后供居民使用。规划新区由西侧赵辛线管网接入，经换热站降温降压后接入小区住户，供热管网采用枝环状相结合，以枝状管网为主，采用直埋式敷设，管材选用无缝钢管。供热指标取每平方米建筑面积 60W，建筑面积为 385800m^2，热负荷总量为 2.3MW。

（七）近期建设项目

村庄近期建设投资估算见表 6-8。

表 6-8　村庄近期建设投资估算表

序号	建设项目	目标	投资估算/万元	实施时间
1	道路打通硬化工程	硬化、亮化	240	2014
2	幼儿园	方便适龄儿童入学	200	2014
3	建筑物	居住、生活	4000	2014
4	中心广场建设	提供一定的活动场地，配置室外健身器材，丰富村民文化生活	60	2014
5	环卫建设	沿街增设垃圾收集箱	5	2014
6	村民中心建设	提供良好办公环境和文化活动场所	300	2015
7	卫生室建设	方便村民就医	10	2015
	合计		4815	

三、基层村庄规划——以宁晋县和林新村村庄规划（2013～2020 年）为例

（一）自然与社会经济条件

纪昌庄乡位于宁晋县的东北部，乡政府驻地西南距县城 25km。东林子、西林子、东和睦、西和睦、郑家尧 5 村属宁晋县纪昌庄乡下属行政村。纪昌庄乡还分布有盐矿等矿产资源，可带动 30 多个相关产业发展（表 6-9）。

表 6-9　5 村基本情况一览表

村名	人口/人	耕地/hm^2	人均耕地/（亩/人）	建设用地/hm^2	人均建设用地/（m^2/人）	人均纯收入/（元/人）
西和睦	836	123	2.21	14.8	177.04	3079
东和睦	959	190	2.97	18.63	194.27	3079
西林子	1519	242	2.39	27.12	178.54	3078
东林子	856	132	2.32	16.13	188.43	3400
郑家尧	308	46	2.28	6.6	214.28	3079
合计/平均	4478	733	2.43	83.28	190.51	

（二）村庄建设概况

现状的村庄建设状况大部分为 20 世纪 80 年代后期农民的自建房，建筑的质量、形态不适应现代化生活的需求。自 90 年代后期以来改建的新房，质量较好，但所占比例偏低，形成村庄建筑多种形态的杂乱格局。东林子、西林子、东和睦、西和睦、郑家尧 5 村都没有广场设施，厕所以家庭旱厕为主，无公厕，卫生条件较差，生活垃圾主要集中堆放在村庄周边坑洼、沟渠。村庄道路都为巷道，均为泥土地面。村内为自来水，水量充足，水质尚好，没有排水设施，雨水主要是依地形自然排放，导致下雨时路面泥泞不堪。5 个村内现基本满足用电要求（图 6-6）。

（三）产业发展规划

（1）农业经济的发展。较为丰富的土地资源为新村发展特色农业提供了有利条件，大力发展设施蔬菜种植，力争达到“户均一个棚，一人一亩菜”，拓宽农民经济来源，提高农民收入。

当地有种植经济林果的基础，要充分利用当地日照时间长，太阳辐射量多的特点，大力推广桃、梨、杏、苹果等优势果树栽种，特别是发展雪花梨的特色品种，使村民人均纯收入达到 5000 元。

利用当地发展养殖业的基础和宁晋县有奶牛生产的优势，积极发展养殖业，把养殖业作为现代化农业的组成部分。

(2) 积极发展第二、第三产业，做好周边工业区的服务工作，每年人均纯收入可达 2000 元。

(3) 积极搞好劳务输出，每年人均纯收入可达 3000 元。

(4) 全村人均收入一产为 5000 元，二、三产合计收入为 2000 元，劳务输出人均 3000 元，人均纯收入达 10000 元左右。

(四) 村域基础设施建设

(1) 和林新村规划 2014 年度打 6 眼机井，建设 10000m 的地下灌溉管道，覆盖 1500 亩耕地，为即将建设的蔬菜大棚提供灌溉条件；利用石津灌渠的地表水，对剩余的农田进行灌溉，并配备 4000m 的防渗渠(机井灌溉渠道)。对原供水设施进行改造，以提高林木的成活率。

(2) 道路：根据《纪昌庄乡总体规划》，利用两条县道和一条乡道，在村域内规划田间道，一般硬化为 4m 宽，对于一般的生产路，宽为 3m，尽可能铺成砂石路或是砖面路，满足农业需求(图 6-7)。

图 6-6　村庄建设现状图

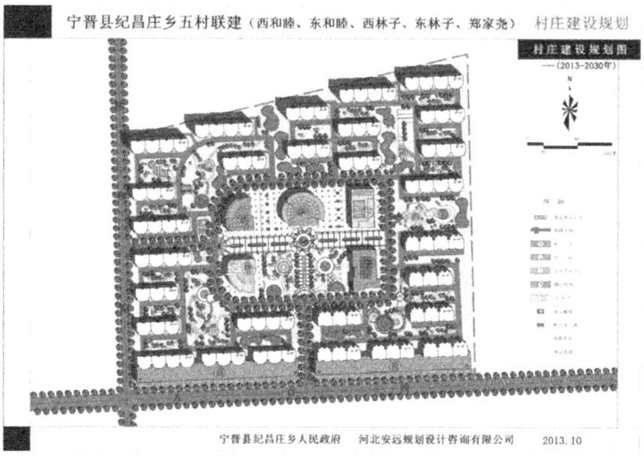

图 6-7　村域建设规划图

(3) 电力设施：利用东林子 35kV 变电站，供全域用电。用 10kV 电力线引入村庄，供村庄用电。农业用电利用现有电力设施能够满足现状用电需求。

(4) 在村东规划蔬菜服务市场，占地 0.25hm^2，供农民蔬菜交易。

(5) 在村南规划农机具存放地，将农民拖拉机、联合收割机等大型机械存放在小区外面。

(五) 村庄定位与规模

1. 村庄定位

规划确定村庄的性质为：以发展蔬菜种植、无公害农产品、养殖业、服务业为主的基层村。

2. 村庄规模

(1) 人口规模。规划预测 2020 年村庄人口为 4500 人，共 2000 户。

(2) 用地规模。和林新村建设总用地面积约 13.6hm^2，规划可容纳 2000 户，人口为 4500 人。现状 5 村建设用地为 83.28hm^2，规划节约用地 69.68hm^2。

（六）村庄用地布局规划

和林新村以居住为主。公共服务设施位于中心，两条主干道两侧规划商业，形成“一心、两带、四组团”的规划结构。

1. 居住建筑用地

本规划期内新建 2000 户，楼房层数为 6+1 层，总用地 13.60hm^2。

2. 公共建筑用地及生产仓储用地

行政管理：在和林新村中心设村委会，建筑面积为 300m^2，占地 0.35hm^2，配建小区物业管理中心，占地 0.11hm^2。

教育机构：在和林新村布置幼儿园一处，占地 0.16hm^2，中学、小学与纪昌庄乡区共享。

文体娱乐：在和林新村内部结合绿地、广场、村委会设置，与村委会共用一个楼，满足村民日常文体娱乐的需要，大型活动与纪昌庄乡区共享。

医疗卫生：在村委会东侧规划一处卫生室，占地 0.17hm^2，满足村民的就医需要，在纪昌庄乡设有中心卫生院，可共享。

商业金融：在幼儿园南侧规划商业，金融设施与之共建共享，占地 0.12hm^2，可满足村民日常的购物需要，在纪昌庄乡区设有大型商场，可共享。

集贸市场：与纪昌庄乡区的集贸市场共享。不单设集贸市场。

规划指标：规划公共建筑用地 0.91hm^2，人均 2.02m^2，占总用地面积的 6.69%。

3. 道路广场

道路规划：小区路网充分利分两级设置。一级路为小区路，路面宽度为 7m，采用枝环结合的混合式路网结构，二级路为宅前路，宅前路为 3m。道路断面形式统一采用一块板。所有道路纵向坡度应根据地形条件按 0.2%～4%控制；相交道路的转弯半径可按 2～5m 控制。道路选线充分考虑现状，采取单侧拓宽、适当曲折等措施，力求减少拆迁量；充分利用现状道路，尽可能保留建筑质量较好的建筑。主要道路单侧设置路灯，灯杆高 8～10m，间距为 30m。

广场、停车场：布置中心广场，为村民提供休闲娱乐的场地，突出强化村民中心的地位，使其成为村庄的窗口，提升村庄的景观形象。为满足居民不断提高的生活需求，考虑汽车的逐步普及，规划房前屋后的闲散用地可作为临时性停车场所使用，体育活动场地兼有停车职能。同时鼓励有小汽车或农用车的住户结合车库进行住宅建设。

4. 绿化建设

村庄绿化包括公共绿化、庭院绿化、道路绿化，形成点、线、面相结合的绿化系统。

在和林新村，规划共设置小型绿地 5 处，以高大的乔木绿化为主，设置一定面积的硬地铺装和凉亭座椅等休息设施，为村民提供茶余饭后的休闲之所。

街道绿化作为绿化的补充，形成绿树成荫的街道空间，减少污染、提供绿荫、美化村庄。街道绿化以乔木种植为主。砌筑树池，规整环境，与道路硬化建设充分结合。

（七）基础设施规划

(1) 对外交通规划。新村北部有大道东西向穿过，为乡域主干道，本规划期内重点对其路面进行维护，保证交通顺畅。路两侧各留不小于 5m 的控制建设地带，控制带内主要用于防护绿化，提升沿线的景观形象，减小交通污染。纪昌庄乡总体规划将大百线调整，位于新村南部，作为新村主要对外出入口。

(2)给水工程规划。规划利用纪昌庄乡给水管网以保证全村供水需求。预测村民生活日用水量为 450m^3。规划结合道路建设新铺设给水管网，采用枝环结合状管网形式，保证供水安全。主管管径为 DN150，支管管径为 DN100。

(3)排水工程规划。规划采用雨污合流的排水体制，结合地形沿道路设置排水管道对雨水和污水进行统一收集，排放到村庄北部镇区排水管道，进入污水处理厂集中处理。排水主管道管径采用 DN600。预测村庄的污水量为用水量的 80%，则村庄污水量为 350m^3。

(4)供电工程规划。规划电力线由镇区方向接入，沿横主干道敷设，设变电室一处。

(5)信息工程规划。村庄电信线路由纪昌庄乡区接入，沿主次路铺设，保证通信通畅，同时铺设有线电视电缆，实现有线电视户户通。建立宽带综合业务数字网，实现以电信网为基础、以 Chinanet 和 Internet 为手段的“信息高速公路”，使传统的电信网向智能网转变，实现通信的全数字化、综合化、智能化和宽带化。

(6)热力工程。供热指标取每平方米建筑面积 60W，总建筑面积为 15 万 m^2。

(7)燃气工程规划。设集中液化气站一处，管道铺设至各户。

(八)近期建设重点

和林新村村庄近期建设投资估算见表 6-10。

表 6-10　和林新村村庄近期建设投资估算表

序号	建设项目	目标	投资估算/万元	实施年限
1	道路打通硬化工程	硬化、亮化	300	2014
2	建筑物	居住、生活	17500	2015
3	中心广场建设	提供一定的活动场地，配置室外健身器材，丰富村民业余生活	50	2015
4	村民中心建设	提供良好的办公环境和文化活动场所	100	2015
5	托儿所建设	方便适龄儿童入托	50	2015
6	公共绿地	为村民提供休闲场所	20	2015
7	污水处理设施	改善生态环境	20	2015
8	环卫建设	沿街增设垃圾收集箱	5	2015
9	村庄亮化	主要道路沿路设置路灯	50	2015
	合计		18095	

第四节　农村住宅规划

一、住宅规划的内容

住宅规划首先是用地规划，包括住宅用地、公建用地、道路用地和绿化用地。然后是居住的建筑类型选择，如有的选择一家一宅类型，有的选择多层单元式类型，有的选择别墅型，也有的选择高层建筑，还有的采用多种混合类型。究竟选择哪种建筑类型，要根据当地的情况来确定，可以选择单一类型，也可以是两种或两种以上综合类型设计。最后是建筑模式，有小区式、组团式和单一住宅式三种，选择哪种模式要因地而宜。但不管选择什么模式和类型，均要考虑农村自身特点。不同地形住宅的规划布局要求见表 6-11。

表 6-11 不同地形区住宅布局选择表

山地丘陵地形	滨水地形	平原地形
1. 应选择向阳的南、东南、西南向坡面 2. 必须避开滑坡、冲沟地带 3. 地形坡度宜在 25%以内 4. 宜选择通风的坡面 5. 建筑群体的组合应适应地形的变化，布置形式灵活多样，宜形成随地形陡缓曲直而变化的自由式和行列式布局 6. 住宅建筑结合地形，样式多样。平面布置上，建筑布置可采用垂直或平行等高线等方法。竖向处理上可采用如筑台、错层、叠落、分层入口等方法	1. 需要恰当处理河网与道路的关系。道路宜平行或垂直于河流走向，使住宅用地比较完整 2. 住宅建筑群体的组合及其环境布置应该结合水体环境进行规划和建设 3. 保障住宅区的防洪安全 4. 注意解决通航河道的噪声对住宅区的干扰	受限制和影响的条件较少，住宅设计及其群体的布局可结合当地的实际情况，灵活多样

住宅规划的任务，简单地讲就是为村民经济合理地创造一个满足日常物质和文化生活需要的舒适、方便、卫生、安宁和优美的环境。住宅内，除了布置住宅外，还需布置村民日常生活所需的各类公共服务设施、绿地、活动场地、道路、停车场所等。

住宅规划必须根据总体规划和近期建设的要求，对住宅内各项建设做好综合的安排。住宅规划还必须考虑一定时期经济发展水平和村民的文化背景、经济生活水平、生活习惯、物质技术及气候、地形和现状等条件，同时应注意远近结合，留出发展备用地，以满足村庄发展的弹性要求。

住宅规划的内容一般有以下几个方面：①选择、确定居住用地位置、范围(包括改建、拆迁范围)；②根据人口数量确定住宅规模、用地大小；③拟定居住建筑类型、数量、层数、布置方式；④拟定公共服务设施(包括设置的生产性建筑)的内容、规模、数量、分布和布置方式；⑤拟定各级道路的宽度、断面形式、布置方式，对外出入口位置，泊车量和停泊方式；⑥拟定绿地、活动、休憩等室外场地的数量、分布和布置方式；⑦拟定给排水、煤气、供配电等相关工程规划方案；⑧拟定各项技术经济指标和造价估算。

二、住宅的组成、类型与规划结构

(一)住宅的组成

1. 住宅的内容组成

(1)建筑工程：主要为居住建筑，包括住宅、公共建筑、生产性建筑用房及小品建筑等；

(2)室外工程：包括地上、地下两部分，包括有道路工程、绿化工程、工程管线及挡土墙、护坡等。

2. 住宅的用地组成

住宅的用地根据不同的功能要求，一般可分为以下四类：①住宅用地，指住宅建筑基底占有的用地及其四周必要留出的一些空地，其中包括通向住宅建筑入口的小路、宅旁绿地和杂务院等；②公共服务设施用地，指住宅各类公共建筑和公用设施建筑物基底占有的用地及其周围的用地，包括道路、场地和绿地等；③道路用地，指住宅范围内各级道路的用地及停车场、回车场等；④公共绿地，指住宅内公共使用的绿地，包括住宅公园、小游园、运动场、林荫道、小块绿地、儿童活动场地，以及青少年、成年人和老年人的活动和休息场地等。

3. 住宅的环境组成

住宅的环境可分为两部分。

(1)内部居住环境。指住宅的内部环境和住宅楼的公共部分内部环境。

(2)外部生活环境。一般包括以下几个方面：①空间环境，指各类空间(私密、半私密及公共空间)环境的大小和质量，如公共绿地的面积大小和绿化品种的质量等；②大气环境，指空气中有害气体和有害物质的浓度和危害性等；③声环境，指噪声的强度，住宅内对噪声强度要有一定的限制；④视觉环境，指住宅相互间的视线干扰程度及住宅的建筑空间质量和整体色彩等；⑤生态环境，指绿地的数量和质量、“绿色”建材的应用、太阳能的应用等；⑥小气候环境，指住宅环境的气温、日照、防晒、防风和通风等状况；⑦邻里和社会环境，指住宅环境内的社会风尚、治安、邻里关系、居民的文化水平和修养等。

(二)住宅的规模

住宅的规模包括人口及用地两个方面，一般以人口规模作为主要标志。尽管村庄的规模较小，但是它们仍然有一个结构形态的问题。我国现有的村庄居住用地结构上往往采取较小规模的街坊和住宅群的构成方式，它不同于城市中所说的居住区或小区，也无法按照城市的居住区、小区、住宅组团三级结构来对村庄进行规划，要因地制宜。

(三)住宅的类型

(1)按建设条件的不同可分为：新建的住宅和村庄旧住宅，山地住宅和平原或水网地区的住宅。新建住宅一般易于按照合理的要求进行建设，而旧住宅情况往往比较复杂，有的布局需要调整、保留或改造。一般说来，旧住宅的改建比新建住宅要困难，应根据具体情况区别对待。山地住宅的规划与平原或水网地区的住宅相比有特殊的要求，如地形坡度、坡向对住宅类型的选择和群体布置的影响必须考虑。

(2)按住宅区位和建筑层次划分：①按住宅所处位置的不同可分为村庄内的住宅和庄外的住宅。②按住宅层数的不同又可分为低层住宅、多层住宅或各种层数混合修建的住宅。

(四)住宅的规划结构

住宅的规划结构，是根据住宅的功能要求综合解决住宅与公共服务设施、道路、公共绿地等相互关系而采取的组织方式。

1. 影响住宅规划结构的主要因素

住宅的规划结构主要取决于住宅的功能要求，而功能要求必须满足和符合居民的生活需要，因此，居民在住宅内活动的规律和特点是影响住宅规划结构的决定因素。

2. 住宅规划结构的基本形式

经济的迅速发展、人民生活水平的不断提高及村庄产业的快速发展，使农民原来以务农为主的生产方式发生了变化，同时也改变了以往村镇布局的单一模式，兴起了新型的以居住为主的住宅，居住建筑以多层为主，内部配套设施齐全，呈现出一种城市化的状态。规划结构有各种组织形式，大致可分为农房型和城市型两类。

农房型住宅。我国地域辽阔，各地的地形和气候条件均不相同，一些地方甚至相差很大。为了适应各种地形和气候条件，就必然需要出现多种形式的住宅。此外，针对同一地区的居住对象，若其从事的副业不同，他们对住宅的要求也会有所不同。目前，我国农房型住宅类型有以下几种：①庭院式。当每户住宅面积较大、房间较多又有充足的室外用地时，可采用庭院式。根据基地面积的大小，可组合成合用式和独用式院落。在我国的南方地区，居民尤其喜欢将院落分隔成前后两个，前院朝向南面，供休息起居或招待客人、种植花草等，是美化的重点区域；后院主要是家庭的菜园和鸡鸭饲养区。庭院式给居民提供了接近大自然的居住环境，我国农村大多采用此种形式(图 6-8)。②并联式。当户型建筑面积较小，或者单独修建独立式不经济时，可将几户连接在一起修建一幢房子，这种形式称为并联式。这种结构形式比较适合于区域化的规划和开发，这样可在节约土地的同时，还节省工程设备管线，降低建筑工程的总造价(图 6-9)。③别墅式。这种结构形式一般能满足人口较多的家庭，建筑面积一般在 100m^2 以上。目前，一些经济发达地区的村庄采用此种类型较多。但这种类型住宅单体的造价比较高，为非土地集约利用方式(图 6-10)。④多层式。随着我国农村经济发展，居住环境的改善，不少村庄建起多层建筑，也像城市人一样住入楼房，建设多层建筑，这是农村住房建设的一种趋势，为节约土地、集约利用土地提供了基础(图 6-11)。

图 6-8　庭院式景观示意图

图 6-9　并联式别墅示意图

图 6-10　单独式别墅示意图

图 6-11　多层式建筑示意图

三、住宅及其用地的规划布置

住宅及其用地是村庄以居住为主要用途的地段。包括居民住宅、宅基地及其间距、进户小路用地等。

（一）基本要求

1. 使用要求

为居民创造一个生活方便的居住环境，这是住宅及其用地规划布置最基本的要求。居民的使用要求是多方面的。例如，为适应住户家庭不同的人口组成和气候特点，选择合适的住宅类型；为了满足居民生活的多种需要，合理地组织居民室外活动、休息场地、绿地和住宅的内外交通等。

2. 卫生要求

为居民创造一个卫生、安静的居住环境。它既包括住宅的室内卫生要求，有良好的日照、通风、采光条件，也包括室外和住宅建筑群周围的环境卫生；既要照顾生理学、卫生保健等方面的需要，也应赋予居民精神上的健康和美的感受。

防止来自有害工业的污染，从住宅本身来说，主要通过正确选择住宅及其用地位置来实现。可能引起住宅内部空气污染的有锅炉房的烟囱、炉灶的煤烟、垃圾及车辆交通引起的噪声和灰尘等。为防止和减少这些污染源对住宅的污染，除了在规划上采取一些必要的措施外，最基本的解决办法是改善采暖方式和改革燃料的品种。在冬季采暖地区，有条件的应尽可能采用集中采暖的方式。

3. 安全要求

为居民创造一个安全的居住环境。住宅建筑的规划布置除了满足正常情况下居住生活要求外，同时也要能够适应那些可能引起灾害发生的特殊和非常情况，如火灾、地震、洪水浸患等，在规划布置中，需对建筑的防火、防震、安全疏散等作必要的安排，使之能有效防灾、救灾或减少其危害程度。

(1) 防火：为了保证一旦发生火灾时居民的安全，防止火灾的蔓延，建筑物之间要保持一定的防火间距。防火间距的大小随建筑物的耐火等级及建筑物外墙门窗、洞口等情况而异。

(2) 防震：在地震区必须考虑抗震问题。例如，建筑的结构应保证在地震时不倒塌；房屋体型一般应平直简洁；层数不宜太高，房屋的层数应符合民用建筑抗震设计规范要求。对于房屋防震间距，一般应为两侧建筑物主体部分平均高度的 1.5～2.5 倍。住宅的布置要与道路、公共建筑、绿化用地、体育活动用地等相结合，合理组织必要的安全隔离地带。道路应平缓畅通，便于疏散，并布置在房屋倒塌范围之外；在规划时还应考虑设置安全疏散场地，安全疏散场地可结合公共绿地或利用公共建筑的室外场地及地下室等。

(3) 交通安全：合理组织住宅交通网络是保证安全环境的重要因素。住宅道路是村庄道路的支网，应有合理的规划布局和明确分工，内部支路尽量做到顺而不穿，通而不畅，可设计成曲折形、弧形、风车形等道路线型，使驶入的车辆被迫降低速度，达到安全和安静的目的。

4. 经济要求

经济合理的建设住宅，尽可能地降低住宅建筑的造价和节约村庄用地是住宅规划的一个重要任务。住宅规划的经济合理性主要通过对住宅的各项技术经济指标和综合造价等方面的分析来表述。

住宅建筑的规划与建设应同村庄的经济发展水平、村民生活水平和生活习俗相适应，即在确定住宅建筑的标准、院落的布置等时均需要考虑当时、当地的建设投资及村民的生活习俗和经济状况，正确处理需要和可能的关系。为了满足住宅规划和建设的经济要求，除了用一定的指标数据进行控制外，还必须善于运用各种规划布局手法，为住宅修建的经济性创造条件。

5. 美观要求

要为居民创造一个优美的居住环境。住宅是村庄中建设量最多的项目，因此，它的规划与建设对村庄的面貌有着很大的影响。在一些村庄，旧住宅的改建已成为改变村庄面貌的一个重要方面。一个优美的居住环境的形成不仅取决于住宅和公共服务设施的设计，更重要的是取决于建筑群体的组合及建筑群体与环境的结合。现代住宅的规划与建设，由于建筑工业化的发展，已完全改变了从前那种把住宅孤立地作为单个的建筑来进行设计和建设的传统观念，而是把住宅作为一个有机的整体进行规划。村庄的住宅应反映出生动活泼、欣欣向荣的面貌，具有明朗、大方、整洁、优美的居住环境，既要有地方特色，又要体现时代精神。

(二)住宅建筑的规划布置

住宅建筑及其用地的规划布置是住宅规划的主要内容。这不仅仅是因为住宅建筑面积及其用地面积在整个住宅建筑面积中占有相当大的比重，而且在体现村庄面貌方面起着重要的作用。

1. 住宅类型的选择

住宅选型将直接影响居民的生活使用、住宅建设的成本和村庄用地的经济效益，同时也影响村庄的面貌，是住宅规划的重要内容之一。

1)住宅的类型及其特点

按不同的使用对象，基本上可分为两大类：一类是供以家庭为居住单位的建筑，一般称为住宅；另一类是供单身人集体使用的建筑，如学校的学生、工矿企业的单身职工等居住的建筑，一般称为宿舍。

第一类以户为基本组成单位的住宅主要有以下几种类型。

(1)按平面组成分：①梯间式(也称单元式)。这类住宅各户入口都直接从楼梯间进入，分户明确，互不干扰。一梯可服务二户、三户或四户，以一梯三户居多。②内廊式。为提高楼梯服务户数，在梯间式基础上发展为内廊式。这类住宅的平面一般比较经济，因房屋进深大，用地也较经济。内廊不宜过长，否则干扰大。其保温好，但通风差，适用于北方。③外廊式。将为多户服务的走廊布置在建筑外侧的称外廊式。分长、短、南或北外廊等几种。这类住宅平面组合比较灵活，各户通风良好，适用于南方炎热地区，外廊不宜过长，以免住户间相互干扰。④内天井式，是①、②类住宅的变化形式，为了进一步加大住宅进深，以提高村庄土地利用率，发展了利用小天井解决通风采光的天井式住宅，一般多见于较低的多层住宅。⑤点式，是第①类住宅的变化形式，适用于多层和高层住宅，由于体形短而活泼，故具有布置灵活和丰富群体空间的特点，但有些套型的日照条件可能较差。⑥跃廊式，是第①、②类住宅的变化形式，这种住宅每户占有一层或上、下两层及两户合占三层等不同的布置方式，为了减少公共走道的面积，每隔一或两层设一公共走道，每户另有户内小楼梯联系。在高层住宅中，可减少电梯停留次数。这类住宅每户的朝向、通风、采光都比较好，但结构复杂、造价高、我国村庄目前很少采用。⑦梯廊式，是第①类住宅的变化形式。为了进一步压缩住宅的辅助面积，提高平面利用系数，出现了将梯廊结合的梯廊式住宅。这类住宅造价低，平面利用系数高，空间利用好，结构形式简单合理，平面组合多样。⑧台阶式。有纵向横向台阶式之分，北向台阶式住宅能减少住宅间距，有利于节约用地。⑨独院式。这是一种独户居住的单幢住宅，四周带有宽敞的院子，一般标准较高，占地较大，多为 1 ～ 3 层，故不宜在村庄中大量建造。⑩单联式。这类住宅一般由若干独户居住的单元并联组成，每户都有独用小院，供户外活动及家务操作，住户日照、通风、采光都比较好，是目前村庄中大量采用的形式。这种住宅一般为 1 ～ 2 层，用地不经济，故在村庄中应作大量改进。

(2) 按“套型”分：“套型”是指供不同住户使用的成套住宅的类型。“套型”一般以每户使用面积的多少来划分，套型的确定主要是为了满足住户不同家庭人口组成的需要，而这与每人平均居住面积的定额标准有密切联系，一般标准越高，每户使用面积越大。①单一套型。这种住宅单元的平面由同一套型组成。例如，一梯三户均为大套或均为中套或均为小套。可表示为大-大-大、中-中-中、小-小-小。由于套型单一，故分配不够灵活，套型比必须在组团或更大范围内进行平衡。②多种套型。这种住宅单元的平面由不同的套型组成。例如，一梯三户中，大套、中套、小套各占一户，即表示为大-中-小。这种住宅在分配上比较灵活，有的住宅还可设计成套型能灵活变化的平面，这就更能适应不同套型比的要求，因此，这种住宅的套型比可在一个单元或一幢住宅内调整。

(3) 按层数分：①低层住宅。层数一般为 1 ～ 3 层。这类住宅使用方便，结构简单，易于施工和就地取材，因此，造价较低，但占地较大，一般适用于地震区。②多层住宅。层数一般为 4 ～ 6 层（不设电梯）。这类住宅的使用不如低层住宅方便，但用地比较经济，也是目前村庄中较多使用的一种形式。另外，高层住宅可以节约用地，也可以丰富村庄轮廓，但其造价较高，对于村民生活也不是十分方便。还有人认为层数太高可能对住户生理和心理产生不利的影响，所以我国只在大中城市中有控制地建造一些，在村庄中不宜使用。

(4) 按体形分：①条式。这是最常见的住宅类型，其特点是住宅朝向、通风、日照及对于施工等方面都比较有利，在建筑造价和用地方面也较经济。②点式。这类住宅体形短，能适应零星的小块用地及坡地的建造，且有利于住宅组群内的通风、日照及组群空间组合的变化，但点式住宅由于外墙面较多，故建筑造价一般比条式稍高一些。③“L”、“工”、“E”形等其他形状住宅。这类住宅在不规则地区布置可提高居住建筑面积密度，在村庄道路交叉口采用沿街坊周边布置“L”形住宅还可美化街景。但有些住户的朝向和通风条件较差，在结构和施工方面也复杂一些，因此，一般不宜大量修建。

2) 住宅建筑经济和用地经济的关系

住宅建筑经济是指住宅每平方米建筑面积的造价和平面利用系数等，而住宅用地经济是指住宅在群体布置中利用土地的经济性。这两者之间有着密切的联系，有时住宅建筑经济和住宅用地经济是一致的，有时也相互矛盾。下面仅就住宅建筑经济和住宅用地经济比较密切相关的几个因素分别加以分析。

(1) 住宅层数。在一般情况下，低层住宅一般比多层住宅造价低，但低层占地大，如平房与 5 层楼房相比，要大 3 倍左右。对于多层住宅，提高层数能降低住宅建筑的造价。从用地经济的角度来看，提高层数能节约用地，如住宅层数在 3～5 层时，每提高一层可使每公顷用地相应增加建筑面积 $1000m^2$ 左右；而 6 层以上，效果显著下降。就建筑经济和用地经济来说，国内外经验都认为 5 层住宅比较经济，因此得到了广泛的应用。

(2) 住宅进深。住宅进深加大，外墙相应缩短。对于在采暖地区外墙需要加厚的情况下，经济效果更好。加大进深也有利于节约用地，住宅进深在 11m 以下时，每增加 1m，每公顷可增加建筑面积 $1000m^2$ 左右，而 11m 以上效果就不明显了。

(3) 住宅长度。住宅长度直接影响建筑造价，因为住宅单元拼接越长，用地也就越省。住宅长度在 30～60m 时，每增长 10m，每公顷可增加建筑面积 700～1000m^2 左右，在 60m 以上效果就不明显了。同时，住宅长度不宜过长，过长就需要增加伸缩缝和防火墙等，且对通风和抗震也不利。

(4) 住宅层高。住宅层高的合理确定不仅影响建筑造价，也直接和节约用地有关，据计算，层高每降低 0.1m，能降低造价 1%，节约用地 2%。但是为了保证住宅室内的舒适要求，层高不能降得过低，住宅起居室、卧室的净高一般不应低于 2.6m。

(5) 建筑节能。建筑节能是通过降低“建造能耗”和“使用能耗”的总能耗量而取得的。根据统计，建筑物年度的使用能耗远比年平均的建造能耗多。在寒冷地区，用于房屋采暖的能耗占使用能耗中的大部分，因此，降低采暖能耗是建筑节能中的重点。

要降低采暖能耗，需在采暖设备和建筑设计方面采取措施，后者是设计“节能型建筑”，是一劳永逸的治本方法。

住宅建筑节能是多方面的，如房屋进深的加大、层高的降低、南向开窗面积的扩大、北向窗户的缩小、外墙构造的改进、锅炉房位置适中等。

通过以上初步分析，可以看到，合理地提高住宅建筑的层数是提高住宅建筑面积密度、节约用地的主要和最基本的手段和途径。

3) 合理选择住宅类型

合理选择住宅类型一般应考虑以下几个方面。

(1) 住宅建筑标准。住宅建筑标准包括面积标准与质量标准。面积标准一般指平均每户建筑面积和平均每人居住面积的大小，而质量标准是指设备的完善程度(如卫生设备、煤气、供电、供热等)。

(2) 套型和套型比。套型一般指每套住房的面积大小和卧室、厅、卫生间的数量，如一室一厅、二室二厅一卫、三室二厅二卫等。套型比指各种套型的建造比例。在确定套型比时应参照当地的人口结构、住户的稳定年限等多方面因素来确定。套型比的平衡一般有三种方法：一是选用多种套型的住宅，套型比在一个单元或一幢住宅内进行平衡；二是选用单一套型住宅，在几幢住宅或更大范围内进行平衡；三是既采用单一套型，又选用多种套型的住宅。为了使住宅对套型比具有更大的灵活性，可选择或设计成套型能灵活变化的平面。

(3) 确定住宅建筑层数和比例。住宅建筑层数的确定，要综合考虑用地的经济、建筑造价、施工条件、建筑材料的供应、居民生活水平、居住方便的程度等因素。根据我国村庄目前的条件看，一般以 4～6 层为主，受用地条件限制的地方可适当建造一些高层住宅。

(4) 适应当地自然气候条件的特点和居民的生活习惯。我国幅员广大，全国自然气候条件相差甚大。南方地区，气候比较炎热，在选择住宅时，首先应考虑居室有良好的朝向和自然通风；而在北方地区，气候严寒，主要问题是冬季御寒，防风雪。另外，居民的生活习惯也必须充分考虑。

(5) 要有利于节约用地，结合地形。住宅建筑单体平面和布局尽量利用地形，可从利用住宅单元在开间上的变化达到户型的多样化和适应基底的各种不同情况，为了不占或少占农田，使住宅上山，需要结合不同坡度和朝向的地形对建筑进行错层、跌落、掉层、分层入口等局部处理。

2. 住宅的规划布置

住宅的规划布置应建立在建筑群体组合的基础上，选择哪种类型一般要根据当地环境、风向、日照等条件进行考虑，并且与住宅总的规划结构相结合。

1)住宅群体平面组合的基本形式及其特点

(1)行列布置：住宅建筑按一定朝向和合理间距成行成排布置的形式。我国大多数地区属于温带和亚热带，而且居住面积不大，建筑设备标准较低，住户普遍喜欢南北向的单元。这种布置形式能使绝大多数居室获得良好的日照和通风，是各地广泛采用的一种方式。但如果处理不好会造成单调、呆板的感觉，容易产生穿越交通的干扰。为此，在规划布置时常采用山墙错落、单元拼接、矮墙分隔及成组改变朝向等手法组织院落、丰富景观(图 6-12)。

(2)周边布置：住宅建筑沿街坊或院落周边布置的形式。这种布置形式形成较封闭的院落空间，具有一定的空间面积，便于组织公共绿化休息园地。周边布置的形式还有利于节约用地，提高居住建筑面积密度。但是这种布置形式有相当一部分的朝向较差，因此，对于湿热地区很难适应，有的还采用转角建筑单元，使结构、施工较为复杂，不利于抗震，造价也会增加(图 6-13)。

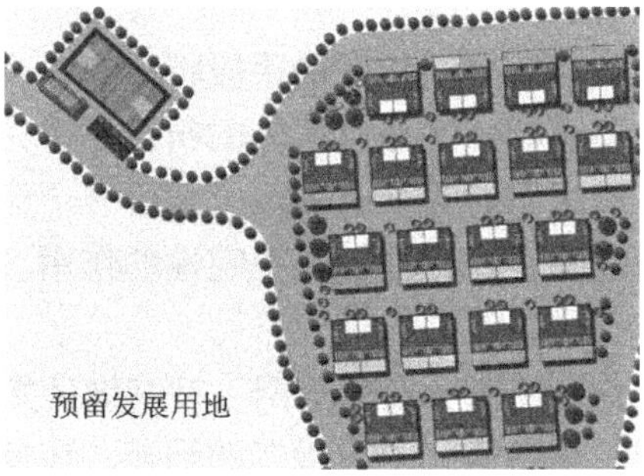

图 6-12　行列式住宅布局示意图

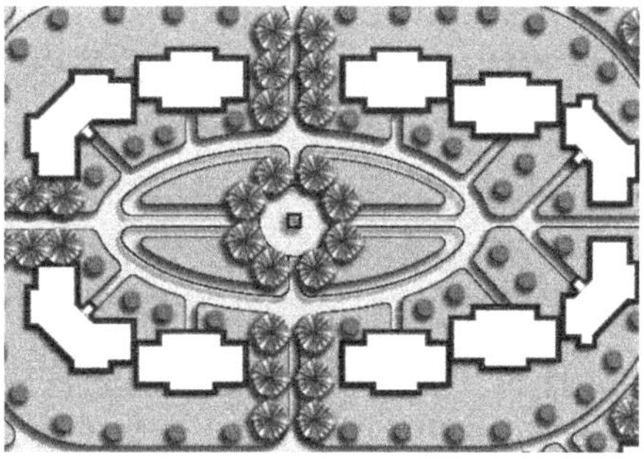

图 6-13　周边式住宅布局示意图

(3)混合布置：为以上两种形式的结合形式，构成富于变化的组团空间。最常见的往往以行列式为主，以少量住宅或公共建筑沿街道或院落周边布置，形成半开敞式院落。

(4)自由式布置：从实际出发，住宅建筑结合地形，在照顾日照、通风等要求的前提下，成组自由灵活的布置。自由布置并不是随意布置，而是经过规划的有序变化的空间布置形式。但是如果规划不当，则容易杂乱无章。因此，应在变化中求统一。

(5)里弄式布置：这种住宅多为二、三层，可串联成连排住宅，建筑多为内向型，用内天井采光通风，冬暖夏凉，是村庄常见的形式。这种形式密度较高，节约道路用地，形成不受交通干扰的居住里弄空间。但是在采光、通风、日照等方面不及上述几种形式。

以上五种基本布置形式并未涵盖住宅布置的所有形式，而且也不可能列举所有的形式。任何一种形式都是在特定的条件下产生的。在进行规划布置时，必须根据具体情况，因地制宜地创造不同的布置形式。

2)住宅群体的组合方式

(1)成组成团的组合方式，是由一定规模和数量的住宅(或结合公共建筑)成组成团的组合，构成住宅或居住小区的基本组合单元，有规律地发展使用，这种基本组合单元可以由若干同一类型或不同类型的住宅(或结合公共建筑)组合而成。组团规模主要受建筑层数、公共建筑配置、自然地形和现状等条件的影响。

成组成团的组合方式功能分区明确。组团用地有明确范围，组团之间可用绿地、道路、公共建筑或自然地形进行分隔。这种组合方式也有利于分期建设，即使在一次建设量较小的情况下，也容易使住宅组团在短期内建成而达到面貌比较统一的效果。

(2)成街成坊的组合方式。成街的组合方式是以住宅(或结合公共建筑)沿街成组成段的组合方式，一般用于村庄道路和住宅主要道路的沿线和带形地段的规划；而成坊的组合方式是住宅(或结合公共建筑)以街坊作为整体的一种布置方式，一般用于规模不太大的街坊或保留房屋较多的旧居住地段的改建。成街组合是成坊组合中的一部分，两者相辅相成，密切结合，特别在旧住宅改建时，不应只考虑沿街的建筑布置，而不考虑整个街坊的规划。

(3)整体式组合方式，是将住宅(或结合公共建筑)用连廊、高架平台等连成一体的布置方式。

住宅群体成组成团和成街成坊的组合方式并不是绝对的，往往这两种方式相互结合使用。在考虑成组成团的组合方式时，也要考虑成街成坊的要求，而在考虑成街成坊的组合方式时，也要注意成组成团的要求。

3)住宅群体的空间组合

住宅群体的空间组合是运用建筑空间构图的规律及建筑空间构图的手段将住宅、公共建筑、绿化、道路和建筑小品等有机地组成完整统一的建筑群体。住宅群体的组合不仅为了满足人们对使用的要求，同时还要符合工程技术、经济及人们对美观的需要。评价一个建筑群体的好坏，建筑单体设计的水平固然重要，而群体的空间组合往往起着决定性的作用。

4)住宅群体组合与日照、通风和噪声的防治

(1)日照。指居室内获得太阳的直接照射。阳光中的紫外线具有杀菌、抑制细菌繁殖和净化空气的作用，在布置住宅建筑中应适当利用日照，在冬季应争取最多的阳光，在夏季则应尽量避免阳光照射时间太长。住宅的日照标准由获得日照时间和日照质量来决定，不宜低于大寒日日照 1 小时的标准。

(2)通风。住宅的通风一般指自然通风，它不仅受大气环境所引起的大范围风向变化的影响，还受局部地形特点所引起的风向变化的影响。良好的通风不仅能保持室内空气新鲜，也极有利降低室内温度、湿度，所以，建筑布置应保证居室及院落有良好的通风条件。特别在我国南方或由于地区性气候特点而造成夏季气候炎热和潮湿的地区，通风要求尤为重要，建筑密度过大，住宅内的空间面积过小，都会阻碍空气的流通。

在夏季炎热的地区，解决居室自然通风的办法通常是将居室尽量朝向主导风向，若不能垂直主导风向时，应保证风向入射角在 30°～60°。此外，还应注意建筑的排列、院落的组织，以及建筑的体型，使之布置与设计合理，以加强通风效果，如可以将院落布置敞向主导风向或采用交错的建筑排列。但是在某些寒冷地区，院落布置则应考虑防风沙、防暴风雪袭击等情况，应采用较封闭的庭院布置。

(3)噪声。噪声对人的心脏血管系统和神经系统等会产生一定的不良作用，如易使人烦恼疲劳、减低劳动效率、影响睡眠、影响人体的新陈代谢与血压增高，以及干扰和损害听觉等，规划中必须避免噪声干扰，一般认为居住房屋室外的噪声不超过 50dB 为宜。防治噪声最根本的办法是控制声源，但要完全从声源上来控制噪声，目前在技术上和经济上还存在一定的困难，因此，仍需采取一些消极的防护措施来防止噪声的干扰，如采用消声、隔声装置

或护耳设备，限制机动车辆行驶范围，禁止鸣号等。此外，通过村庄和住宅总体的合理布局、建筑群体的不同组合及利用绿化和地形等条件，也有利于防止噪声污染。

第五节　工业园区的规划

按照当前工业企业集约化发展趋势，村庄内的小加工企业应统一规划，逐步纳入小城镇总体规划确定的工业园区，并严格按规划实施建设。对于近期难以搬迁或新建的小加工企业也应严格按照工业园区的规划要求，进行规范化集中建设，实现工业园区内布局合理，配套设施基本齐全，使工业生产单位与公共设施等功能分区明确，无混杂建设现象。同时，工业园区内的废水、废气、废渣得到有效治理，排放达到国家和省有关规定的标准。

一、工业园区的类型

根据工业生产特点和生产协作关系，工业园区可分为以下几种类型。

(一)综合型

这是最常见的工业园区类型，这种园区内除有严重污染的项目外，一般情况下，村庄内加工企业项目都予以接受。

(二)专业型

一般是在村庄原有个体户基础上发展起来的园区。有的是把生产相同或相近的工业企业集中到一起，以生产联合集聚而成的工业园区；有的是由一个核心企业发展起来，其规模一般比较大，在其周围布局配套工业，形成产业链。专业型工业园区按工业性质又可分为冶金工业园区、纺织工业园区、机械工业园区、建材工业园区、电子工业园区等。

(三)农业产业型

这种类型主要是为发展当地农业产业而形成的企业群。以农产品加工企业为主，以农产品加工链为脉络，向原材料、产品市场延伸，形成产前、产中、产后的产业关联群，使工业园区内的行为主体扩散到生产、加工、销售、科技、文教等多个领域，从而形成行为主体组织多样化、生产与经营一体化。农业产业型工业园的用地规模一般不很大，而且与地方农业发展水平密切相关。

(四)生态园区型

随着国内外新兴工业组织模式的研究和实践，生态产业打破传统产业模式，建立类似于自然生态系统的高效利用资源的产业共生体系。利用工业生态学的理论和思想来规划生态型工业园区，是当前工业可持续发展的一种理想模式，未来工业园区的生产应采取类似模式。

二、工业园区规划原则

(一)生态化规划原则

着眼于人类和生态系统的长远利益，坚持生态化理念，规划生态型工业村庄，创立全新的产业模式，形成产业生态系统，促使产业生态化。

(二)弹性规划原则

工业园区建设具有很大不确定性，要统一规划，分期分批成片开发，滚动发展，投资少，见效快。

(三)以人为本规划原则

现代工业园是集工业生产、科技开发、综合服务为一体的人性化空间。在空间塑造过程中，应注重“硬”物质空间和“软”物质空间的结合，以人为本，力求体现人和自然的和谐与互动。

(四)整体协调规划原则

工业园区是村庄的主要生产功能区，是村庄经济发展的主体和核心，在规划中，应注重工业园区与村庄的整体协调。

(五)内部功能分区规划原则

规划实施过程中应根据企业的属性、类型、相互关系等将工业园区分为若干片区，把不同类型、属性的工业相对集中布置在不同地块，形成合理的内部功能分区。

三、工业园区规划方法

(一)现状基础资料调查与分析

工业园区规划的基础资料大致包括自然、社会经济和基础设施等方面。规划应按照现状调查资料内容，深入分析区域的建设用地条件，包括区域条件、交通运输条件、各类基础设施条件，了解社会经济构成现状特征，从中找出影响工业园区功能组织、产业布局的决定因素(表 6-12)。

表 6-12　村庄工业园区基础资料调查内容

类别	项目	内容
自然资料	自然地理	地形地貌、水文地质、工程地质、气象、地震资料等
	土地利用	建设用地、农田、水利、荒地、滩地等
	水资源	河流、湖泊、水体、防洪标准等
	环境污染	污染源、污染物排放量、污染程度等
社会经济资料	经济状况	经济结构、产业门类、产品、产值、就业情况
	社会概况	村镇分布、面积、人口等
	公共设施	文化、教育、体育、卫生等设施
	风景人文资源	自然风景资源、文物古迹等情况
基础设施资料	交通设施	现状道路等级、长度、宽度、交通流量及河湖通航能力等情况
	电力通信	电力电信、邮电通信情况
	供排水系统	供排水设施、污水处理情况等

(二)工业园区规划内容

对不同类型的村庄工业园区，采取不同的规划手段，具有不同的规划重点。对于规模较小、项目明确的工业园区，采取修建性详细规划的方法，根据项目的性质、规模、工艺流程要求进行工业园区总平面规划；对于成片开发的工业园区，由于建设项目具有很大不确定性，所以应采取控制性详细规划为主的方法，对工业园区进行总体控制规划和地块控制规划。

1. 村庄工业园区总体规划

(1)总体布局。工业园区总体布局应与村庄现状、自然条件、工业厂房的基本要求密切相关，在规划中应立足现状，注重工业园区与村庄的整体协调。在工业布局上力求体现不同规模的工业企业入驻园区的灵活性和适应性；形象上力求体现建设环境的超前性和适应性；生态上力求体现人与自然的和谐性和互动性。一般情况下，工业园区的规划应从设计理念出发，明确核心区、道路结构、功能分区等内容。

(2)功能组织。工业园区的功能组织应与村庄总体规划相协调，与园区分期建设相适应，成片推进，形成规模。规划实施过程中，应将不同类型、属性的工业相对集中布置在不同的地块，如轻工业企业集聚一起，可形成“轻工业小区”，类似的，可形成“纺织工业小区”“电子工业小区”。

(3)交通组织。工业园区道路系统应与村庄总体规划相衔接，以保证村庄道路系统统一、协调、顺畅。工业园区内道路应以方格网为主，间距一般在200～300m，以适应工业地块的组织。

(4)绿化景观组织。工业园区总体布局应从环境景观入手，以整体设计思想为指导，形成优良的环境景观。地块内的工业厂房应形式多样，分隔自由灵活，可操作性强，便于各种规模企业的入驻。应根据地形条件，如地势起伏，河流走向等，灵活布置厂区，丰富空间及沿路景观。绿化系统可以分为规定性绿化区域、建议性绿化区域、弹性绿化区域三个层次。

(5)基础设施规划。工业园区内应建立完善的水、电、交通等基础设施，提供高效的服务网络，满足工业园区的发展要求。①给排水规划：工业园区供水管网结构一般应沿工业园区道路布置，实施枝环结合布置的方式。红线宽度在40m以上的道路应根据需要在两边布置给水管道。工业生产用水的水质标准与生活用水水质标准不完全相同，用水量大的企业应自筹水源；对水质有要求的企业宜自建供水系统。工业园区排水系统应采用雨污分流体制。雨水分区、就近向地表水体排放；生活污水和经化工预处理达标后的工业废水由污水管网收集至污水处理厂，集中处理达标后排放。排水管道沿道路一侧敷设。②电力电信规划：工业园区一般应双电源供电，以确保园区内用电安全及某些工业的特殊要求。电信规划包括电话线网络、有线电视、宽带网络及自动报警网络，充分提高工业园区对信息传输的要求。

2. 工业园区地块控制规划

(1)地块划分。地块划分应综合考虑产业发展类型、企业规模、自然边界条件等因素，地块面积应以道路红线和地块分界线进行计算，反映出地块面积的大小(表6-13)。

表6-13　地块控制指标

控制指标	内容
主要出入口方位	出入口一般距离道路交叉口30m以上
建筑后退道路红线	为保证道路公共空间和日照，规定建筑物突出部分与道路红线距离
绿地率	地块内绿地的总面积与地块面积之比，以下限值为控制指标
容积率	地块内总建筑面积与地块面积之比；根据各地块不同的用地性质、开发时序和开发规模，容积率指标会有一定差异
建筑密度	地块内建筑基地面积之和与地块面积之比，以百分比表示
建筑高度	按照综合开发和空间环境的要求，规定地块上建筑的最高高度

(2) 地块性质。根据《城市用地分类与规划建设用地标准》(GBJ137—90)，一般将村庄工业用地划分到种类。

(3) 地块控制标准。工业项目建设用地的利用也应符合四项指标：第一，项目投资强度应符合表 6-14 的规定；第二，容积率控制指标应符合表 6-15 的规定；第三，工业项目的建筑密度不得低于 30%；第四，工业项目所需行政办公及生活服务设施用地面积不得超过工业项目总用地项目总用地面积的 7%，严禁在工业项目用地范围内建设住宅、宾馆、培训中心等非生产性配套设施。

表 6-14　项目投资强度控制　(单位：万元/hm^2)

市县等别 \ 行业代码	一类区	二类区	三类区	四类区	五类区	六类区	七类区
	第 1、2、3、4 等	第 5、6 等	第 7、8 等	第 9、10 等	第 11、12 等	第 13、14 等	第 15 等
13	≥1935	≥1555	≥1125	≥780	≥660	≥590	≥440
14	≥1935	≥1555	≥1125	≥780	≥660	≥590	≥440
15	≥1935	≥1555	≥1125	≥780	≥660	≥590	≥440
16	≥1935	≥1555	≥1125	≥780	≥660	≥590	≥440
17	≥1935	≥1555	≥1125	≥780	≥660	≥590	≥440
18	≥1935	≥1555	≥1125	≥780	≥660	≥590	≥440
19	≥1935	≥1555	≥1125	≥780	≥660	≥590	≥440
20	≥1555	≥1245	≥900	≥625	≥520	≥470	≥440
21	≥1815	≥1450	≥1055	≥725	≥605	≥555	≥440
22	≥1935	≥1350	≥975	≥675	≥570	≥510	≥440
23	≥2590	≥2070	≥1505	≥1035	≥865	≥780	≥440
24	≥1935	≥1555	≥1125	≥780	≥660	≥590	≥440
25	≥2590	≥2070	≥1505	≥1035	≥865	≥780	≥440
26	≥2590	≥2070	≥1505	≥1035	≥865	≥780	≥440
27	≥3885	≥3105	≥2260	≥1555	≥1295	≥1175	≥440
28	≥3885	≥3105	≥2260	≥1555	≥1295	≥1175	≥440
29	≥2590	≥2070	≥1505	≥1035	≥865	≥780	≥440
30	≥2070	≥1660	≥1210	≥830	≥690	≥625	≥440
31	≥1555	≥1245	≥900	≥625	≥520	≥470	≥440
32	≥3105	≥2485	≥1815	≥1245	≥1035	≥935	≥440
33	≥3105	≥2485	≥1815	≥1245	≥1035	≥935	≥440
34	≥2590	≥2070	≥1505	≥1035	≥865	≥780	≥440
35	≥3105	≥2485	≥1815	≥1245	≥1035	≥935	≥440
36	≥3105	≥2485	≥1815	≥1245	≥1035	≥935	≥440
37	≥3885	≥3105	≥2260	≥1555	≥1295	≥1175	≥440
39	≥3105	≥2485	≥1815	≥1245	≥1035	≥935	≥440
40	≥4400	≥3520	≥2575	≥1760	≥1470	≥1330	≥440
41	≥3105	≥2485	≥1815	≥1245	≥1035	≥935	≥440
42	≥1555	≥1245	≥900	≥625	≥520	≥470	≥440
43	≥1555	≥1245	≥900	≥625	≥520	≥470	≥440

表 6-15　项目容积率控制

行业分类		容积率	行业分类		容积率
代码	名称		代码	名称	
13	农副食品加工业	≥1.0	28	化学纤维制造业	≥0.8
14	食品制造业	≥1.0	29	橡胶制品业	≥0.8
15	饮料制造业	≥1.0	30	塑料制品业	≥1.0
16	烟草加工业	≥1.0	31	非金属矿物制品业	≥0.7
17	纺织业	≥0.8	32	黑色金属冶炼及压延加工业	≥0.6
18	纺织服装鞋帽制造业	≥1.0	33	有色金属冶炼及压延加工业	≥0.6
19	皮革、皮毛、羽绒及制品业	≥1.0	34	金属制品业	≥0.7
20	木材加工及竹、藤、棕、草制品业	≥0.8	35	通用设备制造业	≥0.7
21	家具制造业	≥0.8	36	专用设备制造业	≥0.7
22	造纸及纸制品业	≥0.8	37	交通运输设备制造业	≥0.7
23	印刷业、记录媒介的复制	≥0.8	39	电气机械及器材制造业	≥0.7
24	文教体育用品制造业	≥1.0	40	通信设备、计算机及其他电子设备制造业	≥1.0
25	石油加工、炼焦及核燃料加工业	≥0.5	41	仪器仪表及文化、办公用品制造业	≥1.0
26	化学原料及化学制品制造业	≥0.6	42	工艺品及其他制造业	≥1.0
27	医药制造业	≥0.7	43	废弃资源和废旧材料回收加工业	≥0.7

工业项目建设应采用先进的生产工艺、生产设备，缩短工艺流程，节约使用土地。对适合多层标准厂房生产的工业项目，应进入标准厂房，原则上不单独供地。工业项目要严格控制厂区绿化率，在工业开发区或工业项目用地范围内不得建造“花园式工厂”。

四、工业园区规划成果

(1)控制性详细规划。控制性详细规划的规划成果以规划文本和规划图表为主，规划说明书为辅。规划文本和图表包括总体控制规划和地块控制规划，以总体布局和技术指标规定为主，是规划管理和建筑设计的主要技术依据。规划说明书介绍规划制定的背景与依据，供规划执行时参考。

(2)修建性详细规划。修建性详细规划的规划成果是规划图纸和说明书，规划图纸反映规划内容，说明书介绍规划背景、规划思路及相关经济技术指标。

第六节　村民中心的规划

一、村民中心的含义

按照建设社会主义新农村的要求，行政村必须建设村民中心。村民中心的建设内容包括村民参政议政、学知识、互相交流学习、掌握技术、开展活动等方面。因此，村民中心是村庄的核心地区，是村庄居民社会活动的中心，集中了村庄的主要公共建筑，以人流、物流、建筑密度、交通指向等数量为特征。

二、村民中心的功能作用

经过村庄体系规划调整后，一般的村规模比较大，所以，村庄中应规划一个中心区。村民中心是农村服务中心、学习中心、活动中心、政务中心，其服务功能涵盖了教育服务、科技服务、文体服务、卫生服务、信访服务、法律服务、信息服务和保障服务。因此，它体现了政治和信息服务作用、形象和价值观作用、公共服务作用、商业服务作用、区域服务作用和社会服务作用。

三、村民中心的布局

(一)村民中心的布局形式

(1)散点式布置：公共建筑分散布置于街道、广场、路口、小区等位置，分级不明显，不能形成真正意义上的中心。

(2)集中式布置：区域感强，综合利用率高。多位于村庄的几何中心地段，有时因地形、交通有限，也会采用偏心、边缘形及双中心等布局方式。

(3)混合式布置：以某些公共建筑组成公共中心，其他公共建筑则散点状布置。

这三种布置模式，各有其特点和适用性。散点式布置，有利于人们就近使用；集中式布置，则活动内容齐全，选择性较强。各村庄可根据自身的特点和情况，选择恰当的布局方式。

(二)村民中心的布局要求

(1)交通方便：内、外道路必须通畅。在新区开辟新的公共中心和辅助中心时，其位置选择必须和原有中心地有方便的联系。

(2)位置适中：村庄居民最常用的交通方式是步行和骑自行车，因此，村庄中心的位置应适中。

(3)传统文脉：村庄的中心必须结合历史文化，具有鲜明的个性。

(4)设施齐全：力求功能相互配套，以发挥综合效应，满足各方面的要求。

(5)聚集密度：村庄中心应有一定的建筑密度和开发强度，同时应加强中心区域空间特征。

(6)环境优美：中心应有优美的环境，以满足人们开展公共活动的需要，所以应选择在环境质量较高的地段。

(三)村民中心的布局

村委会是村庄的重要组成部分，村委会因功能相对单一，布置形式也不多，主要有围合式和沿街式两种：围合式一般环绕中心广场布置，有宽敞的绿地，通风良好和视野开阔，办公环境优美宁静；沿街式通常是沿街道布置或者沿带状布置，容易形成繁华且带有生活气息的氛围。沿街式布置的优点是村民办事方便，缺点是与交通矛盾较大，因此，沿街式布置时街道另一侧一般不宜布置商业设施，减少人流量，以免影响宁静的办公环境。当前，以村委会为依托建设村民中心的情况较多。村民中心包括党支部、村委会办公室、会议室、值班室、接待室等建筑，并配置其他活动用房，如老年活动室、青少年活动室、室内电影室、农民红白理事场所等。

四、村民中心的基本类型与特征

（一）按中心功能分类

(1)综合中心：以村委会为主体，其他设施为辅助，具有对称、严肃、气派的特征，一般适合于规模较大的村庄。

(2)文化中心：以文化建筑(如影剧院、文化中心等)为主体，具有一定的文化气息，有时附有市民市场。

(3)商业中心：以集中的商业、娱乐建筑为主体，具有热闹、自由的特征。

(4)交通中心：以汽车站、码头为主体，具有空间开敞、交通发达、流动人员多的特征。

(5)传统性中心：以传统建筑(如老街、寺庙、古建园林等)或仿古建筑为主体，具有传统的乡村空间特征。

(6)旅游性中心：在旅游村庄，建设在村区或名胜景区形成以旅游服务为主体的旅游性中心。

（二）按中心形态分类

(1)沿街式。沿主干道布置商业街布局，居民出行方便，经济效益较高，但存在严重的交通和安全隐患。步行商业街：常设置在交通干线附近，营业时间禁止各种车辆进入，比较安全、亲切、宜人。但要组织好购物人流和货运交通之间的矛盾，并留出相应的停车场地和休息空间。半边街：公共建筑沿街道一侧布置，减少了居民来回跨越道路的次数，达到了人车分流，但拉长了购物流线长度。

(2)组团式。布置在闹市的某一区段内，内部交通呈现纵横的网状。为了在自然条件发生变化时，该中心的内部活动不受影响，可在通道顶上加玻璃天棚等，局部区域甚至可形成室内中庭的效果。

(3)广场式。①三面围合式：一面临河或有较好的景观时，形成一面开敞的广场视觉景观良好。②三面开敞式：较大型的市民广场、中心广场一侧作为视觉底景的综合楼，周围环境中山、水要素可渗入广场，形成一个整体，如布置在湖畔、河边，效果更佳。③四面围合式：以广场为中心，四面建筑围合。这种类型的中心围合感强，广场可兼作公共集会场所。

五、村民中心的规划依据、原则和基本内容

（一）村民中心的规划依据

(1)依据乡镇的总体规划，统筹安排、合理布局，其用地应按村庄远期规划预留。

(2)中心的类别及具体项目的配置应与规划期内的经济发展水平相适应，不应超越村庄规划期内的经济实力和实际需求盲目建设。

(3)中心的公建配置应根据服务范围及服务腹地的人口，依据相邻城镇公建的类型、项目和规模及其服务、辐射范围。

(4)应考虑暂住人口对中心的公建设施的需求量和使用强度。

（二）村民中心的规划原则

(1)遵循统一规划、合理布局、因地制宜、节约用地、经济适用、分期实施、适当超前和可持续发展的原则。

(2) 村庄中心内的行政管理、商业服务、金融邮电、文化体育等公建设施，宜按其功能同类集中或多类集中布置，从而形成能代表村庄形象的建筑群体，以增加村庄的凝聚力和吸引力。

(3) 中心的建筑群体布局、单体选址和规划，应满足防灾的要求，应便于人流和车流的疏散。

(4) 对于改建和扩建的旧城镇，在决定其公共建筑的配置方案时应注意保留原有公共建筑的传统风貌和地方特色，尽可能地保留和利用原有公共建筑设施。历史文化村庄应注意对古建筑的保护。

(5) 村庄必须就近配置公共停车场(库)，其停车位指标应按《城市住宅规划规范》等有关规定和地方标准并结合实际情况分析、比较、确定。

(三) 村民中心的规划内容

(1) 确定村庄中心用地的布局形式、空间位置及范围，全面、细致勘查现场，结合周围环境特点及规划、建设部门对村庄中心设计的要求和设想，拟定各类公共建筑的分布位置、规模大小和建筑类型。

(2) 确定中心道路的宽度及其与村庄道路的连接方式。

(3) 拟定绿化、广场、停车场的数量、分布和布置形式。

(4) 确定村庄中心的竖向设计及给排水、煤气、供电等市政工程的规划方案。

(5) 进行村庄中心的景观分析与设计。

(6) 根据国家有关规范拟定各项经济技术指标及投资估算。

(7) 根据委托方的要求进行主要建筑沿街里面的设计。

(四) 村民中心内容构成及相应规划布置要求

(1) 中心公共建筑：①行政管理类包括村委会、党员活动室、法律援助站、邮政投递点等；②教育机构类包括中学、小学、幼儿园、托儿所等；③文体科技类包括图书阅览室、老年活动室、露天剧场、健身场地等；④医疗保健类包括卫生院、防疫站、新型合作医疗卫生所等；⑤商业金融类包括百货店、信用社、旅馆、招待所、理发室、浴室等；⑥集贸设施类包括粮油副食品市场、畜禽水产市场等。

(2) 布置要求：村庄公共建筑项目的配置，应考虑服务村庄居民之外，还应兼顾广大农村居民的需求，并依据村庄的类别和层次，充分发挥其地位和职能。

第七章

村庄基础设施规划

第一节　基础设施概述

一、基础设施概念和特点

基础设施是指为社会生产和居民生活提供公共服务的物质工程设施，是用于保证国家或地区社会经济活动正常进行的公共服务系统。它是社会赖以生存发展的一般物质条件。基础设施包括公路、铁路、机场、通信、环卫、水电煤气等公共设施。

农村的基础设施应该包括村庄交通、供水、排水、污水处理及灌溉、环境卫生、绿化、供电、邮电、燃气、供热、防灾等多种设施。总体上看，我国农村基础设施差距较大，相关的政策、措施还不够完善，在建设资金、技术、运营、管理体制等各个方面均有较大的差距，这是造成城乡差别的根本原因。

基础设施称为市政公用工程设施。与基础设施相对的概念是一般设施，基础设施与一般设施相比较，具有以下特点。

（一）对各项事业具有决定性的影响

一个区域的基础设施完善程度，对本区域的一切生产和社会活动都有重大影响。一般设施的布局、规模、建设等级、生产方式都要受基础设施水平的制约。在现代社会中，经济越发展，对基础设施的要求越高；完善的基础设施对加速社会经济活动，促进其空间分布形态演变起着巨大的推动作用。

（二）服务的区域性

一方面，基础设施都有一定的服务区域，要按照村庄的大小决定范围；另一方面，基础设施主要为某区域服务才能在这个区域范围内视作基础设施。例如，一条在某村庄附近通过的高速公路，与村庄没有联系通道的情况下，不能视为村庄的基础设施。

（三）规模较大

基础设施服务范围广大，深入到区域的各个角落，建立完善的基础设施往往需要较长时间和巨额投资。

二、村庄的基础设施分类

村庄包括交通、水、能源、信息、环境、防灾六大系统，村庄的基础设施与城镇类似，只是规模和形式有所区别。村庄的基础设施构成见图 7-1。

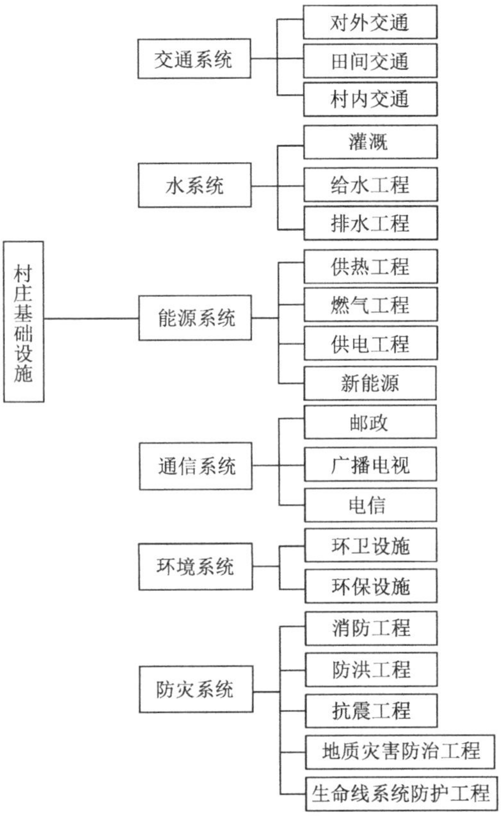

图 7-1　村庄基础设施分类构成图

三、村庄基础设施特点

村庄与小城镇相比，无论是人口规模还是第二、第三产业均有较大的差距，配套设施的规模都很小。村庄市政工程设施主要有以下特点。

(一) 功能全

村庄，建筑质量和居住环境都比原有旧村要高，要求各项配套设施必须达到一定的要求。原有旧村已有的配套设施如给水、供电、电信等应当提高水平，原来大部分旧村没有的设施如排水、供热、环卫等也必须配套齐全。

(二) 规模小

村庄由于人口规模有限(一般 5000 人左右)，各项配套设施的规模都不大，相应的建设投资和运行成本较高，所以，各项设施都要尽量简化。例如，排水设施一般采用雨污合流系统，给水设施一般采用枝状网。

四、农村基础设施建设重点

总体上看，我国农村基础设施差距较大，相关的政策、措施还不够完善，在建设资金、技术、运营、管理体制等各个方面均有较大的差距，从而造成城乡差别。与城市不同的是农村的需求各有侧重，因此，要重点突出需求的安排建设。

(一) 大力加强农田水利

水利是农业的命脉，水利工程设施是我国农村的重要基础设施。所以，在搞好重大水利工程建设的同时，要不断加强农田水利建设。加大大型排涝泵站技术改造力度，配套建设田间工程。大力推广节水技术，切实抓好以小型灌区节水改造、雨水集蓄利用为重点的小型农田水利工程建设和管理。继续搞好病险水库除险加固，加强中小河流治理。

(二) 加快乡村基础设施建设

我国农村基础设施建设缺失太多，因此，要着力加强农民最急需的生活基础设施建设。在巩固人畜饮水解困成果基础上，加快农村饮水安全工程建设，优先解决高氟、高砷、苦咸、污染水及血吸虫病区的饮水安全问题。有条件的地方，要逐步发展集中式供水，提倡饮用水和其他生活用水分质供水。要加快农村能源建设步伐，在适宜地区积极推广沼气、秸秆气化、小水电、太阳能、风力发电等清洁能源技术。

(三) 加强村庄规划和人居环境治理

2014 年中央 1 号文件指出：“加快编制村庄规划，推行‘以奖促治’政策，以治理垃圾、污水为重点，改善村庄人居环境。实施村内道路硬化工程，加强村内道路、供排水等公用设施的运行管护，有条件的地方建立住户付费、村集体补贴、财政补助相结合的管护经费保障制度。”

随着生活水平提高和全面建设小康社会的推进，农民迫切要求改善农村生活环境和村容村貌。加强宅基地规划和管理，节约村庄建设用地，向农民免费提供经济安全适用、节地节能节材的住宅设计图样。引导和帮助农民切实解决住宅与畜禽圈舍混杂问题，搞好农村污水、垃圾治理，改善农村环境卫生。注重村庄安全建设，防止山洪、泥石流等灾害对村庄的危害，加强农村消防工作。村庄治理要突出乡村特色、地方特色和民族特色，保护有历史文化价值的古村落和古民宅。要本着节约原则，充分立足现有基础进行房屋和设施改造，防止大拆大建，防止加重农民负担，扎实稳步地推进村庄治理。

第二节　村庄的道路交通规划

一、概述

对于道路的解析，在村庄中可以称为街道。据《辞海》，街道的定义为旁边有房屋的比较宽阔的道路。街道，作为交通的通道首先从属于道路，道路是伴随交通而产生的。《尔雅》(注：《尔雅》是中国最早一部解释词义和名物的工具书，约成书于秦汉之际)中讲道：“道者蹈也，路者露也”。农村街道景观设计，是依据自然的地势、地貌、山川、河流等自然环境而设计的，是一种“因势利导，因地制宜”的设计思想，体现了“天人合一”的设计理念。所以，在新农村的建设中，要本着这种设计理念来因地制宜地进行设计。街道作为线性的开放空间，除了具有交通功能之外，更重要的是与居民的日常生活密切相关。街道展现给观者的不仅是外在景观，还展示了街道中人的活动所体现的不同村庄的各自空间特点和传承已久的人文文化精神。传统村落的空间标志由于形成于不同年代，往往还是时代的标志、历史的标志，具有深刻的人文内涵。还可以抓住那些反映地理、历史、文化、风俗的地名和典故借作标志。街道中的标志可以是建筑，可以是历史悠久的古树名木等，带着历史的沧桑，给人留下深刻的印象。特色空间民族或地区文化特征的地方性是在一定的自然环境、历史条件和社会需求下产生、发展并逐步完善形成的。在新农村的街道建设中，应该着重特色的营造。要运用规划学、现代景观学、建筑学三个学科理论相结合研究新农村街道景观的规划。

(一)道路交通基本构成

随着改革开放的深入和经济的发展，我国农村的各项建设也有了长足的发展，各村庄之间、村庄与城市之间的政治、经济、文化、科技等方面有了更广泛的交流，产生了大量的物流、人流、能量流、信息流。村庄道路是组织生产、安排生活所必需的车辆、行人交通往来的通道，是连接村庄内部各个组成部分，并与对外交通干线相贯通的“骨架”和“动脉”。在我国经济社会中流传着一句名言，“要想富、先修路”，说明了道路的重要性。

村庄道路不仅是组织交通运输的基础，而且是布置各类市政工程管线、街道绿化，组织沿街建筑和划分街坊、小区的基础；并在一定程度上影响村庄沿街建筑的日照、通风和建筑艺术；同时对村庄的布局、发展方向有着重要的作用。

村庄道路是汽车、大型农机具等工具的运输载体，是连通各种交通的纽带，同时，也是给水、排水、供电、燃气、供热、通信等工程管线敷设的载体。因此，村庄道路具有交通组织、公共空间、防灾设施和组成村庄要素的功能。道路是村庄基础设施载体中的重要组成部分，是村庄规划建设的重要内容之一。

为了适应村庄生产和生活物资供应，村庄内部及村庄之间、城市与乡村之间有大量的客货流动；不同性质的交通，其交通方式、交通工具、运行速度、行驶方式等都不相同，各有自己的特点和要求，如果不加以合理组织，就会出现交通混乱的局面，造成交通事故、街道堵塞等后果。

(二)道路交通规划内容

村庄道路交通规划可分为对外交通、田间交通和村内交通三部分。

(1)对外交通规划。村庄的对外交通是农村与外界物资交流、能量交流、人员交往的主要渠道，是村庄经济社会活动的动脉，它是关系村庄经济与社会发展的重要因素。一般来说，农村对外交通是指沟通村庄与等级公路、铁路车站、水运港口、码头的连线，或是村与村之间的连线、有线电话、网线。

(2)田间交通规划。田间交通是农民从事农业生产活动必要的基础设施，也属于村庄建设的重要组成部分。我国多数农村历史悠久，农田道路是在自然状态下形成的，而且多年保持不变，基本上以泥土路为主。

(3)村内交通规划。村内交通是村庄内部的交通，是村民日常出行的基本设施，对村庄的规划布局具有重要的影响主要包括村庄内道路、广场、停车场等设施。

(三)道路交通规划程序

(1)交通现状调查与评价。道路交通的现状调查包括道路的空间布局、间距、长度、宽度、用地数量、路面状况、障碍因素、运输量等内容。

(2)交通运输发展的预测。根据村庄发展规划和产业格局、物流量的大小、交通运输道路的标准等进行道路发展需求预测。

(3)道路系统规划。农村村庄道路可按对外交通、田间交通和村内交通分头规划。

(四)村庄交通的特点

村庄交通是村庄道路建设的重要依据。在规划道路时，需要研究新时代村庄交通的特点，认识和掌握其中的规律，使得村庄道路系统设计有可靠的科学依据。村庄道路交通有下列几个方面特点。

(1)交通运输工具类型多、车速差异大。在农村，货物流动的方式除卡车外，还有农用车、拖拉机、畜力车、三轮车、板车、手推车及肩挑人背等。从居民出行方式看，有的骑摩托车、助力车、自行车，有的步行、有的自备私车或乘坐公共汽车。这些车辆的大小、长度、宽度差别大，尤其是车速差别很大。不同类型、不同速度的车辆同时在道路上行驶，相互干扰大，是造成交通混杂的重要因素。

(2)道路设施差、技术标准低。由于历史的原因，村庄是自然形成的，或未按规划实施。由于建设资金有限，在道路的改扩建或新建中过分迁就现状，道路的平曲线、竖曲线、行车视距、交叉口形状及视距三角形、道路的横坡、纵坡、路面质量、道路排水等方面，很多不符合国家标准和规范。人行道非常狭窄，或者人行道挪作他用，甚至是根本没有分出人行道，导致人车混行。过境公路与村庄干道合二为一，有些过境公路穿越中心区，这样不但使过境车辆通行困难，而且加剧了村庄中心的交通混乱状况。

(3)交通流向和流量不平衡。随着商品经济和工业企业的发展及基础设施的相对完善，农村人口构成中"离土不离乡""进厂不进镇"的居民，在乡镇中心区中小学上学的学生，乡村居民的赶集、购物人流等，使得行人和车辆的流量在各个季节、一周、一天中均有较大变化。

(4)缺乏道路交通服务设施。目前，村庄中普遍存在交通管理人员少、体制不健全，道路照明、交通标志、交通指挥信号灯等设施缺乏的问题。很多村庄中心区没有专用机动车停车场，公共设施缺乏机动车和非机动车停车位，车辆任意停靠的现象比较严重。道路沿线的违章建筑多，违章摆摊设点、占道经营多，"马路市场"十分普遍，使道路的有效通行宽度减小。造成交通拥挤、不畅和混乱。

(5)农村车辆增长快。随着社会主义市场经济的深入发展，农村经济繁荣，车流、人流发展非常迅速，导致道路拥挤、交通混乱。同时也对村庄道路的发展提出了更高的要求。

(五)道路分类和分级

村庄涉及的道路，按主要功能和使用特点可划分为公路、田间道路和村庄道路三大类。

(1)公路。公路是联系村庄与城镇、村庄与村庄之间的道路。按管理权限，可分为国道、省道、县道、乡道、村道。按现行的交通部标准《公路工程技术标准》(JTGB01—2003)的规定，可分为 2 类 5 个等级。第一类为汽车专用公路，下分高速公路、一级公路、二级公路 3 个等级；第二类为一般公路，即汽车与拖拉机及非机动车等混合行驶的公路，下分二级公路、三级公路、四级公路 3 个等级。

(2)田间道路。一般在平原地区，田间交通可分田间路和生产路两级，田间路一般路基占地宽为 6m，路面宽为 4m，路两旁各种植一行行道树，或是一条排灌农渠。生产路规划占地 3m 宽，路面 2m 宽，留一行行道树的位置。

(3)村庄道路。村庄道路是村庄各组成部分的联系网络，是村庄相互联系的"骨架"与"动脉"。按村庄道路在村庄交通运输中所起的作用，可分为过境公路、全镇性的道路、环路、分区内部道路等。按村庄道路在道路系统中的地位，可分为主干道、次干道、支路等。

参照《镇规划标准》(GB50188—2007)，镇区和村庄规划规模应按人口数量分为特大、大、中、小型四级(表 7-1)。一般在较大的村庄实施道路规划，其人口规模一般达到特大型村庄的规模，接近或相当于小型镇区的规模，所以，村庄道路宜采用干路、支路、巷路三级。位于镇区的村庄按镇区标准，可采用主干路、干路、支路、巷路四级(表 7-2)。

表 7-1　规划规模分级　(单位：人)

规划人口规模分级	镇区	村庄
特大型	>50000	>5000
大型	30001～50000	2000～5000
中型	10001～30000	1000～2000
小型	≥10000	≤1000

表 7-2　道路规划技术指标

规划技术指标	村庄道路级别			
	主干道	干道	支路	巷路
计算行车速度/(km/h)	40	30	20	—
道路红线宽度/m	24～40	16～24	10～14	—
车行道宽度/m	14～24	10～24	6～7	4
每侧人行道宽度/m	4～6	3～5	0～3	0
道路间距/m	≥500	250～500	120～300	60～150

二、道路系统规划

村庄道路系统是指村庄范围内由不同功能、等级、区位的道路，以及不同形式的交叉口和停车场设施，以一定方式组成的有机整体。

村庄道路布局是否合理，直接关系村庄能否科学合理地发展，影响村庄的经济发展和居民的生活质量。道路系统一旦形成就决定了村庄的发展轮廓和空间形态，其深远影响将会延续下去。

（一）道路系统规划的基本原则

村庄道路系统规划一般应遵循以下原则。

(1) 与所在地区的交通发展战略规划相衔接。

(2) 与村庄的社会经济发展规划相一致。

(3) 充分考虑当地自然、历史和文化特点。

(4) 与村庄土地利用和其他基础设施建设要求相配合。

(5) 既满足近期建设的要求，又考虑村庄发展的长远性。

（二）道路系统规划的基本要求

村庄道路系统应以村庄现状、发展规模、用地规划及交通运输为基础，还要结合自然地理条件、环境保护、景观布局、地面排水、各种工程管线布置及其他各种人工构筑物等的影响因素，并且需要对现有道路系统和建筑物等给予足够的重视。在道路系统规划中，应满足下列基本要求。

1. 满足、适应交通运输的要求

规划道路系统时，应使所有道路主次分明、分工明确，并有一定的机动性，以组成一个高效、合理的交通运输系统。村庄道路系统必须满足居民出行的通过性和到达性两方面的要求。

通过性，即各主要用地之间的人流、货流能沿最短的路线通行。由于村庄人口规模不大，交通量也不大，因此对交通量的要求不高，但交通工具种类繁多，所以，道路系统规划必须保证各类交通运输车辆通行时不会造成道路拥堵。

到达性，即村庄各组成部分用地之间的联系道路数量要充足且恰当，道路系统能保证行人、车辆到达目的地。要求道路系统尽可能简单、整齐、醒目，道路网密度合理。

道路网密度是衡量道路系统的技术经济指标，道路网密度是指道路总长度与村庄用地总面积的比值。

2. 适应地形、地质和水文条件

道路系统规划的布局，既要满足交通要求，又必须结合地形、地质水文条件。道路网尽可能平直，尽可能减少土石方工程量，为建筑布局、排水、路基稳定创造良好条件。

在地形起伏较大的用地上布置道路网，主干道走向宜与等高线接近平行布置，当主、次干道布置与地形有矛盾时，次干道和其他街道应服从主干道的平顺要求。

道路布局应尽可能绕过不良地质和不良水文条件地段，避免穿过地形破碎地段。确定道路标高时，应考虑水文地质对道路的影响，尤其是地下水的影响。

3. 满足环境和景观要求

道路网走向应满足通风、采光等要求，并符合当地居民生活习惯。北方地区道路网一般布置成接近东西向(或南北向)。我国北方冬季主要是西北风，街道应避免大风直接侵袭，故主干道应避开东南—西北方向，在路网为方格网时，道路布置成接近东西(或南北)向比较合适。北方建筑对日照要求较高，路网接近东西、南北布局有利于建筑布置并节省土地。南方道路应创造良好的通风条件，其走向应与主导风向接近。从交通安全考虑，应尽量避免早、晚阳光耀眼可能导致的交通事故。南方地区纬度低，一年四季太阳升落方位变化不大，道路布置成与南北子午线成30°～60°的夹角为宜。

乡村道路不仅满足交通要求，对村庄景观也有很大的影响。街道的走向、建筑的进退、高低起伏、造型色彩、沿街绿化、照明和广告等因素有机结合，形成丰富多彩的村庄景观。干道的走向应指向制高点、风景点。临水的街道应结合岸线精心布置，既为交通线路，又作游览场所。

4. 满足各种工程管线布置

随着农村的发展，各类市政管线越来越多，一般多沿道路敷设，许多管线埋在地下。各种管线的位置、埋深、间距都有不同的要求。必须满足管线综合规范和各专业规范要求。排水管道一般为重力流，管道要求一定的坡度，道路纵坡设计要与排水设计密切配合。

(三)村庄道路系统的形式

目前常用的道路网基本形式一般有四种：方格网式、环形放射式、自由式、混合式。前三种为基本类型，混合式道路系统由几种基本类型组合而成。

(1)方格网式。方格网式路网又称棋盘式，即每隔一定的距离设置接近平行的干道，在干道之间再布置次要道路，将用地划分为大小合适的街坊。这类路网是农村中最为常见的道路网结构形式，一般适用于地形比较平坦的村庄。主要特点有：街坊布局整齐，有利于建筑布置和方向识别；交通组织简便，交通均匀分布，通行能力大；车辆可方便地通过平行干道绕道而行；对角线方向交通不便。

(2)环形放射式。环形放射式道路系统由放射干道和环形干道组成，这种道路系统一般以中心区为核心，由核心引出放射道路，并在其外围地区布置一条或几条环形道路，由此构成整个道路系统。一般适用于规模不大的平原地区的村镇。主要特点有：有利于村庄中心区与各功能区之间的交通联系，村庄中心突出；环形干道担负各功能区之间的交通联系；非直线系数比方格网道路系统小；交通组织不如方格网灵活；街坊布局不规则，不利于建筑布置和方向识别。

(3)自由式。自由式道路网以结合自然地形为主，道路弯曲，具一定几何图形。我国许多山地丘陵村庄，地形起伏较大，为减小道路坡度，常常沿山路或河岸布置道路，形成自由式道路系统。主要特点有：能够充分利用地形，自由活泼；节省工程造价；非直线系数大；街坊不规则。

(4)混合式。混合式为前三种形式的混合，一般由历史原因逐渐形成，适用于规模较大的村镇。一般村庄规模不大，很少采用混合式道路网形式。

三、道路断面规划

道路横断面是指垂直于道路中心线方向的剖面。道路横断面一般由车行道、人行道和道路绿化等组成。

(一)道路横断面形式

道路横断面常用形式有三种：一块板、两块板和三块板。车行道不设分车带，机动车设在中间，两侧为非机动车道，为一块板横断面，一块板横断面适用于道路红线较窄，一般在30m以下，机动车辆较少，行车速度不快，且自行车与人流较多的村庄内部道路；利用中间分车带分隔对向车流，用一块板横断面将车行道一分为二，为两块板横断面，两块板横断面主要解决对向机动车相互之间的干扰，适用于双向交通比较均匀的过境道路或村镇交通性道路；用两侧分车带分隔机动车与非机动车流，将车行道一分为三，为三块板横断面。三块板横断面主要解决机动车与非机动车之间相互干扰的矛盾，适用于道路红线宽度30m以上，机动车辆较多，行车速度较快，以及非机动车较多的较大镇区交通主干道。

(二)道路宽度

道路横断面的规划宽度，即道路红线宽度，包括车行道、人行道、绿化带及安排各种管线所需宽度的总和。

(1)车行道宽度。道路上供各种车辆行驶的部分，统称为车行道，它包括机动车道和非机动车道。机动车道宽度的大小一般以“车道”为单位来确定。一条机动车道的宽度一般为3.5～3.75m。机动车道数主干道一般为双向3～4车道、宽12～15m，次干道一般为双向2～3车道、宽 8～12m。非机动车道是供自行车、三轮车、兽力车、板车等车辆行驶的车道，非机动车道单向行驶宽度一般为3～5m。

(2)人行道。人行道主要是为满足行人步行交通的需要，同时，还用来布置绿化、立灯杆或架空线杆、埋设地下工程管线，以及护栏、交通标志、宣传栏、清洁箱等设施。通常人行道多对称布置在车行道的两侧，一般高出车行道8～20cm。在受地形、地物限制或有其他特殊情况时，两边可不等宽或仅在一边布置。

(3)道路绿带。道路绿带是指在道路红线范围内的带状绿地。道路绿带分为分车绿带、行道树绿带和路侧绿带三种。行道树是道路绿带中最基本的组成部分。行道树绿化主要是为行人及非机动车庇荫。树干中心至路缘石外侧距离不小于 0.75m。分车绿带用来分隔对向或同向的交通流。分车绿带的绿化一般要求形式简洁、树木整齐一致，使驾驶员容易辨别穿行道路的行人，可减少驾驶员的视觉疲劳。分车带上种植的乔木，其树干中心至机动车道路缘石外侧距离不宜小于0.75m。分车绿带宽度小于1.5m时，应以种植灌木为主。路侧绿带设计要兼顾街景与沿街建筑的需要，应在整体上保持绿带的连续、完整、景观统一。

四、道路工程规划

(一)道路平面

(1)平曲线半径。村庄道路上的曲线一般采用圆曲线，因为村庄内一般车速很小，一般不设超高。当路线的转折角很小，设计车速也不大时，可用折线直接相连。道路的圆曲线半径应采用大于或等于表 7-3 规定的最小半径值。

表 7-3 圆曲线半径

设计行车速度/(km/h)	80	60	50	40	30	20
不设超高最小半径/m	1000	600	400	300	150	70
设超高推荐半径/m	400	300	200	150	85	40
设超高最小半径/m	250	150	100	70	40	20

(2)行车视距。车辆行驶时，驾驶人员必须能看见道路上相当的距离，以便有充分的时间和距离采取适当的措施以防止交通事故，这一保证交通安全的最短距离称为行车视距。行车视距一般分停车视距、会车视距、错车视距和超车视距等。

曲线段内侧的建筑物、构筑物、树木、路堑边坡或其他障碍物可能会遮挡司机的行车视距，影响行车安全。为保证行车视距要求，需要清除影响行车视线的障碍物。

停车视距应大于或等于表 7-4 的规定值，会车视距应为停车视距的 2 倍。

表 7-4 停车视距

设计行车速度/(km/h)	100	80	60	50	40	30	20
停车视距/m	160	110	70	60	40	30	20

引自《城市道路设计规范》(CJJ37—2012)。

(二)道路纵断面

道路的纵断面是指沿着车行道中心线的竖向剖面。道路纵断面设计的内容包括各路段的纵坡和坡段长度、线路和桥涵的标高、选定满足行车技术要求的竖曲线等。

(1)道路纵坡。道路纵坡是指道路纵向的坡度。过大的纵坡会引起车速降低和行车不安全等现象，过小的纵坡在多雨地区易导致街坊、路面排水不畅等。道路的最大纵坡，一般平原地区的纵坡不大于 6%，丘陵地区与山区的纵坡不大于 7%。特殊情况可达 8%～9%；另外还要特别考虑我国农村非机动车的大量使用，农村村庄纵坡一般宜不大于 3%。道路的最小纵坡应能适应路面上雨水的及时排泄，一般为 0.3%～0.5%。机动车道最大纵坡应符合表 7-5 的规定。

表 7-5 最大纵坡

设计行车速度/(km/h)	100	80	60	50	40	30	20
最大纵坡度推荐值/%	3	4	5	5.5	6	7	8
最大纵坡度限制值/%	4	5	6	6	7	8	8

引自《城市道路设计规范》(CJJ37—2012)。

(2)坡长限制。坡段最小长度应大于或等于表 7-6 的数值。

表 7-6　最小坡长

设计行车速度/(km/h)	100	80	60	50	40	30	20
坡段最小长度/m	250	200	150	130	110	85	60

引自《城市道路设计规范》(CJJ37—2012)。

当道路的纵坡设置得比较大时，应当对这样的坡长进行限制，否则容易诱发交通事故。当道路设计纵坡度大于表 7-5 所列推荐值时，可按表 7-6 的规定限制坡长。设计纵坡大于 5%，坡长又超过表 7-7 的限制坡长时，需设纵坡为 3%的缓和段。纵坡缓和段的长度应大于或等于表 7-6 规定的坡段最小长度。

表 7-7　机动车道最大坡长

设计行车速度/(km/h)	100	80	60			50			40		
纵坡/%	4	5	6	6.5	7	6	6.5	7	6.5	7	8
纵坡限制坡长/m	700	600	400	350	300	350	300	250	300	250	200

非机动车道纵坡宜小于 2.5%，当大于或等于 2.5%时，纵坡最大坡长应符合表 7-8 的规定。

表 7-8　非机动车道最大坡长

纵坡/%	2.5	3.0	3.5
自行车/m	300	200	150
三轮车/m	150	100	—

引自《城市道路设计规范》(CJJ37—2012)。

(3)竖曲线。为了防止车辆在纵坡转折处行驶时发生冲击颠簸，必须在道路纵坡转折点处设置平滑的竖曲线，将相邻两条不同纵坡的直线坡段衔接起来。竖曲线因纵断面上转坡点处是凸形或凹形的不同，分为凸形竖曲线与凹形竖曲线。

在纵断面凸形转折处易使驾驶人员的视线受阻。凹形竖曲线的设置主要是在一定的车速下保证有足够的视距。在凹形转折处，由于行车方向突然改变，不仅使乘客不舒适，而且由于离心力的作用，会引起车架下的弹簧超载。因此，凹形竖曲线的设置，主要是根据一定车速下保证车辆行驶平顺，不发生颠簸。竖曲线的选择应当综合考虑行车要求和地形状况，尽量使行车舒适。竖曲线的最小半径和最小长度见表 7-9。

表 7-9　竖曲线最小半径和最小长度推荐值

设计行车速度/(km/h)		80	60	50	40	30	20
凸形竖曲线/m	极限最小半径	3000	1200	900	400	250	100
	一般最小半径	4500	1800	1350	600	400	150
凹形竖曲线/m	极限最小半径	1800	1000	700	450	250	100
	一般最小半径	2700	1500	1050	700	400	150
竖曲线最小长度/m		70	50	40	35	25	20

引自《城市道路设计规范》(CJJ37—2012)。

(三)道路交叉口

道路系统由各种不同方向的道路所组成，道路相交形成许多交叉口。各种车辆在交叉口汇集、转向或穿行，互相干扰或冲突。交叉口是道路的咽喉，交叉口的规划对道路通行能力的提高至关重要。道路交叉口可分为平面交叉口和立体交叉口，一般村庄内道路均为平面交叉口。

(1)平面交叉口的类型。平面交叉口，是指各相交道路中心线在同一高程相交的道口。平面交叉口的形式取决于道路系统规划、交通量、交通性质和交通组织形式，以及交叉口用地及周围建筑的情况。常见的平面交叉口形式有“十”字形、“X”形、“T”形、“Y”形、错位交叉、复合交叉、环形交叉等几种。

两条道路相交，互相垂直或近于垂直。“十”字形交叉口的形式简单，交通组织方便，街角建筑容易处理，适用范围广。

“X”形交叉口，一对角为锐角，另一对角为钝角，这种交叉口，不便于转弯，街角建筑也难以处理，一般应尽量避免这种形式的交叉口。

“T”形交叉口也叫丁字路口，一条尽端道路与另一条道路互相垂直或近于垂直相交。“T”形交叉口的形式和交通组织较简单，街角建筑也容易处理。一般适用于主次道路的相交。

“Y”形交叉口为三条尽端道路相交于一点。如果两条道路以较小的锐角相交，则不利于交通组织，街口的建筑也难以处理。

在很短的距离内有两条尽端道路与同一条道路相交，组成错位交叉口。一般适用于主次道路与支路的相交。

复合交叉口有5条或5条以上的道路在同一地点交汇，占地面积大，交通组织复杂。

交叉口中央设置一个直径较大的中心岛，让进入交叉口的车辆一律绕岛作逆时针单向行驶，形成环形交叉口。适用于两条主干道交叉或多条道路汇集。

(2)交叉口的视距。驾驶人员在进入交叉口前一段距离内，须能看清相交道路上车辆的行驶情况，以便能及时停车避免发生碰撞。这一段距离应不小于车辆行驶时的停车视距长。

由两相交道路的停车视距在交叉口所组成的三角形，称为视距三角形。在视距三角形内不得有阻挡驾驶人员视线的物体存在，视距三角形以最不利情况来绘制，即最靠右的第一条直行车道与相交道路最靠中的一条车道所构成的三角形。

(3)交叉口路缘石半径。车辆在行驶过程中转弯时的轨迹为曲线。一般交叉口转角处的缘石做成圆曲线，圆曲线的半径 R 称为缘石半径。一般情况下，村庄主干道的缘石半径为20～25m，干道为10～15m，支路为6～9m。在可能的条件下，应尽可能采用较大的缘石半径值。

第三节　村庄的给水工程规划

一、概述

(一)给水工程系统组成

村庄给水工程系统通常可分为三部分。

(1)取水工程：包括选择水源和取水地点，建造适宜的取水构筑物，保证从地面上的河、湖、水库和地下水等各种天然水源取得足够水量和质量良好的原水。

(2)净水工程：建造给水处理构筑物，对天然水进行处理，以达到生活饮用水水质标准或生产用水水质标准。

(3)输配水工程：将处理好的水用管道输送到各个用户，并保证水量、水质和水压，敷设输配水管网和建造泵站、水塔、水池等给水设施。

(二)给水工程规划的内容

村庄给水工程规划主要内容有以下几个方面：①分析现状给水系统和用水情况；②确定用水量标准，预测村庄用水量；③分析水资源条件，平衡供需水量，确定供水方式；④确定给水系统的形式和组成；⑤布置村庄输配水干管和主要供水设施布置；⑥给水管网并计算管径；⑦提出近期给水设施建设项目安排，并估算工程量；⑧制定水源地防护措施。

二、用水量预测

预测村庄用水量是给水工程规划的基础，是正确地选择给水水源，确定系统各种设施规模的依据。

(一)用水分类

村庄供水的对象一般有居民区、各类企业、各类公共建筑等，概括起来可分为综合生活用水(包括居民生活用水和公共建筑用水)，工业、企业用水，浇洒道路和绿地用水，管网漏损水量，未预见水量，消防用水六类。

(1)综合生活用水。综合生活用水是居民日常生活用水及公共建筑和设施用水的总称。居民生活用水是居民日常生活所需用的水，包括饮用、洗涤、冲厕、洗澡等。生活用水的水质必须符合国家《生活饮用水卫生标准》(GB5749—2006)。生活用水的水压应能满足村庄内用户的要求。

(2)工业、企业用水。工业、企业用水主要指工业生产过程和职工生活所需用的水。在确定生产用水各项指标时，应深入了解企业的用水情况，熟悉用户的生产工艺过程，以确定其对水量、水质、水压的要求。

(3)浇洒道路和绿地用水。浇洒道路用水是指对村庄道路进行保养、清洗、降温和消尘等所需用的水。浇洒绿地用水是指村庄绿地等所需用的水。

(4)管网漏损水量。管网漏损水量是指水在输配过程中漏失的水量。

(5)未预见水量。未预见水量是指给水系统设计中，对难以预测的各项因素而准备的水量。

(6)消防用水。消防用水是指扑灭火灾所需用的水，只是在发生火灾时使用。一般是从室内外消火栓取水，用以扑灭火灾，有些建筑按规范设置自动喷水设备。消防用水不经常使用，可与村庄生活给水系统合在一起考虑。

(二)用水量预测

由于我国幅员辽阔，各地具体情况差异较大，因而在确定用水量标准时，必须根据国家有关规范，结合当地用水现状进行科学预测。

表 7-10 居住建筑的生活用水量指标[单位：L/(人 · d)]

建筑气候区划	村 区	村区外
Ⅲ、Ⅳ、Ⅴ区	100～200	80～160
Ⅰ、Ⅱ区	80～160	60～120
Ⅵ、Ⅶ区	70～140	50～100

引自《镇规划标准》(GB50188—2007)。

(1)综合生活用水量。居住建筑的生活用水量可根据现行国家标准《建筑气候区划标准》(GB50178—1993)的所在区域按表 7-10 进行预测。

公共建筑的生活用水量应符合现

行国家标准《建筑给水排水设计规范》(GB50015—2003)的有关规定，也可按居住建筑生活用水量的8%～25%进行估算。

(2)生产用水量。生产用水量应包括工业用水量、农业服务设施用水量，可按所在省、自治区、直辖市人民政府的有关规定进行计算。

工业企业用水量包括职工生活(包括淋浴用水)用水量和生产用水量。工业企业生产用水量一般以单位产品用水量、单位生产设备单位时间用水量或企业万元产值用水量等作为工业用水量标准(表7-11和表7-12)。一般在计算生产用水量时，由生产工艺部门提供用水定额资料；在缺乏具体资料时，可参照同类型工业企业用水量标准或实际生产用水量。

表7-11　乡镇工业部分单位产品参考用水量

工业项目		单位	用水量/m^3	工业项目	单位	用水量/m^3
水泥		t	1～3	酿酒	t	20～50
水泥制品		t	60～80	啤酒	t	20～25
制砖		块	7～12	榨油	t	6～30
造纸		t	500～800	榨糖	t	15～30
纺织		万m	100～150	制茶	t	0.1～0.3
印染		万m	180～300	罐头	t	10～40
塑料制品		t	100～220	豆制品加工	t	5～15
屠宰		头	0.8～1.5	食品	t	10～40
制革	猪皮	张	0.15～0.3	果脯加工	t	30～35
	牛皮	张	1～2	农产品加工	t	5～30

表7-12　乡镇工业万元单位产值参考用水量　(单位：m^3/万元)

工业类别	用水量	工业类别	用水量
冶金	120～180	食品	150～180
电力	160～180	纺织	100～130
石油	500～600	缝纫	15～30
化工、医药	200～400	皮革	60～90
机械	80～100	造纸	600～1000
建材	180～300	文化用品、印刷	60～120
木材加工	90～120	其他	100～150

注：表内万元产值按1985年价格计算。

专业户饲养畜禽的用水量可按表7-13进行计算。农家散养的少量猪、羊、禽类的用水量包含在农村生活饮用水量中。

表7-13　主要畜禽饲养参考用水量　[单位：L/(头·d)，L/(只·d)]

畜禽类别	用水量	畜禽类别	用水量
马	40～60	羊	5～10
成牛或肥牛	30～60	鸡	0.5～1
牛	60～90	鸭	1～2
猪	20～80		

(3) 浇洒道路和绿地用水。浇洒道路和绿地用水量应根据路面、绿化、气候和土壤等条件确定。一般情况下，浇洒道路用水可按 2.0～3.0L/(m² · d) 计算；浇洒绿地用水可按 1.0～3.0L/(m² · d) 计算。

(4) 管网漏损和未预见水量。管网漏失水量及未预见水量可按最高日用水量的 15%～25% 计算。

(5) 消防用水量。村庄消防用水只在火灾时使用。消防用水量应符合现行的《建筑设计防火规范》(GB50016—2006)《农村防火规范》(GB50039—2010)。

(6) 人均综合用水量。给水工程规划的用水量也可按表 7-14 中人均综合用水量指标预测。

表 7-14　人均综合用水量指标　　[单位：L/(人 · d)]

建筑气候区	村　区	村区外
Ⅲ、Ⅳ、Ⅴ区	150～350	120～260
Ⅰ、Ⅱ区	120～250	100～200
Ⅵ、Ⅶ区	100～200	70～160

注：表中为规划期最高日用水量指标，已包括管网漏失及未预见水量；有特殊情况的镇区，应根据用水实际情况，酌情增减用水量指标。引自《镇规划标准》(GB50188—2007)。

(7) 用水量变化。无论是生活用水还是工业用水，用水量经常变化，而通常所说的用水量标准是一个平均值，故在设计时，还需考虑每日、每时的用水量变化。

一年中每日的用水量随着季节和生活习惯等不同而有所变化，把在设计规定的年限内用水最多一日的用水量叫做最高日用水量，以此来确定给水系统中各类设施的规模。在一年中，年最高日用水量与年平均日用水量的比值叫做日变化系数，用 K_d 表示。村庄的 K_d 值一般在 1.4～1.8。

在一日中，各小时的用水量也是变化的，变化幅度与居民人数、房屋设备类型、作息习惯有关。把最高日中最高一小时的用水量与平均时用水量的比值叫做时变化系数，用 K_h 表示。村庄的 K_h 值为 1.5～3.0。

三、水源及水厂规划

(一) 水源种类

给水水源分为地表水和地下水两大类。地表水包括江、河、湖、海水与水库水等。地下水包括潜水、承压水、裂隙水、熔岩水和泉水等。

1. 地表水源

我国江河水水源丰富，除山区河流外，一般径流量较大，适合于村庄取水。但江河水质易受污染，常带有很多的悬浮物质，有些河流含沙量较高，或有机物和细菌含量较高，矿化度、硬度较高。选用江河水作为水源，一般都要经过净化处理工艺。

湖泊和水库水作为给水水源，一般水量较大，水质较清，悬浮物较少，但水中易繁殖藻类及浮游生物，在给水处理工艺中需加以注意。

海水作为冲洗水和冷却水，在我国不少地区已有使用。作为饮用水水源，由于处理成本较高，目前还未普及。

2. 地下水源

地下水存在于土层和岩层中，透水性较好的土层和岩层称作透水层，也称为含水层。透水性极差或不透水的为隔水层。

埋藏在地面下第一个隔水层上的地下水叫做潜水。潜水有自由水面，主要靠河流和雨水下渗补给。潜水的储量较丰富，但易受污染，需做好防护。

处于两个不透水层之间的水叫做层间水，如果层间水有压力，又称为承压水。承压水在我国分布较广泛，一般埋藏较深，不易受污染，常用作给水水源。

涌出地表的地下水叫做泉水，主要有自流泉和潜水泉。自流泉由地下承压水补给，水量稳定，水质好，可作为给水水源。

地下水和地面水相比，水质条件好，尤其是承压水，其上覆盖有不透水层，可防止来自地表的污染，建设投资省，规模可大可小，易于卫生防护等。

(二)水源选择

水源的选择应在对村庄水资源的水量、水质、工程地质、水文地质、地形等情况进行调查分析后，结合村庄远近期发展规划，通过技术经济比较后综合考虑确定。

生活饮用水的水质应符合现行国家标准《生活饮用水卫生标准》(GB5749—2006)的有关规定。水源的选择应符合下列规定：①水量应充足，水质应符合使用要求；②应便于水源卫生防护；③生活饮用水、取水、净水、输配水设施应做到安全、经济和具备施工条件；④选择地下水作为给水水源时，不得超量开采；选择地表水作为给水水源时，其枯水期的保证率不得低于90%；⑤水资源匮乏的村庄应设置天然降水的收集储存设施。

(三)水源保护

为了防止给水水源受到污染，在村庄规划中必须明确保护措施。我国有关法规对给水水源的卫生防护提出了具体要求，主要有《水污染防治法》《地面水环境质量标准》(GB3838—2002)《饮用水水源保护区污染防治管理规定》《生活饮用水水源水质标准》(CJ3020—93)《生活饮用水卫生标准》(GB5749—2006)等，在村庄给水工程规划中必须严格执行这些法规。

(四)水厂规划

(1)水厂处理工艺。水处理工艺流程的选用应根据原水水质、设计生产能力、处理后水质要求，经过调查研究及不同工艺组合的试验或参照相似条件下已有水厂的运行经验，结合当地操作管理条件，通过技术经济比较综合研究后确定。对于村庄而言，一般宜采用简单实用的工艺流程。以地下水为水源时的生活用水，采用简单的筛网隔滤、沉沙池或消毒工艺；当采用地表水作为水源时，处理工艺流程中通常包括混合、絮凝、沉淀或澄清、过滤及消毒。

(2)厂址选择。水厂厂址的选择，应结合村庄总体规划和相关专项规划，并根据下列要求综合确定：①给水系统总体布局合理；②不受洪水危害；③有较好的废水排除条件；④有便于远期发展控制用地的条件；⑤有良好的卫生环境，并便于设立防护地带；⑥少拆迁，不占或少占农田；⑦施工、运行和维护管理方便；⑧沉沙特殊处理要求的水厂宜设在水源附近。

四、给水管网规划

(一)给水管网布置

给水管网是村庄给水工程的重要组成部分，根据其在整个给水系统中的作用，可将它分为输水管渠和配水管网两部分。输水管渠是指从水源地到水厂或者从水厂到配水管网的管线或管渠。因沿线一般不接用户管，仅起转输水量的作用，所以叫做输水管。配水管网是将输水管线送来的水配送给村庄用户和管道系统。

1. 输水管渠规划

(1)与村庄规划相结合，尽量缩短管线长度，减少拆迁。

(2)充分利用地形，尽量沿现有或规划道路敷设。

(3)尽量避免穿越工程地质条件不良的地段。

(4)输水干管一般不宜少于两条，当有安全储水池或其他安全供水措施时，也可修建一条。

(5)输水管线在规划时需考虑分期建设的要求。

2. 配水管网规划

在配水管网中，各管线所起的作用不同，因而其管径也不同，一般可分为干管、分配管(或称配水管)、接户管(或称进户管)三类。

干管的管径较大，一般在 200mm 以上，主要作用是输水至各个地区，同时为沿线用户供水。配水管网的布置与计算通常只限于干管。分配管的主要作用是从干管取水供给接户管和消火栓。为了满足消防时消火栓水量的需要，《室外给水设计规范》(GB50013—2006)规定，担负消防给水任务的分配管的最小管径不应小于 100mm。接户管是从分配管接至用户的管线，其管径视用户用水量的多少而定。配水管网的布置形式可分为树状网和环状网两种。

(1)树状网。从水厂泵站或水塔到用户的管线布置形似树枝，干管向供水区延伸，管线的管径逐渐变小。这种管网的管线总长度短、构造简单、投资少；但供水的安全可靠性较差，而且在树状网的末端水质易变坏。在村庄建设初期可采用树状网，随着经济的发展和生活水平的提高再连成环状网(图 7-2)。

(2)环状网。管线连接成环状，每条管线均由两个方向来水。如果任一管段损坏时，可用阀门将其与其余管段隔开，然后进行检修，水还可从另外一条管线供给用户，因而供水安全可靠性大大提高。但环状网造价明显比树状网要高(图 7-3)。

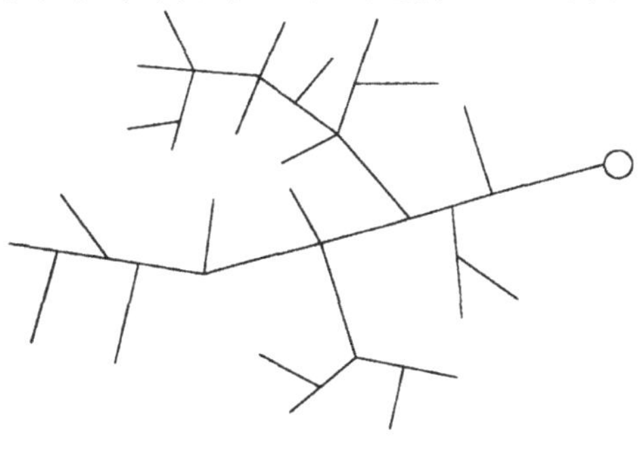

图 7-2　树状网

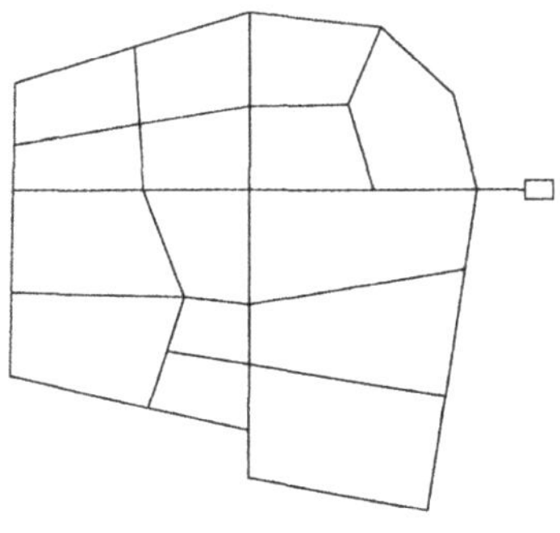

图 7-3　环状网

(二)给水管网水力计算

管网水力计算的目的，主要是在确定管径的基础上，根据管材和管道长度计算管道的水头损失。然后，结合管网的地形情况，确定泵站的扬程和水塔高度。给水干管最不利点的最小服务水头，单层建筑物可按 10～15m 计算，建筑物每增加一层应增加 3m。

1. 树状网水力计算

树状网的计算比较简单，每一管段的流量分配是唯一的，在确定流量后，即可按经济流速确定管径，并求出水头损失。计算时首先要找出管网供水最不利点，又称控制点，它是指管网中控制水压的点。只要该点的压力在最高用水量时可以达到最小服务水头，整个管网就不会存在低水压区。然后，选定一条干线，即从泵站到控制点的管线，将管线上各管段的水头损失相加求出干线的总水头损失。

2. 环状网水力计算

环状网各管段的分配流量比较复杂，因为从泵站供给每一节点的流量，可以由几个方向供给，不像树状网只有一个方向。因而，必须人为地拟定各管段的分配流量。然后通过反复试算修改的方式，求得精确的结果。

村庄规划中，一般只是干管结成环网，配水管网、接户管均为树状布置。环状网水力计算通常只限于干管。分配管管径较小，常常由消防流量来确定，一般不予计算。《室外给水设计规范》(GB50013—2006)规定，担负消防给水任务的分配管的最小管径不应小于100mm。接户管是从分配管接至用户的管线，其管径视用户用水量的多少而定。

五、给水管材

在给水工程中使用的管材，必须具有足够的强度，可以承受内压和外荷载，水密性好，使用寿命长，性能可靠，价格便宜，运输安装方便等优点。目前，我国常用的给水管材有以下几种。

(一)灰铸铁管

灰铸铁管是我国应用最广的给水管材，大部分是连续浇铸铸铁管，具有抗腐蚀性好、使用寿命长的特点。缺点是质地较脆，不耐振动和弯折，质量较大。由于灰铸铁管几乎无延伸率、质脆、强度低，在外力撞击下极易断裂，在国外正渐渐被球墨铸铁管所代替。

(二)球墨铸铁管

球墨铸铁管强度高，耐腐蚀性好，使用寿命长，管壁薄，同样规格的球墨铸铁管比灰铸铁管的管壁厚度下降30%～50%，因而重量轻。能适用于各种场合，如高压、重载、地基不良、振动等，并适合于大、中口径管道。球墨铸铁管的价格比灰铸铁管高，但加上接口费用、施工费用和管材损耗率，两者的综合价格相差不大。

(三)钢管

钢管具有较好的机械强度，能耐高压、耐振动，重量较轻，单管的长度大，接口方便，有较强的适应性。缺点是耐腐蚀性差，管壁内外防腐所需费用大，还不易做好，并且造价较高。在给水管网中，通常只在大管径和水压高处，以及因地质、地形条件限制而穿越铁路、河谷和地震地区时使用。

(四)钢筋混凝土管

钢筋混凝土管防腐能力强，不需要做任何防腐处理，具有良好的抗渗性和耐久性，但水管质量大，质脆，装卸和搬运不便。其中自应力钢筋混凝土管后期会膨胀，可使管材疏松，已不作为主要管道使用。预应力钢筋混凝土管能够承受一定的压力，抗渗性强，价格较低，在国内大口径输水管中应用得较多，但接口易渗漏。预应力钢筋混凝土管具有抗震性好、使用寿命长的特点，但弯管、三通、四通、缩管等相关配件有待解决。

（五）塑料管

塑料管表面光滑、不易结垢、水头损失小、耐腐蚀、质量轻、加工连接方便，但管材的强度低、质脆、抗外压和冲击性差，目前多用于小管径。

第四节　村庄的排水工程规划

一、概述

（一）排水工程系统的组成

1. 排水分类

村庄排水按照来源和性质分为综合生活污水、工业废水和天然降水三类。

综合生活污水由居民生活污水和公共建筑污水组成。居民生活污水是指居民在生活活动中所产生的污水，主要是厕所、洗涤和洗澡产生的污水。公共建筑污水是指居民在公共建筑（场所）内活动所产生的污水。

工业废水是指在工业生产过程中产生的废水。工业生产的种类繁多，其工业废水的水质也随各种工厂和生产类别、工艺过程、使用的原材料及生产管理的不同而有很大的差异。根据污染程度的不同，工业废水可分为生产废水和生产污水两类。

天然降水是指雨水或雪、雹等融化水。降落的雨水一般比较清洁，但雨水形成的径流量大，有的地区往往在几小时内就会降几十至几百毫米的雨水，若不及时排除，则会有积水危害，尤其山区的山洪水危害更甚。所以，雨水特别是暴雨应及时排除。虽然初降雨水含有一定的污染物质，但雨水一般不需要处理，可直接排入水体。

此外，还有街道喷洒水、冲洗水、消防水等，这些水水量不大，水质与初降雨水的水质差不多，排水规划时一般不单独考虑其水量与水质处理问题。

2. 排水工程系统

排水系统是指排水的收集、输送、处理、再生和处置污水和雨水的设施以一定方式组合成的总体。农村的排水系统由污水、工业废水和雨水排水系统组成。

生活污水排水系统的任务是收集住宅区和公共建筑污水，并统一处理后排放或再利用。主要由以下几个部分构成：室内污水管道系统和设备、室外污水管道系统、污水泵站、污水处理厂、出水口。

工业废水排水系统是将工厂及其他排水对象所排出的不同性质的废水收集起来，回收利用，排放，或送至处理构筑物。主要由以下几部分组成：车间内部管道系统和设备、厂区管道系统、废水泵站和压力管道、废水处理站、出水口。

雨水排水系统用来收集地面和屋面的雨水，并将其排入水体。主要由以下几部分组成：房屋雨水管道系统和设备、街坊或厂区雨水管渠系统、道路雨水管渠系统、雨水泵站及压力管、出水口。

（二）排水体制的选择

排水体制是指在一个地区收集和输送污水和雨水的方式。它有合流制和分流制两种基本形式。

1. 合流制

合流制排水是用同一管渠系统收集和输送各种污水和雨水的排水方式。合流制排水系统又可分为直流式合流制和截流式合流制两种排水系统。

将排除的混合污水不经处理直接就近排入水体，称为直流式合流制排水系统，国内外很多旧城、国内大部分村镇中采用这种排水方法，特点是造价低，管理方便。但由于污水未经处理就直接排放，使受纳水体遭到严重污染，不符合环保要求，目前规划中很少采用这种排水体制。

目前,常用的是截流式合流制排水系统(图 7-4)，是在直流式合流制排水系统的基础上,临河岸边建造一条截流干管,同时在截流干管上设置溢流井,并在截流干管下游设置污水处理厂。晴天和初降雨时，所有污水和初降雨水均送至污水处理厂处理后排放。随着降雨的增加,当混合污水的流量超过截流干管的输水能力后，部分混合污水经溢流井溢出直接进入水体。截流式合流制比直排式合流制前进了一大步,但由于仍有部分污水未经处理直接排放,对水体的污染仍较为严重。

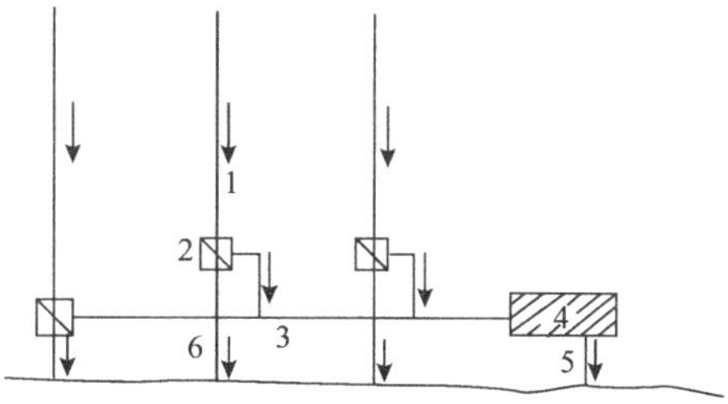

图 7-4　截流式合流制排水系统
1.合流干管；2.溢流井；3.截流主干管；4.污水处理厂；5.出水口；6.溢流干管

2. 分流制

分流制排水系统是将生活污水、工业废水和雨水分别在两个或两个以上各自独立的管渠内排放的系统。其中，输送生活污水和工业废水的管道系统称为污水排水系统，输送雨水的管道系统称为雨水排水系统。

分流制排水系统又由于设置的情况不同分为完全分流制和不完全分流制两种排水系统。

完全分流制设污水和雨水两个管渠系统，前者汇集生活污水、工业废水，送至污水处理厂处理后排放；后者汇集雨水，就近排入水体(图 7-5)。

不完全分流制是只有污水管道系统而没有完整的雨水排水系统。雨水沿天然地面、街道边沟、水渠等原有渠道系统排除，或者修建部分雨水管道，待村庄进一步发展后转变成完全分流制(图 7-6)。

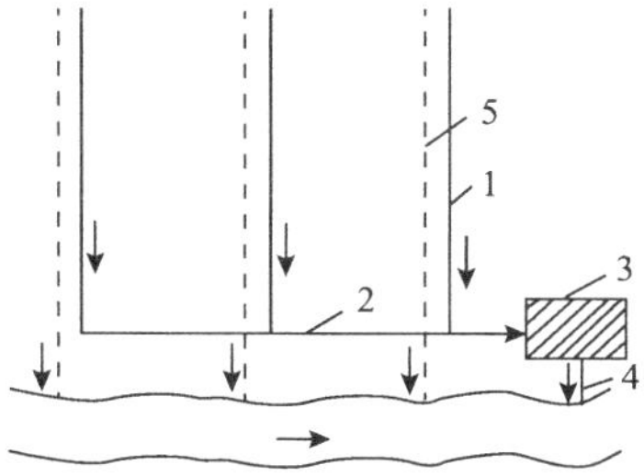

图 7-5　完全分流制排水系统
1 水干管；2.污水主干管；3.污水处理厂；4.出水口；5.雨水干管.污

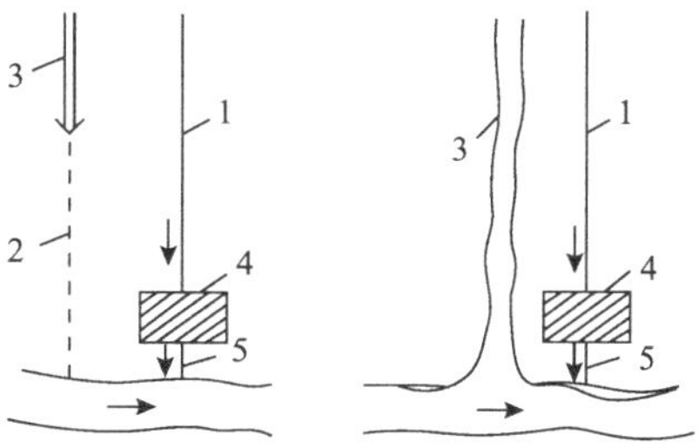

图 7-6　不完全分流制排水系统
1.污水管道；2.雨水管道；3.原有沟渠；4.污水处理厂；5.出水口

3. 排水体制的选择

合理选择排水体制是村庄排水系统规划中的首要问题。它不仅从根本上影响排水系统的设计、施工、维护管理，而且对村庄规划和环境保护影响深远。一般应根据村庄规划，结合当地的地形特点、水文条件、水体状况、气候特征、原有排水设施、污水处理程度和处理后出水利用等综合考虑后确定。

从环境保护方面来看，如果采用合流制将生活污水、工业废水和雨水全部送往污水处理厂处理后再排放是最好的，但投资费用太大。截流式合流制可将晴天污水和初降雨水送往污水处理厂处理，但暴雨时有部分混合污水通过溢流井进入水体，污染了环境。分流制是将全部污水送往污水处理厂处理，虽然有初降雨水对水体污染问题，但它比较灵活，易于适应社会发展的需要，因此是农村排水体制的发展方向。

从工程投资方面来看，合流制的泵站和污水处理厂造价比分流制高，但管渠总长度短，所以合流制的总造价要较分流制低。从初期投资来看，不完全分流制初期只建污水排除系统而缓建雨水排除系统，便于分期建设，能节省初期投资费用，缩短施工期限，以后随农村的发展，再建雨水管渠。

从施工管理方面看，合流制管线单一，减少与其他地下管线、构筑物的交叉，管渠施工较简单；但合流制管渠中流量变化大，水质也有一定的变化，不利于污水处理厂的稳定运行，造成管理维护复杂，运行费用增加。而分流制水量、水质变化较小，有利于污水处理和运行管理。

（三）排水工程规划的内容

村庄排水工程规划主要内容有以下几个方面。

（1）确定排水体制和排水出路。

（2）污水工程规划：①分析现状污水系统情况；②预测污水量；③确定污水处理厂等污水设施；④布置污水干管并计算管径和标高；⑤提出近期污水设施建设项目并估算工程量。

（3）雨水工程规划：①分析现状雨水系统情况；②确定雨水流量计算公式，划分排水流域；③确定雨水泵站、调蓄池、排水闸等雨水设施；④布置雨水管渠，并计算设计管段的断面尺寸、坡度、管底标高及埋深；⑤提出近期雨水设施建设项目并估算工程量。

二、污水工程规划

（一）污水量预测

1. 污水量计算

村庄污水量由给水工程统一供水的用户和自备水源供水的用户排出的综合生活污水量和工业废水量组成。污水量与给水量是密切相关的，污水量预测一般采用污水排放系数法。

污水排放系数是指在一定的计量时间（年）内的污水排放量与用水量（平均日）的比值。按污水性质的不同可分为综合污水排放系数、综合生活污水排放系数和工业废水排放系数，具体可以参照《城市排水工程规划规范》（GB50318—2000）中分类污水排放系数的规定（表 7-15）。

表 7-15　分类污水排放系数

村庄污水分类	污水排放系数
村庄污水	0.70～0.80
村庄综合生活污水	0.80～0.90
村庄工业废水	0.70～0.90

村庄污水量根据综合用水量（平均日）乘以污水排放系数确定。村庄综合生活污水量根据综合生活用水量（平均日）乘以污水排放系数确定，村庄工业废水量根据工业用水量（平均日）乘以污水排放系数确定。

2. 变化系数

由于居民生活污水量标准是个平均值，所以据此算出的污水量也是平均污水量，而实际上流入污水管道的污水量随时都在变化。在农村污水管道规划中，假定1小时内污水量是均匀的。污水量的变化程度通常用变化系数来表示，变化系数有日变化系数、时变化系数和总变化系数。

一年中最大日污水量与平均日污水量的比值称为日变化系数，用K_d表示。最大日中最大时的污水量与该日平均时污水量的比值称为时变化系数，用K_h表示。最大日最大时的污水量与平均日平均时污水量的比值称为总变化系数，用K_z表示。

$$K_z = K_d \cdot K_h \tag{7.1}$$

污水总变化系数与污水平均流量的大小有关，平均流量越大，总变化系数越小。虽然生活污水、公共建筑污水和工业废水的变化系数不完全一致，但村庄以生活污水为主，为简化计算，村庄污水总变化系数可按表7-16的规定取值。

表7-16 污水总变化系数

污水平均日流量/(L/s)	5	15	40	70	100	200	500	≥1000
总变化系数	2.3	2.0	1.8	1.7	1.6	1.5	1.4	1.3

引自《室外排水设计规范》(GB50014—2006)。

（二）污水管道系统布置

1. 污水管道系统平面布置

在村庄总平面图上进行污水管道平面布置。污水管道系统平面布置主要内容有：确定排水区界，划分排水流域；选择污水处理厂和出水口的位置；拟定污水主干管和干管的走向；确定泵站的位置等。

污水管道的布置一般按主干管、干管、支管的顺序进行。重点规划内容如下。

(1)确定排水区界，划分排水分区。排水区界是污水排水系统设置的界线。在排水区界内，根据地形及竖向规划划分排水流域。一般在丘陵和地形起伏的地区，可按等高线划出分水线，往往分水线和流域分界线是相一致的；在地形平坦无明显分水线的地区，一般依据面积的大小来划分，使相邻的管道系统能分担合理的排水面积，保证干管在合理的埋深下，绝大部分的污水能自流接入。

(2)污水处理厂与出水口的位置。污水处理厂和出水口的位置影响着污水管道系统的布置。污水处理厂一般设置在村庄河流的下游。若几个村合建污水处理厂，或与附近的大中城市联合处理，则需建造相应的区域污水管道系统。

(3)主干管、干管的布置。主干管和干管的布置是污水管道系统定线的主要内容。一般使管道的走向符合地形趋势，尽量使管道坡度和地面坡度一致。在整个排水区域较低的地方，如集水线或河岸低处敷设主干管及干管，这样便于支管的污水能自流接入。

污水主干管、干管的布置形式主要有正交式和平行式两种。在平坦地区采用正交式布置，正交式布置是干管与等高线垂直相交，而主干管与等高线平行敷设(图7-7)。这种布置时干管长度短，污水排出迅速，主干管由于管径大，保持自净流速所需坡度小，可减少埋深。在地形坡度很大时采用平行式布置，平行式布置是污水干管与等高线平行，而主干管与等高线垂直(图7-8)。这样布置可以改善干管的水力条件，避免干管设置较多的跌水井或受到冲刷，而主干管处的地形坡度很大，可设置为数不多的跌水井。

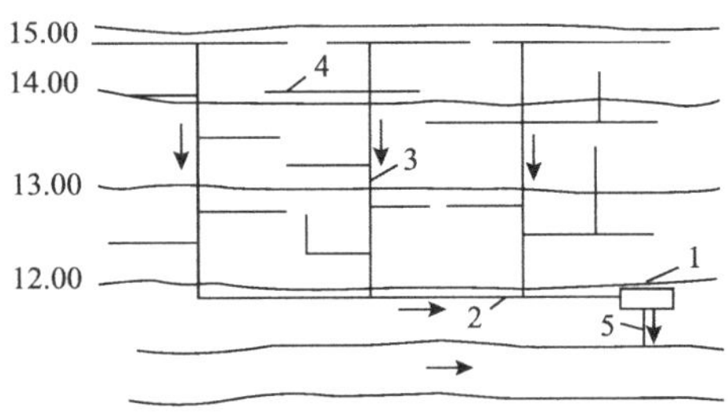

图 7-7　污水干管正交式布置

1.污水处理厂；2.主干管；3.干管；4.支管；5.出水口

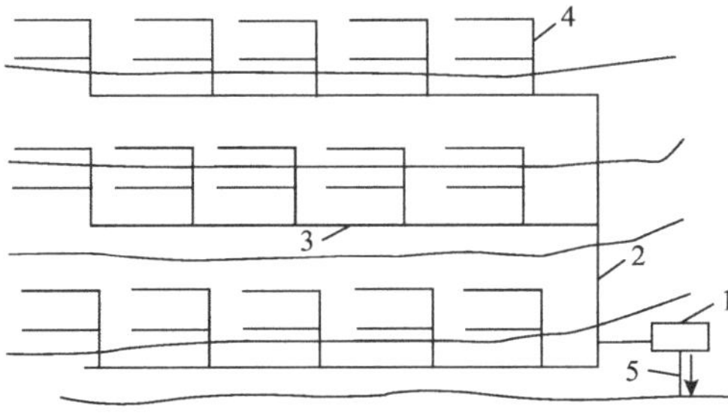

图 7-8　污水干管平行式布置

1.污水处理厂；2.主干管；3.干管；4.支管；5.出水口

(4) 污水支管的布置。污水支管的平面布置取决于地形及街区建筑特征，并应便于用户接管排水。在地形平坦地区，应避免小流量的横支管长距离平行于等高线敷设，应让其尽早接入干管。

(5) 地质条件。主干管应布置在地质条件较好的土壤中，尽量避免或减少穿越高地、基岩浅露地带或地质不良地带；尽量避免或减少与河道、山谷、铁路及各种地下构筑物的交叉；当污水管道无法避开铁路、河流和其他构筑物时，应垂直穿过障碍物，或根据实际情况采用倒虹管、管桥或其他工程设施；必须经过地质不良地段时，应根据不同情况采取不同的地质处理措施，以保证地基与基础有足够的承载能力。

2. 污水管道在街道上的位置

在村庄道路下，有各种地下管线和构筑物，为了合理安排其在空间的位置，必须在各单项管线工程规划的基础上进行综合规划和统筹安排，以利于施工和日后管理。

污水管道是重力流管道，埋深较深，污水对其他管线有腐蚀作用，且有很多支管，故在布置污水管线时，应考虑污水管道在平面和垂直面上的位置是否会对其他管线造成影响。污水管线和建筑物应有一定的距离，当其与生活给水管道相交时，应在其下面通过。在布置污水管道时，管线在平面和垂直方向上的位置应符合“排水管道与其他管线(构筑物)的最小净距”。

污水干管不宜布置在机动车道和狭窄的街道下，一般布置在非机动车道、绿化带和人行道下。

3. 污水管道的埋深

管道的埋设深度是指管道内壁底到地面的距离；管道的覆土厚度是指管道外壁顶部到地面的距离。污水管道的埋深对整个污水管道系统的造价和施工影响很大，埋深越大，造价越高，施工越困难，所需的工期越长。一般在干燥土壤中，最大埋深不超过 7～8m，在地下水位较高、流沙、挖掘困难的地层中，一般不超过 5m。

污水管道的埋深也不是越小越好，它也有一个限制值，常常用管道的覆土厚度来表达，称为最小覆土厚度，它的值取决于以下三个因素。

(1) 在寒冷地区，必须防止管内污水冰冻和因土壤冰冻膨胀而损坏管道。《室外排水设计规范》(GB50014—2006) 规定：一般情况下，排水管道宜埋设在冰冻线以下。当该地区或条件相似地区有浅埋经验或采取相应措施时，也可埋设在冰冻线以上，其浅埋数值应根据该地区经验确定，但应保障排水管道安全运行。

(2) 必须防止管壁因地面荷载而被破坏，管顶应有足够的覆土厚度。《室外排水设计规范》(GB50014—2006) 规定，污水管道管顶最小覆土深度宜为：人行道下 0.6m，车行道下 0.7m。

(3) 必须满足管道与管道之间的连接要求。在气候温暖的平坦地区，管道的最小覆土厚度往往取决于建筑物污水排出管在衔接上的要求。从安装技术方面考虑，房屋建筑污水出户管的最小埋深通常在0.50～0.60m。所以，街坊污水支管起点埋深一般不小于0.60～0.70m。

对每一个具体管道，从上述三个不同的因素出发，可以得到三个不同的管底埋深或管顶覆土厚度值,这三个数值中最大的一个值就是这个管道允许的最小覆土厚度或最小埋设深度。

（三）污水管道的水力计算

污水管道水力计算的目的是合理确定污水管道的管径、坡度和埋深等参数。

1. 污水管道水力计算的基本公式

污水管道中的污水流动，通常是靠水的重力从高处向低处流。假定污水的流动是遵循水力学规律的，且按均匀流来计算。常用的均匀流基本公式有

流量公式

$$Q = A \cdot v \tag{7.2}$$

流速公式

$$v = C \cdot \sqrt{R_I} \tag{7.3}$$

式中：Q为设计管段的设计流量（m^3/s）；A为设计管段的过水断面积（m^2）；v为设计管段的平均流速（m/s）；R为水力半径（过水断面面积与湿周的比值）（m）；C为流速系数或称谢才系数，一般按曼宁公式计算：

$$C = \frac{1}{n} R^{\frac{1}{6}} \tag{7.4}$$

式中：n为管壁粗糙系数，由管渠材料确定，见表7-17，混凝土和钢筋混凝土污水管道的管壁粗糙系数一般采用0.014。

表7-17　排水管渠粗糙系数

管渠类别	粗糙系数 n	管渠类别	粗糙系数 n
UPVC管、PE管、玻璃钢管	0.009～0.011	浆砌砖渠道	0.015
石棉水泥管、钢管	0.012	浆砌块石渠道	0.017
陶土管、铸铁管	0.013	干砌块石渠道	0.020～0.025
混凝土管、钢筋混凝土管、水泥砂浆抹面渠道	0.013～0.014	土明渠（包括带草皮）	0.025～0.030

引自《室外排水设计规范》（GB50014—2006）。

在具体的工程计算中，有专门的设计手册。当选定管材和管径后，在流量、坡度、流速、充满度四个要素中只要知道任意两个，就可由图表查出另外两个。

2. 污水管道水力计算的设计数据

为了保证污水管道设计的经济合理和管道的正常运行，室外排水设计规范中对于污水管道的设计充满度、设计流速、最小管径与最小坡度作了规定，作为设计时的控制数据。

(1)设计充满度。在设计流量下，污水在管道中的水深h与管道直径D的比值称为设计充满度（或称水深比）。当$h/D=1$时称为满流，$h/D<1$时称为不满流。

污水管道是按不满流设计的，且设计充满度有一个最大值，称为最大设计充满度。我国室外排水设计规范规定的污水管道的最大设计充满度见表7-18。

表 7-18　污水管道的最大设计充满度

管径或渠高/mm	最大设计充满度
200～300	0.55
350～450	0.65
500～900	0.70
≥1000	0.75

引自《室外排水设计规范》(GB50014—2006)。

对于明渠，其超高(渠中最高设计水面至渠顶的高度)应不小于 0.2m。

(2) 设计流速。设计流速是管渠在设计充满度下，排泄设计流量时的平均流速。《室外排水设计规范》对设计流速规定了最小设计流速和最大设计流速。最小设计流速，又称自净流速，是保证管道内不致发生淤积的流速。《室外排水设计规范》规定：污水管道在设计充满度下的最小设计流速为 0.6m/s，含有金属、矿物固体或重油杂质的生产污水管道，其最小设计流速宜适当加大。明渠的最小设计流速为 0.4m/s。最大设计流速是保证管道不被冲刷而损坏的流速，该值与管道材料有关。《室外排水设计规范》规定：金属管道的最大设计流速为 10.0m/s；非金属管道的最大设计流速为 5.0m/s；当明渠水流深度在 0.4～1.0m 时最大设计流速采用表 7-19。

表 7-19　污水排放明渠最大设计流速

明渠类别	最大设计流速/(m/s)
粗砂或低塑性粉质黏土	0.8
粉质黏土	1.0
黏土	1.2
草皮护面	1.6
干砌块石	2.0
浆砌块石或浆砌砖	3.0
石灰岩及中砂岩	4.0
混凝土	4.0

引自《室外排水设计规范》(GB50014—2006)。当水流深度在 0.4～1.0m 范围以外时，上表所列最大设计流速宜乘以下列系数：h<0.4m，系数为 0.85；1.0m<h<2.0m，系数为 1.25；h≥2.0m，系数为 1.40。

(3) 最小管径。一般在污水管道系统的上游部分，污水流量很小，若根据实际的污水流量计算，则管径将非常小；而管径过小，容易引起堵塞。此外，若采用较大的管径，则在相同流量下可选用较小的坡度，使管道埋深减小。因此，《室外排水设计规范》规定了污水管最小管径为 300mm。若按实际流量计算出的管径小于最小管径，则采用最小管径值。

(4) 最小设计坡度。坡度和流速之间存在着一定的关系，管道坡度所造成的管内流速应等于或大于最小设计流速，以防止管道内出现沉淀。把相应于管内流速为最小设计流速时的坡度叫做最小设计坡度。由于管径越大，相应的最小设计坡度值也就越小，所以，只需规定最小管径的最小设计坡度值即可，污水管最小管径为 300mm，相应的最小设计纵坡塑料管为 0.002，其他管为 0.003。

3. 管渠的断面和衔接

目前，我国常用的管渠形式有圆形、半椭圆形、马蹄形、矩形、梯形及蛋形等。其中，圆形管道具有良好的水力条件，受力条件好，便于预制和运输，养护方便，使用材料经济，因此被广泛采用。

污水管道在管径、坡度、高程、方向发生变化及支管接入的地方都需要设置检查井，在考虑检查井内上下游管道的衔接时，必须遵循两个原则：①尽可能提高下游管段的高程，以减少管段的埋深，降低造价；②避免上游管段中形成回水而造成淤积。

管段的衔接方法主要有水面平接和管顶平接两种，特殊情况下可采用管底平接。水面平接是指在污水管道的水力计算中，使上游管段终端的水面高程和下游管段起端的水面高程相同。在平坦地区，为了减少管道埋深，不同管径的管段可采用水面平接，但由于较小管径中的水面变化比大管道中水面的变化要大，可能在上游管道中形成回水。管顶平接是在污水管道的水力计算中，使上游管段终端和下游管段起端的管顶标高相同。采用管顶平接时，可以避免上游管段产生回水，但增加了下游管段的埋深。

特殊情况下，当下游管段的管径小于上游管段的管径时，不能采用管顶平接或水面平接的方法，应采用管底平接以防下游管段的管底高于上游管段的管底。有时，为了减小管道系统的埋深，虽然下游管段的管径大于上游管段的管径，也可采用管底平接法。

村庄管道一般采用管顶平接法，在坡度较大的地区，污水管道可采用阶梯连接或跌水井连接。但无论采用哪种连接方法，下游管段起端的水面和管底标高都不得高于上游管段终端的水面和管底标高。

污水支管与干管交汇处，若支管的管底标高与干管的管底标高相差较大时，为保证有良好的水力条件，需在支管上先设置跌水井，经跌落后再接入干管。

4. 污水管道水力计算的方法

污水管道水力计算的目的是确定污水管道的管径、坡度、流速、设计充满度和埋深等参数。

污水管道中任意两个检查井间的连接管段，如果采用的设计流量不变，且采用同样的管径和坡度，就把这种管段称为设计管段，作为水力计算中的一个计算单元。每一设计管段的污水设计流量可以由以下三部分组成：

本段流量，是从管段沿线街坊流来的污水量；转输流量，是从上游管段和旁侧管段流来的污水量；集中流量，是从工业企业和其他大型公共建筑流来的污水量。

对于某一设计管段而言，本段流量沿线是变化的，但为简化计算，通常假定本段流量集中在起点进入设计管段。

本段流量可用以下公式计算：

$$Q = FqK_z \tag{7.5}$$

式中：Q 为设计管段的本段流量(L/s)；F 为设计管段服务的街坊面积(hm^2)；K_z 为生活污水总变化系数；q 为单位面积污水流量，即比流量[L/(s · hm^2)]，可用下式求得

$$q = \frac{np}{86400} \tag{7.6}$$

式中：n 为污水量标准[L/(人 · d)]；p 为人口密度(人/hm^2)。

5. 管道水力计算中应该注意的问题

(1)控制点。控制点常常位于离污水处理厂最远或最低的地方，它们的埋深控制着该地区污水管道系统的最小埋深。

(2)管道坡度。在保证最小设计流速的前提下尽量使管道坡度和管道坡度地面坡度一致，减小埋深并方便支管的接入。

(3)管径。一般情况下，下游管段的管径应逐渐增加。当下游管段的坡度骤然变大时，下游管段的管径可缩小，但缩小的范围不得超过两级，并不得小于最小管径。

(4)跌水井。在地面坡度较大的地区，为了防止管内流速太大而冲刷管道，往往管道坡度要小于地面坡度。需要在适当的地点设置跌水井，管段之间用跌水井相连。

(5)支管与干管的连接。如果旁侧支管管底标高高出干管管底标高 1m 以上时，需在连接处前的旁侧支管上设置跌水井。

三、雨水工程规划

(一)雨水管渠设计流量

为了确定雨水管渠的设计断面尺寸和坡度，必须先确定管渠的设计流量。而雨水管渠的设计流量和地区的暴雨强度、地面情况、汇水面积等有关。

1. 暴雨强度公式

一场暴雨可以用降雨量和降雨历时两个基本数据来表示其降雨过程。降雨量是指降雨的绝对量，用降雨深度 h(mm)表示。降雨历时是指连续降雨的时段，可以指一场雨全部降雨的时间，也可以指其中个别的连续时段，用 t(mm)表示。各地暴雨公式因地而异，需根据当地情况选择。

在给排水设计手册中都列有全国许多城市的暴雨强度公式，无暴雨强度公式的地区可参照附近气象条件相似地区的资料。

2. 重现期

雨水管渠的设计是按照排除若干年出现一次的降雨量来进行的，这个若干年出现一次的期限就是重现期。暴雨强度的重现期是指等于或大于某一暴雨强度值的暴雨出现一次的平均间隔时间，以 P 表示，单位为年。很显然，强度大的暴雨，其出现一次的平均间隔时间长，即重现期长；强度小的暴雨，其重现期也短。

雨水管渠重现期的选用，应根据汇水地区性质、地形特点、汇水面积和气象特点等因素确定，一般选用 1～3 年；重要干道、重要地区或短期积水即能引起较严重后果的地区，一般采用 3～5 年。

3. 集水时间

雨水管渠设计流量是根据极限强度法理论来进行计算的，对管道的某一设计断面来说，设计中用汇水面积最远点的雨水流到达设计断面时的时间作为设计历时。因此，集水时间 t 由地面集水时间 t_1 和管内流行时间 t_2 两部分组成，可用下述公式表示：

$$t = t_1 + mt_2 \tag{7.7}$$

式中：m 为折减系数。

地面集水时间 t_1 是指雨水从汇水面积上最远点流到第一个雨水口的时间，受地形坡度、地面铺砌、地面种植情况和街区大小等因素的影响，一般选用 5～15min。

雨水在管渠内的流行时间 t_2 可用下式计算：

$$t_2 = \sum \frac{L}{60v} \tag{7.8}$$

式中：L 为上游各管段的长度(m)；v 为上游各管段的设计流速(m/s)。

考虑管渠中水流并不是一开始就达到设计流速，且降雨时管渠中除设计管段发生设计流量外，其他管段都不是满流，往往有一部分空隙容积可以利用，故在设计时采用折减系数 m。《室外排水设计规范》规定：管道 m 采用 2，明渠采用 1.2。

4. 径流系数

降落在地面上的雨水，只有一部分沿地面流入雨水管渠，这部分进入雨水管渠的雨水量称为径流量。一定汇水面积内地面径流水量与降雨量的比值称为径流系数，用ψ表示。径流系数与覆盖情况、坡度、地貌、建筑密度的分布、路面铺砌等情况有关，还与降雨历时、暴雨雨型有关。径流系数常按地面覆盖种类确定，根据《室外排水设计规范》(GB50014—2006)，径流系数可按表7-20的规定取值，汇水面积的平均径流系数按地面种类加权平均计算；综合径流系数可按表7-21的规定取值。

表7-20　径流系数

地面种类	ψ
各种屋面、混凝土或沥青路面	0.85～0.95
大块石铺砌路面、沥青表面处理的碎石路面	0.55～0.65
级配碎石路面	0.40～0.50
干砌砖石或碎石路面	0.35～0.40
非铺砌土路面	0.25～0.35
公园或绿地	0.10～0.20

表7-21　综合径流系数

地面种类	ψ
建筑密集区	0.60～0.85
建筑较密集区	0.45～0.60
建筑稀疏区	0.20～0.45

5. 雨水管渠设计流量公式

雨水管渠设计管段的设计流量由下式计算：

$$Q=167\psi F_i=\psi F_q \tag{7.9}$$

（二）雨水管渠系统布置

雨水管渠系统布置一般考虑以下几个方面的内容。

(1)充分利用地形，就近排入水体。规划雨水管线时，首先按地形划分排水区域，再进行管线布置。根据分散和直捷的原则，多采用正交式布置，使雨水管渠尽量以最短的距离、较小的管径重力流排入附近的水体。

(2)尽量避免设置雨水泵站。雨水泵站的投资大，而一年中的利用率低，因此，应尽可能让雨水重力流排入水体。在不得不设置雨水泵站的情况下，也要把经过泵站的雨水径流量降低到最小。

(3)结合道路布置。雨水管道应平行于道路布设。从排除地面径流而言，道路的纵坡最好在0.3%～6%。若道路宽度大于40m，宜在道路两侧设雨水管。

(4)结合竖向规划布置。竖向规划时，应充分考虑排水要求，以便能合理利用自然地形，就近排出雨水，同时还应考虑管道埋设最不利点和最小覆土厚度的要求。

(5)雨水出水口的布置。雨水的出水口有分散和集中两种布置形式。当管道就近排入附近河流，管线较短，水体的水位变化不大，雨水可重力流入水体，宜采用分散式排水口。当河流的水位变化较大，管道离出水口较远时，宜采用集中式排水口。

（三）雨水管渠水力计算

(1)雨水管渠水力计算公式。雨水管渠水力计算基本与污水管道相同，但雨水管道是按满流设计的，$h/D=1$。雨水管道采用混凝土或钢筋混凝土圆管，粗糙系数取0.013。雨水管道内最小设计流速为0.75m/s。

(2)雨水管渠的设计计算步骤：①划分排水流域和确定管网方案；②划分设计管段和管段的汇水面积；③确定重现期、径流系数、地面集水时间等设计参数；④确定管道起端的最小埋深；⑤计算雨水设计管段的设计流量；⑥确定设计管段的管径、坡度、流速、管底标高等参数。其中⑤、⑥两步按设计管段顺序由上游到下游依次计算，上游设计管段参数对下游设计管段流量有影响。

四、合流制系统规划

(一)合流制排水系统的适应条件

截流式合流制排水系统在基建投资、维护管理等方面可显示出其优越性，但最大的缺点是增大了污水处理厂规模和污水处理的难度，同时对水体仍有一定的污染，达不到环保要求。

目前我国不少村镇采用的是直排式合流制，如将其改成分流制，则受到经济条件的限制，可采用截流式合流制排水系统。

(二)截流式合流制排水系统布置

(1)管渠的布置应保证所有服务面积上的生活污水、工业废水和雨水都能合理地排入管渠，并能以可能的最短距离坡向水体。

(2)沿水体岸边布置与水体平行的截流干管，在截流干管的适当位置上设置溢流井，使超过截流干管设计输水能力的混合污水能通过溢流井就近排入水体。

(3)溢流井的数目不宜多，位置应尽可能选择在水体的下游。上游排水区域内，如果雨水可沿道路边沟排泄，则该区域可只设污水管。

(三)截流式合流制排水管渠水力计算

1. 设计流量的确定

截流式合流制管渠的设计流量由生活污水、工业废水和雨水三部分组成。

第一个溢流井上游和下游的设计流量的计算方法是不同的，现分述如下。

(1)第一个溢流井上游的设计流量公式如下(如图 7-9 中的 1～2 管段)：

$$Q = Q_s + Q_g + Q_y = Q_f + Q_y \tag{7.10}$$

式中：Q_s为平均生活污水量(L/s)，总变化系数为 1；Q_g为最大工业废水量的平均流量(L/s)；Q_y为雨水的设计流量(L/s)；Q_f为溢流井以前的旱流流量(Q_s+Q_g) (L/s)。

当生活污水和工业废水之和，即旱流流量小于雨水设计流量的 5%时，其流量可忽略不计。

(2)溢流井以下管渠的设计流量。经过溢流井以后，通常认为旱流流量全部进入截流干管；进入截流干管的雨水量则用旱流流量的指定倍数来计算，该指定倍数称为截流倍数，用n_0表示。考虑溢流井以后排水面积上的旱流流量Q_f'和溢流井以后汇水面积上的雨水流量Q_y'，则溢流井下游管渠的设计流量公式如下(如图 7-9 中的 2～3 管段)：

$$Q_f' = (n_0 + 1)Q_f + Q_f' + Q_y' \tag{7.11}$$

2. 计算要点及方法

合流制排水管渠一般按满流设计，水力计算的设计数据，包括设计流速、最小坡度和最小管径等，基本上与雨水管渠的设计相同。

(1)溢流井上游合流管渠计算。与雨水计算基本相同，只是它的设计流量包括雨水、生活污水和工业废水三部分。另外，合流制管渠的雨水设计重现期应比同一情况下雨水管渠的设计重现期适当提高(一般提高25%～30%)，以防混合污水的溢流。

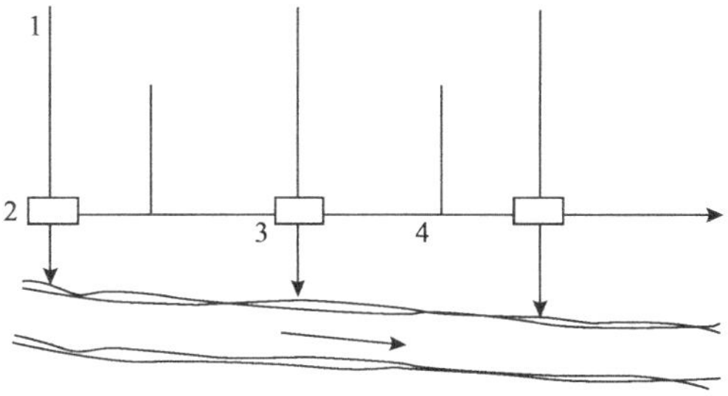

图 7-9 设有溢流井的合流管渠

1.污水干管；2、3.溢流井；4.污水截流总干管

(2)截流干管和溢流井计算。计算中先确定截流倍数 n_0，《室外排水设计规范》规定采用1～5，实践中多采用 3。决定了截流倍数后，即可计算截流干管的设计流量，截流干管的水力计算方法同雨水管渠。溢流井的计算尺寸可参阅给排水设计手册。

(3)晴天旱流流量校核。合流制管渠在晴天时流量小、流速低、易淤积，故需校核旱流时管内流速，一般宜在 0.2～0.5m/s，否则应修改管渠尺寸或坡度，或在管底设低流槽以保证旱流时的流速。

(四)旧合流制管渠的改造

目前，我国大部分村镇采用的是直排式合流制管渠系统，随着经济的发展，环境污染越来越严重，对原有排水管渠进行改建势在必行。对旧合流制管渠进行改建，通常有以下两种途径。

1. 改合流制为分流制

将合流制改造成分流制，可以彻底解决混合污水对水体的污染问题。在改建过程中有不同的方式：①将合流制管渠经局部改建后作为单纯排除雨水(或污水)的管渠系统，另外新建污水(或雨水)管渠系统。②近期采用合流制，建设污水截流总管。远期逐步由合流过渡到合流与分流并存，以致最后基本上达到分流制的要求。③以原有合流管道作为污水管道来进行分流，另建一套简易的雨水排水系统，较多地用街道边沟和明渠排除雨水。

2. 保留合流制，修建截流干管

将直排式合流制改建成截流式合流制，但截流式合流制因混合污水的溢流仍会对水体造成污染，一般可采取下列补救措施：在溢流出水口设置简单的处理设施，如筛滤、沉淀等；适当提高截流倍数，增加截流干管及污水处理厂的容量等。

五、排水管材、泵站及附属构筑物

(一)排水管材

(1)混凝土管和钢筋混凝土管。混凝土管和钢筋混凝土管这两种管材制作方便、造价较低，在排水管道中被广泛使用。缺点是易被酸碱性污水腐蚀、抗渗性能差、管节短、接口多、搬运不便。混凝土管的管径一般在450mm以下，长度多为1m，适用于管径较小的无压管。钢筋混凝土管的管径一般在 500mm 以上，长度在 1～3m，多用于埋深较大或地质条件不良的地段。

(2)陶土管。陶土管是用塑性黏土焙烧而成的。带釉的陶土管内外壁光滑、水流阻力小、不透水性好、耐磨损、抗腐蚀。但陶土管质脆易碎，抗弯抗拉强度低，不宜敷设在松土中或埋深较大的地方。另外，陶土管管节短，需要较多的接口，增加施工麻烦和费用，一般适用于排除酸性废水或管外有侵蚀性地下水的污水管道。陶土管的管径一般不超过 500～600mm，管长为 0.8～1.0m。

⑶金属管。常用的金属管有铸铁管和钢管。金属管强度高，抗压、抗震、抗渗性能好，内壁光滑，水流阻力小，而且管节长，接头少。但金属管价格较贵，抗酸碱腐蚀性较差，故在室外重力流管道中很少采用。只有在排水管道需承受高内压、高外压或对渗漏要求特别高的地方，如排水泵站的进出水管、穿越铁路、河流的倒虹管或靠近给水管和房屋基础时才采用金属管。

⑷塑料管。HDPE 波纹管具有密封性能好、抗渗漏能力强，水力性能好、过流能力强，耐腐蚀、抗磨损、使用寿命长，施工安装方便、快捷等优点。目前，国家住房和城乡建设部出台了有关限制禁止使用混凝土管及推广使用塑料管材的通知，推广应用塑料管材已成为大势所趋。

（二）泵站

受地形条件、地质条件、水体水位等因素的影响，雨、污水不能以重力流方式排除时，需设置排水泵站。排水泵站按排水的性质可分为污水泵站、雨水泵站、合流泵站和污泥泵站。按在排水系统中的位置，又可分为局部泵站、中途泵站和终点泵站。

当排水管道达到最大埋深时，施工的难度和费用会大幅度上升，这时，就需设置泵站，把离地面较深的污水提升到离地面较浅的位置上，这种设在管道中途的泵站称为中途泵站。将低洼地区的雨、污水用水泵抽升到地势较高地区的管道中而设置的泵站称为局部泵站。当污水和雨水排入水体时，如果不能自流排入，就需设置终点泵站；在污水处理厂中，也需设置污水终点泵站。

排水泵站宜单独设置，与居住房屋、公共建筑保持适当距离，一般泵站周围应设置宽度不小于 10m 的绿化隔离带。

（三）排水管道附属构筑物

⑴检查井。为了便于对管渠系统进行定期检查和清通，需设置检查井。检查井通常设在管渠交汇处、转弯处、管渠尺寸或坡度改变处、跌水处及直线管段相隔一定距离处。检查井分为不下人的浅井和下人的深井，常用井口为 700mm。在直线管道上的检查井最大间距见表 7-22。

表 7-22　直线管道上检查井最大间距

管径或暗渠净高/mm	最大间距/m	
	污水管道	雨水（合流）管道
200～400	40	50
500～700	60	70
800～1000	80	90
1100～1500	100	120
1600～2000	120	120

引自《室外排水设计规范》（GB50014—2006）。

⑵跌水井。当检查井内衔接的上下游管段的管底标高差大于 1m 时，需设置具有消能设施的检查井，这种检查井称为跌水井。在地形坡度较大的地区，为防止管道坡度小于地面坡度而穿出地面，也采用跌水井连接。

(3)溢流井。多用在截流式合流制排水系统中。当雨天的混合污水量超过截流管道的输水能力时，超出的混合污水通过溢流井直接排入水体。

(4)雨水口。雨水口是雨水管渠或合流管渠上收集雨水的构筑物。街道路面上的雨水经过雨水口和连通管进入排水管渠的检查井。道路上的雨水口间距一般为25～50m，在低洼和易积水的地段应根据需要适当增加雨水口的数量。

(5)倒虹管。排水管渠在遇到河流、山涧、洼地或地下构筑物等障碍物时，不能按原有的坡度埋设，而是按下凹的折线方式从障碍物下通过，这种管道称为倒虹管。

(6)出水口。排水管渠出水口的位置和形式应根据污水性质、下游用水情况、水体的水位变化幅度、水流方向、波浪情况、水岸变迁和主导风向等因素确定。

六、污水处理规划

(一)污水的污染指标

(1)生物化学需氧量(BOD)。污水中有机物质的多少是衡量污水污染程度高低的重要指标，但由于污水中有机物种类繁多，难以直接测定，所以采用间接指标来表示。生物化学需氧量是污水中有机物在有氧的情况下，被好氧微生物分解过程中所消耗的氧量，单位为mg/L。

(2)化学需氧量(COD)。化学需氧量是用强氧化剂——重铬酸钾氧化水中的有机物所消耗的氧化剂的氧量，单位为mg/L。水中的还原性物质有各种有机物、亚硝酸盐、硫化物、亚铁盐等，化学需氧量一般高于生物化学需氧量。

(3)悬浮固体(SS)。在水中呈悬浮或漂浮状态、非溶解性的物质称为悬浮固体。可分为有机性和无机性两类，反映污水排入水体后将发生的淤积情况，单位为mg/L。

(4)pH。pH是污水呈酸性或碱性的标志。生活污水一般呈弱碱性，工业废水则多种多样，其中不少呈强酸或强碱性。

(5)氮和磷。氮和磷是植物性营养物质，会导致湖泊、海湾、水库等缓流水体发生富营养化而使水体加速老化。

(6)有毒化合物和重金属。这类物质都有很强的毒性，对人体和污水处理中的生物都有毒害作用，主要有氰化物、砷化物、汞、镉、铅、铬等重金属。

(7)感官性指标。污水呈现一定的颜色、气味，水体的使用价值降低，也使人产生不愉快的感觉。温度升高也是水体污染的一种表现。

(二)污水处理的基本方法

(1)按处理原理可分为物理处理法、生物处理法、化学处理法三类：①物理处理法。利用物理作用分离污水中呈悬浮固体状态的污染物质。主要方法有筛滤法、沉淀法、气浮法、过滤法和反渗透法等。②生物处理法。利用微生物的代谢作用，使污水中可生物降解的有机污染物转化为稳定的无害物质。主要方法有利用好氧微生物作用的好氧法(好氧处理)和利用厌氧微生物作用的厌氧法(厌氧处理)两大类。③化学处理法。利用化学反应的作用，分离回收污水中各种形态的污染物质(包括悬浮的、溶解的、胶体的)。主要方法有中和、混凝、电解、氧化还原、吸附、离子交换、化学沉淀和电渗析法。多用于处理生产污水。

(2)按处理程度可分为一级处理和二级处理：①一级处理，是对污水只进行沉淀处理的工艺。主要去除污水中呈悬浮状态的固体污染物质，物理处理法大部分只能完成一级处理的要求。经过一级处理的污水，BOD 一般只能去除 30%左右，SS 去除 50%左右。一级处理达不到国家排放标准，一般作为二级处理的预处理。②二级处理，是污水进行沉淀和生物处理的工艺。主要去除污水中呈胶体和溶解状态的有机污染物质，BOD 和 SS 的去除率能达到 90%以上。要达到二级处理程度，一般需物理处理和生物处理组合方可。二级处理后的污水出水可达到《污水综合排放标准》(GB8978—2002)的要求。

(三)村庄的污水处理设施

农村的污水处理设施包括集中式和分散式两种。集中式可采用氧化沟、生物塘(稳定塘)、人工湿地、生物滤池、地埋式污水处理一体化设备等。分散式可采用三格式化粪池、双层沉淀池等简易设施。村庄经济比较发达、有较多的工业企业可以考虑自建或联村合建污水处理厂。其他地区可以因地制宜建设简易污水处理设施。

(1)氧化沟。氧化沟属活性污泥法的一种，其构筑物呈封闭无终端渠形布置，用于降解污水中有机污染物和氮、磷等营养物。一般采用机械充氧和推动水流。

(2)生物塘(稳定塘)。生物塘法，又称氧化塘法，也称为稳定塘法，是一种利用水塘中的微生物和藻类对污水和有机废水进行生物处理的方法。

(3)人工湿地。人工湿地生态系统水质净化技术是一种生态工程方法，利用湿地的独特功能，根据自然界水体净化原理，同时结合现代生物水处理技术，经专业化、强化而形成。该技术的核心是营造一种对水体中的有机物、氮、磷等污染物具有强烈降解、吸收的环境，从而使水体得到净化。

(4)生物滤池。生物滤池是利用需氧微生物对污水或有机性废水进行生物氧化处理的方法。

(5)地埋式污水处理一体化设备。采用接触氧化法，由初淀池、接触氧化池、二淀池、消毒池、污泥池和风机六部分组成。该设备埋入地下，不占地表面积，运行对周围无影响。

(四)污水处理厂规划

(1)厂址选择。污水处理厂位置应符合总体规划，并应符合更大的区域范围统一规划；应位于村庄水体的下游，不能设在村庄水体的下游时，出水口应放在村庄水体的下游；便于处理后出水回用、安全排放和污泥集中处理、处置；应在夏季主导风向的下风侧；应有良好的工程地质条件；少拆迁，少占地，有一定的卫生防护距离；有扩建的可能。不应受洪涝灾害的影响；有方便的交通、运输和水电条件。

(2)用地规模。污水处理厂的占地面积与污水量及处理方法有关。表 7-23 列举了不同水量不同处理方法污水处理厂的占地面积，各地应根据实际情况合理选用。

表 7-23 污水处理厂用地指标 [单位：$(m^2 \cdot d)/m^3$]

处理水量/(万 m^3/d)	一级处理	二级处理(一)	二级处理(二)
0.5～1	1.0～1.6	2.0～2.5	—
1～2	0.6～1.4	1.0～2.0	4.0～6.0
2～5	0.6～1.0	1.0～1.5	2.5～4.0
5～10	0.5～0.8	0.8～1.2	1.0～2.5

引自《城市排水工程规划规范》(GB50318—2000)。

第五节　村庄的供电工程规划

一、概述

（一）供电工程系统的构成

村庄供电工程系统由电源工程和输配电网工程组成。

（1）电源工程。农村电源一般是由区域变电所提供的，区域变电所通常是35kV或110kV的高压变电所，也有由少量的农村自建的小型发电厂供电。

（2）农村输配电网。输配电网工程包括输电网与配电网。输电网包括区域变电所和从区域变电所接入的输电线路。配电网由高压、低压配电网组成。高压配电网电压等级一般为10kV，包括变电所、开关站、10kV 配电线路。低压配电网电压等级一般为380V/220V。含开关站、低压电力线路等设施，具有直接为用户供电的功能。

（二）供电工程规划的内容

（1）分析现状供电系统和用电情况。
（2）预测用电负荷。
（3）确定供电设施的数量、容量、位置及用地面积。
（4）确定高、低压配电线路回数、走向及敷设方式。
（5）提出近期电力设施建设项目安排。
（6）估算工程量。

二、用电负荷预测

（一）用电负荷分类

用电负荷是指所有用电户在某一时刻实际耗用的有功功率之总和。目前，我国农村用电负荷的分类大致有以下几种。

（1）农用电。包括农业生产、农业排灌、农副产品加工、畜牧业生产等用电。

（2）村办工业企业用电。近年来，我国的村镇企业发展非常迅速，用电负荷迅速增加。

（3）综合生活用电，包括居民生活和各种服务设施用电。随着农村经济发展，居民的生活水平提高，各种家用电器进入了农村居民家中，农民生活用电大幅增长。同时，随着农村各种服务设施和市政设施也在发展，用电也不断增加。

（二）农村用电负荷特点

农村的生产和生活与城市有很大的不同，用电负荷的特点也有明显的差别。我国农村电力负荷主要有下列特点。

（1）地区性强。我国地域广阔，各地区地形、地质、气候等自然因素各不相同，耕作方式、农村企业特点、文化生活方式也相差较大。负荷曲线的变化具有很大的地区差别。

（2）负荷的季节性强。农业生产具有很强的季节性，农村用电负荷也就具有较强的季节性。

（3）负荷密度小，分布不均匀。

(4)最大负荷利用小时少。最大负荷利用小时指的是年用电量与最大负荷的比值。农村用电综合最大负荷利用时间只有2000～3000h，农村电力网设备利用率较低。

(5)功率因数低。农村用电以小型异步电动机为主，又很少装设功率补偿设备，因此功率因数较低。

(三)用电负荷预测

村庄用电负荷预测一般可采用综合用电指标法和单位建筑面积负荷指标法。

1. 综合用电指标法

用电负荷采用现状年人均综合用电指标乘以增长率进行预测。规划期末人均用电量可按下式计算：

$$Q = Q_1(1+K)^n \tag{7.12}$$

式中：Q 为规划期末年人均综合用电量[kW · h/(人 · a)]；Q_1 为现状年人均综合用电量[kW · h/(人 · a)]；K 为年人均综合增长率(%)；n 为规划年限(年)。

K 值的预测是用电量预测的关键，应根据村庄人口规模、地理位置、社会经济、产业结构、居民生活水平及节能措施等因素综合考虑。如果农村工业发展很快，或工业用电增长很快，可对工业区用电单独预测。

2. 单位建筑面积负荷指标法

只对村庄中的住宅和公共建筑区进行用电负荷预测时，可采用单位建筑面积负荷指标法。根据居住建筑、公共建筑的建筑类别、数量、建筑面积、使用功能，结合当地各类建筑单位建筑面积负荷现状水平确定各建筑用电负荷(表7-24)。

表 7-24　规划单位建筑面积负荷指标

建筑用电类别	单位建筑面积负荷指标/(W/m^2)	建筑用电类别	单位建筑面积负荷指标/(W/m^2)
居住建筑用电	20～60(1.4～4kW/户)	工业建筑用电	20～80
公共建筑用电	30～120		

引自《城市电力规划规范》(GB50293—1999)。

三、电网结构

(一)电源选择

电源是电力网的核心，电源选择是否合理，对充分利用和开发当地的动力资源，减少对电源建设工程的投资，降低发电成本，降低电网运行的费用及满足村庄用电的需求都具有重要的作用。

农村的电源通常可以分为发电站和变电所两种类型。

(1)发电站。目前我国农村主要有水力发电站、风力发电站、火力发电站，还有沼气发电站等。水能是一种清洁的、价廉的、不污染环境而且又用之不竭的可再生能源，利用水能发电，一次性的建造投资虽然比较高，但是运行费用低廉。

(2)变电所，指的是在电力系统内，装有电力变压器，能改变电网电压等级的设施。通常区域电网技术都比较先进，具有运行稳定、供电可靠、电能的质量好、容量大、能够满足用户负荷增长的需要及安全、经济等优点。所以，有条件的农村应优先选择这种供电方式。

（二）电压等级

按照国家标准，农村电力网送配电线路电压主要有 110kV、66kV、35kV、10kV、380V 和 220V 等几个等级。村庄采用的电压等级，一般为 10kV 高压配电网和 380V/220V 的低压配电网。个别用电较多的村庄设有 35kV 以上高压变电所。

（三）供电负荷等级

用电负荷根据供电的可靠性及中断供电在政治和经济上所造成的损失或者影响程度，共分为三级。一级负荷：对这种负荷中断供电，将有可能造成人身伤亡、重大政治影响、公共场所秩序严重混乱等情况。如果某类用户拥有一级负荷，则不能认为这类用户全部为一级负荷。二级负荷：对这种负荷中断供电，将有可能造成较大政治影响、较大经济损失、公共场所秩序混乱等情况。三级负荷：不属于一级、二级的用电负荷。

对于一级负荷的用户，必须有两个或两个以上的独立电源供电。这里的独立电源指的是不会因其他电源停电而影响本身供电的电源。对于二级负荷的用户，应当做到在发生电力变压器故障或者线路常见故障时，不致中断供电（或中断后能够迅速恢复）。三级负荷的供电要求不作特殊规定。

村庄大部分建筑均为三级负荷，但带有电梯的高层住宅为二级负荷。

（四）电网结构

按照供电电源的数量，电力网通常分为一端电源、两端电源和多端电源。按接线方式可分为放射式、干线式、树枝式等类型。

(1) 一端电源供电的电力网。一端电源供电网又称开式网，就是指电力网中的用户或变电所，只能从一方面取得电能的电力网。一端电源供电网的特点有：接线简单、经济，运行方便，但供电的可靠性比较低。

(2) 两端电源供电的电力网。两端电源供电网就是指电网中的用户或者变电所，可以从两个电源取得电能的电力网。环形网和双回路电网接线都较为简单，运行、检修也都比较灵活，供电可靠性高。电力系统网架和向一级负荷或者重要的二级负荷供电的电网常采用这种接线方式。

(3) 多端电源供电的电力网。多端电源供电网又称复杂网。复杂网中包含有能从三个或者三个以上取得电能的变电所或者负荷点，多端电源供电可靠性较高，运行、检修也很灵活，但是投资较大，继电保护、运行操作复杂。

村庄高压配电系统常见的网络结构为一端电源供电的电力网，树干式结构。二级负荷用户采用两端电源供电的放射式接线方式。

低压系统中，单台设备容量较大或较重要场合，一般采用放射式结构；一般负荷采用树干式结构；重要建筑可采用双电源双回路树干式结构或双电源双回路放射式结构。

四、电网布局规划

（一）变电所选址

村庄规划中的变电所一般为 10kV 变电所。10kV 变电所可以选择独立式、箱式或柱上式。独立式有专门的配电建筑物，运行管理方便，但投资大，占地多；箱式变电所完全由工厂制造完成，安装快捷方便；柱上式直接将变压器等设备安置在电杆上，投资省，但影响街道整洁。

变电所的选址应当符合下列要求：①接近用电负荷的中心，供电半径在合理范围内；②便于各级电压线路的引入及引出；③变电所用地要安全，与周边建筑有足够的安全距离；④要有便利的交通，方便检修维护。

(二)电力线路敷设方式

农村电力线路的敷设分为架空线路和地下电缆线路两类。架空线路比电缆线路造价低。具有投资省、施工简单、建设工期短、维护方便等优点；缺点是占地多、易受外力破坏、影响景观等。电缆线路可采取直接埋设在地下或敷设在专门开挖的电缆沟内。地下电缆线路运行安全可靠，不受大气条件影响，受外力破坏可能性小，还可美化环境。

一般情况下，农村电力线路采用架空敷设。在下列情况下可采用电缆线路敷设：①狭窄街道、建筑密集区域；②景观有特殊要求的区域；③重点风景旅游区的某些地段；④架空线在技术上难以解决的地段。

(三)架空线路

在布置架空电力线路时，一般应遵循以下原则。

(1)架空电力线路应当根据地形、地貌特点和网络规划，沿道路、河渠和绿化带进行设置，路径力求便捷、顺直，尽量减少同道路、河流、铁路的交叉。

(2)要保证居民及建筑物的安全，不同电压的架空电力线路与地面距离，以及接近、交叉、跨越工程设施的最小距离都必须符合一定的标准。

(3)设置35kV及以上高压架空电力线路，应当规划高压线路走廊。

(4)一般地区，高、低压架空电力线路应同杆架设。繁华地段和旅游景区，最好采用埋地敷设。

(5)线路要尽量避开不良地形和地质，在山区应尽量沿着起伏平缓而且地形较低的地段通过。

(四)电缆线路

(1)电缆线路路径。电缆线路路径应与其他地下管线统一安排，并应保证与其他工程管线之间的安全距离。通道的宽度、深度应考虑远期发展的要求。线路的路径选择应根据道路网规划，与道路走向相结合；路径选择还应考虑安全、可行、维护便利及节省投资等条件。

(2)敷设。电力电缆敷设的常用方式是直埋和综合管沟。在人行道下、公园绿地、建筑物的边沿地带等不易经常开挖的地段，宜采用直埋敷设方式。直埋电力电缆之间及直埋电力电缆与控制电缆、通信电缆、地下管沟、道路、建筑物、构筑物、树木等之间应有足够的安全距离。电缆直埋敷设时，电缆沟底必须具有良好的土层，不应有石块或其他硬质杂物，否则应铺以100mm厚的软土或砂层。

第六节 村庄的通信工程规划

一、概述

(一)通信工程系统的构成

通信工程规划一般包括邮政、电信和广播电视设施的布局和管线布置等。邮政系统主要包括邮政局所、报刊亭、信筒、信报箱等设施。电信系统包括有线和无线电信网络，包括语音、数据和其他增值业务。广播电视系统在农村主要考虑有线电视线路规划。2015 年 1 号文件指出：“加快农村互联网基础设施建设，推进信息进村入户。”

（二）通信工程规划的内容

(1) 分析通信工程系统现状情况和存在的问题与不足。
(2) 预测通信需求。
(3) 确定通信设施的规模、位置及用地面积。
(4) 布置电信主干传输网和通信管道。
(5) 提出近期建设项目安排。

二、邮政设施规划

（一）邮政局（所）

邮政局（所）是设置在村庄内的邮政企业分支机构，是最基层的生产单位。具有企业功能和投递功能的称为邮政支局，归属邮政支局管辖的只办理部分邮政业务的称为邮政所。

邮政局（所）应设在邮政业务量较为集中，方便人民群众交寄或领取邮件的地方，如村庄中心区等；除此以外，邮政局（所）还可设在群众公共活动的场所，可以与村委会、文化活动中心等公建设施合并设置。

邮政局（所）一般应选择面临村庄主要街道、交通便利的位置，以方便邮运和投递车辆出入，保障邮件的及时传递和邮件交接的安全性。

邮政局（所）的选址既要照顾布局的均衡，又要有利于投递工作的组织和管理。投递区的合理划分、投递道段的科学组划是支局（所）规划中需要重点解决的问题。

（二）报刊门市部、报刊亭

报刊门市部的设置应少而精。数量应取决于该村的文化氛围和购买市场。报刊门市部、报刊亭一般设置在交通方便、业务量比较集中的地段。报刊门市部可单独设置或与邮政局所合设；报刊亭可根据用户的使用需求，一般设置在住宅区、村庄中心、对外交通设施等地段。

（三）信筒、信报箱

信筒、信报箱是邮政部门设在邮政支局（所）门前或交通要道、车站、码头等公共场所，供用户就近投递平信的邮政专用设施，是邮政局（所）营业窗口收寄平信业务功能的另一种灵活形式。

三、电信工程规划

（一）电信需求量预测

村庄规划电信预测主要是电话用户预测，一般采用普及率法。电话普及率可分为话机普及率和主线普及率，较多使用的是话机普及率。话机普及率是指固定电话普及率。它是某个地区的电话机总数与该地区的人口总数之比，计量单位是“部/百人”。主线普及率是指按行政区划全部人口计算的平均每百人拥有的电话主线数，计量单位是“线/百人”。

（二）电信设施规划

由于数字程控交换机与数字光纤通信技术的应用，电信局（所）容量与交换区范围增大。

一般只在乡镇政府驻地设电信局(所)，各中心村设置无人值守设备即可满足通信要求，而且设备越来越小型化。因此，村庄规划中不考虑电信局(所)用地，电信设备可以考虑设在村委会或其他公共建筑内。

(三)电信线路规划

有线通信线路有许多种类，主要有有线电话、有线电视、有线广播、计算机信息网络等。有线电话线路是各类通信系统网络的基础。

有线电话线路的主干电缆由电信局(所)引入村庄。通过村庄配线接入所有用户。有线电话线路的敷设一般有架空线路和埋地线路两类。

(1)架空线路。架空电缆对环境的适应性较强，施工建筑技术简单，建筑条件一般不受地形的限制，能适应用户变动，易于支援、扩充、拆换和调整。建设费用较低，使用简便，是目前农村中普遍采用的形式。但架空电缆产生障碍的机会较多，对通信安全有影响；易受外界腐蚀和机械损伤，电缆使用寿命较短，维护费用较多；对村庄景观具有不利影响。

架空线路一般与电力架空线路分别设在街道的两侧，避免彼此间的往返穿插；不宜与电力线合杆架设。架空线路与其他设施及建筑物之间保持规定的间隔距离。

(2)埋地线路。埋地敷设线路又分为直埋线路和管道线路两种。埋地敷设电缆比较安全，产生障碍机会少，线路隐蔽，维护费用少。直埋线路与管道线路相比较，其初次建设投资少，建设速度快，施工技术相对简单，但维护不便，修复时间较长。管道电缆初次工程投资较大，并需要有较好的建筑条件。

埋地线路敷设位置应尽量选在人行道下，使线路在施工及维修时对交通的影响较小。直埋线路与村庄道路规划红线、地下管线之间的间隔应符合规定要求。

四、有线电视规划

(一)有线电视需求量预测

远期规划中发达地区农村的有线电视普及率一般可以达到 100%，中西部地区宜根据具体情况确定。

(二)有线电视工程的构成与功能

农村有线电视主要有有线电视的光缆、电缆管道、光节点和光中继放大站等设施。有线电视线路根据实际情况可采用架空和埋地电缆线路敷设。规划要求与有线电话线路基本相同。村庄规划中其线路可与有线电话线路平行布置。

第七节　村庄的供热工程规划

一、概述

(一)集中供热工程的组成

集中供热是指以热水或蒸汽作为热媒，由一个或多个热源通过热网向城市、镇或其中某些区域热用户供应热能的方式。农村集中供热工程系统由热源工程和供热管网工程组成。

（二）集中供热工程规划的内容

(1)分析现状村庄供热发展水平和供热中存在的问题。
(2)确定集中供热范围，预测热负荷。
(3)选择供热方式，确定热源和供热参数。
(4)确定供热管网系统布局。
(5)提出近期供热设施项目安排并估算工程量。

二、热负荷预测

（一）热负荷的类型

农村集中供热系统的热用户有采暖、通风、空气调节、热水供应和生产工艺用热等。按热负荷的性质，可分为民用热负荷和工业热负荷。

(1)民用热负荷。民用热负荷包括采暖、通风、空气调节和热水供应。在村庄规划中民用热负荷主要为采暖热负荷，特别是冬季的采暖热负荷。

(2)工业热负荷。工业热负荷包括生产过程中用于加热、烘干、蒸煮、清洗、溶化等工艺过程的用热，或作为动力用于驱动机械设备(如气锤、气泵等)。工业热用户常采用蒸汽为热媒，热媒的参数较高。

（二）热负荷的预测与计算

1. 生活热负荷

(1)采暖热负荷。通常采用面积热指标法来确定热负荷：

$$Q_h = q_h A \cdot 10^{-3} \tag{7.13}$$

式中：Q_h为采暖热负荷(kW)；q_h为采暖热指标(W/m^2)，可按表 7-25 取用；A为采暖建筑物的建筑面积(m^2)。

表 7-25　采暖热指标推荐值 q_h　（单位：W/m^2）

建筑物类型	住宅	住宅综合	学校办公	医院托幼	旅馆	商店	食堂餐厅
未采取节能措施	58～64	60～67	60～80	65～80	60～70	65～80	115～140
采取节能措施	40～45	45～55	50～70	55～70	50～60	55～70	100～130

引自《城镇供热管网设计规范》(CJJ34—2010)。表中数值适用于我国东北、华北、西北地区；热指标中包括约 5%的管网损失在内。

(2)通风热负荷。为了保证室内空气有一定的清洁度和新鲜度，要求对生产厂房和大型公共建筑进行通风。在冬季采暖期中，为加热从机械通风系统进入建筑物的室外空气的耗热量，称为通风热负荷，按下式计算：

$$Q_v = K_v Q_h \tag{7.14}$$

式中：Q_v为通风设计热负荷；Q_h为采暖设计热负荷；K_v为建筑物通风热负荷系数，可取 0.3～0.5。

(3)空调热负荷。空调热负荷分为空调冬季热负荷和空调夏季热负荷。

空调冬季热负荷按下式计算：

$$Q_a = q_a A \cdot 10^{-3} \tag{7.15}$$

式中：Q_a为空调冬季设计热负荷(kW)；q_a为空调热指标(W/m^2)，可按表 7-26 取用；A为采暖建筑物的建筑面积(m^2)。

空调夏季热负荷按下式计算：

$$Q_c = q_c A \cdot 10^{-3} / \mathrm{COP} \tag{7.16}$$

式中：Q_c为空调夏季设计热负荷(kW)；q_c为空调冷指标(W/m^2)，可按表 7-26 取用；A为采暖建筑物的建筑面积(m^2)。COP 为吸收式制冷机的制冷系数，可取 0.7～1.2。

表 7-26　空调热指标 q_a、冷指标 q_c 推荐值　　(单位：W/m^2)

建筑物类型	办公	医院	旅馆、宾馆	商店、展览馆	影剧院	体育馆
热指标	80～100	90～120	90～120	100～120	115～140	130～190
冷指标	80～110	70～100	80～110	125～180	150～200	140～200

注：表中数值适用于我国东北、华北、西北地区。

(4)寒冷地区热指标取较小值，冷指标取较大值；严寒地区热指标取较大值，冷指标取较小值。吸收式制冷机的制冷系数应根据制冷机的性能、热源参数、冷却水温度、冷水温度等条件确定。一般双效溴化锂吸收式制冷机组 COP 可达 1.0～1.2。单效溴化锂吸收式制冷机组 COP 可达 0.7～0.8。

(5)生活热水热负荷。热水供应热负荷为日常生活中用于洗脸、洗澡、洗衣服及洗刷器皿所消耗的热量。目前，我国住宅实行集中热水供应的情况还很少，热水供应的对象主要是浴池、食堂餐厅、医院、旅馆和企事业单位。热水用量与工作制度、生产性质有关。

生活热水平均热负荷按下式计算：

$$Q_w = q_w A \cdot 10^{-3} \tag{7.17}$$

式中：Q_w为生活热水平均热负荷(kW)；q_w为生活热水热指标(W/m^2)，应根据建筑物类型，采用实际统计资料，住宅可按表 7-27 取用；A为总建筑面积(m^2)。

表 7-27　住宅采暖期生活热水日平均热指标推荐值 q_a　　(单位：W/m^2)

用水设备情况	热指标
住宅无生活热水设备，只对公共建筑供热水时	2～3
全部住宅有淋浴设备，并供给生活热水时	5～15

引自《城镇供热管网设计规范》(CJJ34—2010)。冷水温度较高时采用较小值，冷水温度较低时采用较大值；热指标中已包括约 10%的管网热损失在内。

2. 工业热负荷

工业热负荷包括生产工艺热负荷、生活热负荷和工业建筑的采暖、通风、空调热负荷。生产工艺热负荷的最大、最小、平均热负荷和凝结水回收率应采用生产工艺系统的实际数据，并应收集生产工艺系统不同季节的典型日(周)负荷曲线图。

当无工业建筑采暖、通风、空调、生活及生产工艺热负荷的设计资料时，对现有企业应采用生产建筑和生产工艺的实际耗热数据，并考虑今后可能发生的变化；对规划建设的工业企业，可按不同行业项目估算指标中典型生产规模进行估算，也可按同类型、同地区企业的设计资料或实际耗热定额计算。计算热力网最大生产工艺热负荷时，应取用各工业企业最大热负荷之和乘以同时系数之值，同时系数可取 0.6～0.9。

三、热源规划

将天然或人造的能源形态转化为符合供热要求的热能的装置，称为热源。集中供热的基本热源主要有以燃煤为主的热电厂、锅炉房。

(一)集中锅炉房

集中锅炉房与热电厂相比，相对投资规模小，建设周期短。锅炉根据其生产的热介质不同分为热水锅炉和蒸汽锅炉。

蒸汽锅炉通过加热水产生高温高压蒸汽，向热用户进行供热。蒸汽锅炉通过调压装置，可向各类热用户提供参数不同的蒸汽，也可通过换热装置向各类热用户提供热水。

热水锅炉不生产蒸汽，只提高进入锅炉水的温度。热水锅炉通过调压装置，向热用户提供一定压力的热水。

1. 锅炉房的选址

村庄锅炉房选址要考虑的问题：①要靠近热负荷较集中的地区；②便于管网布置；③便于燃料储运和灰渣排出；④有利于环境保护，宜位于采暖季节盛行风的下风侧；⑤位于地质条件较好的地区；⑥留有扩建余地。

2. 锅炉房的平面布置与用地

锅炉房一般包括主厂房、煤场、灰场和辅助用房四大部分，中小型锅炉房的主机房与辅助用房可结合在一座建筑物内。不同规模热水锅炉房和蒸汽锅炉房的用地面积可参考表 7-28 和表 7-29 进行计算。

表 7-28　热水锅炉房用地面积参考表

锅炉房总容量/MW	用地面积/hm^2	锅炉房总容量/MW	用地面积/hm^2
5.8～11.6	0.3～0.5	58～116	1.6～2.5
11.6～35	0.6～1.0	116～232	2.6～3.5
35～58	1.1～1.5	232～350	4～5

表 7-29　蒸汽锅炉房的用地面积参考表

锅炉房额定蒸汽产出能力/(t/h)	锅炉房内是否有汽水换热站	用地面积/hm^2
10～20	无	0.25～0.45
	有	0.3～0.5
20～60	无	0.5～0.8
	有	0.6～1.0
60～100	无	0.8～1.2
	有	0.9～1.4

(二)热电厂

热电厂是联合生产电能和热能的发电厂。高品位热能发电，降为低品位热能后用来供热，热能利用率高，设备利用时间长。但其建设投资大，建设时间长。一般情况下，村庄很少采用热电厂供热，但有条件时也可采用。

四、供热管网规划

供热管网又称为热网或热力网，是指由热源向热用户输送和分配供热介质的管道系统。

（一）供热介质

根据输送介质的不同，供热管网可分为蒸汽管网和热水管网两种。蒸汽管网的热介质为蒸汽；热水管网中的热介质是热水，热水管网又分为常压热水和高温高压热水，前者最高温度小于 100℃（一般小于 95℃），后者大于 100℃。蒸汽和高温高压热水温度高，不宜直接用于室内采暖，还要经过热力站转换成热水再用于室内采暖。

村庄有较大的工业负荷时，可采用蒸汽热力网，住宅内设换热站；没有工业负荷，规模不大时应采用热水热力网；没有工业负荷，规模较大时可采用高温高压热水网，各独立小区设换热站。

（二）布置形式

供热管网布置的基本形式有枝状、环状两种。枝状管网呈树枝状布置，管网比较简单、造价较低、运行方便，缺点是可靠性低。环状管网的主干管互相连通，呈环状。主要优点是具有备用供热的可能性，缺点是造价高、投资大。

村庄一般采用枝状供热管网形式。

（三）敷设方式

供热管网的敷设方式有架空敷设和地下敷设两类。

(1) 架空敷设。架空敷设是将供热管道敷设在地面上的独立支架或带纵梁的桁架及建筑物的墙壁上。架空敷设不受地下水位的影响，检修方便，施工土方工程量小，是一种比较经济的敷设方式。缺点是占地多，管道热损失大，影响村容。

(2) 地下敷设。地下敷设分为有沟敷设和无沟敷设两类。有沟敷设又分为通行地沟、半通行地沟和不通行地沟三种。地沟的主要作用是保护管道不受外力和水的侵袭，保护管道的保温结构，并使管道能自由地热胀冷缩。无沟敷设又称直埋敷设，是将供热管道直接埋设在地下，而不需建造任何形式的建筑结构。由于保温结构与土壤直接接触，它同时起到了保温和承重两方面作用，因此是最经济的一种敷设方式。

五、供热管道的管径估算

热水管道管径可按表 7-30 估算，蒸汽管道管径可按表 7-31 估算，凝结水管道管径可按表 7-32 估算。

表 7-30　热水管网管径估算表

热负荷		供回水温差/℃									
		20		30		40（110～70）		60（130～70）		80（150～70）	
万 m^2	MW	流量/(t/h)	管径/mm	流量/(t/h)	管径/mm	流量/(t/h)	管径/mm	流量/(t/h)	管径/mm	流量/(t/h)	管径/mm
10	6.98	300	300	200	250	150	250	100	200	75	200
20	13.96	600	400	400	350	300	300	200	250	150	250
30	20.93	900	450	600	400	450	350	300	300	225	300

续表

热负荷		供回水温差/℃									
万 m^2	MW	20		30		40(110～70)		60(130～70)		80(150～70)	
		流量/(t/h)	管径/mm	流量/(t/h)	管径/mm	流量/(t/h)	管径/mm	流量/(t/h)	管径/mm	流量/(t/h)	管径/mm
40	27.91	1200	600	800	450	600	400	400	350	300	300
50	34.89	1500	600	1000	500	750	450	500	400	375	350
60	41.87	1800	600	1200	600	900	450	600	400	450	350
70	48.85	2100	700	1400	600	1050	500	700	450	525	400
80	55.82	2400	700	1600	600	1200	600	800	450	600	400
90	62.80	2700	700	1800	600	1350	600	900	450	675	450
100	69.78	3000	800	2000	700	1500	600	1000	500	750	450
150	104.67	4500	900	3000	800	2250	700	1500	600	1125	500
200	139.56	6000	1000	4000	900	3000	800	2000	700	1500	600
250	174.45	7500	800×2	5000	900	3750	800	2500	700	1875	600
300	209.34	9000	900×2	6000	1000	4500	900	3000	800	2250	700
350	244.23	10560	900×2	7000	1000	5250	900	3500	800	2625	700
400	279.12	—	—	8000	900×2	6000	1000	4000	900	3000	800
450	314.01	—	—	9000	900×2	6750	1000	4500	900	3375	800
500	348.90	—	—	10000	900×2	7500	800×2	5000	900	3750	800
600	418.60	—	—	—	—	9000	900×2	6000	1000	4500	900
700	488.46	—	—	—	—	10500	900×2	7000	1000	5250	900
800	558.24	—	—	—	—	—	—	8000	900×2	6000	1000
900	628.02	—	—	—	—	—	—	9000	900×2	6750	1000
1000	697.80	—	—	—	—	—	—	10000	900×2	7500	800×2

注：当热指标为 70W/m^2 时，单位压降不超过 49Pa/m。

表 7-31　饱和蒸汽管道管径估算表

蒸汽流量/(t/h)	蒸汽压/MPa				蒸汽流量/(t/h)	蒸汽压/MPa			
	0.3	0.5	0.8	1.0		0.3	0.5	0.8	1.0
5	200	175	150	150	100	—	600	500	500
10	250	200	200	175	120	—	—	600	600
20	300	250	250	250	150	—	—	600	600
30	350	300	300	250	200	—	—	700	700
40	400	350	350	300	250	—	—	700	700
50	400	400	350	350	300	—	—	800	700
60	450	400	400	350	400	—	—	800	800
70	500	450	400	400	500	—	—	900	900
80	—	500	500	450	600	—	—	1000	900
90	—	500	500	450	—	—	—	—	—

表 7-32　凝结水管道管径估算表

流量/(t/h)	5	10	20	30	40	50	60	70	80	90	100	120	150	200	250
管径/mm	70	80	100	125	150	150	175	175	200	200	200	250	250	300	300

六、热力站

热力站将热网输送的供热介质加以调节、转换，向用户系统分配，以满足用户需要，并集中计量、检测供热介质的数量和参数。根据热网介质的不同，可分为水-水换热的热力站和汽-水换热的热力站。

热力站是小区域的热源。一个小区一般设置一个热力站。设有泵房、值班室、仪表间、加热器间和生活辅助房间。一般一座供热面积 10 万 m^2 的热力站，其建筑面积约为 300m^2；若同时供应生活热水，建筑面积还要增加 50m^2 左右。

第八节　村庄的燃气工程规划

一、概述

(一)燃气的种类

农村燃气按来源可分为天然气、人工煤气、液化石油气、沼气和秸秆气等。天然气是一种主要由甲烷组成的气态化石燃料。它主要存在于油田和天然气田，也有少量出于煤层。一般要经过庞大的长输管道系统才能送到用户中。人工煤气是指由固体燃料或液体燃料加工所产生的可燃气体，人工煤气的主要成分一般为甲烷、氢和一氧化碳。液化石油气是石油开采和炼制过程中作为副产品而获得的一部分碳氢化合物。液化石油气在常温下呈气态，加压或冷却后很容易液化。沼气是有机物在隔绝空气和一定的温度、湿度、酸碱度等条件下，经过细菌的作用产生的一种可燃气体。2015 年中央 1 号文件指出“因地制宜发展户用沼气和规模化沼气”。秸秆气是在一定的热力条件下秸秆等中所含的碳氢化合物转化为含一氧化碳、甲烷和氢气等的可燃气体。

(二)农村燃气发展方向

燃气是一种清洁、优质、使用方便的能源。实现民用燃料气体化是农村的发展方向，也是村庄建设的必然要求。我国农村燃气的发展可以分为三个方向：①采用液化石油气。既可以以气化方式管道供应，也可以瓶装供应；②靠近大城市周围的村庄，可依托大城市的燃气供应系统，将城市燃气管道延伸到附近的农村；③利用农村的秸秆，建立秸秆气化站。目前，由于我国村庄规模较小，布局分散。因此，通常采用液化石油气作为燃气发展方向，许多农村地区可以以沼气或秸秆气作为燃气的发展方向。

(三)村庄燃气工程规划的内容

村庄燃气工程规划内容包括：①分析燃气现状、燃气总体规划要求及外围气源条件；②预测燃气负荷；③确定气源厂等主要工程设施的规模和位置；④确定燃气管网系统布局；⑤提出近期燃气设施建设项目安排。

二、燃气负荷

(一)燃气用户

农村燃气的供应对象，一般以居民生活用气为主，适当供应部分公共建筑和用气量不大、工艺上要求使用优质燃料的工业用户，不宜供用气量大的工业企业。

(二)用气指标

1. 生活燃气负荷

生活燃气负荷可分为居民生活用气负荷与公建用气负荷两类。居民生活用气可参照城镇居民生活用气指标选取(表 7-33)；公建用气负荷可按居民生活用气的 10%～20%估算。

表 7-33　城镇居民生活用气量指标　[单位：MJ/(人·a)]

序号	城镇地区	有集中供暖的用户	无集中供暖的用户
1	沈阳	2760～2960	2550～2780
2	北京	2720～3140	2510～2930
3	南京	—	2300～2510
4	广州	—	2930～3140

2. 小型工业负荷

小型工业用户的耗气定额，应根据原来的燃烧器具体使用其他燃料的实际耗量，也可参照同类行业的耗热量进行换算。

(三)燃气的计算流量

将各类燃气负荷相加可得到村庄燃气总负荷。一般村庄燃气负荷包括居民生活用气负荷、公建用气负荷，也可能有少量工业负荷。燃气年总用量按下式计算：

$$Q_y = \frac{P_y}{q} \tag{7.18}$$

表 7-34　几种燃气的热值和折算率

燃气	热值	折算率
天然气	36.22	1.236
焦炉煤气	18.26	0.623
沼气	18.85	0.643
液化石油气	45.22～50.23	1.543～1.714

注：折算率为折算到标准煤(1kg 热值为 29.308MJ)的换算率；除液化石油气热值单位为 MJ/kg 外，其余燃气热值单位均为 MJ/m³。

式中：Q_y 为燃气的年用量(m^3/a)；P_y 为燃气的年总热值(MJ/a)；q 为燃气的最低热值(MJ/m^3)，见表 7-34。

燃气规划中一般以小时计算流量为依据确定燃气管网及设备的通过能力。燃气负荷的计算采用不均匀系数法：

$$Q_j = \frac{Q_y}{365 \times 24} K_m K_d K_h \tag{7.19}$$

式中：Q_j 为燃气的计算流量(m^3/h)；Q_y 为燃气的年用气量(m^3/a)；K_m 为月高峰系数，K_m＝1.1～1.3；K_d 为日高峰系数，K_d＝1.05～1.2；K_h 为小时高峰系数，K_h＝2.2～3.2。

三、液化石油气规划

（一）液化石油气气源设施

液化石油气气源设施包括液化石油气储存站、储配站、灌瓶站、气化站、混气站和供应站。液化石油气由生产厂或供应基地至接收站可采用管道、铁路槽车、汽车槽车和槽船运输。

液化石油气供应基地按其功能可分为储存站、灌瓶站、储配站。

储存站主要功能是储存液化石油气，同时进行灌装槽车作业，并将其转输给灌瓶站、气化站和混气站。灌瓶站主要功能是进行灌瓶作业，并将其送至瓶装供应站或用户。储配站，兼有储存站和灌瓶站的功能。

气化站功能是将液化石油气由液态转化为气态，气化后的液化石油气可经管道供给用户。混气站的功能是将液化石油气与其他气体进行混合，混合后的气体经管道供给用户。供应站的功能是向用户供应瓶装液化石油气，同时回收空瓶。村庄有较多的供应站，有条件的村庄可以自建气化站，实行管道液化石油气供给。

目前，国内各地农村居民用户液化气耗量的差异较大，一般在 10～20kg/(户·月)，经济比较发达地区液化气普及率高，落后和贫困地区的普及率较低。

（二）瓶装供应站

瓶装液化石油气供应站分为三级：Ⅰ级站的规模以供应 5000～7000 户为宜，一般不超过 10000 户，气瓶总容积不宜超过 20m^3(相当于 15kg 钢瓶约 560 瓶)。Ⅱ级站的供应规模以 1000～5000 户为宜。该站可向Ⅲ级站分发气瓶，也可直接供应客户。气瓶总容积不宜超过 6m^3(相当于 15kg 钢瓶约 170 瓶)。Ⅲ级站的供应规模不宜超过 1000 户。由于这类储气站数量多，环境复杂，故限制气瓶总容积不得超过 1m^3(相当于 15kg 钢瓶约 28 瓶)。

（三）液化石油气气化站

液化石油气气化站的储罐设计总容量可按月平均 3 倍左右的用气量计算确定。气化器台数不应少于 2 台，其中至少应有 1 台备用，储罐不应少于 2 台。液化石油气气化站通常规模及占地见表 7-35。

表 7-35　液化石油气气化站规模与占地面积

规模/户	占地面积/m^2
450	400
1400	1500
6000	2500

四、秸秆燃气供气规划

秸秆气化集中供气系统主要由秸秆气化机组、燃气输配系统、户内燃气系统三个部分组成。

（一）秸秆气化机组

秸秆气化机组由加料器、气化反应炉、净化装置、风机和电控系统五部分组成。秸秆经自然风干和处理后，进入秸秆气化机组，在气化炉中经热解、氧化和还原反应，转换成为可燃气体；燃气被送入燃气净化器，除去其中的灰尘和焦油等，并冷却到常温，经风机加压后送入燃气输配系统。

（二）燃气输配系统

气化机组产生的燃气在常温下不能液化，必须通过输配系统送至用户。燃气输配系统包括储气罐、附属设备和输气管网。

在一天中燃气用量的波动是相当大的，连续产气的气化炉不能解决短期高峰用气，储气罐用于调节高峰和低谷用气量。

管网由燃气供给用户的管道组成，具体按照燃气输配管网规划的要求进行。

（三）户内燃气系统

户内燃气系统由煤气表、滤消器、阀门、专用燃气灶具等组成。

五、燃气输配管网规划

（一）燃气管网系统

村庄燃气管道的压力主要为中压和低压。中压管道设计压力在 $0.01<P\leqslant 0.4$MPa，低压管道设计压力 $P<0.01$MPa。

为保证供气可靠，燃气管网宜采用环形结构，也可选用树状管网系统供气。村庄燃气管网系统一般为一级管网系统，即布置成独立的低压燃气管网系统；如果有条件由外部引入中压燃气，也可布置成二级管网系统。

（二）燃气管网布置原则

燃气管网布置一般应遵循以下原则：①应符合国家规范和相关规划的要求；②干线应尽量靠近大型用户；③尽量沿道路单侧敷设；④不准敷设在建筑物的下面，不准与其他管线上下重叠敷设；⑤应尽量不穿越公路、铁路、沟道和其他大型构筑物。

（三）管道的安全距离

为了确保安全，燃气管道与建（构）筑物或相邻管道之间，在水平和垂直方向上应保持一定的安全距离，管道的埋深应不小于最小覆土深度。

第九节　村庄的管线综合规划

一、概述

（一）工程管线的种类

工程管线的分类方法很多，各种分类方法反映了管线的特征。

1. 按性能和用途分类

给水管道：包括工业给水、生活给水、消防给水等管道。

排水沟管：包括工业污水（废水）、生活污水、雨水等管道和明沟。

电力线路：包括高压输电、中低压配电、生产用电等线路。

电信线路：包括电话、有线广播、有线电视、宽带网等线路。

热力管道：包括蒸汽、热水等管道。

可燃气体管道：包括煤气、天然气等管道。

空气管道：包括新鲜空气、压缩空气等管道。

工业生产专用管道：主要是工业生产上用的管道，如氯气管道及化工专用的管道等。

2. 按输送方式分类

压力管：指管道内流动介质由外部施加力使其流动的工程管线，通过一定的加压设备将流体介质由管道系统输送给终端用户，如给水管道、煤气管道均需压力输送。

重力自流管：指管道内流动着的介质，由重力作用沿其设置的方向流动的工程管线。这类管线有时还需要中途提升设备将流体介质引向终端，如污水管道、雨水管道为重力自流输送。

3. 按敷设方式分类

架空线：指通过地面支撑设施在空中布线的工程管线，如架空电力线、架空电话线等。

埋地管线：指在地面以下有一定覆土深度的工程管线。根据覆土深度不同，埋地管线又可分为深埋和浅埋两类。管道覆土深度大于 1.5m 的为深埋。

4. 按弯曲程度分类

可弯曲管线：指通过某些加工措施易将其弯曲的工程管线，如电信电缆、电力电缆、自来水管道等。

不易弯曲管线：指通过加工措施不易将其弯曲的工程管线或强行弯曲会损坏的工程管线，如电力管道、电信管道、污水管道等。

(二) 工程管线综合术语

(1) 管线水平净距：指平行方向敷设的相邻两管线外壁之间的水平距离。

(2) 管线垂直净距：指两条管线上下交叉敷设时，从上面管道外壁最低点到下面管道外壁最高点之间的垂直距离。

(3) 管线埋设深度：指地面到管道底(外壁)的距离，即地面标高减去管底标高。

(4) 管线覆土深度：指地面到管道顶(外壁)的距离，即地面标高减去管顶标高。

(5) 同一类别管线：指相同专业且具有同一使用功能的工程管线。

(6) 不同类别管线：指具有不同使用功能的工程管线。

(7) 专项管沟：指敷设同一类别工程管线的专用管沟。

(8) 综合管沟：指不同类别工程管线的专用管沟。

管线埋设深度、覆土深度、管底标高、垂直净距的关系如图 7-10 所示。

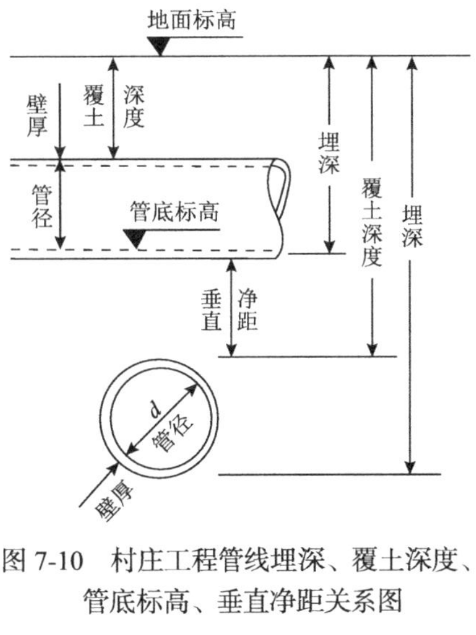

图 7-10　村庄工程管线埋深、覆土深度、管底标高、垂直净距关系图

(三) 工程管线综合规划的主要内容

工程管线综合规划的主要内容包括：①分析管线综合现状；②检查各专业工程管线之间是否存在矛盾，提出调整意见；③最小垂直净距；④确定各种工程管线在地下敷设时的最小覆土深度；⑤估算工程量。

二、管线综合规划

（一）一般原则

管线综合规划一般原则包括：①管线综合布置应与各层次规划、竖向设计和绿化布置相协调；②管线敷设方式应根据管线的性质、地形、生产安全、交通运输、施工检修等因素，经技术经济比较后择优确定；③充分利用现状管线，改建、扩建工程中的管线不应妨碍现有管线的正常使用；④当管线间距不能满足规范规定时，在采取有效措施后可适当减小。

（二）直埋敷设

(1)严寒或寒冷地区给水、排水、燃气等工程管线应根据土壤冰冻深度确定覆土深度；热力、电信、电力电缆等工程管线及严寒或寒冷地区以外的工程管线应根据土壤性质和地面承受荷载的大小确定覆土深度。工程管线的最小覆土深度应符合表 7-36 的规定。

表 7-36　工程管线的最小覆土深度　（单位：m）

<table>
<tr><td colspan="2">序号</td><td colspan="2">1</td><td colspan="2">2</td><td colspan="2">3</td><td>4</td><td>5</td><td>6</td><td>7</td></tr>
<tr><td colspan="2" rowspan="2">管线名称</td><td colspan="2">电力管线</td><td colspan="2">电信管线</td><td colspan="2">热力管线</td><td rowspan="2">燃气管线</td><td rowspan="2">给水管线</td><td rowspan="2">雨水排水管线</td><td rowspan="2">污水排水管线</td></tr>
<tr><td>直埋</td><td>管沟</td><td>直埋</td><td>管沟</td><td>直埋</td><td>管沟</td></tr>
<tr><td rowspan="2">最小覆土深度</td><td>人行道下</td><td>0.50</td><td>0.40</td><td>0.70</td><td>0.40</td><td>0.50</td><td>0.20</td><td>0.60</td><td>0.60</td><td>0.60</td><td>0.60</td></tr>
<tr><td>车行道下</td><td>0.70</td><td>0.50</td><td>0.80</td><td>0.70</td><td>0.70</td><td>0.20</td><td>0.80</td><td>0.70</td><td>0.70</td><td>0.70</td></tr>
</table>

引自《城市工程管线综合规划规范》(GB50286—1999)。10kV 以上直埋电力电缆管线的覆土深度不应小于 1m。

(2)工程管线在道路下面的规划位置应布置在人行道或非机动车道下面。电信电缆、给水输水、燃气输气及污水、雨水排水等工程管线可布置在非机动车道或机动车道下面。

(3)工程管线在道路下面的规划位置宜相对固定。从道路红线向道路中心线方向平行布置的次序，应根据工程管线的性质、埋设深度等确定。分支线少、埋设深、检修周期短和可燃、易燃和损坏时对建筑物基础安全有影响的工程管线应远离建筑物。布置次序宜为：电力电缆、电信电缆、燃气配气、给水配水、热力干线、燃气输气、给水输水、雨水排水、污水排水。

(4)工程管线在庭院内建筑线向外方向平行布置的次序，应根据工程管线的性质和埋设深度确定。布置次序宜为：电力、电信、污水排水、燃气、给水、热力。

当燃气管线可在建筑物两侧中任意一侧引入均满足要求时，燃气管线应布置在管线较少的一侧。

(5)工程管线的布置应与道路中心线平行，主干管应布置在分支管较多的一侧，同一管线不宜自道路的一侧转到另一侧。

道路红线宽度超过 30m 时宜两侧布置给水和燃气管线，道路红线宽度超过 50m 时宜两侧布置排水管线。

(6)当工程管线交叉敷设时，自地表面向下的排列顺序宜为：电力管线、热力管线、燃气管线、给水管线、雨水排水管线、污水排水管线。

(7)工程管线之间及其建(构)筑物之间的最小水平净距应符合表 7-37 的规定。

(8)各种工程管线交叉点的标高，应根据排水管线的标高确定。工程管线交叉时的最小垂直净距应符合表 7-38 的规定。

表 7-37　工程管线之间及其与建(构)筑物之间的最小水平净距

（单位：m）

管线名称	建筑物	给水管 d≤200mm	给水管 d>200mm	污水雨水排水管	燃气管 低压	燃气管 中压 A	燃气管 中压 B	热力管 直埋	热力管 地沟	电力电缆 直埋	电力电缆 地沟	电信电缆 直埋	电信电缆 地沟	乔木	灌木	地上杆柱 通信照明及<10kV	地上杆柱 高压铁塔 ≤35kV	地上杆柱 高压铁塔 >35kV	道路侧石边缘	铁路钢轨(或坡脚)
建筑物	—	1	3	2.5	0.7	1.5	2	2.5	0.5	0.5		1	1.5	3	1.5					6
给水管 d≤200mm	1	—		1		0.5		1.5		0.5		1		1.5		0.5	3		1.5	5
给水管 d>200mm	3			1.5																
污水雨水排水管	2.5	1	1.5		1	1.2		1.5		0.5		1		1.5		0.5	15		1.5	
燃气管 低压	0.7	0.5		1	DN≤300mm0.4	DN>300mm0.5	—	1		0.5		0.5	1	1.2		1	1	5	1.5	
燃气管 中压 A	1.5			1.2				1	1.5	0.5										
燃气管 中压 B	2																			
热力管 直埋	2.5	1.5		1.5	1	1	—	—		2		1		1.5		1	2	3	1.5	1
热力管 地沟	0.5					1.5	—													
电力电缆 直埋	0.5	0.5		0.5	0.5		—	2		—		0.5		1			0.6		1.5	3
电力电缆 地沟																				
电信电缆 直埋	1	1		1	0.5		—	1		0.5		—		1	1	0.5	0.6		1.5	2
电信电缆 地沟	1.5				1		—							1.5						
乔木	3	1.5		1.5	1.2		—	1.5		1		0.5		—		1.5	—		0.5	
灌木	1.5											1								
地上杆柱 通信照明及<10kV		0.5		0.5	1			1		0.6		0.5		1.5		—			0.5	—
地上杆柱 高压铁塔 ≤35kV		3		1.5	1			2				0.6		—						
地上杆柱 高压铁塔 >35kV					5			3												
道路侧石边缘		1.5		1.5	1.5			1.5		1.5		1.5		0.5		0.5			—	—
铁路钢轨(或坡脚)	6	5						1		3		2		—					—	—

引自《城市工程管线综合规划规范》(GB50286—1999)。

表 7-38 工程管线交叉时的最小垂直净距 （单位：m）

管线名称		给水管线	污、雨水排水管线	热力管线	燃气管线	电信管线		电力管线	
						直埋	管沟	直埋	管沟
给水管线		0.15	—	—	—	—	—	—	—
污、雨水排水管线		0.40	0.15	—	—	—	—	—	—
热力管线		0.15	0.15	0.15	—	—	—	—	—
燃气管线		0.15	0.15	0.15	0.15	—	—	—	—
电信管线	直埋	0.50	0.50	0.15	0.50	0.25	0.25	—	—
	管块	0.15	0.15	0.15	0.15	0.25	0.25	—	—
电力管线	直埋	0.15	0.50	0.50	0.50	0.50	0.50	0.50	0.50
	管沟	0.15	0.50	0.50	0.1 5	0.50	0.50	0.50	0.50
沟渠（基础底）		0.50	0.50	0.50	0.50	0.50	0.50	0.50	0.50
涵洞（基础底）		0.15	0.15	0.15	0.15	0.20	0.25	0.50	0.50

（三）综合管沟

（1）综合管沟内宜敷设电信电缆管线、低压配电电缆管线、给水管线、热力管线及污水、雨水排水管线。

（2）综合管沟内相互无干扰的工程管线可设置在管沟的同一个小室；相互有干扰的工程管线应分别设在管沟的不同小室。电信电缆管线与高压输电电缆管线必须分开设置；给水管线与排水管线可在综合管沟一侧布置，排水管线应布置在综合管沟的底部。

（3）工程管线干线综合管沟的敷设，应设置在机动车道下面，其覆土深度应根据道路施工、行车荷载和综合管沟的结构强度及当地的冰冻深度等因素综合确定；敷设工程管线支线的综合管沟，应设置在人行道或非机动车道下，其埋设深度应根据综合管沟的结构强度及当地的冰冻深度等因素综合确定。

（四）架空管线

（1）架空敷设的工程管线，其位置应根据规划道路的横断面确定，并应保障交通畅通、居民的安全及工程管线的正常运行。

（2）架空线线杆宜设置在人行道上，距路缘石不大于 1m 的位置；有分车绿带的道路，架空线线杆宜布置在分车绿带内。

（3）电力架空杆线与电信架空杆线宜分别架设在道路两侧，且与同类地下电线位于同侧。同一性质的工程管线宜合杆架设。

（4）架空管线与建（构）筑物等的最小水平净距应符合表 7-39 的规定。架空管线交叉时的最小垂直净距应符合表 7-40 的规定。

表 7-39 架空管线之间及其与建（构）筑物之间的最小水平净距 （单位：m）

名称		建筑物（凸出部分）	道路（路缘石）	铁路（轨道中心）	热力管线
电力	10kV 边导线	2.0	0.5	杆加高 3.0	2.0
	35kV 边导线	3.0	0.5	杆加高 3.0	1.0
	110kV 边导线	1.0	0.5	杆加高 3.0	4.0
电信杆线		2.0	0.5	4/3 杆高	1.5
热力管线		1.0	1.5	3.0	—

引自《城市工程管线综合规划规范》（GB50286—1999）。

表 7-40　架空管线之间及其与建(构)筑物之间交叉时的最小垂直净距　(单位：m)

名称		建筑物(顶端)	道路(地面)	铁路(轨顶)	电信线		热力管线
					电力线有防雷装置	电力线无防雷装置	
电力管线	10kV 及以下	3.0	7.0	7.5	2.0	4.0	2.0
	35～110kV	4.0	7.0	7.5	3.0	5.0	3.0
电信杆线		1.5	4.5	7.0	0.6	0.6	1.0
热力管线		0.6	1.5	6.0	1.0	1.0	0.25

引自《城市工程管线综合规划规范》(GB50286—1999)。横跨道路或与无轨电车馈电线平行的架空电力线距地面应大于 9m。

第十节　村庄的用地竖向规划

一、任务和要求

村庄用地竖向规划是指村庄为满足道路交通、地面排水、建筑布置和村庄景观等方面的综合要求，对自然地形进行利用、改造、确定坡度、控制高程和平衡土石方等方面进行的规划。

村庄用地竖向规划的主要任务是利用和改造各用地的自然地形，选择合理的设计标高，使之满足村庄生产和生活的使用要求。村庄用地竖向规划应达到以下要求：适应新村庄建设的需要，协调解决好道路交通运输、地面排水、防洪排涝等方面的要求；因地制宜，为美化村庄景观环境创造必要的条件；同时应达到土方工程量少、投资省、建设速度快、综合效益佳的效果；并尽可能减少对原始自然环境的损坏；保护生态环境，增强景观效果。

二、用地竖向规划的内容

用地竖向规划是配合村庄建设用地的选择与用地布局方案，进行用地的地形、地貌、地质分析，充分利用与恰当改造地形，确定主要控制点的规划标高。具体内容主要是：①分析规划用地的地形、坡度，评价建设用地条件，确定村庄建设的发展方向和规划建设用地；②分析规划用地的分水线、汇水线、地面坡向，确定防洪排涝及排水方式；③确定防洪(潮、浪)堤顶及堤内地面最低控制标高；④确定无洪水危害内江河湖海岸最低的控制标高；⑤根据排洪、通航的需要，确定大桥、港口、码头等点的控制标高；⑥确定村庄主干道与公路、铁路交叉口点的控制标高；⑦分析村庄雨水主干管进入江、河的可行性，确定道路及控制标高；⑧选择村庄主要景观控制点，确定主要观景点的控制标高。

三、村庄的选址

在村庄用地分析评定时，应同时注意竖向规划的要求，要尽量做到利用地形，地尽其用。要研究工程地质及水文地质情况，如地下水位的高低、河湖水位洪水位及受淹地区。对那些防洪要求高的用地和建筑物不应选低地，以免提高设计标高而使填方过多、工程费用过大。

竖向规划要配合利用地形，而不要把改造地形、土地平整看做是主要目的。

在村庄干道选线时，要尽量配合自然地形，不要追求道路网的形成而不顾起伏变化的地形。要对自然坡度及地形进行分析，使干道的坡度既符合道路交通的要求又不致填挖土方太多，不要为追求道路的过分平直而不顾地形条件。地形坡度大时，道路一般可与等高线斜交，避免与等高线垂直，也要注意干道不能没有坡度或坡度太小，以免路面排水困难或对埋没自流管线不利。干道的标高宜低于附近住宅用地的标高，干道沿汇水沟选线，对于排除地面水和埋设排水管均有利。

四、地形条件与用地评定

村庄各项工程建设总是要体现在用地上的。不同的地形条件对规划布局、道路走向、线形、各种工程的建设及建筑的组合布置、村庄的轮廓、形态等都有一定的影响。但是，经过规划与建设，也将对自然地貌进行某种程度的塑造，而呈现出新的地表形态。

为了便于建设与营运，多数村庄与集镇选择在平原、河谷地带或是低丘山冈、盆地等地方修建。平原大都是沉积或冲积底层，具有广袤平坦的地貌景观。山区由于地形、地质、气候等情况比较复杂，在用地组织和工程建设方面往往会遇到较多困难。在丘陵地区，当然也可能会有一些棘手的工程问题，但在一些低丘地区，恰当地选择用地，通过因地制宜的细致规划，也可以有良好的建设效果。

在小地区范围，地形还可以进一步划分为多种形态，如山谷、山坡、冲沟、盆地、谷道、河漫滩、阶地等。

地形条件对规划与建设的影响具体表现在以下方面：影响规划的布局、平面结构和空间布置。例如，河谷地带、低丘山地和水网地区等，往往展现不同的布局结构。随之，这些村庄的市政等工程建设也有着相应的特色，如果水网地区河道纵横，桥梁工程就比较多。地面的高程和用地各部位之间的高差是对制高点的利用、用地的竖向规划、地面排水及洪水的防范等方面的设计依据。

地面的坡度对规划与建设有着多方面的影响。例如，在平地常要求不小于 0.3%的坡度，以利于地面水的排除、汇集和管网设置。但地形过陡也将出现水土冲刷等问题。地形坡度的大小对道路的选线、纵坡的确定及土石方工程量的影响尤为显著。各项设施对用地坡度都有所要求，一般适用坡度参考表 7-41。

表 7-41　村庄建设用地适用坡度

项目	坡度/%	项目	坡度/%
工业	0.5～2	铁路站场	0.0～0.25
居住建筑	0.3～10	对外主要公路	0.4～3
主干道	0.3～0.6	次干道	0.3～8

第十一节　村庄的环境卫生工程规划

一、概述

为了保证村庄居民有一个良好的居住、工作和生活环境，需要科学规划和合理配置村庄环境卫生设施。村庄环境卫生工程规划的主体程序是废物量预测→确定村庄环境卫生工程规划目标→各类环境卫生工程设施规划→详细规划范围内环境卫生工程设施布置。

（一）环境卫生设施的种类

具备从整体上改善环境卫生，限制或消除生活废弃物危害功能的设备、容器、构筑物、建筑物及场地等统称为环境卫生设施。

环境卫生设施根据其职能和作用，可分为以下两个大类：环境卫生公共设施和环境卫生工程设施。此外，还有基层环境卫生机构及其工作场所等环境卫生设施。

设置在公共场所等处，为社会公众提供直接服务的环境设施统称为环境卫生公共设施。环境卫生公共设施可分为以下三类：公共厕所、生活垃圾收集点、废物箱。

具有生活废弃物转运、处理及处置功能的较大规模的环境卫生设施称为环境卫生工程设施。环境卫生工程设施主要包括以下四类：垃圾收集站、垃圾转运站、水域保洁工作基地、生活垃圾卫生填埋场。

其他的环境卫生设施还有车辆清洗站、环境卫生车辆停车场、洒水车供水器等。

（二）环境卫生工程规划的内容

(1)分析现状村庄环境卫生工程发展水平和存在问题。

(2)预测垃圾排出总量。

(3)提出垃圾的收集、运输、处理、综合利用及消纳的原则和方案。

(4)确定环卫所、环卫站等主要环境卫生工作机构的用地面积和位置。

(5)确定垃圾转运站、水域保洁工作基地、生活垃圾卫生填埋场等主要环境卫生工程设施的规模和位置。

(6)确定环卫运输车辆、船舶等机具的停放及修理场所的规模和位置。

(7)确定公共厕所、生活垃圾收集点、废物箱、环卫工人作息点等设施的规划指标。

（三）环境卫生设施规划的基本要求

村庄环境卫生设施规划必须从总体上符合村庄总体规划的功能要求，布局合理、美化环境、方便使用、整洁卫生和有利于环境卫生作业的要求，并应与旧区改造、新区的开发建设同时规划、设计、施工、验收和使用；满足村庄生活垃圾收集、运输、处理等功能，贯彻生活垃圾无害化、减量化和资源化的原则，实现生活垃圾的分类收集、分类运输、分类处理和分类处置。

垃圾处理场、垃圾填埋场等重大环境卫生工程设施的设置应做到联建共享、区域共享、城乡共享，实现环境卫生重大基础设施的优化配置。

生活垃圾、商业垃圾、建筑垃圾和粪便的收集、中转、运输、处理、利用等所需的设施和基地必须统一规划、设计和配置，其规模与形式由日产量、收集方式和处理工艺确定。

在住宅域内、商业文化街区、村庄道路、商场、集贸市场、影剧院、体育场(馆)、车站、客运码头、街心花园等附近及其他居民活动频繁的场所，均应设置垃圾收集容器或垃圾收集容器间、公共厕所等环境卫生公共设施。

二、垃圾排出总量预测

村庄垃圾包括生活垃圾、工业垃圾和建筑垃圾三类。本节主要阐述生活垃圾、工业垃圾排出量的预测。

(一)生活垃圾排出量的预测

村庄生活垃圾是指村庄日常生活中或者为村庄日常生活提供服务的活动中产生的固体废弃物及法律、行政法规规定视为村庄生活垃圾的固体废物。

生活垃圾包括来源于居民家庭、商业活动及街道清扫中产生的固体废弃物。生活垃圾应进行资源化回收及利用，加快垃圾分类收集，以利于垃圾处理减量化、资源化、无害化。

村庄生活垃圾排出量的预测一般采用基于调查的人均指标法进行测算，即根据现状人均垃圾的产生量和历年平均增长率，以及规划期末村庄人口数来推算垃圾总量。目前，我国村庄垃圾人均产生量为0.8～1.8kg/(人·d)，垃圾的年增长率一般为10%左右。

(二)工业垃圾排出量的预测

工业垃圾产出量的计算方法主要有实测法、物料衡算法和经验计算法。村庄一般采用经验计算法。

经验计算法是根据经验计算公式或生产过程中得出的经验产率来计算固体废弃物产率或产生量的一种方法。应用经验计算公式要搞清物料的来源、数量和组成；同一生产工艺，物料组成不同，经验公式也不相同。应用产率计算的关键在于取得不同生产工艺、不同生产规模下准确的单位产品产率。采用经验产率，要结合各行各业的实际情况，选择适当的数值，以保证计算结果与实际情况相符。

三、村庄环境卫生公共设施规划

(一)公共厕所

1. 公共厕所的配置

公共厕所的配置应选择在：①新建住宅区及老居民区；②村庄中心、商业街、步行街、集贸市场、停车场及其他公共场所；③主要交通干道；④车站、码头等对外交通设施；⑤风景名胜古迹游览区、广场、公园附近。

公共厕所是村庄居民公共使用的卫生设施，位置应选择在明显、易找之处；在公共厕所邻近的道路旁，应设置明显、统一的公共厕所标志。公共厕所应与村庄排水系统相结合。

2. 公共厕所的数量

公共厕所设置的数量应符合《城镇环境卫生设施设置标准》(CJJ27—2005/J406—2005)的要求，具体见表7-42。

表7-42　公共厕所设置数量指标

用地类别	设置密度/(座/km^2)	设置间距/m	建筑面积/(m^2/座)	独立式公共厕所用地面积/(m^2/座)
居住用地	3～5	500～800	30～60	60～100
公共设施用地	4～11	300～500	50～120	80～170
工业用地和仓储用地	1～2	800～1000	30	60

引自《城市环境卫生设施规划规范》(GB50337—2003)。

3. 公共厕所的类型

公共厕所按其建设形式分为独立式和附属式。独立式应与附近的建筑群体一并统一规划，相互协调。附属式的公共厕所应结合主体建筑一并设计和建造，并向社会公众全天候开放。

(二) 垃圾收集点

村庄垃圾收集点规划布置一般要求如下。

(1) 垃圾分类收集容器应清楚地标明收集的垃圾类别，分类收集的垃圾应分类运输。

(2) 供居民使用的垃圾收集投放点的位置应固定，并应符合方便居民和不影响市容观瞻、利于垃圾的分类收集和机械化清除等方面的要求。

(3) 垃圾收集点的服务半径不超过 70m。在规划建造新住宅区时，未设垃圾收集站的多层住宅每 4 幢设置 1 个垃圾收集点，并建造垃圾容器间，安置活动垃圾箱(桶)；容器间内应设给排水和通风设施。市场、交通客运枢纽及其他产生生活垃圾量较大的设施附近应单独设置生活垃圾收集点。

(4) 医疗垃圾等危险废弃物必须单独收集、单独运输、单独处理，其垃圾容器应封闭并应具有便于识别的标志。

(5) 各类垃圾容器的容量和数量应按使用人口、各类垃圾日排出量、种类和收集频率计算。垃圾存放容器的总容量必须满足使用要求，垃圾不得溢出而影响环境。

(三) 废物箱

废物箱一般设置在道路两旁和路口，以及各类交通客运设施、公共设施、广场、社会停车场等的出入口附近；废物箱应美观、卫生、耐用，并能防雨、抗老化、防腐、阻燃。

废物箱的设置应便于废物的分类收集，分类废物箱应有明显的标志并易于识别。废物箱的设置间隔一般为：商业、金融业街道为 50～100m；主干路、次干路为 100～200m；支路为 200～400m。

四、村庄环境卫生工程设施规划

(一) 垃圾转运站

用中、小型垃圾收集运输车将分散收集到的垃圾集中起来，借助机械设备转装到大型垃圾运输车，再进入由建筑物、构筑物等组成的环境卫生工作场所，即垃圾转运站。较大的村庄或镇区可设置垃圾转运站，一般为小型垃圾转运站。普通村庄不必设置垃圾转运站，由垃圾运输车直接到垃圾收集点收集。

垃圾转运站宜设置在交通运输方便、市政条件较好并对居民影响较小的地区。小型转运站用地面积不宜小于 800m^2。垃圾转运站外形应美观，并与周围环境相协调，操作应实现封闭、减容、压缩，设备力求先进。飘尘、噪声、臭气、排水等指标应符合相应的环境保护标准。

(二) 水域保洁工作基地

为加强对水面垃圾的管理，水域保洁是村庄环境卫生管理的重要工作。需要进行水域保洁的村庄，可根据需要采用定点拦截设施、人工打捞船和机械清扫船。机械清扫船的数量可根据作业距离，按每 25km 清扫河道长度配置一艘清扫船。水上环境卫生工作场所应按生产、管理需要设置，应有水上岸线和陆上用地。

(三) 生活垃圾卫生填埋场

生活垃圾填埋场的设置宜从区域统一考虑配置，做到联建共享、区域共享、城乡共享，符合所在地区的总体规划和环卫专业规划的要求，根据村庄的规模、垃圾产生量等进行规划和建设，避免建设小而散的填埋场，以减少污染点。

垃圾填埋场的位置应符合下列要求：①位于建成区外、地质情况稳定、具备运输条件、人口密度低、土地及地下水利用价值低的地区；②距大、中城市规划建成区应小于5km，距小城市建成区应大于2km，距居民点应大于0.5km；③垃圾填埋场用地内绿化带宽度不应小于20m，并沿周边设置，四周设置宽度不小于100m的防护绿地或生态绿地。

垃圾填埋场应考虑其场地防渗，防止对周围环境的影响。垃圾填埋后会产生甲烷等易燃易爆气体，国内外由填埋气体的聚集和迁移引起的爆炸和火灾事故时有发生，因此必须采取有效的工程措施杜绝安全隐患。

由于垃圾填埋场易滋生蚊、蝇、鼠等，并且会产生灰尘、散发臭气，尤其在夏天，情况会更严重，为防止其对周围环境的影响，需要采取喷洒药物、覆土、设置防护区等措施。

第十二节　村庄的防灾设施规划

一、概述

村庄防灾工程规划包括消防工程规划、防洪工程规划、抗震工程规划、地质灾害防治工程规划、生命线系统防灾工程规划等内容。

（一）防灾工程规划的基本原则

为了提供村庄发展的良好环境，保障安全，村庄防灾工程规划应遵循以下原则。

(1)村庄防灾工程设施规划必须按照有关法律、规范和标准进行编制。

(2)村庄总体规划通过对用地适建性的分析评价，确定村庄建设用地的发展方向，实现避灾的目的；区域规划和村庄总体规划中有关消防、抗震、防洪等各项防灾专项规划，是对村庄防灾工作进行直接指导和防灾建设的依据。

(3)村庄防灾工程设施规划应与村庄总体规划及各专业规划相协调，以保障村庄安全。

(4)村庄防灾工程设施规划应结合当地的实际情况，综合进行村庄现状防灾设施的分析，开展气象、水文与工程地质、自然环境条件的研究；根据国家和地区防灾规划、村庄性质与规模、灾害损失分析和村庄发展总目标确定设防标准，制定防灾对策和措施，合理布置各项防灾设施，并做到远近期相结合。

(5)村庄防灾工程设施的建设、维护和使用，应考虑平灾结合，综合利用；注重防灾工程设施的综合使用和有效管理。

（二）防灾工程规划的内容

(1)确定村庄消防、防洪、抗震等设防标准。

(2)布局村庄消防、防洪、抗震等防灾设施。

(3)制定消防、防洪、抗震、地质灾害防治等防灾对策与措施。

(4)制定生命线系统保障的对策与措施。

二、村庄消防工程规划

村庄消防工程系统有消防站、消防给水管网、消火栓等设施。消防工程系统的功能是日常防范火灾，及时发现与迅速扑灭各类火灾，避免或减少火灾的损失。

(一)消防标准

村庄消防标准主要体现在建筑物、构筑物的防火设计上。国家在消防方面颁布的法律、法规和标准有100余种，在村庄消防工作中，这些法律、法规、标准是执行的依据。

与村庄规划密切相关的有关消防规范和标准主要有：《中华人民共和国消防法》(2008年10月28日修订)《建筑设计防火规范》(GB50016—2006)《农村放火规范》(GB50039—2010)《城镇消防站布局与技术装备标准》(GNJ1—82)《高层民用建筑设计防火规范》(GB50045—2005)《城市消防规划建设管理规定》(1989年9月1日颁布，1990年1月1日起实施)。村庄在规划建设时，其消防安全要求必须符合消防行政法规、技术规范和产品标准，使各项工程设施的消防问题符合相关规定要求，确保消防安全。

(二)消防常规措施

在村庄规划中主要考虑的消防工程常规措施是：①预防为主，防消结合，加强宣传教育，提高防火意识，增强社会消防法制观念；②从保证村庄消防安全出发，合理布局易燃易爆工业企业、仓库、堆场的位置；③合理设置村庄消防站；④正确设计和保障村庄消防车通道；⑤正确设计村庄给水管网和消防水压、水量，设置必要的市政消火栓；⑥保证火灾报警和消防指挥通信系统的畅通；⑦按照有关消防法规，进行各项工程建设。

(三)消防工程规划

1. 消防安全布局规划

在村庄总体布局中，必须将易燃易爆物品的工厂、仓库、谷场、堆场等设在村庄边缘的独立安全地区，并应与影剧院、商业街区、市场、文化娱乐场所、学校、住宅等人员密集的公共建筑或场所保持规定的防火安全距离。布局不合理的旧镇区，特别是严重影响村庄消防安全的单位或建筑物，必须纳入近期改建规划之内，有计划、有步骤地采取限期迁移或改变生产使用性质等措施，消除不安全因素。目前许多村庄由于缺乏规划，盲目建设、乱搭乱建情况比较严重，建设管理失控，特别是易燃易爆的工厂、仓库与住宅区、公共设施混杂布置，一旦发生事故，社会危害性极大。近年来，我国有些乡镇多次发生过类似事故，代价惨重，教训深刻。

散发可燃气体、可燃蒸气和可燃粉尘的工厂必须布置在村庄全年最小频率风向的下风侧，并与住宅、商业区或其他人员集中的地区保持规定的防火间距。石油化工企业、石油库、液化石油气储罐站等宜布置在村庄河流的下流，并应采取防止液体流入河流的可靠措施。

在村庄总体规划中应合理确定液化石油气供应站的瓶库、汽车加油站和燃气、天然气调压站的位置，并采取有效的消防措施确保安全。燃气管道和阀门井盖应有明显的标志。

镇区内新建的各种建筑物，应建造一、二级耐火等级的建筑，控制三级建筑物，严格限制修建四级建筑。

村庄中原有的耐火等级低、相互毗连的建筑密集区或大面积棚户区必须进行合理改造，积极采取防火分割、提高耐火性能、开辟防火间距和消防车通道等措施，改善和提高消防安全条件。

集贸市场、专业市场或营业摊点的设置，不得堵塞消防车道和影响消火栓的使用。

2. 消防给水规划

在进行村庄规划时，必须同时设计消防给水系统和消防设施；规划一般采用消防、生产、生活合一的给水系统。消防用水可以由给水管网、天然水源或消防水池供给。利用天然水源时，应设置通向水源地的消防车通道，并确保枯水期最低水位和冬季时消防用水的可靠性，同时要设置可靠的取水设施和停车场地。

1）消防用水量

《建筑设计防火规范》(GB50016—2006)中规定：城市、住宅室外消防用水量应按同一时间内的火灾次数和一次灭火用水量确定；同一时间内的火灾次数和一次灭火用水量不应小于表7-43的规定。

表 7-43 村庄、住宅同一时间内的火灾次数和一次灭火用水量

人数 N/万人	同一时间内的火灾次数/次	一次灭火用水量/(L/s)
$N\leqslant 1$	1	10
$1<N\leqslant 2.5$	1	15
$2.5<N\leqslant 5.0$	2	25
$5<N\leqslant 10.0$	2	35
…	…	…

工厂、仓库、堆场、储罐(区)和民用建筑的室外消防用水量，应按同一时间内的火灾次数和一次灭火用水量确定。其中，工厂、仓库、堆场、储罐(区)和民用建筑在同一时间内的火灾次数不小于表7-44的规定，工厂、仓库和民用建筑一次灭火的室外消火栓用水量不应小于表7-45的规定。

表 7-44 工厂、仓库、堆场、储罐(区)和民用建筑在同一时间内的火灾次数

名称	基地面积/hm^2	附有住宅人数/万人	同一时间内的火灾次数/次	备注
工厂	≤100	≤1.5	1	按需水量最大的一座建筑物[或堆场、储罐(区)]计算
		>1.5	2	工厂、住宅各一次
	>100	不限	2	按需水量最大的两座建筑物[或堆场、储罐(区)]之和计算
仓库、民用建筑	不限	不限	1	按需水量最大的一座建筑物[或堆场、储罐(区)]计算

表 7-45 工厂、仓库、堆场和民用建筑一次灭火的室外消火栓用水量

耐火等级	建筑物类别		建筑物体积 V/m^3					
			$V\leqslant 1500$	$1501<V\leqslant 3000$	$3001<V\leqslant 5000$	$5000<V\leqslant 20000$	$20000<V\leqslant 50000$	$V>50000$
			消防用水量/(L/s)					
一、二级	厂房	甲、乙类	10	15	20	25	30	35
		丙类	10	15	20	25	30	35
		丁、戊类	10	10	10	15	15	20
	仓库	甲、乙类	15	15	25	25	—	—
		丙类	15	15	25	25	35	45
		丁、戊类	10	10	10	15	15	20
	民用建筑		10	15	15	20	25	30
三级	厂房仓库	乙、丙类	15	20	30	40	45	—
		丁、戊类	10	10	15	20	25	35
	民用建筑		10	15	20	25	30	—
四级	丁、戊类厂房(仓库)		10	15	20	25	—	—
	民用建筑		10	15	20	25	—	—

2）消防给水管网设计

室外消防给水管道的设置除了满足《建筑设计防火规范》（GB50016—2006）等消防规范外，还应符合现行国家标准《室外给水设计规范》（GB50013—2006）的有关规定。

室外消防给水管道的要求：室外消防给水管网应布置成环状，以提高消防供水的可靠性；当室外消防用水量小于或等于 15L/s 时，为节约投资也可采用枝状管道，但有条件时，仍应首先考虑设计成环状管网。为确保环状给水管网的水源，向环状管网输水的输水管均不应少于两条，当其中一条发生故障或检修时，其余的进水管应能满足消防用水总量的供给要求。环状管道应采用阀门分成若干独立段，每段内室外消火栓的数量不宜超过五个。室外消防给水管道的最小直径应不小于 100mm。设置消火栓的消防给水管道的管径，应通过计算确定。如果计算出来的管道直径小于 100mm，仍应采用 100mm。实践证明，直径 100mm 的管道只能勉强供应一辆消防车用水，因此在条件许可时应尽量采用较大的管径。

3）室外消火栓布置

室外消火栓包括市政消火栓和建筑物周围设置的消火栓。室外消火栓的设置应符合现行国家标准《建筑设计防火规范》（GB50016—2006）的有关规定。

室外消火栓设置的要求主要有：室外消火栓应沿道路设置，当道路宽度超过 60m 时，宜在道路两边设置消火栓，并靠近十字路口。室外消火栓的间距应不大于 120m。室外消火栓的保护半径应不大于 150m。室外消火栓宜采用地上式消火栓。地上式消火栓应有 1 个 DN150 或 DN100 和 2 个 DN65 的栓口。采用室外地下式消火栓时，有 DN100 和 DN65 的栓口各 1 个。寒冷地区设置的室外消火栓应有防冻措施。为方便消防车从消火栓取水和保证消火栓的使用安全，消火栓距路边应不超过 2m，距房屋外墙不宜小于 5m。建筑的室外消火栓、阀门、消防水泵接合器等设置地点应设置相应的永久性固定标志。

（四）消防站规划

目前，我国村庄一般不设消防站；中心镇和规模较大的一般村庄应规划配置消防站，并为周围村庄服务，其责任区范围宜根据县（市）域规划来确定。

消防站的位置应选择在其责任区的中心或靠近中心的地点，同时要考虑为本镇服务。当消防站责任区的最远点发生火灾时，消防车可迅速赶到火场，及早进行扑救。

消防站必须设置在交通方便、利于消防车迅速出发的地点，一般可考虑设置在主要公路、街道的十字路口附近或主要街道的旁边。

为了使消防车在接警出动和训练时不致影响医院、学校、托儿所、幼儿园等单位的治疗、休息、上课等正常活动，同时为了防止人流集中时影响消防车迅速、安全地出动，消防站的位置距上述单位建筑应保持足够的距离，一般应在 50m 以上。

（五）消防通道规划

街区内的道路应考虑消防车的通行，其道路中心线间的距离不宜大于 160m。当建筑物沿街道部分的长度大于 150m 或总长度大于 220m 时，应设置穿过建筑物的消防车道。当确有困难时，应设置环形消防车道。

有封闭内院或天井的建筑物，当其短边长度大于 24m 时，宜设置进入内院或天井的消防车道。有封闭内院或天井的建筑物沿街时，应设置连通街道和内院的人行通道（可利用楼梯间），其间距不宜大于 80m。

在穿过建筑物或进入建筑内院的消防车道两侧，不应设置影响消防车通行或人员安全疏散的设施。超过 3000 个座位的体育馆、超过 2000 个座位的会堂和占地面积大于 3000m^2 的展览馆等公共建筑，宜设置环形消防车道。工厂、仓库区内应设置消防车道，符合相关的消防规范。消防车道的净宽度和净空高度均不小于 4.0m。供消防车停留的空地，其坡度不宜大于 3%。消防车道与厂房（仓库）、民用建筑物之间不应设置妨碍消防车作业的障碍物。

环形消防车道至少应有两处与其他车道连通。尽头式消防车道应设置回车道或回车场，回车场的面积不应小于 12m×12m；供大型消防车使用时，不宜小于 18m×18m。

（六）民用建筑防火间距

民用建筑之间的防火间距不应小于表 7-46 的规定。有关易燃易爆物品工业企业、仓库等建筑防火安全间距的要求详见《建筑设计防火规范》（GB50016—2006）和各专业技术标准规范。

表 7-46　民用建筑之间的防火间距（单位：m）

耐火等级	一、二级	三级	四级
一、二级	6	7	9
三级	7	8	10
四级	9	10	12

三、村庄防洪工程规划

村庄防洪工程系统有防洪堤、截洪沟、防洪闸、排涝泵站等设置。防洪工程系统的功能是采用避、拦、堵、截、导等各种方法，抗御洪水和潮汐的侵袭，排除涝灾，保护村庄安全。

（一）防洪标准

根据《防洪标准》（GB50201—2014）《城市防洪工程设计规范》（GB/T50805—2012）的有关规定，综合考虑村庄的人口规模、经济社会发展，受灾后造成的影响、经济损失、抢险难易，以及投资的可能性，因地制宜合理选定。一般城镇，防洪标准按 20～50 年一遇洪水频率来考虑。以乡村为主的防护区（简称乡村防护区），应根据其人口或耕地面积分为 4 个等级（表 7-47）。

表 7-47　乡村防护区等级和防洪标准

等级	防护区人口/万人	防护区耕地面积/万亩	防洪标准（重现期）/年
Ⅰ	≥150	≥300	100～50
Ⅱ	<150，≥50	<300，≥100	50～30
Ⅲ	<50，≥20	<100，≥30	30～20
Ⅳ	<20	<30	20～10

引自《防洪标准》（GB50201—2014）。

确定防洪标准时还应考虑：防洪标准及其规划应服从所在地区江河流域规划的总要求，不应孤立地从单个城镇来确定；邻近大型工矿企业、交通运输设施、水利水电工程、文物古迹和风景区等防护对象的村庄防洪规划，当不能分别进行防护时，应按就高不就低的原则，执行其中高的防洪标准；当涉及江河流域、工矿企业、交通运输设施、文物古迹和风景区等的防洪标准时，应根据现行的《防洪标准》（GB50201—2014）等相关规定执行；防洪堤顶的标高应考虑江河水面的浪高，要调查和研究汛期年内平均最大风速，按一定的公式计算浪高；有潮汛影响的河流还应考虑汛期洪水加上高潮的水位；对于山区城镇，应根据调查的降水量资料，用适合于当地的暴雨公式求出暴雨强度，推算山洪的流量、流速、水位等，作为修筑堤岸的依据。

（二）防洪工程规划

1. 基本原则

村庄防洪工程设计应以村庄总体规划及所在江河流域防洪规划为依据，遵循全面规划、综合治理、统筹兼顾、因地制宜、因害设防、防治结合、以防为主的原则。

集镇范围内的河道及沿岸的土地利用必须服从防洪要求，各项工程建设及其防洪措施不得低于该镇的防洪标准。

村庄防洪总体设计必须在村庄总体规划和流域防洪规划的基础上，根据洪水特性及其影响，结合村庄自然地理条件、社会经济状况和发展的需要确定。总体设计应根据不同的洪水类型(河洪、海潮、山洪和泥石流)选用相应的防洪措施，构建完整的防洪体系；因防洪措施影响而造成的内涝，应采取必要的排涝措施。

村庄防洪总体设计应保护生态环境。城镇的天然湖泊、水塘应予以保留和充分利用；防洪规划中可采取修筑山塘水库，整治湖、塘、洼地，调节径流，削减洪峰。同时应与农田灌溉、水土保持、绿化及村庄的给水排水等结合起来，达到综合利用的目的。

村庄防洪应与市政建设密切配合，在确保防洪安全的前提下，兼顾使用单位和有关部门的要求，提高投资效益。

2. 沿江沿河的村庄防洪规划

我国沿江沿河村庄的地理位置、流域特性、洪水特征、防洪现状及社会经济状况等方面千差万别。在防洪规划时要从实际出发，因地制宜。一般应注意以下三点。

(1) 以城镇防洪为主，与流域或区域防洪相配合，与上下游、左右岸的防洪设施相协调。位于江河湖泊沿岸的村庄防洪规划，上游应以蓄水分洪为主；中游应加固堤防，以防为主；下游应增强河道的排泄能力，以排为主。位于河网地区的村庄防洪规划，根据被河网分隔的情况，可采用分片封闭或区域封闭的形式，在与外部江河湖泊相通的河道上设置防洪闸和防洪泵站，以控制村庄的内河水位，达到防洪的目的。

(2) 村庄防洪规划应遵循泄蓄兼顾，以泄为主的原则。当沿江沿河村庄用地范围内的标高普遍低于防洪标准时，则采取加固河岸、修筑防洪堤坝、设置防洪闸和排涝泵站等措施，防止洪水浸入村庄；同时疏通河道，清除淤积，提高泄洪能力，确保防洪安全。我国北方地区降雨比较集中，洪水历时短，但洪峰流量大，而平时河道干涸，河床平浅，河滩较宽，故规划宜将河道加以整治，修筑河堤以束流导引。

(3) 与村庄总体规划相协调，同市政建设密切配合。防洪工程布置，要以城镇总体规划为依据，不仅要满足近期建设的要求，还要考虑村庄远期发展的需要，使防洪设施与市政建设相协调。滨江滨河的堤防作为交通道路、园林风景时，堤宽与堤顶防护应满足村庄道路、园林绿化的要求，岸壁形式要讲究美观，美化村庄环境。堤线布置以平顺为宜。堤距要充分考虑行洪要求。支流或排水渠道出口与干流防洪设施要妥善处理，防止洪水倒灌或排水不畅，形成内涝。当两岸地形开阔，可以沿干流和支流两侧修筑防洪墙，使支流泄洪畅通。

3. 山区村庄的防洪规划

山区河流两岸的村庄，不仅受江河洪水威胁，而且受山洪的危害更为频繁。山洪沟一般汇水面积较小，但沟床纵向坡度大，洪水来得突然，水流湍急，挟带泥沙，破坏力强，对村庄具有很大的危害。

山区村庄的防洪规划一般应注意以下三个方面的问题。

(1) 与流域防洪规划相结合。山区村庄的防洪一般包括临江临河地段防护和山洪防治两个部分。临江临河地段的防洪规划，可参照上述沿江沿河村庄防洪规划来进行；山洪的防治应以小流域为单元进行综合治理。

(2) 工程措施与植被措施相结合。对水土流失比较严重、沟壑发育的山洪沟，可采取工程措施与生物措施相结合的办法进行防治。工程措施主要为沟头防护，包括修筑谷坊、跌水、截洪沟、排洪沟和堤防等。植被措施主要为植树、种草，以防止沟槽冲刷，控制水土流失，消除山洪危害。

一般宜按水流形态和沟槽发育情况对山洪沟进行分段治理，山洪沟上游的集水坡地治理应以水土保持为主，中流沟应以小型拦蓄工程为主。

(3) 排洪渠道与截洪沟相结合。村庄位于山前区，地面坡度较大，山洪出山的沟口较多，对于这类村庄一般采用排(截)洪沟。当村庄靠山临水时，一般可采取防洪堤(或挡土墙护岸)和截洪沟相结合的综合防洪措施。

排洪渠道平面布置力求顺直，就近直接排入村庄下游河道，当条件允许时，可在村庄上游利用截洪沟将山洪引至集镇以外的水体。截洪沟的布置尽量采用明沟，避免从村庄建设用地范围内穿过。

4. 沿海村庄的防潮规划

沿海潮汛现象比较复杂，不同地区的潮型也不同，潮差变化较大。沿海村庄的防潮工程规划一般要考虑以下事项。

(1) 正确确定设计高潮位和风浪侵袭高度。沿海城镇不仅遭受天文潮袭击，更主要的是来自风暴潮，特别是天文潮和风暴潮相遇，往往使村庄遭受更大的灾害。因此，必须要进行详细调查研究，分析海潮变化规律，正确确定设计高潮位和风浪侵袭高度，然后针对不同潮型采取相应的防潮措施。

(2) 要尽可能符合天然海岸线。天然海岸线是多年形成的，一般比较稳定。因此，总体布置要尽可能地不破坏天然海岸线，不要轻易向海中伸入或作硬性改变，以免影响海水在岸边的流态和产生新的冲刷和淤积。

(3) 与村庄建设相协调。为了美化环境，常在沿海地带建设滨海道路、滨海公园及游泳场等设施。防潮工程在考虑安全和经济的情况下，构筑物造型要美观，与优美自然的环境相协调。

沿海村庄要注意港口码头的建设，不要侵占行洪通道，避免河流入海口受阻，增加洪水对村庄的威胁。

(4) 因地制宜选择防潮工程结构形式和消浪设施。当海岸地形平缓，有条件修建海堤和坡式护岸时，应优先选用坡式护岸，以降低工程造价。为了降低堤顶高程，通常采用坡面加糙的方法来有效地消减风浪。

当海岸陡峻，水深浪大，深泓逼岸时，应采用重力式护岸，以保证工程效益和减少维修费用。要做到基础处理，防止对基础冲刷。

当防潮构筑物上部设有防浪墙时，其迎水面宜做成反弧形，使风浪形成反射，以降低堤顶高程，节约工程投资。

四、村庄抗震工程规划

在抗震设防区的村庄，应该编制与实施抗震防灾规划。2015 年中央 1 号文件指出：“在地震高风险区实施农村民居地震安全工程”。

抗震设防区，是指地震基本烈度Ⅵ度及Ⅵ度以上地区(地震动峰值加速度≥0.05g 的地区)。

(一)抗震标准

1. 抗震设防要求

抗震设防是地震灾害预防中的一项工程性预防措施，主要是指对各类建设工程必须按抗震设防要求和抗震设计、施工规范进行抗震设计和施工；对已建成的建筑物，未采取抗震设防措施的应采取必要的加固措施。

抗震设防要求是指建设工程抗御地震破坏的准则和在一定风险水准下抗震设计采用的地震动参数。

新建、扩建、改建一般建设工程的抗震设计和已建一般建设工程的抗震鉴定与加固必须符合《中国地震动参数区划图》(GB18306—2015)规定的抗震设防要求进行。对于生命线及重大工程必须进行地震安全性评估。地震动峰值加速度分区与地震基本烈度对照见表 7-48。

表 7-48　地震动峰值加速度分区与地震基本烈度对照表

地震动峰值加速度分区(g)	<0.05	0.05	0.1	0.15	0.2	0.3	≥0.4
地震基本烈度	<Ⅵ	Ⅵ	Ⅶ	Ⅶ	Ⅷ	Ⅷ	≥Ⅸ

2. 抗震通用规范标准

抗震通用规范标准包括建筑及生命线工程抗震设计、抗震鉴定标准。抗震设计标准适用于新建、扩建工程；抗震鉴定标准适用于现有建筑物抗震鉴定和加固设计。

(1)抗震规划标准。国家发布的抗震规划标准主要有:《城市抗震防灾规划标准》(GB50413—2007)《中国地震动参数区划图》(GB18306—2015)《村庄和集镇综合防灾规划标准》《城市抗震防灾规划管理规定》(2003 年 7 月 1 日批准，2003 年 11 月 1 日起施行)。

(2)建筑抗震标准。国家发布的建筑抗震标准主要有:《构筑物抗震设计规范》(GB50191—2012)《建筑抗震鉴定标准》(GB50023—2009)。

(3)生命线工程抗震标准。国家及有关部门发布的生命线工程抗震标准主要有：《铁路工程抗震设计规范》(GB50111—2006)《公路工程抗震设计规范》(JTGB02—201)《水运工程水工建筑物抗震设计规范》(JTJ201—87)《水工建筑物抗震设计规范》(DL5073—2000)《电力设施抗震设计规范》(GB50260—2013)《室外给水排水和煤气热力工程抗震设计规范》(GB50032—2003)《室外给水排水工程设施抗震鉴定标准》(GBJ43—82)。

3. 抗震专用标准

工程抗震的专用标准是根据工程(或地区)特点，在通用标准的基础上所做的具体化或补充规定，包括对某些结构的抗震要求和措施所做的专门规定。国家及有关部门发布的抗震标准主要有：《铁路工程抗震鉴定标准》《水运工程水工建筑物抗震鉴定标准》《水工建筑物抗震鉴定标准》《通信设备抗震安装加固技术措施》《通信设备抗震加固验收办法》《工业设备抗震鉴定标准》。

（二）抗震常规措施

1. 村庄建筑物抗震防灾措施

（1）全面规划，科学建设；避免地震时发生次生灾害，如火灾、爆炸等。

（2）尽量选择对抗震有利的地基和场地。

（3）针对不同地基和场地，选择技术先进、经济合理的抗震结构方案，尽量做到"以柔克刚、以刚克柔"。

（4）建筑物平面造型的长宽比例要适度。

（5）建筑物平面刚度要均匀。

（6）对建筑物应力集中部位，构造上要适当加强。

（7）加强各部件连接，并使结构和连接部位要有较好的延性。

（8）尽量不做或少做地震时易倒塌、易脱落的建筑装饰物，如挑檐、女儿墙等。

（9）尽量减轻建筑物的自重，降低重心位置，适当加大楼房间距。

（10）砂浆标号不应低于M5，墙体砖标号不应低于MU7.5，混凝土标号不应低于C20。

2. 村庄生命线系统抗震防灾措施

村庄生命线系统包含交通系统、通信系统、供电系统、燃气和供热系统、给水排水系统及消防站、医疗机构，防灾措施主要是必须按照相应的国家规范进行规划建设，以保证震时、震后能正常工作。

（三）抗震工程规划

1. 村庄规划中避震减灾措施

（1）村庄建设发展用地选址时，应选择对抗震有利的场地和地基；尽量避开地震断裂带、溶洞区、液化土区、滑坡等地质不良地带，以及会扩大地震影响的山丘地形（表7-49）。

表7-49　有利、不利和危险地段的划分

地段类别	地质、地形、地貌
有利地段	稳定基岩，坚硬土，开阔、平坦、密实、均匀的中硬土等
不利地段	软弱土、液化土，条状突出的山嘴，高耸孤立的山丘，非岩质的陡坡，河岸和边坡的边缘，平面上分布有成因、岩性、状态明显不均匀的土层（如故河道、疏松的断层破碎带、暗埋的塘河沟谷和半填半挖地基）等
危险地段	地震时可能发生滑坡、崩塌、地陷、地裂、泥石流等及发展断裂带上可能发生地表位错的部位

（2）村庄建筑群规划时，应考虑保留必要的空间与间距，使建筑物一旦震时倒塌，不致影响别的建筑或阻塞人员疏散通道。

（3）村庄规划中合理确定道路的宽度，使之灾时仍能保持通畅，满足救灾与疏散的需要。同时，应充分利用村庄绿地、广场、停车场作为震时临时疏散场所。

2. 抗震设施

（1）避震场所。村庄内学校操场、公园、广场、绿地等可作为临时避震场所。因此，这些场所除满足自身基本功能的需要和符合有关法律规范要求外，还要满足抗震救灾减灾方面的要求；这些设施的分布宜比较均匀，交通方便，地势较高；便于居民就地分散。

（2）疏散道路。村庄内的疏散通道主要是村庄的对外公路和村庄内的各级道路，为保证道路畅通，一般要求村庄道路两侧的建筑物距道路红线有一定的距离，并设置多个出入口，以防在震时和震后建筑物的倒塌而导致道路堵塞，影响救灾工作的及时开展。

3. 建筑抗震设防分类和设防标准

(1)建筑应根据其使用功能的重要性分为甲类、乙类、丙类、丁类四个抗震设防类别。甲类建筑应属于重大建筑工程和地震时可能发生严重次生灾害的建筑，乙类建筑应属于地震时使用功能不能中断或需尽快恢复的建筑，丙类建筑应属于除甲、乙、丁类以外的一般建筑，丁类建筑应属于抗震次要建筑。

(2)各抗震设防类别建筑的抗震设防标准应符合下列要求。

甲类建筑，地震作用应高于本地区抗震设防烈度的要求，其值应按批准的地震安全性评价结果确定；抗震措施，当抗震设防烈度为Ⅵ～Ⅷ度时，应符合本地区抗震设防烈度提高一度的要求，当为Ⅸ度时，应符合比Ⅸ度抗震设防更高的要求。

乙类建筑，地震作用应符合本地区抗震设防烈度的要求；抗震措施，一般情况下，当抗震设防烈度为Ⅵ～Ⅷ度时，应符合本地区抗震设防烈度提高一度的要求，当为Ⅸ度时，应符合比Ⅸ度抗震设防更高的要求；地基基础的抗震措施应符合有关规定。对较小的乙类建筑，当其结构改用抗震性能较好的结构类型时，应允许仍按本地区抗震设防烈度的要求采取抗震措施。

丙类建筑，地震作用和抗震措施均应符合本地区抗震设防烈度的要求。

丁类建筑，一般情况下，地震作用仍应符合本地区抗震设防烈度的要求；抗震措施应允许比本地区抗震设防烈度的要求适当降低，但抗震设防烈度为Ⅵ度时不应降低。

(3)抗震设防烈度为Ⅵ度时，除本规范有具体规定外，对乙、丙、丁类建筑可不进行地震作用计算。

五、村庄地质灾害防治工程规划

地质灾害，包括自然因素或者人为活动引发的危害人民生命和财产安全的山体崩塌、滑坡、泥石流、地面塌陷、地裂缝、地面沉降等与地质作用有关的灾害。

地质灾害防治工作应当坚持预防为主、避让与治理相结合和全面规划、突出重点的原则。

地质灾害除了造成人员伤亡、毁坏工程设施造成直接损失外，还破坏资源和环境，给社会经济发展带来十分不利的影响。特别是严重的滑坡、崩塌、泥石流等地质灾害主要分布在自然条件差、交通阻塞、经济基础薄弱的贫困山区，不但阻碍了这些地区脱贫致富、经济发展的步伐，而且加重了国家和其他地区的负担，影响全局经济发展目标的实现。因此，有效防治地质灾害不但对保护灾区人民生命财产安全具有重要的现实意义，而且对促进地区经济可持续发展具有广泛而深远的意义。

地质灾害防治规划包括以下内容：①地质灾害现状和发展趋势预测；②地质灾害的防治原则和目标；③地质灾害易发区、重点防治区；④地质灾害防治项目；⑤地质灾害防治措施等。

地质灾害防治措施包括以下内容：①位于易发生滑坡地段的村庄建设用地的选址，应根据气象、水文和地质等条件，对规划范围内的山体及其滑坡的稳定性进行分析评价，并作出用地说明。②在滑坡地带布置建筑物时，应避开可能产生滑坡、崩塌、泥石流的地段，充分利用自然排水系统，妥善处理建筑物、工程措施及其场地的排水，并做好隐患地段滑崩流的防治。③对位于规划区内的滑崩流地段，应避免改变其地形、地貌和自然排水系统，不得布置建筑物和工程设施。

六、村庄生命线系统防灾工程规划

村庄生命线系统包括供电线路、供水管网、供热管网、供气管网、交通线路、消防系统、医疗应急救援系统、地震等自然灾害应急系统。生命线系统完好率是衡量一个地区社会发展、基础设施建设水平及生态安全的重要指标。

(1)电力是生命线系统的核心，主电网应形成环路，并且是多路电源供电，还应备有自发电及可移动式的柴油发电机系统，以提高应急系统的可靠性。变电所、配电室、控制室、调度室一般应位于地势较高、不受洪水淹没的地段，这些设施的规划与建设必须按照国家规定的地震烈度提高一度设防。

(2)燃气储罐的基础应该坚实，防止地震时燃气的泄漏，诱发次生灾害；储气罐的进气管设有紧急切断阀，并设有手动和自动启闭装置，在地震时能自动切断电源。燃气管道采用钢管、灰口铸铁管；热力管道必须采用钢管，并敷设在管沟内；如必须通过地基土可液化地段时，应采用钢管。

(3)供水可采用分区供应，设置多水源，管网一般采用环状形式。

(4)电信要有线与五线结合，保证防灾救灾信息的迅速传播及告示的及时发布。

(5)保护铁路枢纽及铁路干线、公路等对外交通设施的安全，确保灾时、灾后交通运输的畅通和安全。

(6)提高医院建筑的设防标准，保证医院在灾时、灾后能正常工作；尽可能利用按照规定设防的医院作为抢救伤员的场所，保证出入口畅通。

生命线系统由长距离可连续设施组成，往往一处受灾，影响大片面积，因此，必须将生命线工程、结构物群当做一个整体来规划和研究。

第八章

村庄公共设施规划

第一节　公共设施规划概述

一、公共设施

（一）公共设施的概念

公共设施是指为村庄的村民生活直接提供社会性服务的设施，也间接为农村生产系统运行提供必要的服务。公共设施是村庄管理与发展的基础，属于物质建设的基本内容之一。它包括行政管理、商业服务、教育设施、医疗卫生、宗族、宗教文化、休闲环境、生产服务等公共设施。一般来说，农村公共服务主要包括有农村公共财政、农村教育服务、农村卫生服务、农村文化服务、农业生产服务、农村社会保障、农民就业服务、农村基础设施、农村扶贫开发等。

在中国传统聚落布局中，为了适应环境和满足居民生活的需要，出现了很多具有非生产性活动的场所。显然其不同于生活居住用房，应该具有某种非生产生活的功能，并因其重要性而位于中心地带。传统聚落的核心场所往往是商业的集散地、娱乐活动中心、休闲娱乐聚会的主要场所，通常有数种功能。传统聚落中有如鼓楼、宗祠、庙宇、牌坊、崇拜的老树等承载当地居民精神寄托的载体，所处的场所是充分表现当地民风、民俗的场所，但位置不一定处于聚落的中心。商业活动、娱乐、结交邻里是传统聚落核心功能里的主要组成部分。

综上所述，由于生产、生活的需要和精神寄托等方面的影响，农村居民需要有一处公共活动的场所。所以在当前的新农村建设中，基于对农村居民生活习惯的尊重，对民风民俗、历史文脉继承和对当前居民某些生活方式变化的考虑，提出农村广场规划。农村广场设计不应强硬模仿大中城市广场设计手法，可结合农村独有的特性，采用一种质朴的设计手法，利用当地材料、传统符号、社会、人文特色，展示地方自然风貌、风土人情，强调节点的实用性、观赏性、地方性与艺术性的结合。

（二）公共设施的分类

(1)行政管理类：包括村委会、党政机关、邮政所代办站、电信、广播、电视及社会团体驻地等。

(2)商业服务类：包括商店、超市、银行、信用社、饭店、招待所、旅馆、茶馆、停车场、修理部、理发馆、集贸市场、车站、码头、物流中心等。

(3)教育设施类：包括中学、小学、幼儿园、职业技术培训学校。

(4)文化科技类：包括文化站、图书室、科技站、影剧院、游乐健身场、展览馆、老年活动中心。

(5)医疗卫生类：包括卫生院、卫生所、卫生室、计划生育指导站、保健站、敬老院。

(6)宗教文物类：包括宗祠、寺庙、道观、教堂、红白理事场所、历史文物街区、文物等。

(7)休闲环境类：包括绿地、广场、游园、小品、雕塑等。

(8)生产仓储类：包括手工业企业、食品加工企业、仓库、堆场、大型农机存放场、粮食晾晒场等。

二、公共设施的特点

(一)公共设施的公共性

公共设施应属于社会的公共产品，它是为人类社会发展服务的，其建设投资应是社会公共项目的组成部分。按照我国社会主义所有制方式，一是国家所有，二是农民集体所有，农村的公共设施应该是由农民集体经济支付建设，但目前农村集体经济非常薄弱，没有足够的能力建设公共设施，从而造成农村公共设施严重不足。因此，国家财政应逐步加大这些方面建设资金的投入。

(二)人的基本生存权利

公共设施的建设与配备是社会发展必需的物质基础，也反映一个国家、社会的精神面貌。党和国家发展的基本目标就是让广大人民群众过上共同富裕的生活，享受丰富的精神文化生活。当前，社会主义核心价值观概括为24个字：富强、民主、文明、和谐，自由、平等、公正、法治，爱国、敬业、诚信、友善，而这种价值观的塑造离不开农村公共设施载体的建设，所以，村庄的公共设施建设是民权、民生的一个重要方面，应引起高度重视。

(三)农村公共设施的多功能性

农村公共设施的配备要注意诸多设施的多功能性。农村的公共设施与城市不同，一般公共设施利用既有必要性，也有时段性。因此，在建设新农村村庄公共设施时，要充分研究设施的综合利用特征。例如，建设行政管理中心时，应考虑把大型会议室、文艺演出、室内电影室、农民办理红白事等需要用的场所统一规划；把体育锻炼、活动广场与短时间晾晒粮食结合起来建设；村庄中的公园硬地与粮食晾晒场所、大型农机存放场等设施结合起来，统筹考虑。

三、公共设施的现状与问题

(一)目前国家投入农村公共财政总量不足，农村公共产品提供主体缺失

从居民转移性收入(主要是来自政府的转移性收入)来看，农村居民所获得的转移性收入及其增长都远低于城镇居民，政府对居民的转移性收入包括各种补贴、离退休金和养老金，以及救济款，它可以反映公共财政的投入力度。2003年，城市居民人均年收入为8121.84元，城市居民人均转移性收入为2030.46元，相当于人均全部年收入的25%；而农村居民人均年收入为4160元，农村居民家庭转移性收入仅为208元，相当于人均全部年收入的5%。无论是从政府对居民转移性收入的角度看，还是从国家财政支出的结构来看，过去一段时期，国

家对农村公共财政支持力度是不够的，农村公共财政财力薄弱，导致农村公共产品的供给存在主体缺失的问题，使得农村公共服务体系建设滞后。

（二）我国农村经济发展滞后制约了农村教育事业的发展

农村人口受教育程度偏低。受合并学校的影响，许多村庄已经没有了学校，学龄儿童需要到中心村上学，并且村庄留守儿童现象明显，农村学校食堂和宿舍不能满足学生寄宿要求。因此，要充分考虑留守儿童数量和分布状况等因素，合理设置学校或教学点，优先保障留守儿童能够就近走读入学，合理规划公共交通，提供校车服务，减少上下学交通风险。

当前社会面临城乡一体化发展趋势，富余的劳动力转移到城市从事第二、第三产业，但这些人缺乏技术和职业技能，因此，村庄规划中应有对农民工进行职业培训的场所。同时，农民自身科技素质的提高，也会带动农村第二、第三产业的发展。

（三）公共卫生服务条件差

农村公共卫生设施严重不足，医疗设备简陋。我国第六次全国人口普查资料显示，全国总人口为13.71亿人，约有50.32%的人口分布在农村，然而农村的医疗卫生条件较差，农民“看病难”问题严重。全国60%以上的乡（镇）卫生院缺乏基本医疗设备，在我国中西部，乡（镇）卫生院危房率达33.6%，需要建设的乡（镇）卫生院达70%，至于村庄的医疗卫生设施情况更是不容乐观，多数村庄没有固定的卫生室（所），一般是在医生家中就诊，条件简陋、设备不足。村庄未来需要规划建设医疗卫生设施，使农民实现“小病不出村，常见病不出乡镇，大病不出县市”等就近轻松便捷看病的模式。

（四）文化基础设施落后

农村缺乏必要的文化设施，农民精神文化生活贫乏。多数农村没有影剧院、文化站、老年活动室、图书室、体育活动场所。这些基本文化设施的缺乏，使得农村文化生活严重不足，显得枯燥、无味，这也是许多青年不乐意生活在农村的原因之一，也是构成城乡生活方式差别的一个方面。

我国农村文化服务主要依托县级文化站、县级图书馆和县级文化馆，社会民办机构很少。大多数县级文化站的人力、财力不足，满足不了农村文化服务的需要。由于政府投入不足，我国农村文化基础设施陈旧和落后。农村文化服务的形式单一，层次不高，还停留在让农民乐一乐的层次上。对农村文化建设不够重视，农村文化服务管理落后，表现在：一是对农村文化服务事业投入不足，许多地方维持在财政支出的10%左右；二是没有制定农村文化服务体系发展规划来指导农村文化服务；三是没有建立有效的激励机制，支持人才、培养人才和留住人才，现行农村文化服务战线上的人员文化素质普遍不高。

（五）社会保障体系不完善

社会保障是指国家和社会通过立法对国民收入进行分配和再分配，对社会成员特别是生活有特殊困难的人们的基本生活权利给予保障的社会安全制度，社会保障的本质是维护社会公平进而促进社会稳定发展。《中华人民共和国宪法》规定：“中华人民共和国公民在年老、疾病或者丧失劳动能力的情况下，有从国家和社会获得物质帮助的权利”。一般来说，社会保障由社会保险、社会救济、社会福利、优抚安置等组成，其中，社会保险是社会保障的核心内容。目前，以集体经济为依托的农村社会保障体系基本解体，传统的以土地为基本手段的农村生活保障体系被削弱，农村社会保障基本上是农民自我保障，这与社会保障的内涵不符。

农民养老没有可靠的保障。养老事业是我国未来一个时期的重要任务，尤其在农村，问题更为突出。纵观当前村庄现状，农村中的敬老院设施情况十分堪忧：一是敬老院严重不足；二是现有的敬老院经营状况差。

（六）农民就业服务处于空白

随着我国农业生产效率的提高和城市化进程的加快，我国农村产生大量富余劳动力，农村富余劳动力涌向城市就业，形成“农民工”群体，但对农民工就业缺乏有效的管理和规范的服务，带来了一系列的社会问题。目前，还没有专门的农民工就业服务管理机构办理农民工的就业和失业登记、组织农民工职业培训、为农民工提供就业政策法规咨询、管理和监督就业中介组织的服务，以及监督用人单位对农民工劳动保障制度的落实情况，接受农民工关于劳动纠纷的投诉等。农民工就业信息渠道不通畅，农民工获取就业信息一般都通过中介组织，而目前政府对中介组织缺乏有效的监管，中介组织发布就业信息的真实性、合法合规性还存在问题，职业介绍领域还存在各种违法犯罪活动。大多数农民工都未接受过职业技能培训，再加上本身文化素质不高、受教育程度低，在选择工作岗位时，只能从事风险较高、劳动强度大、技术含量低的工作。农民工的劳动保障问题突出，由于缺乏有效的监管，用工单位普遍没有和农民工签订用工合同，农民工医疗、工伤、养老等基本保障难以落实。用工单位任意辞退农民工和歧视农民工的现象还很普遍，农民工的合法权益得不到很好的维护。

（七）行政管理服务设施严重不足

在农村实行联产承包责任制后，农村集体经济相对削弱，导致村庄的公共设施建设投入严重不足。部分村庄村委会成为简陋、破损的建筑，使得行政管理服务设施改作他用或者长期出租。村委会办公移至村干部家中，这种现象比比皆是。

（八）农村商业点布局零乱

当前，商业零售业缺乏必要的引导措施，规模小的村庄（人口小于1000人）内相类似店铺多达5、6家，这些商店多是以家庭住宅为依托，并没有单独的店铺，店面零乱、卫生条件极差，影响商品的安全和质量。

（九）生产生活所需的设施不足，影响村民的生产和生活

当前农村机械化程度发展很快，农民购置了大型农机具，无处存放，只能摆放在街道上，影响了交通和景观；近年来，农村粮食生产量越来越大，新收的粮食需要晾晒，无处安置，许多村民只得在主要交通干线公路上晾晒，产生了交通安全隐患；伴随农民生活水平的改善，农村适婚青年结婚规模越来越大，但没有良好的场所予以安排布置，需要在村庄规划时充分考虑。

四、公共设施用地与配置

（一）公共设施规划

公共设施规划是指在对村庄人口发展预测的基础上，根据村庄社会经济发展的状况，按

照县(市)、乡(镇)国民经济社会发展规划，根据村庄大小规模和空间布局需求，合理配备各种公共设施的数量、规模及空间布局。

(二)具体布局的设计

公共设施具体布局一般有沿街式布置、组团式布置和广场式布置。沿街式布置又可分为沿主干道布置、沿主干道一侧布置和单独设计商业步行街；组团式布置可建专业的市场街和带顶棚的市场街；广场式布置可设计闭合的广场、三面围合、两面围合或是三面敞开的结构。

(三)公共设施的规划原则

1. 公共设施规划的原则

(1)坚持节约用地的原则。所有的公共设施建筑，要符合国家制定的用地标准，不要贪大求洋，随意占用土地。

(2)坚持与村庄景观相协调的原则。村庄的公共设施建设要注意村庄整体景观的一致性，使得公共设施与村庄景观相协调，利用地形等条件组织街景，创造当地优美环境。

(3)坚持以人为本、服务群众的原则。除学校外，公共建筑尽可能建设在村中心区或交通便利的地方，以方便农民的生活。

(4)坚持统筹安排、集中使用原则。村庄中建立集贸市场，并非每天都用，可以把集贸市场与露天剧场、运动场等用途兼顾起来；把粮食晾晒、广场、体育活动场所统一调配使用，提高场地的利用率。

2. 公共设施规划的依据

(1)依据村庄人口规模的大小和人口发展预测，以满足人们生活发展需求。

(2)依据区域城乡一体化与镇村体系规划的总体布局要求进行规划。

(3)依据村庄总体规划的统一安排，因地制宜，完善村庄中各项设施建设。

3. 公共设施规划的标准

(1)村庄公共设施用地标准。村庄公共设施建设用地标准见表 8-1。

表 8-1　各类公共建筑人均用地面积指标　　(单位：m^2/人)

村镇层次	规划规模分级(按常住人口划分)	各类公共建筑人均用地面积指标				
		行政管理	教育机构	文体科技	医疗保健	商业金融
中心镇	大型(>1 万人)	0.3～1.5	2.5～10.0	0.8～6.5	0.3～1.3	1.6～4.6
	中型(0.5 万～1 万人)	0.4～2.0	3.1～12.0	0.9～5.3	0.3～1.6	1.8～5.5
	小型(<0.5 万人)	0.5～2.2	4.3～14.0	1.0～4.2	0.8～1.9	2.0～6.4
一般镇(乡)	大型(>0.5 万人)	0.2～1.9	3.0～9.0	0.7～4.1	0.3～1.2	0.8～4.4
	中型(0.3 万～0.5 万人)	0.3～2.2	3.2～10.0	0.9～3.7	0.3～1.5	0.9～4.6
	小型(<0.3 万人)	0.4～2.5	3.4～11.0	1.1～3.3	0.3～1.8	1.0～4.8
中心村	大型(>0.3 万人)	0.1～0.4	1.5～5.0	0.3～1.6	0.1～0.3	0.2～0.6
	中型(0.1 万～0.3 万人)	0.12～0.5	2.6～6.0	0.3～2.0	0.1～0.3	0.2～0.6
基层村	(<0.1 万人)	0.10～0.4	2.2～4.0	0.2～1.5	0.1～0.2	0.2～0.4

注：资料来源于《村镇规划标准》(GB50188—93)。集贸设施的用地面积应按赶集人数、经营品类计算。

（2）村庄公共设施布局（表 8-2）。

表 8-2　公共建筑项目的配置

类别	项目	中心镇	一般镇	中心村	基层村
管理机构	1. 村委会	●	●	●	—
教育设施	2. 初级中学	●	●	○	—
	3. 小学	●	●	●	—
	4. 幼儿园、托儿所	●	●	●	○
文体科技	5. 文化站（室）、青少年之家	●	●	○	○
	6. 影剧院	●	○	—	—
	7. 灯光球场	●	●	—	—
	8. 体育场	●	○	—	—
	9. 科技站	●	○	—	—
医疗保健	10. 中心卫生院	●	●	—	—
	11. 卫生院（所、室）	—	●	○	○
	12. 防疫、保健站	●	○	—	—
	13. 计划生育指导站	●	●	○	—
商业金融	14. 百货商店	●	●	○	○
	15. 食品店	●	●	○	—
	16. 生产资料、建材、日杂店	●	●	—	—
	17. 粮店、煤店、药店、书店	●	●	—	—
	18. 银行、信用社、保险机构	●	●	○	—
	19. 饭店、饮食店、小吃店	●	●	○	○
	20. 旅馆、招待所	●	●	—	—
	21. 理发、浴室、洗染店	●	●	○	—
	22. 照相馆	●	●	—	—
	23. 综合修理、加工、收购店	●	●	○	—
集贸设施	24. 粮油、土特产市场	●	●	—	—
	25. 蔬菜、副食品市场	●	●	○	—
	26. 燃料、建材、生产资料市场	●	○	—	—
	27. 畜禽、水产市场	●	○	—	—

注：村庄公共建筑项目应根据镇村体系规划、实际需求等因素，酌情设置。●应设的项目；○可设的项目。

第二节　商业服务设施的规划

一、商业服务设施的概念与分类

（一）商业服务设施的概念

商业服务设施包括村庄中商服、金融、通信、维修、物流中心等。每个村庄需要建设哪些设施，要因村而异，要根据村庄的生活与生产发展的需要进行建设。

（二）商业服务设施的分类

(1) 商业建筑：商业建筑包括村庄中的商店、供销社；商店按经营类别又可分为综合店、百货店、生产资料、五金交电、文化用品、食杂果品、肉食水产等门市。

(2) 小型超市：随着农村消费需求及农民生活水平的提高，选择较好的位置建设小型超市，超市货物要全，如家常用品、烟酒副食等。保障货物的进货渠道，保障商品的质量安全，降低农民生活消费的成本。

(3) 集贸市场：农村的集贸市场是农民进行商品交流的重要方式，要根据村庄空间布局规划集贸市场。集贸市场在空间上要相对分散，时间上相互交叉，以方便农民生活为目标。集贸市场主要功能：一是农贸市场，农民销售自己的农产品，如瓜果蔬菜、肉禽蛋奶、小工艺品等；二是小商品市场，如服装、鞋帽、杂品等。

(4) 金融建筑：农村一般建设农村信用社或是信用社储蓄点，为的是方便农民储存、用款自由方便，减少家庭中拥有大额度现金，构建和谐村庄。

(5) 服务建筑：包括旅馆、饭店、理发店、洗浴、网吧。

(6) 维修部：包括家电维修、农机具维修。

(7) 交通设施：主要有汽车站、物流中心和仓储建筑。

二、商业服务设施的功能与作用

商业服务设施是村庄第三产业的基础设施建设，商业服务设施建设对于改善农民生活和提高农民生活质量、促进农产品交流、统筹城乡共同发展具有重要的意义，它是农村生活与生产的流通环节，它对于发展农村第三产业和促进农村经济发展有着重要的作用。

三、商业服务设施的布局

农村商业服务设施的布置，一般情况下可以有六种方式，即分散布置、成片集中、沿街带状布置、几何中心布置、分散与成片集中相结合及沿街与成片集中相结合。

(1) 分散布置。对于一些与居民生活关系密切，使用联系频繁，且功能相对独立的商业服务设施，如小吃店等常是分散设置，它们的位置距居民很近，服务半径小，居民使用方便。但项目有限，每个点的面积都不大，标准不高，这种方法适用于紧邻商业中心的住宅。

(2) 成片集中。成片集中有利于功能组织、居民使用和经营管理，易形成良好的步行购物和游憩环境。这种布置是目前较普遍采用的一种方法，优点是商业、服务网点集中，项目比较齐全，居民采购方便，也便于经营管理。但服务半径有限，适用于规模不大的住宅。

(3) 沿街带状布置。沿街带状布置用地可能比较少一些，这是采用的较多的一种布置方式，包括沿街单侧和双侧布置。可兼为本区和相邻住宅居民服务，经营效益好，且有利于街道景观的组织，但可能会对交通产生一定的干扰。

沿街双侧布置：在街道不宽、交通量不大的情况下，双侧布置，店铺集中、商品琳琅满目、商业气氛浓厚。居民采购穿行于街道两侧，交通量不大较安全省时。如果街道较宽，可将居民经常使用的相关商业设施放在一侧，而把不经常使用的商店放在另一侧，这样可减少人流与车流的交叉。

沿街单侧布置：当所临街道较宽且车流较大，或街道另一侧与绿地、水域相临时，这种沿街单侧布置形式比较适宜。这种布置方式可避免穿越马路，也能丰富街景，但应当注意网点沿街长度不宜过长，并注意网点不与其他建筑隔着安排，否则居民购物要多走路。

(4)几何中心布置。其服务半径小，便于居民使用，利于住宅内景观组织，但内向布点不利于吸引更多的过路顾客，可能影响经营效果。商业服务、文化娱乐等设施应相对集中，设置于不影响行车交通的人流出入口附近，以方便居民购物、娱乐和生活。这种集中式布局的住宅，能方便居民生活，节省采购时间，又易于形成综合服务中心，并使各服务项目相辅相成。

(5)分散与成片集中相结合。根据不同项目的使用性质和住宅的规划布局形式，应采用相对成片集中与适当分散相结合的方式合理布局。在规模较大、设施较完全的村镇，可以将商业金融设施集中布置，形成一定的商业金融中心，以便达到一定的层次和规模，而将一般日常的商业服务网点分散布置，方便居民，并应利于发挥设施效益，方便经营管理。

(6)沿街与成片集中相结合。这是一种沿街和成片布置相结合的形式，可综合沿街及成片集中两者的特点。应根据各类建筑的功能要求和行业特点相对成组结合，同时沿街分块布置，在建筑群体艺术处理上既要考虑街景要求，又要注意片块内部空间的组合，更要合理地组织人流和货流的线路。

四、商业服务设施的规划

(一)小商场的规划

1. 小商场的组成

小商场一般可建设成一体式、分散式两种形式，但其组成基本包括商场入口、营业厅、行政办公、库房等部分。

2. 小商场的设计要点

(1)营业厅的设计。营业厅是商场的最主要组成部分，要根据商品性质设计不同的区位，如食品、日用百货应靠近入口处；贵重的商品购买者少，应放在人流较少的地方；体积较大、搬动笨重的商品应放在底层。营业厅要与库房距离近一些，方便搬运；营业厅设计要考虑交通流量问题，避免人流拥挤；营业厅与其他建筑为一体时，要注意隔离，保障营业厅的安全。营业厅不宜设计成狭长形，开间一般设计 3.6m×4.2m，高度一般为 3.6～4.2m。营业厅外要设计好橱窗，营业厅内要设计好柜台。

(2)库房。库房面积大小要根据经营的商品决定，规划要以与营业厅联系方便为原则。库房的规划要注意防火、防潮、防盗、防虫、防鼠。

(二)集贸市场的规划

1. 选址的原则与布局方式

(1)选择交通便利的地方，有利于商品交流和流通。

(2)地势平坦、排水通畅。

(3)坚持节约用地的原则。

(4)布局要注意与居民点保持一定距离，但不要距离太远，要采取一定措施保障不会干扰居民的休息。可采用沿街布局的方式，也可以独立设计单元进行布置。

2. 集贸市场的组成及其功能

(1)组成。集贸市场一般由摊位、市场管理办公室、入口广场和垃圾处理站等组成。

(2)功能。摊位是市场的主体，摊位可分为不同种类商品的摊位，如蔬菜类、肉食类、水果类、蛋禽类等；不同类型的商品摊位也有不同的要求，在设计中要注意各自特点。市场管理办公室因市场大小不同建筑规模也有较大的差异。因地而异，可大可小，按规模确定。垃圾处理站是市场的必备设施，要固定人员负责，对市场的垃圾及时处理是十分必要的。

3. 农贸市场规划的要求

市场设计中主要是摊位的设计。市场分为露天市场、带顶棚市场，无论哪种市场都要设计通道不小于 3m，摊位长度一般为 3m，市场顶棚高不小于 4m。市场设计要注意通风透光，注意周边环境和交通。

(三)小超市的规划

小超市是农村未来商品流通的重要方式，所以小超市的规划很重要。小超市的设计出入口要分开，入口较宽、出口较窄，通道一般大于 1.5m，出入口的服务范围一般为 500m^2。

第三节 教育设施规划

一、教育建筑设计分类

村庄教育设施主要包括中小学校和幼儿园两个部分。学校建筑包括房屋和室外活动场所，房屋建筑包括办公用房、教室、实验室、宿舍、食堂、图书阅览室、厕所等配套建筑，条件较好的学校还会建有礼堂、健身房；室外活动场所主要是体育运动设施。幼儿园包括托儿所、幼儿园两部分，因婴儿、幼儿的心理、行为差距较大，因此，在进行幼儿园建筑设计时要有区别。

二、教育设施的布局

农村学校可以按照各自的服务范围均匀地分布，距离铁路干线应大于 300m，并且主要的入口不应该开向主要公路，避免交通车辆造成的安全威胁，可与公共绿地等相邻布置。需要特别注意，学生以最近的距离方便、安全地使用这些设施是学校进行空间布局时首要考虑的因素。

(一)托儿所、幼儿园的布局方法

托儿所和幼儿园可以联合设置，根据幼儿的特点和家长接送便捷的要求，服务半径不宜过大，一般为 300～500m，且最好设在方便家长接送的地段。常用的布局方式有两种：一种是布设在村庄的几何中心，主要优点是服务半径小，对于村庄任何位置的村民接送都很方便，适用于规模不大的村庄；二是分散布局在住宅组团之间，可以结合道路系统布置，主要优点是兼顾各组团的使用，接送方便，服务半径均匀，适合住宅组团规模较大的村庄。

(二)小学的布局方法

小学服务半径一般不大于 1000m，宜直接邻近住宅，主要有三种常用的布局方式：第一种是布局在村庄的拐角，主要优点是兼顾住宅，环境相对来说比较安静，但是对学生来说学生行走路线较长；第二种是布局在村庄的一侧，该布局方式的主要优点是服务半径较布局在村庄拐角小，一般毗邻村庄主要干道，可兼顾相邻住宅；第三种是布局在村庄的中心，该布局方式的主要优点是服务半径比较小，并可结合村庄的公共绿地设置，形成环境优美的学习环境，缺点是不能兼顾相邻住宅。

(三)技能培训学校及中学的布局方法

技能培训学校及中学没有理论上的固定服务半径，布局与小学基本相同，设置在交通安全、环境安静的独立地段，但是培训学校和中学因其学生年龄稍长，社会活动能力稍强，占地面积较大，布局在离村镇较远边缘亦可。

三、学校建筑设计

(一)建筑组成及面积标准

学校建筑主要包括教学和行政用房两部分。建筑面积要根据学校的规模而定，一般规定是小学为每个学生占地 2.5m^2，中学每个学生为 4m^2。学校的用地面积也是按学生数量确定，小学为每个学生占地 9～18m^2，中学每个学生为 10～20m^2。学校的行政办公用房一般设计每间 12～16m^2，需求量按学校的具体情况确定。基本教学用房使用面积参考指标详见表 8-3。

表 8-3 基本教学用房使用面积参考指标 (单位：m^2)

小学		中学	
不同教室	面积	不同教室	面积
普通教室	50	普通教室	53
音乐教室	50	音乐教室	53
实习室	65	物理、化学、生物实验室	71
阅览室	20～50	实验准备室	30～50
书库	16	阅览室	80～90
体育器材室	30	书库	35
		体育器材室	54

(二)中小学基本用房规划

1. 教室

(1)小学教室。小学的标准教室一般建筑面积不小于 8.4m×6.0m，建筑为三开间的建筑。室内设计，高为 3～3.3m；并排设计，每排横间隔为 1.5m，前后间隔 0.8m；最前排到黑板的距离不小于 2m；前后各设计一个门口，门宽不小于 0.9m，室内设计前后窗户，大小根据当地实际情况设计，以通气、满足采光为标准；教室的黑板一般长 3～4m，高 1～1.1m，距地 0.8～1.0m。

(2)中学教室。中学的标准教室一般建筑面积不小于 9m×6.3m，建筑为三开间的建筑。室内设计，高为 3.3～3.6m；并排设计，每排横间隔为 1.6m，前后间隔 0.85m；最前排到黑板的距离不小于 2m；前后各设计一个门口，门宽不小于 0.9m，室内设计前后窗户，大小根据当地实际情况设计，以通气、满足采光为标准；教室的黑板一般长 3～4m，高 1～1.1m，距地 0.8～1.0m。

2. 实验室

中小学都应该建设实验室，但是实验内容不同。小学以自然实验室为主，中学包括物理、化学和生物实验室。学校条件较差的，可以把化学实验室与生物实验室合并使用。实验室的建筑面积一般为 70～90m^2，实验准备室为 30～50m^2。为了建筑整齐美观、简化设计和施工，学校实验室建筑高度、宽度均可以与教室一致。

3. 食堂

现在农村寄宿学校逐渐增多，所以村庄学校建造学生食堂也是许多学校的基本建筑内容。学生食堂一般根据学生的规模确定，一般按每个学生占地 2m^2 计算。学校食堂还可以作为多功能厅，如学生活动室、会议室、礼堂等。

4. 宿舍

学生在学校寄宿，建造宿舍也是学校建筑的重要内容之一。一般学生宿舍建筑面积为 16～20m^2，每个宿舍可居住 6～8 人。

5. 图书阅览室

图书阅览室包括阅览室和书库两部分，建筑面积一般按学生规模确定。一般中等规模的学校可按 50 座规划，每座占地面积：中学为 1.4～1.5m^2，小学为 0.8～1.0m^2。书库面积：中学为 25～50m^2，小学为 15～30m^2。书库建设要通风、防潮、防光、防火。

6. 厕所

厕所建筑要分为教师厕所和学生厕所，男女可按 1∶1 的比例设计；厕所大小按学生人数设计，厕所所用器具和占地面积见表 8-4。

表 8-4　中学生厕所卫生器具数量表

项目	男厕	女厕	附注
大便池数量	每 40 人一个	每 25 人一个	
小便斗数量	每 20 人一个	—	每 20 人 0.5m 长小便池
洗手盆	每 90 人一个	每 90 人一个	每 80 人 0.7m 长洗手槽
污水池	每间一个	每间一个	

（三）体育运动设施

（1）田径运动场。学校田径运动场要按学校占地条件而定。一般可设计跑道周长为 200m、250m、300m、350m 和 400m。一般小学建有一个 200～300m 跑道运动场，中学建有一个 400m 跑道的标准运动场。

（2）足球场。足球场一般建设在田径运动场内。大型足球场的长 × 宽为（90～120）m ×（45～90）m，小型足球场为（50～80）m ×（35～60）m。

（3）篮球场。篮球的标准场地为 28m × 15m，其长度可以增加 2m，但宽度相应减少 1m。场地的上空 7m 以内不得有障碍物。一般场地南北向建设。

（4）排球场。排球场的场地标准为 18m × 9m，男子网高为 2.43m，女子为 2.24m。场地的上空 7m 以内不得有障碍物。

（5）羽毛球场。羽毛球场标准为：单打场地为 13.40m × 5.18m，双打场地为 13.40m × 6.10m。场地周边净距离不得小于 3m，网高为 1.524m。

（6）乒乓球场。乒乓球桌台标准为 2.740m × 1.525m。场地一般为 12m × 6m（国际标准为 14m × 7m）。

四、托幼建筑规划

(一)托幼教育的特点与分类

托儿所、幼儿园是对人的早期教育的组织形式，包括婴儿、乳儿、幼儿几个时期。因不同时期幼儿的心理、生理和行为的差异，将幼儿教育又分为托儿所和幼儿园，托儿所主要担负不足3岁的幼儿；幼儿园接纳3～6岁的幼儿。

(1)按幼儿的年龄段分类。托儿所可分为哺乳班(不足10个月的婴儿)、小班(11～18个月的婴儿)、中班(19个月～2岁的婴儿)、大班(2～3岁的婴儿)几个层次。幼儿园收托3～6岁的幼儿。按年龄又可分为小、中、大班，小班为3～4岁的幼儿；中班为4～5岁的幼儿；大班为5～6岁的幼儿。

(2)按管理方式分类。托儿所、幼儿园按管理方式可分为全日(日托)、寄宿制(全托保育院)、混合制三种方式。全日是指幼儿仅白天在幼儿园生活；寄宿制是指幼儿昼夜均在幼儿园生活；混合制是指幼儿园既有日托班，也有寄宿班。

(二)幼儿园建筑用房设计特点与要求

1. 班级规模

(1)托儿所。一般托儿所小班10～15人；中班15～20人；大班21～25人。

(2)幼儿园。一般幼儿园小班20～25人；中班26～30人；大班31～35人。

2. 建筑用房组成

一般幼儿园建筑应包括生活用房、服务用房、供应用房和室外活动场地几部分。

(1)生活用房，主要包括活动室、寝室、乳儿室、配乳室、喂奶室、卫生间、衣帽储藏间、音体活动室等。

(2)服务用房，主要包括办公室、会议室、值班室、保健室、隔离室、保育员室、浴室及教工宿舍等。

(3)供应用房，幼儿园的厨房、消毒室、烧水室、洗衣间、车库和其他用房。

(4)室外活动场地，主要根据不同的年龄段设计适应不同幼儿的室外活动场所与器械。

3. 建筑要求

根据幼儿的生活特点，为创造良好的卫生、防疫、安全有利于幼儿生长的环境，幼儿园的建筑设计要具备以下一些特点。

(1)幼儿伴随年龄的由小增大，睡眠时间逐渐减少，婴儿期一般每天要睡14～20小时，到4、5岁以后，每天也要保持9～10个小时的睡眠。因此，建筑环境要求安静、幽雅，满足幼儿的睡眠要求。

(2)幼儿处在发育、成长期，整个身体处在幼弱状态，因此，幼儿园的环境要求清洁、无污染、易防疫、阳光充足、空气新鲜等。

(3)幼儿处在成长期，骨骼发育不完全，容易发生磕、碰、撞，造成损伤；幼儿自保意识又差，好奇心强，极易发生意外。因此，幼儿园建筑要求有利于安全、防护的环境以保障幼儿的安全和健康。

(4)由于幼儿分不同的几个年龄段，对于不同的幼儿要采取不同的保育和教育的内容。托儿所以实施合理教养为主，做到科学育儿；幼儿园要根据3～6岁幼儿不同的特点进行保育和德、智、体、美全面发展的教育。

（三）幼儿园建筑用房的设计

1. 选址

根据幼儿园生活与教育的一些特点，幼儿园的选址要注意以下几点。

(1) 选择单独院落，不要与其他住所混杂；一般选在村庄中心地带，方便家长接送。

(2) 阳光充足、通风良好、场地干燥、环境优美或接近绿化带，方便幼儿室外活动。

(3) 远离污染源、交通繁华地带，满足有关卫生防护的要求，有充足的供电、供水和方便排水的基础设施。

2. 平面设计

幼儿园的平面设计要对建筑物、室外活动场地、绿化用地及其辅助设施总体设计，做到功能分区合理布局、方便管理。具体内容有以下几点。

(1) 出入口的布置。幼儿园的出入口选择很重要：一是要方便家长接送；二是要相对出入方便，要把接送出入口设置在非主干道路上。

(2) 建筑物的布置。建筑物的朝向，一般设计要向阳，易通风；卫生间考虑通风、防火和日照因素；建筑层数，一般幼儿园不宜超过三层，托儿所不超过两层。

(3) 室外活动场所。室外活动场地是幼儿园的必备建设内容。原则上每班不小于 $60m^2$。各种游戏场地要采取隔离、安全设置。

（四）幼儿园各种房间的设计

1. 生活用房

(1) 活动用房。托儿所、幼儿园的生活用房主要是幼儿在室内活动、游戏、进餐和上课用，所以应选择在阳光充足、通风良好的地方。在北方，冬至日阳光照射时间不小于 3 个小时；在炎热的地方最好房屋不要西照，否则要设计遮阳设施；建筑侧窗采光的窗地面积之比不应小于 1/5～1/8。其建筑形状多以长方形为主，特殊需要的也可以设计为扇形、六边形等形状。室内主要设置桌椅、黑板、分菜桌等。

(2) 寝室设计。寝室主要为幼儿的睡眠用房。寄宿班级要采用专门寝室，一般幼儿园则是寝室与活动室混用；寝室内设计床位，床的大小要按幼儿的大小设计长短，要坚固省料、安全实用。

(3) 卫生间。幼儿的卫生间必须一个班设计一个，它是幼儿活动单元中不可缺少的组成部分。卫生间具有舆洗、浴室、更衣、厕所等功能。

(4) 音体活动室。音体活动室是幼儿进行室内音乐、体育、游戏、节目娱乐等活动的场所。一般是全园通用的房间，可以与活动大厅相连，也可以与走廊相通，建筑材料应是软性、弹性较强的材料，以防幼儿碰撞而受伤。

2. 服务用房

服务用房包括行政办公、卫生保健等用房。行政用房要考虑便于与外界联系，布置在相对集中的区域。卫生保健用房最好设置在单独的单元内，医务室与隔离室相连，要与幼儿生活用房保持一定的距离。隔离室要单独设置厕所。

3. 供应用房

供应用房包括厨房、消毒室、烧水间、洗衣房和库房等。一般厨房设计在建筑群的下风向，以避免油烟污染居住室和教室；厨房门不应直接对着幼儿的活动场所；建筑为楼房时，可设置小型垂直提升食梯。洗衣房和烘干房相连。

第四节　医疗卫生设施规划

一、医疗卫生设施的分类与规模

(一)医疗卫生设施的分类

医疗卫生设施按人口规模分类：中心镇、一般镇(乡)设置卫生院；中心村设置卫生所；村庄设置卫生站(室)。村庄的卫生设施设置应参考乡镇卫生院标准酌情规划。

(二)医疗卫生设施的规模

卫生院、卫生所、卫生站一般由于在空间上分布有差异，因此，其规模大小也因地而异。关于卫生设施的大小规模详见表 8-5。

表 8-5　村镇卫生院所规模

序号	名称	病床数/张	门诊人次/(人次/日)
1	卫生院	50～100	200～400
2	卫生所	20～50	100～250
3	卫生站	1～2 张观察床	50 左右

(三)医疗卫生设施的用地标准

卫生设施用地面积与建筑面积指标参考表 8-6。乡镇卫生院所用房面积参考表 8-7。

表 8-6　卫生设施用地面积与建筑面积指标参考表

床位数/张	用地面积/(m^2/床)	建筑面积/ m^2
100	150～180	1800～2300
80	180～200	1400～1800
60	200～220	1000～1300
40	200～240	800～1000
20	280～300	400～600

表 8-7　乡镇卫生院所用房面积参考表　(单位：m^2)

名称 \ 规模	0 床	20 床	40 床	80 床
1.预防保健、合作医疗管理	48	84	108	144
2.门诊	60	174	288	516
3.放射、检验	30	138	220	428
4.住院	24	220	517	1036
5.行政后勤保障	40	96	240	456
使用面积合计	200	712	1373	2580
建筑面积合计(平面系数按 65%)	308	1095	2112	3969

注：资料来源于《乡镇卫生院建设标准》。

二、医疗卫生建设的选址

(1)卫生院所的建设要根据乡镇总体规划，在坚持就近方便看病的前提下进行布局。因为农村服务半径较大，卫生院所的选址要靠近交通方便、人口集中的村镇。但不要设计在交通干线上，以免影响交通和造成卫生院所的环境不佳。

(2)卫生院所建设选址要注意周边环境：一是选择清静、幽雅的处所；二是要考虑卫生院所的排出污水和脏物，应有必要的处理去处。

(3)注意卫生院所建设的位置选择。一般建设卫生院所要选择地势较高地带，阳光充足、空气洁净、环境安静，并建有一定的绿化带。

三、医疗卫生设施规划

(一)医疗卫生建筑的组成

(1)医疗部分，包括门诊部、辅助医疗部、住院部。

(2)总务供应部分，包括营养厨房、洗衣房、中草药制剂室等。

(3)行政管理办公室，包括各种管理办公用房。

(二)卫生院所总体布局的原则

(1)医疗区要集中在中心布局。医疗区是卫生院所的核心部分，要靠近主要出入口，交通方便；建筑物的布置要有较好的朝向和通风条件，环境安静；要建在有烟尘污染的厨房的上风向上。

(2)传染病区建设要注意选址。医疗区中的传染病病房应建于其他医疗区和职工生活区的下风向，并要保持一定的距离，中间还要种植绿化带；传染病区不宜靠近水面，以防扩大污染。

(3)放疗室要有特殊安排。卫生院的放疗室建设要有特殊安排，既要方便病人治病，又要与周围建筑物保持一定的防护距离。

(4)总务区尽可能分离设计。卫生院所的总务区，特别是厨房的烟尘不要影响医疗区，故要采取分离的规划，达到既利于便于联系，又不相互干扰。

(5)卫生院所的太平间要单独设计。卫生院所的太平间要设计在隐蔽处，避免干扰其他病人，并建有直接对外的出入口。

(6)卫生院所的交通。卫生院所的交通设计要既方便对外联系，又注意相对隐蔽。这就要求门口建筑最好分为主次出入口，主要出入口为医疗、探访、总务人员出入服务；次出入口为职工生活人员流动服务。

(7)厕所。医院的厕所设计以集中为宜，但对于传染病患者应另设专用厕所，便于消毒。

(三)卫生院所的平面布局

(1)分散布局。分散布局是指把医疗用房和服务用房基本上分开建造，这样建设的好处是功能分配合理，有利于形成良好的环境，互不干扰，易通风、预防污染；不足之处是空间距离较大，彼此之间联系不便，占地面积较大，管线较长，增大建设投入，加大医务人员往返距离。

(2)集中布局。把主要用房安排在一座建筑物内，优点是内部联系方便、设备集中、便于管理、有利于综合治疗、占地面积少、节约投资；其不足是彼此之间容易干扰、造成诸多的污染。一般卫生院所多采用这种建筑方式。

(四)医疗设施的布局

医疗设施布局于环境安静、交通方便的独立地段，便于病人就诊和救护。布局时与邻近其他建筑和街道适当拉开距离，以绿化作适当的隔离隐蔽，要与周围环境相适宜。医院、卫生院应为独立用地，设置于交通便利的地段，毗邻主干道，并且远离供电设施及其高低压线路，远离少年儿童活动及人流量大的密集场所；一般卫生所、门诊宜设置在比较安静的村庄次干道上，建在阳光充足、空气洁净、通风良好的地段上。

(五)卫生院所主要建筑的设计要点

1. 门诊部的组成

门诊部包括诊室、辅助治疗、公共部分和行政用房。

门诊：一般卫生院所设有内科、外科、儿科、妇科、计划生育科等门诊部。辅助治疗：包括注射室、换药室、化验室、药房、手术室和病案室等。公共部分：包括挂号室、收费室、候诊室等。行政用房：包括行政办公室及生活辅助用房。

2. 门诊部设计的一般要求

(1)门诊部一般设计为1～2层建筑，当设计为两层时，应将就诊不方便的科室设计在一层，如外科、儿科、妇产科、急诊室等。

(2)合理布局各科室的位置，主要考虑交通方便、减少往返的流动，减少没必要的拥挤和往返的交叉。规模较大的卫生院所要把门诊部与住院部分离设计。

(3)要设计一定的候诊面积，各诊室在设计时要考虑候诊的人员安排，给予一定空间。

3. 门诊设计要点

(1)门诊部用房的大小：门诊部开间一般可设计长×宽为3m×3m、3m×4m、3.3m×4.2m、3.6m×4.8m、3.9m×4.8m等大小房间，其高度一般为3.0m、3.3m、3.6m。

(2)门诊用房安排：一般设计一个科室一间用房，可为两到三位医生共用，也可以是两个科室共用。要根据卫生院所大小和服务范围来确定。

(六)住院部的设计要点

(1)住院部的组成：住院部包括入院处、病房、卫生室、护士办公室及生活辅助用房。

(2)病房设计要点：病房设计要通风透光、隔音效果较好，环境相对安净；房间大小要根据人数设计，如可设计3人间、4人间和6人间。其建筑面积可设计长×宽为3.3m×6m、3.6m×6m、6m×6m等大小不等的房间。房间内设计要避免阳光直射，要有利于患者向外观望。

第五节　社会福利设施规划

现阶段我国社会福利的内容包括：①公共福利和集体福利事业。主要有劳动保险、医疗保健、妇幼保护和文化、教育、娱乐等公共福利设施。②优抚对象的福利。指对荣誉军人、退伍军人、残废军人提供医疗、休养、康复、安置等项社会服务和福利服务。③儿童福利事业。主要有儿童保护，孤儿照料，残疾儿童的收养、医疗、康复、教育，失足青少年教育。

④老年人福利事业。通过兴办社会福利院、敬老院、老年公寓、老年活动中心、老年康复中心等福利设施，为老年人(包括孤寡老人)提供免费或低收费的福利服务。⑤残疾人福利事业。为残疾人提供就业、教育、康复、文化娱乐的条件和设施，生产残疾人使用的各种假肢和特殊用具，以及提高残疾人的社会地位等。本节中社会福利设施主要指敬老院、老年公寓等设施规划。

村庄敬老院是专门为老年人提供免费或低收费的福利服务的机构。建设敬老院是贯彻建设和谐社会的重要组成部分，是发扬中华民族敬老爱幼的传统美德，体现“以人为本”“老有所养”的具体体现；同时，也是解除农民老无所依的思想顾虑，推动计划生育基本国策贯彻执行的有力措施。办好敬老院是实施社会保障的具体体现，属于社会保障的重要内容。敬老院除收养孤寡老人外，还应收容一部分自费代养、不能与子女同居住的老人。

一、敬老院建设规模及选址

(一)建设规模

按照我国目前的状况分析，农村中 60 岁以上的老人占村庄人口的 5%～7%，其中，孤寡老人约占老人数量的 5%。伴随我国进入老龄化社会的进程，老人的数量会不断增加，同时农村中今后自费代养的数量也会增加。因此，敬老院的床位也会不断增加。中心镇(乡)应设 25～30 床，中心村设 15～25 床，一般村庄设 10～15 床。每个床位设计建筑指标设 15～20m^2。规模较大的集镇可设立福利院和老人养护中心。

(二)选址

敬老院一般选在环境幽静、空气新鲜的区域，主要考虑满足老年人休养和户外活动的需要；要考虑老人行动不便，满足老人就近看电影、听戏剧、就近就医和上街购物的需求，所以，选址要接近公共设施。在建筑方面，要建造在平地、交通方便的地方，便于老人活动与访亲探友；要设计一定的绿地，改善环境，要有部分劳作的小场所，满足老人从事一些力所能及的劳动的需求。

二、敬老院的规划

(一)建筑组成

居住生活单元要包括卧室、公共起居间、卫生间及储藏室。

卧室要根据老人们的要求，可设单人居室，或是多人居室。多人居室可分为单床、双床和多床卧室。每床的占地面积为 5m^2，每间卧室面积为 10～20m^2。公共起居间，也可以作为敬老院的多功能厅。主要是供老人们日常起居活动，如看电视、玩牌、下棋、打扑克、阅读、集体聚餐或是进行文艺活动。一般根据人数多少设计建筑物面积。一般村庄的人数在 10～30 人，设计 25～40m^2 即可。卫生间包括厕所和洗浴室，要适于老人使用。

(二)医护人员居住室

医护人员使用的居住室面积也要根据人员的多少确定，每个医护工作人员负责 5～6 个老人。

第六节 文化科技设施规划

一、文化科技设施的概念与分类

（一）村庄文化科技设施

文化科技设施是国家对广大农民进行政策、法律法规、文化知识、科普教育、文化娱乐的活动场所，属于村庄政治文明、精神文明和生态文明建设的硬件建设部分。

（二）文化科技设施的分类

(1)影剧院、书场、茶馆类：这类设施主要用于文艺表演、说唱和演出、放电影。

(2)学习用房：包括党员活动室、老年活动室、青少年活动室、图书室、阅览室等建筑，主要用于不同年龄组和各类人员进行学习和再教育。

(3)活动室：包括棋牌室、游艺室、舞厅等建筑，用于农民的休闲娱乐。

(4)辅助办公用房：指为满足各种娱乐、演出、放电影、学习、交流和其他各类活动需求准备的办公用房。

二、文化科技设施功能与作用

村庄文化科技设施是广大农民进行交流、学习专业知识、休闲娱乐活动的场地。它具有知识性、娱乐性的特点，是活跃农民文化生活的重要方式，可以满足农民不同层次和不同兴趣爱好的需求。农村是我国传统文化的宝库，各地都有一些地方特色的艺术形式，通过村庄文化科技设施可有力地保障民间的、地方特色的文化传统的继承和发扬。村庄文化科技设施具有广泛的地方特性和不同方式的建筑，是保护我国传统建筑的最好措施，也是村庄景观建设的重要方面。

三、文体科技设施的布局

文化、体育、科技设施使用时，一般瞬时人流量较大，呈现周期性集散的现象，应满足组织交通及人流疏散的要求，建筑造型生动活泼与周围建筑环境相呼应，建筑单位组合形式应丰富多样，布局时要考虑为停车场所预留出空间。

运动场、篮球场、羽毛球场等需要较大的场地，一般都具有一定的特有面貌，场地宜结合村庄公共绿地设置，学校的运动场地设施也可以考虑采用半开放式，作为村庄居民健身运动场地的有益补充；老年活动中心适宜毗邻医疗养老设施，与公共绿地结合，形成环境优美的老年人娱乐健身中心；文化站、科技站宜靠近文化广场或者村委会，集聚组成综合服务中心。

四、文化娱乐设施规划

（一）影剧院的规划

(1)影剧院的组成：一般的影剧院含舞台、放映室、配电室、观众厅等用房。

(2)舞台的设计。一般舞台包括基本台、侧台、台唇、舞台上空设备及台仓。其规划如下：舞台可分为双侧台舞台，也可以建设单侧台。台口的高宽比例为 1∶1.5，高度可为 5～

8m，宽度为 8～12m；台深一般为台口宽度的 1.5 倍，可采用 8～12m；台宽一般为台口宽度的 2 倍，可采用 10～16m；台唇的宽度可采用 1～2m。

(3) 观众厅的规划。观众厅按规模可设计为 500 人、600 人、800 人、1000 人的规模档次，500 座位的建筑面积长 × 宽为 24m × 15m、600 座为 27m × 15m、800 座为 30m × 18m、1000 座为 33m × 21m；每个座位设计占地 0.6～0.7m^2，体积按 3.5～5m^3 计算；其规划要考虑视觉效果、音质效果、疏散要求、通风透气、电气照明等要求。因此，影剧院的规划要有特色，形式上可采用矩形、梯形或是半圆形的建筑形式；观众厅的门口不少于 2 个，一般每个门口不少于 250 人；厅内走道最小宽度不小于 1m，纵横各自设计不超过 18 排，并且横向走道要对出入口；观众厅做好设计，前低后高，有一定坡度或是梯形。

(二) 文化站的规划

文化站一般可按两种平面设计：一种是集中式设计，即把表演用房、娱乐用房、学习用房等布置在一起，这样布置可集约用地、节约能源；另一种是分散布局，把各种活动室分别规划在不同的地方，这样可减少各部分的相互干扰。

第七节　其他设施规划

村庄其他设施主要包括宗教、宗族文物设施、生产仓储设施、休闲环境设施等用地。

一、宗教、宗族文化用地

宗教文化是不同信仰的民族、人群的文化理念。不同地域、不同族群有着不同的信仰。民俗宗教是中国最大多数民众信仰生活的基本形态。宗教、宗族文化是传统文化的主要表现形式，它的规划是村庄建设规划的重要组成部分。在农村中逢年过节村民都要去教堂祷念，或去宗祠祭祖、拜祖。因此，村庄规划应该充分考虑当地风俗习惯。

二、农机存放场

伴随农业经营方式的转化，农业合作社、大型农业企业将成为我国农业规模化生产的主体形式。因此，伴随机械化的发展，大型农机具是生产中的主要工具，它的存放场是农村实现现代化生产的产物，它的使用必不可少。一些大型农机具投资高、利用季节短，但它的保护、维修显得十分重要，不能长期在室外存放，因此，建设村庄时必须把大型农机具的存放予以规划。

三、粮食晾晒场

粮食晾晒场是农业生产必需的空间，结合粮食晾晒季节性强、时间短的特点，要把粮食晾晒与其他设施综合利用，可与体育活动广场、公园广场等场所结合使用。

四、休闲与绿化

休闲环境设施规划主要是绿地景观方面，内容主要是提出新村庄周边、入口、主要道路两侧、公共活动场地、公共建筑附近、房前屋后绿化的具体方案，明确植物配置类型，规划村庄内休闲、游憩绿地布局方案。

规划指引主要包含：①植物配置。植物配置与村庄山形水体、建筑相协调，充分利用现有自然条件。植物种类选择应考虑当地的自然环境条件及植物的生长习性，以乡土树种为主，适当引进观赏性植物。②四边绿化。大力推进村边、路边、水边、房边及村口、庭院、公共活动空间等绿化美化。村庄周边设置一定宽度的环村绿化带，绿化以乔木、果树为主。③节点美化。村中心小公园、村民广场或邻里休闲活动中心等村民日常聚集较多的公共活动空间和重要的景观节点，应结合村民的生产、生活需要和民俗乡情、地域文化加以整治和美化。④绿化围合。围合形式主要指住宅建筑和公共建筑的院落围合，以及路边、绿地和活动场地等周边围合。⑤铁路公路沿线绿化。结合区域绿道绿廊建设，对铁路公路沿线两侧进行绿化美化，开展生态林和经济林的建设，高速铁路两侧建设 20m 绿化带，普通铁路两侧建设 10～20m 绿化带。

对以上各种公共设施的规划要因地而异，不作硬性规定，但都必须列入规划的内容之中。

第九章

村庄土地利用规划

第一节　土地利用规划

土地是农村最主要的自然资源，是农业最基本的生产资料，也是农民生活最基本的物资保障。所以，土地问题是解决“三农”问题的关键，是村庄规划的核心内容。我国农村问题中土地的问题最多，也是最为敏感的问题。虽然各级政府都编制了土地利用总体规划，并且编制了土地利用专项规划和部分土地各类项目的规划，这些规划对村庄的土地利用都起到了重要的限制作用和管制作用，但对村庄规划来说，还必须把土地利用作为一个重点内容予以规划。主要是土地开发规划设计、土地整理、复垦规划设计和基本农田保护规划。

一、土地利用现状分析

（一）土地利用现状

土地利用现状是指规划基期年全村土地利用现状，其数据来源一是乡镇土地利用总体规划，二是依据村域 1∶5000 土地利用现状图重新调绘而成，以列表方式表示：列出村庄土地利用现状表。

现状分析可包括土地利用的动态分析，从时间序列上看地类的演变趋势；从结构与布局上与上位同类结构布局对比，看土地利用的优势与劣势；从土地利用程度上与上位各种对应比率比较，看村庄土地利用现状合理与否；从土地利用效益与上位对比，看土地利用的差距。通过对比分析，看土地利用现状存在的优势与特征、劣势与问题，扬长避短，合理组织和安排土地利用。

（二）土地利用中存在的问题

农村土地利用存在的问题比较多，涉及多方面的利益、土地的所有制度和土地的使用制度，许多问题要在长期发展中逐渐调整。一是在前面分析到的农村建设用地的问题，农村建设用地发展快、许多地方用地超标，尤其占用耕地多；村庄中空闲宅基地多、“双栖”占地现象普遍；乡镇企业分布零散，造成土地资源的浪费；农民私自更改土地的经营方式、违法占地的事件时有发生，处治力度不够；存在缺乏统一规划、管理不到位等现象。二是农村土地利用中还有利用不充分的现象，土地开发整理的潜力很大；农村土地利用过度分散，不利于农业产业化的发展；农用土地比较普遍地存在生态环境较差的问题，影响和制约农业的发展；农用土地非农化现象严重，耕地快速减少，给社会带来不安全因素。三是土地是农民的生活基本保障生产资料，失去土地的农民得不到妥善安置，会产生社会不安定问题；农村土地所有权、土地使用权和土地经营权分离的状态对土地的管理也带来很多的问题，在土地使用制度方面要做出相应的改革。

（三）土地利用潜力

土地利用潜力是指通过一定的经济和技术投入，土地所具有的潜在生产力。土地利用潜力包括两个方面：一是提高土地利用率，是指未利用土地中有多少可开发利用的土地；二是提高土地的产出率，是指以利用土地通过投入开发出的生产能力。编制村庄土地利用规划时，必须从两个方面进行探讨。土地利用潜力分析，关键是找出土地利用限制因素，对可改造限制因素进行投入，变限制因素为可利用因素，增加土地可利用面积和提高土地产出效益。这种限制因素因地而宜，不能局限在某一因素上。

二、基本农田保护规划

（一）规划依据

基本农田保护规划依据有：国务院制定的《基本农田保护条例》和地方制定的保护基本农田的法规条例；各级政府编制的《土地利用总体规划》和基本农田保护规划；国家和地方建设用地的规划安排；本村耕地的数量和乡（镇）土地利用总体规划下达的指标划定的基本农田保护范围。

（二）基本农田保护规划内容

基本农田保护规划划定保护耕地的红线，不允许触动，即基本农田范围是不允许任何人和任何单位从事建设和作为其他用途的限定范围。要从确保国民经济建设稳定发展和国家安全的高度出发，从依法管理土地的角度重视基本农田的保护规划，尤其农村是落实基本农田的基地，使农民高度重视基本农田的保护是一项重要的战略任务。村庄规划要依据村庄耕地的空间分布，按照集中划定原则，成片划定基本农田保护区，在显著的位置树立基本农田保护标志，上面要注明保护地块的面积、四至、用途、质量及负责人，以片块建立登记卡，以村建设保护区，以乡（镇）建立保护区，乡镇建立台账，以片块统计在册，并应在村中显著地方作出公示，展现基本农田保护示意图，要让农民清楚所要保护的地块和具体的保护措施。基本农田划定后，任何人和任何单位不得随意改动，确实需要变动时，要严格按照法定程序进行审批，待批准后根据要求做出适当调整方可变更。

三、土地开发、整理、复垦规划

（一）依据

各县（市）、乡（镇）土地利用总体规划对各村都有土地开发、整理、复垦的指标，要予以落实。以乡（镇）为单位编制土地开发、整理、复垦专项规划，并对土地开发、整理、复垦比较集中的区域安排了土地开发、整理、复垦的项目，是村庄编制土地开发整理复垦专项规划的依据。土地的开发、整理、复垦要严格执行国家制定的标准和规程，按照田、井、渠、路、林、电综合治理的标准进行规划，要贯彻因地制宜、先易后难逐步建设的原则，建设一块，稳定一块，建立高标准农田，也是建设农田的基本保障措施。

（二）土地开发规划

土地开发规划，是指对未利用土地的开发规划，目的是提高土地利用率。因村庄的未利用土地少而分散，不一定全列入县（市）土地利用专项规划中，故村庄规划中应因地而宜地编制土地开发规划，弥补县（市）土地利用专项规划的不足，编制本村的土地开发规划。

（三）土地整理规划

土地整理规划是指对土地利用不合理布局的农田道路、村庄建设用地的整理；对利用不充分的废弃沟渠、坑塘、打谷场、闲置工矿整理出的土地变为农用地的整理。各村这部分土地一般由于片块小、分布零散，往往不会纳入县（市）土地整理规划项目之中，各村要因地制宜编制土地整理规划。

（四）土地复垦规划

土地复垦，是指矿区塌陷地、废弃工矿用地（如砖瓦窑场）和其他废弃建设用地复垦为耕地或其他农用地的过程，各村要因地制宜进行有计划的复垦。

总之，通过土地开发、整理、复垦，使零散分布、没有充分利用的土地得以利用：一是提高土地利用率；二是提高土地产出率。各村的土地开发、整理、复垦凡列入县（市）土地利用专项规划的要跟项目进行，而没有列入县（市）土地利用专项规划的要把开发、整理、复垦面积落实并上报国土资源部门备案。

第二节　农田水利工程设计

一、农田水利工程概述

农村水利设施是结合自然水系形成的用于农业生产的坑塘河道和灌溉沟渠系统，用于灌溉、排水、除涝和防治盐、渍灾害的工程设施。

农村地区的水利设施是农业生产的重要保障，也是生活和景观用水的重要来源，与村庄的防灾也有非常密切的关系。因此，对村域水系进行梳理，规划布局各项重要水利设施，是村域规划的重要任务。

村庄水利设施也是更大区域内水利系统的组成部分，在进行村域水利设施规划前，应充分研究大区域水利工程系统现状和规划，充分利用现有水利设施，根据农村发展的条件和需求，对大区域水利工程规划作适当深化、细化和局部调整。

（一）坑塘河道

坑塘河道多是自然形成的天然水体，与农村、农民的生产生活息息相关。因此，坑塘河道应保障其使用功能，满足村庄生产、生活及防灾需要。严禁采用填埋方式废弃、占用坑塘河道。坑塘使用功能包括旱涝调节、渔业养殖、农作物种植、消防水源、杂用水、水景观及污水净化等，河道使用功能包括排洪、取水和水景观等。

坑塘河道应具备补水和排水条件，满足水体利用要求；水体容量、水深、控制水位及水质标准应符合相关使用功能。坑塘河道存在使用功能受到限制，影响村庄公共安全、经济发展或环境卫生，或废弃坑塘土地闲置，重新使用具有明显的生态、环境或经济效益时，应根据当地条件进行整治，整治时应处理好与防洪、灌溉等相关设施的关系。

山区、丘陵地区的村庄宜充分利用现有的水库效能进行蓄水；平原河网、湖泊密集地区的村庄宜充分利用现有取水泵站能力，并适度增加旱涝调节坑塘，提高村庄旱季补水应变能力。雨量充沛、地下水位较高地区的村庄，应充分利用降雨、地下水进行坑塘河道的自然补水；自然补水不能满足水体容量要求时，可采用人工方式。

(二)灌溉渠道

灌溉是我国农村在长期生产、生活实践中利用水利工程的主要措施。灌溉渠宜优先选择涵闸控制的自流饮水方式，其次选择泵站抽升饮水方式。灌溉明渠的布置应根据饮水方位、地形条件选择在地势低洼、顺坡、线路较短的位置。灌溉渠构造结合自然地形可采用浆砌砖、块石护砌明渠或土明渠。平原地区宜采用土明渠，山区及丘陵地区宜采用块石、砖护砌明渠。在灌溉渠的规划中，应注意灌溉渠的标高一般高于田地，因此不能作为排水沟渠使用。

在农村村域中的渠道基本上是以斗渠、毛渠为主的渠道，渠道的规划要按照水利工程标准进行设计，表面结构可以根据使用周期的长短，进行水泥面硬化或料石、砖块硬砌。

(三)地下管道和喷灌

伴随农业生产条件的改善，不少地方发展地下管道的灌溉和喷灌。这些灌溉方式要根据土地整理所确定的标准进行规划，同时也要注意保护。

农村水利工程是农村重要的基础设施，要按照水利部门的若干标准进行建设。

二、灌排工程

(一)灌溉工程设计

1. 渠道工程设计

灌溉渠系由各级灌溉渠道及配套建筑物组成，按其使用寿命分为固定渠道和临时渠道两种。按控制面积大小和水量分配层次可以把灌溉渠道分为若干等级，一般为干、支、斗、农四级固定渠道。在地形复杂的大型灌区，固定渠道也可能多于四级，而在面积较小的灌区，固定渠道也可以少于四级。

2. 渠道防渗工程设计

(1)渠道防渗的必要性。水资源紧缺问题已经是世界性的难题，我国的水资源紧缺状况也不容乐观，农业灌溉用水约占用水量的80%，农业节水具有重要的意义。例如，若项目区土壤多为中壤土，渠道渗漏损失较多。根据《水利水电工程动能设计规范》要求，为了提高渠系水利用系数，应在加强管理、搞好工程配套、调整土地的同时，对渠道采取衬砌防渗措施，以减少能源和水资源浪费。

(2)防渗材料的选取。渠道防渗主要形式有土料防渗、砌石防渗、混凝土防渗、沥青材料防渗、塑料薄膜防渗。不同的防渗衬砌结构类型有不同的适用条件。例如，根据实际情况分别对浆砌块石和混凝土两种衬砌材料进行分析比较。经比较，如果浆砌块石衬砌当地无原材料，施工难度大并且价格偏高，则宜采用混凝土现浇衬砌。

(3)防渗衬砌工程结构设计。防渗渠道断面形式多种多样，常用为梯形和“U”形，渠坡衬砌高度可按《灌溉排水渠道设计规范》确定。

(4)伸缩缝的设计。若采用现场浇筑混凝土衬砌结构，防渗渠道应每隔 5～8m 设一道横向伸缩缝和纵向伸缩缝，伸缩缝宽度不宜小于 1.5cm。缝内应采用能适应结构变形、黏结力强、防渗性能良好的填料灌实，必要时可埋设塑料止水带或橡胶止水带。目前，伸缩缝广泛采用矩形缝和梯形缝。

3. 渠道纵横断面设计

为保证灌溉渠道有足够的输水能力和稳定的渠系，按照灌溉渠道具有足够的水位以控制整个灌溉面积和渠道轮灌制度，对渠道横断面和纵断面进行设计。

(1)渠道横断面设计。渠道断面形式主要有梯形、矩形、多边形、抛物线形、弧形、“U”形及复式断面。其中，梯形断面应用比较广泛，其优点是施工简单，边坡稳定，便于应用各种防渗措施。

“U”形渠目前应用较广泛，适于地区条件不太好或冻土地区的中小型渠道，一般采用混凝土衬砌断面，水力条件较好，占用土地少，随着新型施工机械的发展，应用前景比较好。

矩形断面适用于坚固岩石中开凿的石渠，如对于傍山渠道及渠宽受限制的城镇工矿区，可以采用石质矩形断面或钢筋混凝土矩形断面。土地开发整理中，为了减少渠道占地，采用矩形断面是一个重要的方法。

多边形断面一般应用于粉质砂土地区修建的渠道，渠床位于不同土质的大型渠道也多采用多边形断面。

在砂砾石地层修建渠道可采用弧形断面，具有水力条件好、渠底抵抗较大的浮托力、能节省衬砌工程量等优点。复式断面适用于深挖方渠段。

在选择渠道横断面的时候，要综合考虑确定，主要应满足渠床稳定或冲淤平衡、足够的输水能力、各级渠道之间和渠道各分段之间及重要建筑物上下游水面平顺衔接、渗漏损失最小、施工管理和运行方便、工程造价较小等要求。

渠道采用挖填方渠道，支渠采用梯形断面结构，尽量符合实用经济断面要求，以减少工程量；斗渠采用“U”形断面结构。

(2)渠道纵断面设计。为满足灌溉土地对渠道水位的要求，根据设计水深和渠底比降确定渠底高程和堤顶高程。根据从控制灌溉范围内距离渠首最远而最高的高程点，沿渠的水头损失由下而上推算各级渠道的水位设计线，再以渠道的设计水深及超高来确定渠底和堤顶的设计线。

(二)机井工程设计

设计的主要依据是水资源供需平衡分析结果、《土地开发整理项目规划规范》(TD/T1012—2000)“机井设计”部分和《灌溉与排水工程设计规范》(GB50288—99)确定的设计标准。

1. 主要设计参数

设计井深：经物探证实该地区需在含水层取水。

井管结构：结合项目区实际情况和已有机井安装经验。

井孔直径：由于井管必须在井孔中顺利下入，因此，井孔直径必须要大于井管外径。

滤水结构：在开采的含水层处，采用滤水管材料。

封闭层：采用封闭材料。

2. 单井控制面积与井距计算

根据项目区水文地质条件、水资源状况、当地现有机井实测资料和项目区水利部门已有实测材料计算得出单井控制面积与井距。测算灌水定额的具体方法是：每次灌水前后(1～3天内)在典型地块取土测定土壤含水量的变化，计算出该次灌水的实际净灌水定额，综合分析各典型地块的一次灌水定额，得出综合平均灌水定额。

3. 井管

井管包括井壁管(又称实管)、滤水管(又称花管)和沉淀管等几部分。

井壁管安装在隔水层处或不拟开采的含水层处，多用黏土球止水；滤水管安装在开采的含水层处，在井管与井孔的环状间隙中，填入经过筛选的砾石(人工填料)，起滤水阻砂的作用；沉淀管位于管井的最下段，起沉淀流入井中泥沙的作用，一般深4～8m。

井壁管和滤水管根据井深、水质、技术和经济条件等因素，可选用钢管、铸铁管、钢筋混凝土管、塑料管、混凝土管、无砂混凝土管等管材。

三、输配水工程设计

输配水工程以低压管道输水灌溉技术(简称“管灌”)为基础。这项技术具有省水、节能、节地、省工省时、易管理、投资低等优点。以管代渠可使渠系水利用系数提高到95%以上，可使毛灌水定额减少30%。与土渠相比，由于渠系水利用系数的提高，使得直接从井中提取的水量大大减少，因此，可节约能耗25%以上。由于采用低压输水可减少渠道占地，提高土地利用率，一般在井灌区可减少占地 2%左右。由于输水管道埋于地下，便于机耕及养护，耕作破坏和人为破坏大大减少，加之管道输水速度明显高于土渠，可显著提高灌水效率。但是一般情况下，低压管道输水灌溉技术在田间仍采用传统的沟畦灌，因而该项技术与喷、微灌技术相比，田间水的利用系数仍很低。

四、排水工程设计(田间)

排水系统一般包括排水区内的排水沟系、蓄水设施、排水区外的承泄区及排水枢纽三大部分。排水沟系和灌溉渠系相似，一般可分为干、支、斗、农四级固定沟道，但也可以根据实际情况来设置，即多于四级或少于四级。由于我国排水地区的情况各不相同，所以，规划排水系统时，必须从实际出发，由调查研究入手，搜集和分析有关资料，然后来制定规划原则，确定规划标准和主要措施，合理拟订方案。主要依据是《土地开发整理项目规划规范》(TD/T1012—2000)中农田排水工程设计部分。

(一)排水标准

农田排水标准可分为排涝标准、治渍排水标准和防治盐碱化排水标准，标准的确定要根据当地或临近类似地区排水试验资料或实践经验，按照项目区的作物种类、土壤特性、水文地质条件和气象条件等因素，并结合社会经济条件和农业发展水平，通过技术经济论证确定。

(二)排水方式

排水方式需根据实地情况确定，一般采用土质渠明沟排水。

五、建筑物工程设计

（一）涵洞设计

1. 结构布置

当渠道采用填方通过溪谷、谷地、道路时，为了宣泄沟溪水流、通行车辆，往往在渠下修建涵洞；有时渠道、排水沟穿越道路时，也布置成涵洞，又称渠涵、沟涵。涵洞由进口、洞身、出口三部分组成。其布置方向应与原有渠、沟方向一致，使进出口水流顺畅，避免上下游冲刷。洞轴线应力求与渠道(道路)正交，洞底高程应等于或接近原有沟底高程，纵坡可等于或稍陡于天然沟道坡底。

涵洞建筑材料主要有砖石、混凝土、钢筋混凝土等。涵洞的洞身形式有圆形涵洞、矩形涵洞、拱式涵洞。圆形涵洞又分为整体式涵洞、四铰涵洞，矩形涵洞又分为盖板式涵洞、箱形涵洞、装配式涵洞。

整体式涵洞多采用钢筋混凝土建造，以预制钢筋混凝土用得最普遍；管涵管径为 0.8～2.5m，管壁厚度为内径的 1/10～1/15；当泄流量大时，可采用双管或多管涵洞。盖板式涵洞不能承受内水压力，洞宽 2～4m；盖板多为预制钢筋混凝土板，厚度为跨径的 1/5～1/12；侧墙多采用浆砌石重力式挡土墙；底板视地基条件，可做成分离式或整体式。

箱形涵洞为四边封闭的钢筋混凝土整体结构，其特点是对地基不均匀沉陷适应性好；小跨径箱涵一般做成单孔，当孔径大于 2～3m 时，可做成双孔或多孔；单孔箱涵壁厚一般为其跨径的 1/8～1/12，双孔箱涵顶板厚度为其跨径的 1/9～1/10，侧墙厚度为其高度的 1/12～1/13，隔墙可稍厚。小跨径箱涵可以分段预制，现场安装。装配式涵洞以矩形应用较多，适用于跨径不大的明流涵洞。

拱形涵洞能承受较大的外压，多用于填土较高、泄流量较大的明流涵洞。按拱的形状可分为半圆拱、平拱、高拱、三心拱。拱圈可做成等厚度或变厚度。混凝土拱厚不小于 20cm，砌石拱厚度不小于 30cm。

2. 涵洞进出口形式

涵洞进口主要是为了平顺水流。其主要形式有圆锥护坡式、八字斜降墙式、喇叭口式、反翼墙走廊式、进口抬高式、扭坡式、流线形式。

（二）跌水、陡坡

1. 跌水

跌水是水流经由跌水缺口流出，呈自由抛射状态跌落于消力塘的连接建筑物。跌水有单级跌水和多级跌水两种形式。当跌水的跌差较大(一般大于 3m)、修建单级跌水不经济时，可考虑多级跌水。

跌水通常由进口、跌水墙、消力塘及出口组成。

进口的主要作用是保证上游渠道水深的均匀一致，由连接段和跌水缺口组成。连接段是跌水缺口与上游渠道相连的收缩段，常采用八字墙或扭曲面。连接段长度一般为 2.5～3.5 倍水深。

跌水墙有直墙和倾斜墙两种形式，多按重力式挡土墙设计。

消力塘的横断面形式一般为矩形、梯形和折线形。消力塘的尺寸由水力计算确定，塘的宽度一般同渠道底宽。出口主要由连接段和直段组成。

2. 陡坡

陡坡是下泄高速水流的一种连接建筑物。灌溉渠道上常采用的陡坡形式有等底宽陡坡、陡槽、消力塘及出口，进出口形式都与跌水相同。陡坡的下泄水流一般较急，一般在消力塘的底板处增加分流墩、消能墩等，以消除多余水流动能。

（三）桥梁设计

设计的主要依据是《土地开发整理项目规划规范》（TD/T1012—2000）中水利工程项目设计部分。

（四）节制闸、进水闸设计

按照渠灌系统支、斗两级渠道流量分配和取水要求进行支渠节制闸、斗渠进水闸设计，将节制闸和进水闸进行联建。

六、电力工程

电气安装标准参照《土地开发整理项目规划规范》（TD/T1012—2000）中的排灌电气工程设计部分及电力部门颁布的相应标准，确定电力排灌设备总容量、受载系数和同时率，计算负荷量，合理布设变压器及其他设备，保证经济、有效、安全供电。

第十章
村庄环境保护与生态建设规划

第一节 村庄环境保护和生态建设规划概述

一、环境与生态建设

环境保护与生态建设规划是村庄规划的重要组成部分，它包括环境保护规划和生态建设规划两部分内容。

(一)环境与环境保护

环境是指村庄的自然环境、人工环境、社会环境、经济环境和景观环境的总称。自然环境是村庄赖以生存的自然条件。人工环境是由人工塑造的自然、社会、经济环境的综合环境，也是实现村庄各项功能所必需的物质基础设施。社会环境提供满足人类各种活动和各种需求的必要条件。经济环境反映了村庄生产与经济发展的条件和潜能。景观环境则是村庄的外观景象，包括村庄的气质和韵味的外在表现。环境保护就是为防止环境污染和破坏，合理地利用自然资源，以保持和发展生态平衡所采取行政的、法律的、经济的、科学技术的措施。

(二)生态建设

生态建设是对村庄生态保护的投入，生态保护是人类对赖以生存的自然环境和自然资源采取合理管理措施，使其免遭破坏，为人类生活和生产创造最适条件的活动。为满足环境保护的需要，必须对环境投入经济和技术的措施，以满足人类生活和生产环境的要求。

二、规划的原则

(一)贯彻落实环境保护的基本国策

建立和发展安全生产、清洁生产，建立农业的循环经济。坚持自然条件与人类发展相协调的“田园风光”，建设宜居和良好生态环境的农村。

(二)可持续发展的原则

坚持对自然资源合理开发和保护并重的原则，有效利用和保护自然资源，提高植被覆盖率，治理、恢复退化的环境，增强生物的生产力和抗灾能力。综合治理环境污染，改善环境质量，提高资源环境系统对经济、社会发展的支持能力。要把生态文明建设和物质文明、精神文明建设放在同等重要的位置。

（三）坚持三大效益统筹兼顾的原则

村庄规划要坚持经济发展、村庄建设、村庄环境保护与生态建设同步规划、同步实施、同步发展的方针，要做到生态效益、经济效益、社会效益统筹兼顾。

（四）坚持污染防治和生态环境保护并重

坚持防护为主、保护优先，统一规划、同步实施，使村庄环境保护与生态建设的目标同步实现。

（五）实事求是、因地制宜

根据村庄的地理位置、环境特征、周边城镇空间配置及污染物处理的设施条件，正确安排村庄污染物的治理处理出处，发挥区域综合治理的优势。

（六）坚持将村庄传统风貌与村庄现代化建设相结合

自然景观与历史文化名胜古迹保护相结合，科学地进行环境保护和生态建设。

三、环境保护规划

农村的环境保护规划是以县环境保护规划为基础依据，结合村庄的实际情况制定的。

（一）环境保护规划的指导思想

坚持走可持续发展的道路，坚持生态文明建设与政治文明、精神文明一起抓，坚持农村经济发展、村庄建设与环境保护同步规划，全力解决农村在经济与建设发展中存在的环境与生态建设问题。坚持以人为本，统筹兼顾，创造良好的农村居住环境和良好的农业生态环境，加强农村的综合整治，努力改善农村的环境质量，实现经济建设发展和环境保护与生态建设的“双赢”。

（二）环境保护规划

环境保护规划内容，一是针对已被污染的环境，要采取相应的措施予以治理；二是对可能产生污染的生产活动进行预防。治理和预防一定要从源头抓起，对于有污染性的生产要进行必要的治理，如大气污染，通过对排放出的气体治理，降低和减少有毒气体的排放量；污水要通过治理后使有害物质降到最低，不会危害人体健康；固体污染物通过处理分流使用，变害为利。总之，通过治理变污染废物为可利用的资源，增加和节约资源，达到合理利用，变废为宝。要把环境治理和保护作为村庄规划的一项重要内容。

（三）建立安全、清洁生产的机制

环境保护的预防实质就是建立安全、清洁生产的保障机制。许多企业在建设之初，从规划就要建立在安全、清洁生产的要求之上，从根本上堵住污染的源头。

（四）加大环境保护管理的力度

加大环境保护管理的力度，一是要加强对污染企业的管理，增加排污费用，用于污染物的治理；二是限制污染严重企业上马，对于那些污染严重，又无治理能力的企业一定不予批准上马；三是对那些污染严重，又无治理能力的企业一定关、停、并、转，严禁再生产；四是禁止使用污染严重的农药、化肥和难以降解的塑料薄膜；五是要根据当地实际情况，分片建设污水处理场所，达到污水治理标准。

(五)农村建设要走“四节”“八新”的建设道路

“四节”即节地、节能、节材、节水。“八新”即建设新环境、利用新能源、利用新材料、建立新的管理和服务体系、建设新的基础设施和公益建筑、培育和完善社会主义市场体系、培育和造就一代新农民、建设社会主义新农村和树立新风尚。

(六)把生态文明建设放在重要的地位

人类进入社会发展的新时期，生态文明建设提上了议事日程。生态文明建设包括环境保护和生态建设两方面内容，这是人类社会发展的必然趋势，在建设社会主义新农村时，把生态文明建设列为重要内容也是必然的任务。

四、生态建设规划

生态建设规划包括建立循环经济、使用新能源和农业生态环境建设等内容。

(一)建立循环经济

建设社会主义新农村的一项重要任务就是建立农村的循环经济。循环经济就是以农业资源为基础，把农产品进行深加工，充分利用资源进行再生产，尽可能少产生废弃物质，充分发挥资源的利用程度。

(二)使用新能源

我国农村面广点多、人口众多，能源消耗量大，农村生态环境较差，农民收入偏低，多种原因都说明在农村建设中使用新能源是非常必要的。使用新能源就是减少煤炭、石油等耗竭资源的使用量，尽可能使用太阳能、水能、风能、潮汐能、地热能和一些再生能源，充分利用自然能和再生能源，减少污染，节约资源，建立恒生性能源。

(三)农业生态环境建设

我国人口多、开发历史久远、人类对自然资源的过度开发，造成自然环境和农业生态环境的严重破坏，使得农村生态环境较差，是农村生产、生活的重要限制因素。因此，编制新农村规划必须把农村生态建设作为一项重要任务。

第二节　当前我国农业生态环境存在的突出问题

农业生态环境，是以农业生物为主体而言的各种环境因素的总和，包括了农村、农业的所有方面，主要是指土地、土壤、森林、草原、水源、空气、阳光、温热、微生物等农业生产的基本物质基础条件。这些环境因素相互作用、相互影响，共同构成了一个完整的农业生态环境综合系统，可称为农业环境系统。我国农业环境问题主要表现在农业资源锐减、生态严重破坏、环境污染加剧、自然灾害频发等几个方面。

总体上看，我国生态文明建设水平仍滞后于经济社会发展，资源约束趋紧，环境污染严重，生态系统退化，发展与人口资源环境之间的矛盾日益突出，已成为经济社会可持续发展的重大瓶颈。

一、农业资源锐减

我国虽然国土辽阔，但人均耕地不足世界人口平均的40%，而且优质耕地少，可开发的后备资源少。目前土地质量差、退化严重的区域也就是我国生态环境恶化严重的区域。

我国属于森林资源极为贫乏的国家，而且森林采伐量和消耗量远远超过森林生长量。近十多年来，我国森林覆盖率虽然逐年增加，但同期有林地单位面积蓄积量却在下降；生态功能较好的近熟林、成熟林、过熟林不足30%，森林资源总体质量仍呈下降趋势。我国草原生态目前仍呈“局部改善，总体恶化”的趋势。我国水资源总量为28000亿m^3，占全球水资源的6%，但人均仅有2200m^3，而现实可利用的水资源量仅为11000亿m^3左右，人均可利用水资源量约为900m^3，其空间分布极不均衡，是全球13个人均水资源最贫困的国家之一。

我国生物物种丰富，但物种灭绝和濒危趋势发展很快。野生物种生态环境的退化和破坏，加上一些地区滥捕、滥猎、滥采，导致野生动植物数量不断减少。全国共有濒危或接近濒危的高等植物有5000种，占总数的20%。此外，外来生物入侵危害严重。目前，已知我国至少有380种入侵植物，40种入侵动物，23种入侵微生物。外来有害生物对我国农业带来了直接的危害，造成巨大经济损失。

二、生态严重破坏

（一）水土流失

目前，全国水土流失面积达367万km^2，占国土面积的38.2%，水土流失导致每年流失土壤50亿t，减少耕地6.67多万公顷，损失的肥力相当于4500万t化肥，相当于全国一年的化肥产量。全国荒漠化土地面积已达262万km^2，占国土面积的27.2%。

（二）农业生态系统破坏

在农区残存的野生生境方面，由于我国目前把野生生境列为宜农荒地，大面积开垦，面积越来越小，受人类活动影响的程度越来越大，保护区内与周围的农牧区生态系统受威胁的程度也相当严重。在湿地生态系统方面，我国原有湿地面积9500万hm^2，列世界第四位，现在只有湿地5000万hm^2，且原始面貌已部分消失或大为改观。水土流失导致湖泊淤积，我国自然湖泊从2800个减少到2500个，减少10.7%，湖泊的总面积减少了11.5%。

（三）沙尘暴

2000年春季，中国北方地区沙尘天气频繁。3月～5月中旬的两个多月就先后出现了14次较大范围的扬沙，沙尘暴或浮尘天气出现的频率之高、范围之广为近十多年来罕见。

（四）地面沉降

根据21个省级行政区对地下水位降落漏斗的不完全调查，共统计漏斗72个，漏斗总面积6.1万km^2。

（五）酸雨

我国降水年均pH小于5.6的城市主要分布在长江以南、青藏高原以东的广大地区及四川盆地，其中华中、华南、西南及华东地区是酸雨污染严重的区域，北方只有局部地区出现酸雨。酸雨往往对农作物、农田土壤、农业灌溉水造成不可逆转的危害。

（六）赤潮

赤潮发生次数较多的有浙江、辽宁、广东、河北、福建近岸、近海海域。浙江中部近海、辽东湾、渤海湾、杭州湾、珠江口、厦门近岸、黄海北部近岸等是赤潮多发区。赤潮发生给近海渔业带来不可估量的损失。

三、环境污染加剧

随着“农村工业化”步伐的加快，城市工业向农村转移，乡镇工业造成的环境污染逐年加剧。2014 年公报显示，全国开展空气质量新标准监测的 161 个城市中，有 16 个城市空气质量年均值达标，145 个城市空气质量超标。对全国有 470 个城市（区、县）开展了降水监测，酸雨城市比例为 29.8%，酸雨频率为 17.4%。对全国 423 条主要河流、62 座重点湖泊（水库）的 968 个国控地表水监测断面（点位）开展了水质监测，Ⅰ、Ⅱ、Ⅲ、Ⅳ、Ⅴ、劣Ⅴ类水质断面分别占 3.4%、30.4%、29.3%、20.9%、6.8%、9.2%，主要污染指标为化学需氧量、总磷和五日生化需氧量。329 个地级及以上城市开展了集中式饮用水水源地水质监测，取水总量为 332.55 亿 t，达标水量为 319.89 亿 t，占 96.2%。在 4896 个地下水监测点位中，水质优良级的监测点比例为 10.8%，良好级的监测点比例为 25.9%，较好级的监测点比例为 1.8%，较差级的监测点比例为 45.4%，极差级的监测点比例为 16.1%。

随着农药、化肥及地膜等的大量采用，对自然环境造成污染，敲响了生态灾难的警钟。我国迅速发展起来的规模化畜禽养殖带来的污染问题也日渐突出。此外，我国农村医疗垃圾污染也很严重。

农业生态环境恶化导致农产品污染加剧，滥用饲料添加剂导致畜产品中有害物质不断超标，极大地影响食品安全，危害人体健康。

四、自然灾害频繁

我国是一个旱、涝、风、雹、台风等多种自然灾害危害严重的国家，每年都是旱、涝、风、雹、台风等多种自然灾害并存，有时在一个地方交替出现，危害十分严重，20 世纪 50 年代以来，我国农业遭受各种自然灾害的总面积和总损失不断增加。

由于地质地貌复杂多样，我国多地发生地震、泥石流、塌陷等自然灾害，对个人生命财产带来巨大的损失。

综上所述，对于村庄的环境保护和生态建设，要依据基本国策、党的各种文件要求和国家生态建设规划的具体安排，采取以下几个方面措施。

(1)加快美丽乡村建设。完善县域村庄规划，强化规划的科学性和约束力。加强农村基础设施建设，强化山水林田路综合治理，加快农村危旧房改造，支持农村环境集中连片整治，开展农村垃圾专项治理，加大农村污水处理和改厕力度。加快转变农业发展方式，推进农业结构调整，大力发展农业循环经济，治理农业污染，提升农产品质量安全水平。依托乡村生态资源，在保护生态环境的前提下，加快发展乡村旅游休闲业。引导农民在房前屋后、道路两旁植树护绿。加强农村精神文明建设，以环境整治和民风建设为重点，扎实推进文明村镇创建。

(2)发展绿色产业。大力发展节能环保产业，以推广节能环保产品拉动消费需求，以增强节能环保工程技术能力拉动投资增长，以完善政策机制释放市场潜在需求，推动节能环保技术、装备和服务水平显著提升，加快培育新的经济增长点。实施节能环保产业重大技术装备产业化工程，规划建设产业化示范基地，规范节能环保市场发展，多渠道引导社会资金投入，形成新的支柱产业。加快核电、风电、太阳能光伏发电等新材料、新装备的研发和推广，推进生物质发电、生物质能源、沼气、地热、浅层地温能、海洋能等应用，发展分布式能源，建设智能电网，完善运行管理体系。大力发展节能与新能源汽车，提高创新能力和产业化水平，加强配套基础设施建设，加大推广普及力度。发展有机农业、生态农业，以及特色经济林、林下经济、森林旅游等林产业。

(3)严守资源环境生态红线。树立底线思维，设定并严守资源消耗上限、环境质量底线、生态保护红线，将各类开发活动限制在资源环境承载能力之内。合理设定资源消耗“天花板”，加强能源、水、土地等战略性资源管控，强化能源消耗强度控制，做好能源消费总量管理。继续实施水资源开发利用控制、用水效率控制、水功能区限制纳污三条红线管理。划定永久基本农田，严格实施永久保护，对新增建设用地占用耕地规模实行总量控制，落实耕地占补平衡，确保耕地数量不下降、质量不降低。严守环境质量底线，将大气、水、土壤等环境质量“只能更好、不能变坏”作为地方各级政府环保责任红线，相应确定污染物排放总量限值和环境风险防控措施。在重点生态功能区、生态环境敏感区和脆弱区等区域划定生态红线，确保生态功能不降低、面积不减少、性质不改变；科学划定森林、草原、湿地、海洋等领域生态红线，严格自然生态空间征(占)用管理，有效遏制生态系统退化的趋势。探索建立资源环境承载能力监测预警机制，对资源消耗和环境容量接近或超过承载能力的地区，及时采取区域限批等限制性措施。

第三节　农业环境保护规划

一、基本原则

坚持把节约优先、保护优先、自然恢复为主作为基本方针。在资源开发与节约中，把节约放在优先位置，以最少的资源消耗支撑经济社会持续发展；在环境保护与发展中，把保护放在优先位置，在发展中保护、在保护中发展；在生态建设与修复中，以自然恢复为主，与人工修复相结合。

坚持把绿色发展、循环发展、低碳发展作为基本途径。经济社会发展必须建立在资源得到高效循环利用、生态环境受到严格保护的基础上，与生态文明建设相协调，形成节约资源和保护环境的空间格局、产业结构、生产方式。

坚持把深化改革和创新驱动作为基本动力，充分发挥市场配置资源的决定性作用和政府的宏观调控作用，不断深化制度改革和科技创新，建立系统完整的生态文明制度体系，强化科技创新引领作用，为生态文明建设注入强大动力。

坚持把培育生态文化作为重要支撑。将生态文明纳入社会主义核心价值体系，加强生态文化的宣传教育，倡导勤俭节约、绿色低碳、文明健康的生活方式和消费模式，提高全社会生态文明意识。坚持把重点突破和整体推进作为工作方式，既立足当前，着力解决对经济社会可持续发展制约性强、群众反映强烈的突出问题，打好生态文明建设攻坚战；又着眼长远，加强顶层设计与鼓励基层探索相结合，持之以恒全面推进生态文明建设。

二、主要目标

到 2020 年，资源节约型和环境友好型社会建设取得重大进展，主体功能区布局基本形成，经济发展质量和效益显著提高，生态文明主流价值观在全社会得到推行，生态文明建设水平与全面建成小康社会目标相适应。

（一）国土空间开发格局进一步优化

经济、人口布局向均衡方向发展，陆海空间开发强度、城市空间规模得到有效控制，城乡结构和空间布局明显优化。

（二）资源利用更加高效

单位国内生产总值二氧化碳排放强度比 2005 年下降 40%～45%，能源消耗强度持续下降，资源产出率大幅提高，用水总量力争控制在 6700 亿 m^3 以内，万元工业增加值用水量降低到 65m^3 以下，农田灌溉水有效利用系数提高到 0.55 以上，非化石能源占一次能源消费比重达到 15%左右。

（三）生态环境质量总体改善

主要污染物排放总量继续减少，大气环境质量、重点流域和近岸海域水环境质量得到改善，重要江河湖泊水功能区水质达标率提高到 80%以上，饮用水安全保障水平持续提升，土壤环境质量总体保持稳定，环境风险得到有效控制。森林覆盖率达到 23%以上，草原综合植被覆盖度达到 56%，湿地面积不低于 8 亿亩，50%以上可治理沙化土地得到治理，自然岸线保有率不低于 35%，生物多样性丧失速度得到基本控制，全国生态系统稳定性明显增强。

（四）生态文明重大制度基本确立

基本形成源头预防、过程控制、损害赔偿、责任追究的生态文明制度体系，自然资源资产产权和用途管制、生态保护红线、生态保护补偿、生态环境保护管理体制等关键制度建设取得决定性成果。

三、环境污染防治对策的制定

根据环境预测与环境保护目标，按照环境保护的技术政策和技术路线，对解决规划区环境问题提出各种有效的防治措施，如调整经济结构与布局、提高能源利用率、加强污染源治理及一些行政与经济措施等。

四、农业环境保护措施

土地是农业的基本生产资料，合理利用土地、提高土地利用率、保护土地资源质量是农业可持续发展的重要保证。在农业环境保护规划中，土地资源开发与保护应注意以下两点。

（一）合理开发利用土地资源

合理利用土地资源，保护相当的土地特别是耕地数量，是保证农业生产正常进行的基础，在规划措施的设计中，主要可从以下几方面进行。

(1)严格按照土地利用总体规划，实行土地用途管制制度。土地利用总体规划是农业环境保护规划的依据，按照土地利用总体规划，提高土地利用率，保护和改善生态环境，实现土地资源的可持续利用。

(2)进行农业环境区划。运用生态学的理论和方法进行农业环境区划，寻求农业用地的最佳土地利用方式，制定退耕还林、退耕还草规划，保护生态环境。

(3)切实保护耕地资源。耕地是农业环境规划中的重点保护对象，因此，要严格实行基本农田保护制度，实行耕地占补平衡制度，并采取相应的措施，提高耕地质量。

(二)强化土地质量管理

(1)控制水土流失。针对不同成因、不同区域的水土流失分别制定规划，采用生物措施与工程措施相结合的方法，实现水土流失控制与治理目标。同时，制定有关法规及有关水土保持措施，预防和控制新的水土流失。

(2)控制土壤污染。对污水灌溉、农药、化肥的使用要加强监督管理。污染灌溉、农药使用等严格按照《农田灌溉水质》《农药安全使用标准》等的规定；科学合理地施用化肥；采用化学改良剂、生物改良等措施防治土壤重金属污染。

五、生态农业建设规划

实践证明，要遏制生态破坏，保护和改善农业生态环境，实现农业现代化和保持农业可持续发展，必须发展生态农业。生态农业建设规划的指导思想是：以生态理论为指导，充分认识农业生态系统是农村复合生态系统中的一个半人工生态系统，农业生态系统不但自身处于高效稳定运转状态，而且要与其他生态系统保持协调稳定。因地制宜制定生态农业模式，充分合理利用农业内部的能源和资源，注重农、林、牧、副、渔等各业的全面发展和合理配置，促进农业生态系统的良性循环，使自然资源得以永续利用。注重经济与环境协调发展，使经济效益、社会效益和环境效益达到高度的统一。

六、生物多样性保护和自然保护区建设规划

生物多样性包括遗传多样性、物种多样性和生态系统多样性。生物多样性保护了农业生产的重要资源，同时生物多样性保护也是当今自然保护工作的一个热点，保护生物多样性的最有效途径就是建立自然保护区，具体措施如下。

(一)保护生物多样性

进行自然保护区现状调查，按照建立自然保护区的条件和标准，会同有关部门共同确定保护对象及其类型级别。

(二)确定保护区

建立自然保护区具体地点，并划定保护范围。

(三)建立管理机构

建立相应的管理机构，提出自然保护的要求，并制定防护措施。

七、农业生态林建设规划

根据农业环境保护目标，对规划区域内的宜林宜草荒山、荒地、荒坡、荒滩面积进行普查统计，划出范围，进行绿化，提高植被覆盖率；对于水土流失、草场退化、土地沙化严重的地区，会同有关部门划出退耕还林、还耕还牧区域；对林业用地、各种防护林、道路、农田林网等采取相应的绿化措施；制定并执行有关法规，提出相应的管理措施，以保护森林植被资源，提高绿化覆盖率。

第四节 水环境规划

水环境规划方案是由许多具体的技术措施构成的组合方案，这些技术措施涉及水资源开发利用与水污染控制的各个方面。水环境污染治理的基本途径有两种：一是减少污染物排放负荷，环境质量不能达到功能要求的区域，实施污染物排放总量控制；二是提高或充分利用水体的自净能力，提高水环境承载力，并有效利用环境容量。

一、污染综合治理与控制

(一)严格执行排放标准

浓度控制是对人为污染源排入环境的污染物浓度所做的限制规定，以达到控制排污量的目的。

(二)企业清洁生产

清洁生产是一种基本的污染防治战略，在带动区域经济发展的同时，也带来了较大的环境污染。企业清洁生产，减少污染负荷，是乡镇企业的正确发展方向。

(三)污水治理与资源化

在我国大部分区域，即使工业污水达标后排放，仍然不能满足水环境质量的要求。同时，生活污水量的要求排放量越来越大。因此，必须根据经济社会发展水平，在有条件的地区开展污水治理和污水资源化工作。

建设污水处理设施是解决城镇水环境污染的最终出路。污水经二级或三级处理后，可以考虑中水回用和污水资源化。绿化或街道冲洗等用水可以考虑利用中水，达到农灌标准的污水可以考虑进行农灌，这样既节省了水资源，又减少了水污染。

(四)农业污染控制

(1)农田改造。采取调整农业结构、农作物轮种等方法，改善土壤结构。在农田内开展绿化林网，在适宜地区进行坡耕地改造，减少水土流失。

(2)合理使用化肥农药。提倡施用有机肥，控制化肥农药的使用量，淘汰高残留的农药。开展有机农业、生态农业建设，逐步调整农业结构，发展绿色农业。

(3)控制畜禽养殖污染。规模较大的畜禽养殖企业要规范污水排放去向，并进行污染治理。畜禽粪便要综合利用，在堆存期间要进行地基防渗处理，并避免被水冲刷与浸泡，防止污染地下水。规模较小的、分散的畜禽养殖场要妥善处理污水排放，粪便要合理堆存。

（五）实施总量控制

总量控制的技术路线是根据区域环境容量要求，把允许排放量按照一定原则分配给区域内的各个污染源，同时采取一系列的保证措施，以保证区域内污染物排放总量不超过区域允许排放量。总量分配一般依据的基本原则有：支持重点建设项目、优先保证生活需要、合理调节季节排污总量、防范风险、区别对待、促进经济结构调整。

二、合理利用水环境容量

在加强污染控制的同时，要采取各种可能的措施，提高并合理利用水环境容量，提高水环境承载力，为区域发展提供更多的环境资源。

（一）人工复氧

河道人工复氧是改善河流水质的一项重要措施。借助安装一定的设备增加河流溶解氧的浓度，达到改善水生态、为鱼虾和水生植物生长创造更好的生态环境，加强水环境自净能力，实现提高水环境容量的目的。

（二）污水调节

在河流环境容量低的时期（枯水期），用污水池或污水坝把污水暂时拦蓄起来，待河流的纳污能力较强时释放，利用污水入河的丰枯调节，达到改善河流枯水期水质的目的。污水池要采取一定的措施，避免产生恶臭，避免污染地下水。

（三）内源治理

对于污染严重的河流，由于长期大量污染物沉积在河道内，即使入河污染负荷得到有效控制，底泥释放的污染物仍然会大大降低河流的环境容量。同样，围网养殖会使水域的营养物大幅度增加，降低水环境容量。内源治理是指采取清淤和限制围网养殖等措施，减少河流或湖泊的内部污染。在具有航运功能的河流，控制船舶污染也是非常必要的。

第五节　大气污染综合整治措施

一、大气污染综合整治宏观规划

（一）概念

大气污染综合整治宏观分析就是在制定大气污染综合整治对策时，根据大气污染及大气环境特征，从乡镇生态系统出发，对影响大气质量的多种因素进行系统的综合分析，从宏观上确定大气污染综合整治的方向和重点，从而为具体制定大气污染综合整治措施提供依据。

（二）影响乡镇大气质量的因素分析

乡镇大气质量受到多种因素的影响。在进行系统分析时，可参考大气污染源调查及评价、大气污染预测等有关内容。影响因素的分析最好做到定量。

（三）确定大气污染综合整治的方向和重点

通过对大气质量影响因素的综合分析，可以明确影响大气质量的主要因素和目前在控制大气污染方面的薄弱环节。在此基础上，根据加强薄弱环节，控制环境敏感因素的原则，确定乡镇大气污染综合整治的方向和重点。

二、大气污染综合整治措施

各地区大气污染的特征、条件及大气污染综合整治的方向和重点不尽相同，因此，措施的确定具有很大的区域性，很难找到适合于一切情况的通用措施，这里介绍一些常用措施。

（一）合理利用大气环境容量

我国有些乡镇大气环境容量的利用很不合理，虽然污染物的排放进行了总量控制，但环境质量仍然没有得到明显的改善。这与布局不合理有很大关系，一方面，局部地区“超载”严重；另一方面，相当一部分地区容量没有合理利用，这种现象是造成乡镇大气污染的重要根源。利用大气环境容量做到两点：第一，科学利用大气环境容量，根据大气自净规律，定量、定点、定时地向大气中排放污染物，在保证大气中污染物浓度不超过要求值的前提下，合理地利用大气环境容量。第二，结合调整工业布局，合理开发大气环境容量。

（二）以集中控制为主，降低污染物排放量

集中控制，就是从乡镇的整体着眼，采取宏观调控和综合防治措施，如调整工业结构，改变能源结构，集中供热，发展无污染、少污染的新能源，采用优质煤供暖等。

（三）加强乡镇企业的环境管理

加强县、乡各级环境管理和队伍建设，首先是贯彻执行环境保护法的有关规定，把乡镇企业的环境管理和发展农业经济问题放到政府议事日程上。其次是提高各级领导干部对环境保护重要性的认识，不要重复走先污染后治理的老路。再次是依靠科学技术发展乡镇工业，采取先进的环境工程技术，在发展初期把发展工业和环境保护两者之间的关系协调好。

第十一章 村庄政治文明、精神文明建设

第一节 政治文明建设

一、政治文明建设的意义与目的

（一）政治文明的含义

政治文明，是指人类社会政治生活的进步状态。从静态的角度看，它是人类在社会政治实践活动中形成的文明成果；从动态的角度看，它是人类社会政治进化发展的具体过程。政治文明包括政治意识文明、政治制度文明和政治行为文明三个部分。政治文明是在人类社会政治实践中产生和发展的，是人类社会文明发展的重要组成部分。新的历史时期我国确立了建设小康社会的目标，党的十六大以来提出科学发展观的理论，其核心是坚持“以人为本”的社会发展理念，构成今后一个时期的政治任务和发展方向。农村作为社会的重要组成部分，农村的政治文明建设必须以小康社会建设为目标，以“以人为本”为核心建设社会主义。社会主义的政治文明是中国共产党领导的政治文明，是人民当家做主的政治文明。社会主义政治文明可分为政治民主化、政治公开化、政治法制化、政治科学化、政治高效化、政治清廉化六个层面。因此，巩固和完善中国特色社会主义政党制度是社会主义政治文明的根本保证，巩固和完善中国特色社会主义的国体是社会主义政治文明的本质要求，巩固和完善中国特色社会主义的政体是社会主义政治文明的基本方略。

（二）社会主义政治文明理论的客观必然性

当前我国正在从传统的农业社会向工业化、城市化和信息化社会过渡，社会主义市场经济快速发展的同时带来利益主体的多元化、思想观念的复杂化、利益要求的多样化，以及与国际接轨等，促使我国进一步融入国际社会。社会主义政治文明的明确提出有其客观的必然性。

(1)政治文明是全面建设小康社会的重要目标。全面小康的目标，不仅要实现经济现代化，使物质文明得到充分的发展；而且要实现文化现代化，建设高度的社会主义精神文明；同时，要建设高度的社会主义政治文明。这三者构成全面建设小康社会目标的全部内容。

(2)政治文明是物质文明和精神文明发展的必然趋势。首先，政治文明为物质文明建设规定了政治方向，为物质文明的发展创造了安定团结的政治环境，为社会主义市场经济的发展建立了公平、有序、统一的市场体系。其次，政治文明为精神文明提供了基本的政治方向和必要的政治保障。离开政治文明的规范和保障，精神文明建设的目标也就落不到实处。因此，物质文明和精神文明的发展必然要求全面加快政治文明建设。

(3) 政治文明是社会主义民主政治发展的必然要求。人民是国家的主人，享有充分的民主权利。但在现实生活中，并不是民主的内容一经确立就会自然而然地形成与之相适应的民主形式，由于我国社会主义民主的历史比较短，加上旧中国遗留的封建传统比较多，民主法制传统比较少，以及我国主观上长期忽视民主政治建设，因而没有形成一套足以充分体现人民当家做主的完备的具体民主政治和形式，使得社会主义民主很不成熟、很不完善。社会主义民主的这种具体制度和形式的不完善同它的实质之间的矛盾，在我国现阶段表现得最为突出。因此，必须加强民主政治建设，使民主政治制度化、程序化、规范化，这也正是政治文明建设的核心内容。

政治文明建设的提出，顺应了历史和时代发展的潮流，它将更好地实现人民当家做主，进一步推动廉政建设的发展，它将与物质文明、精神文明一起共同构成我国现代化文明建设的支柱，来推动中华民族的伟大复兴。

(三) 社会主义政治文明建设的特色

政治文明是人类文明的重要组成部分，在很大程度上反映了整个社会和国家的文明程度。我国社会主义政治文明具有极其丰富的内涵、独特的优势和鲜明的特色。

(1) 我国的政治文明建设具有社会主义的基本特征。我国的社会主义政治文明是由公有制为主体、多种所有制经济成分共同发展的经济制度所决定的，是人类历史上最高的政治文明。它否定了人剥削人、人压迫人的政治制度，使广大人民群众上升到统治阶级的地位；否定了社会政治生活中少数人对于多数人的专政，使人类政治文明的主体真正确保了占人口绝大多数人的统治地位；否定了那种崇尚强权、表现剥削、张扬两极分化的政治理念，以公正、平等、共同富裕为鲜明价值倾向，使人类政治文明的价值选择符合社会进步和时代发展要求。

(2) 我国政治文明建设具有中国特色。我国的政治文明建设是符合我国的实际情况和国情的，它主要有三个重要特征：其一，它以坚持四项基本原则为前提；其二，它注意借鉴人类文明建设的有益成果，来推动我国的政治文明建设，但又没有照搬西方国家政治文明模式；其三，它从我国社会主义初级阶段的实际出发，能充分发挥我国社会主义优势，继承优秀历史文化传统，以极大创造精神，展示了社会主义政治文明的远大发展前景。

(3) 政治文明与物质文明、精神文明相互促进、协调发展。作为人类社会发展新阶段的社会主义社会，它的发展遵循政治文明、物质文明、精神文明协同发展的规律。

(四) 社会主义政治文明建设的重要意义

“社会主义政治文明”的提出是对我国政治国情认识上的一次飞跃，是解放思想、实事求是思想路线和与时俱进的思想品格的具体体现，它对我国社会主义现代化建设的整体目标要求和实践活动具有重要的指导意义。

(1) 社会主义政治文明建设的提出，是对马克思主义政治学理论的创新与发展。马克思主义政治文明观是人类历史上崭新的文明观，它的形成、完善和发展经历了一个半世纪之多，指明民主是人类现代政治文明的组成部分，但民主不是政治文明的全部。政治文明包括民主建设和法制建设，不仅包括制度建设还包括政治文化、法律文化建设。政治文明是一个范畴更大、范围更广的概念。

(2) 社会主义政治文明建设的提出，完善与发展了对中国特色社会主义的认识。纵观人类文明发展的历史，政治文明和物质文明、精神文明总是扭结在一起，正是它们的相互作用，才构成了有机的社会，缺少了其中任何一个文明的社会都是不可想象的。在建设高度的物质文明、精神文明的同时，必须建设高度的政治文明。政治文明建设理应成为社会主义现代化建设的重要内容和任务。只有加强政治文明建设，才能推动社会全面进步。人类社会的发展表明，政治文明建设带有根本性和全局性，它为物质文明和精神文明建设提供了良好的政治环境，提供了良好的制度和法制保障，创造了安定和谐的秩序。只有把三个文明建设搞好，才能真正达到有中国特色社会主义的目标。

(3)政治文明建设的提出，为民主政治建设、政治体制改革指明了方向。首先，要把坚持党的领导、人民当家做主和依法治国三者的有机统一，确立为社会主义民主政治建设的根本指导原则。把握这三者内在的本质联系，才能顺利地推进我国社会主义民主政治建设。然后，要实现社会主义民主政治的制度化、规范化和程序化。制度建设是建设社会主义政治文明的首要环节。当前，我国的政治制度已有了基本框架，形成了基础制度、基本制度和具体制度。但还需要进一步健全和完善，其关键是要明确限定各政治机构的权力量和权力幅度，明晰其角色界限。在此基础上，进一步明确各政治机构之间的权力关系，以及每一个政治主体在实际政治过程中的每一个政治行为的程序和规范等。同时，将这些民主政治的制度、规则和程序法制化，以法律形式加以巩固。最后，要积极稳妥地推进政治体制改革，将政治体制改革成果以法律的形式固定下来，以巩固和扩大改革成果。

(4)政治文明建设的提出，有利于推动我国的廉政建设进程。首先，要从源头抓起，从改革体制、机制入手，形成一整套廉政建设的严格法律、制度，规范公职人员对公共权力的使用，使其难以滥用权力。然后，要实行民主公开，加大执法力度，形成良好的清正廉洁的社会政治氛围。要加大权力运行的透明度和对腐败行为的惩治力度，实行广泛的公开，使行政权力的运作公开透明，避免“暗箱操作”。最后，要多管齐下，综合治理，形成廉洁奉公的经济文化思想道德准则。通过对公职人员进行理想信念、道德操守、行为规范的教育，使其在行使公共权力的过程中自觉地控制私欲的膨胀。在制度上要解决好进人、用人、选拔、管理与监督工作机制，加强工作进程中的考核，清除不合格的人员。同时，发扬中国共产党思想政治教育的优势，有效地遏制权力腐败。

二、农民“三权”的建立

“三权”指选举权、审议权、监管权。党中央提出了“生产发展、生活宽裕、乡风文明、村容整洁、管理民主”20字方针。“管理民主”，既是新农村建设的重要内容，也是新农村建设的重要保障，它与生产发展、生活宽裕、乡风文明、村容整洁等方面，互为因果，构成了新农村建设的有机统一体。在《中共中央国务院关于推进社会主义新农村建设的若干意见》中也提出，要加强农村民主政治建设，完善乡村治理机制。要切实维护农民的民主权利，进一步完善村务公开和民主议事制度，让农民群众真正享有选举权、审议权、监管权。

党的十六大报告指出：“扩大基层民主，是发展社会主义民主的基础性工作”。发展社会主义民主政治首先必须保证农民群众当家做主。没有农村的民主，就不可能有整个国家的民主；没有农民的小康，就没有全国人民的小康，也就谈不上和谐社会的实现。2014年中央1号文件指出：“强化党组织的领导核心作用，巩固和加强党在农村的执政基础，完善和创新村民自治机制，充分发挥其他社会组织的积极功能。深化乡镇行政体制改革，完善乡镇政府功能。深入推进村务公开、政务公开和党务公开，实现村民自治制度化和规范化。探索不同情况下村民自治的有效实现形式，农村社区建设试点单位和集体土地所有权在村民小组的地方，可开展以社区、村民小组为基本单元的村民自治试点。”因此，推进基层民主政治建设，让农民群众真正当家做主，是实现农村社会稳定的根本保证，也是建设社会主义新农村的必然要求。

加强基层民主政治建设，是促进新农村全面发展的基本途径。新农村建设不仅是经济发展，而且是政治、经济、思想、文化等各种因素综合作用的复杂的系统工程。农村的全面发展也必然包含农村民主政治的发展。农村的民主选举、民主决策、民主管理、民主监督制度的建立和完善，既是农村现代化建设的重要内容，又是农村经济发展和社会事业进步的重要条件和切实保障。

加强农村民主政治建设，就是要坚持以人为本，深入了解农民需求，尊重农民意愿，维护农民权益，让农民真正享有知情权、参与权、管理权、监督权，引导他们正确处理政府扶持、社会支持与自主创业之间的关系，切实把党的各项支农惠农政策和各方面的扶持帮助转化为自我发展的能力，把改变自身状况的愿望和要求转化为艰苦创业的实际行动，在建设新农村中发挥积极性和主体作用。

村民自治的基本原则是自我管理、自我教育、自我服务。而为了有效地行使这四项民主权利，又逐步形成了相应的四项民主制度——民主选举制度、民主决策制度、民主管理制度和民主监督制度。这四项民主权利的行使和民主制度的运行，构成了中国村民自治和基层民主的基本内容。

（一）选举权

在村民自治制度中，村民选举权和村民委员会选举是最重要的环节。首先，选举制度是民主体制的基础环节和直观体现，既富于象征性，又带有生动性。其次，某种形式的选举，是现代民主制度与其他任何政治制度类型相区别的重要标志。最后，允许亿万村民直接选举产生基层管理人员，无论在民主实践意义上还是在制度改革意义上，都是十分重要的突破。因此，要研究村民自治制度，就必须了解村民选举权和村民委员会选举。

1. 村民选举制度及村民选举权的基本内容

村民选举制度由以下因素构成：村民选举权、基本原则、选举程序。

村民选举权是村民依法享有的选举村民自治组织成员的权利，现阶段主要是指村民选举村民委员会成员的权利。选举权与被选举权是人民参加国家管理的最基本的政治权利。由于投票是选举活动最直观的表现，有人便认为选举权就是投票权，这是一种误解。事实上，选举是一套非常复杂的程序，投票只是选举活动的一个重要环节，选举权的内容并非仅限于投票权。就我国村民自治运作的实际情况来说，当前村民选举权的范围应该涵盖知情权、推荐权、投票权和罢免权等方面。

村民选举制度要坚持六个原则，即普遍性原则、平等性原则、直接选举原则、直接提名原则、差额竞选原则、秘密投票和自由投票原则。

(1)选举权的普遍性原则。选举权的普遍性原则是指选举权的获得没有特殊的资格限制。我国《村民委员会组织法》规定年满18周岁的村民，不分民族、种族、性别、职业、家庭出身、宗教信仰、教育程度、财产状况、居住期限，都有选举权和被选举权，但是，依照法律被剥夺政治权利的人除外。另外，选举权不仅仅是投票权，还包括了解权，只有充分地了解，才能谈得上投票，才能从中选择自己所中意的候选人。将选举权简单等同于投票权的观点是错误的。

(2)选举权的平等性原则。选举权的平等性原则是指选民在选举法的权利和地位是平等的。

(3)直接选举原则。直接选举是指村民委员会的每一成员都由村民直接投票产生，从而维护村民自治。《村民委员会组织法》规定村民委员会主任、副主任和委员，由村民直接选举产生，任何组织和个人不得指定、委派或者撤换村民委员会成员。村民委员会每届任期三年，届满应当及时举行换届选举。村民委员会成员可以连选连任。

(4)直接提名原则。《村民委员会组织法》规定选举村民委员会，由本村有选举权的村民直接提名候选人。村民直接提名候选人的方式有两种：第一种是村民联合提名；第二种是海选。

(5)差额竞选原则。《村民委员会组织法》规定，候选人的名额应当多于应选名额，差额选举必然带来竞选。差额竞选原则功能在于选出最具有威信和管理才能的候选人。

(6)秘密投票和自由投票原则。秘密投票，又称无记名投票，是与记名投票(即选民在选票上写上被选举人的姓名时自己还要亲署其名的投票办法)，或者以起立、举手、鼓掌等公开表示选民意愿的选举方法相对应的一种投票方式。

自由投票，是指选民是否参加选举及投谁的票完全由其本人决定，不受外界的任何强制，与之对应的是强制投票。因此，村民的自由投票原则是指村民不去投票也不因此承担法律上的不利后果，不会产生任何法律后果。

2. 村民选举的基本程序

(1)建立选举组织机构。我国村民委员会的选举是以村为单位进行民主选举，《村民委员会组织法》明确规定村民委员会的选举，由村民选举委员会主持。村民选举委员会成员由村民会议或者各村民小组推选产生。

(2)选举动员和选民登记。选举动员是指各级选举工作机构，尤其是村民选举委员会，把有关村民选举的法律、法规和上级政府文件的精神，以及本次村民选举的意义、时间、方法和程序告知选民。衡量选举动员的标准主要有两个：一个是广泛性，即是否每个选民都对选举有足够的了解；另一个是深入性，即是否每个选民对选举的关键性问题有足够的了解。选民登记是村民选举委员会对村民是否享有选举权和被选举权的确认，也是选民参加投票办理的唯一合法手续。

(3)提名候选人。村民直接提名候选人，是指候选人的提出直接由村民决定。

(4)竞选。村民选举委员会公布村委会正式候选人后，到正式投票选举前，为竞选阶段。村民选举委员会应当向选民介绍候选人的情况，并保持中立。候选人在村民直接提名候选人之前就可利用各种方式宣传自己，竞选可通过发表治村演说、回答群众问题、考试、答辩等方式进行。村民委员会候选人的竞选必须客观公正。

(5)投票选举。投票选举是选举制度中最为关键的环节，也是选民行使选举权利的重要方式。村民委员会的选举投票形式有召开选举大会投票和设立投票站两种。为照顾老弱病残，可设流动票箱，外出选民可办理委托投票。《村民委员会组织法》规定村民委员会的选举采用无记名投票的方法，选举时设立秘密写票处。无记名投票又称秘密投票，可消除选民顾虑，使其按意愿投票。

(6) 计票与确认选举结果。投票结束后就开始计票。计票主要是统计和核对参加投票的选民数、选票箱里的票数及各个候选人得票数。

3. 村民选举制度的意义

目前，完善村民选举制度，不仅对新农村建设具有重要意义，而且对构建和谐社会具有积极意义。首先，村民选举使村民自觉依法参与村务管理，促进了农村社会的稳定发展，促进了民主与法制的和谐；其次，通过村民选举，使一大批优秀人才脱颖而出，增强了村委会的凝聚力、向心力，提高了社会自治管理能力，促进了社会管理关系的和谐，为构建社会主义和谐社会提供了有力的组织保障；再次，村民选举调动了村民参与村庄各方面工作的积极性和创造性，促进了农村经济的发展，促进了农村文化教育事业发展，促进了各种矛盾纠纷的解决，为构建社会主义和谐社会增添了活力；最后，村民选举使村委会成员的产生方式发生了重大的改变，村民选出的村委会成员普遍都有信任感、责任感、危机感，这促使他们由行政命令型的工作方式向服务型的工作方式转变，真正为村民办实事，带领群众共同致富，遇事同村民商量，用实际行动取信于民，促进了干群关系的改善和社会的团结稳定，从而促进了改革、发展、稳定三者之间的和谐。

（二）审议权

村民的审议权主要包括知情权、参与权、决策权、执行权。

(1) 知情权。村中事务让村民知晓是广大村民最基本的权利，也有利于农民群众对村干部增进了解，增加信任，减少猜疑，进一步融洽干群关系。一是建立村民代表单月例会制度，落实农民群众对政策的知情权，村委会要定期组织召开村民代表会，组织学习党在农村的路线方针政策和法律法规，传达上级党委、政府的决定、决议和工作部署，商议群众关心的热点、难点和疑点问题，把上级的政策法规和决议、决定原原本本交给农民群众。二是建立季度村情发布会制度，落实农民群众对村务的知情权，村委会每季度末召开一次村情发布会，由党支部书记或村委会主任发布本季度本村完成上级党委、政府工作任务情况和重点工程建设、财务收支、村务管理等情况，解答群众关心的宅基地审批、集体资产流转、救灾物资发放等问题。三是坚持财务公开制度，落实农民群众对财务的知情权，坚持实际、实用、实效原则，按照公布地点公众化、公布形式专栏化、公布内容通俗化、热点问题专项化的要求，各村定期将集体财务信息和资产状况及时、准确、完整地向群众公开，让群众清楚钱花何处，物用何地，给群众一个明白，还干部一个清白。

(2) 参与权。村务决策由村民做主，村民自治的核心是村民依法行使当家做主的权利，只有提高村务决策的透明度和科学性，充分体现和有效落实村民当家做主的权利，才能发挥村民的积极性、主动性和创造性。一是建立村民代表议事日程，让村民管理村务。二是举办民主听证会，让村民建言献策，对农村涉及农民群众利益的收费项目和重大工程按照一事一议的原则，召开由全体党员、村民代表参加的民主听证会，倾听群众的意见和建议，认真分析研究，及时采纳合理化建议，修改完善工作措施，使农村各项工作反映民意，深得民心。三是实行农村重大事项票决制，让村民拍板。对重大事项在进行民主听证的基础上，召开有三分之二以上村民代表参加的票决大会，一人一票，无记名表决，并当场统计公布票决结果，落实到代表半数以上的同意，方可开展工作。

(3)规范村民(代表)会议的决策权，主要通过三个程序：村委会将拟决策事项告知村民，征求意见，并确定会议时间；召开村民(代表)会议形成决议，并张榜公布；定期审议执行情况，提出评议意见。

规范民主决策机制，保障农民群众的决策权：一是推进村级事务民主决策；二是明确村级民主决策的形式；三是规范村级民主决策的程序；四是建立决策责任追究制度。村民代表会议是实行村务公开、民主管理工作的重要载体，是村中的小“人大”。它由村民会议代表选出的代表组成，具体负责村务决策、监督工作，行使村民会议的部分职权。

(4)落实村委会的执行权，主要体现在三个方面：制订实施方案，提交村民代表会议通过；组织实施决议；向村党支部和村民代表会议报告执行情况，及时分析解决执行过程中的新情况、新问题。

(三)监管权

(1)保障农民群众的监督权，主要通过三个途径：参与村务决策、监督执行情况、反馈群众意见。村务监督委员会代表农民行使监督权，其成员由非“两委”成员及其直系亲属的村民组成，在村民会议或村民代表会议上选举产生。

农民要在新农村建设中发挥主体作用，必须落实他们的民主参与村级事务的权利。依照《村民委员会组织法》的规定，实行民主选举、民主决策、民主管理、民主监督，保证城乡基层群众依法直接行使民主权利，依法管理自己的事务。村务要公开，凡是涉及群众切身利益、干部行使职权及其实际利益、基层财务收支、所属企业经营活动等方面的重要事项，都应公开，保证群众的知情权，接受群众的监督。

(2)落实监督权应该注意以下方面：一是村务运行让村民规范、严格执行民主理财制度，对财务收支进行监督，成立民主理财小组，制定财务审批权限及程序、财务联审制度等财务管理制度，让民主理财小组逐笔审核财务收支，全程参与财务管理，让农民群众对财务工作知实情，摸实底，从而较好地发挥民主监督的作用。二是大力推行村民质询制度，对权力运行进行监督，定期召开村民质询会，群众对干部在处理财务收支、集体资产处置、水电费收缴等事项中的疑点问题进行质询，监督干部正确行使权力，以使权为民所用、利为民所谋。三是建立完善民主评议干部制度，对干部作风进行监督，每年对两委干部进行一次民主评议，党员和村民代表根据村干部述职情况和日常工作表现进行综合评判。

(3)建立健全监督权的措施，建立村级民主监事会，落实农民群众监督权，探索建立村级民主监事会制度，从规范选举程序、运行模式和监督方式三个环节入手，弥补村民自治制度在监督机制方面的缺陷，提高村级管理工作的透明度，调动农民群众参与新农村建设的积极性和主动性。

村监事会按照“综合群众意见、提交会议表决、监督村委执行、审议公开结果”的程序运行。对群众要求办理且应该由村民委员会办理的事项，村监事会定期进行监督，并向群众通报办理情况。村监事会参与村组集体土地承包、租赁、征用等重大事项的研究、决定，对村民委员会做出的不切实际的决定行使“否决权”；对村财务的每一笔支出进行审核，参与大额度资金的调度和支出，对不真实、不合法、不合理的村集体开支予以否决；对集体财务、村干部任期届满或离任进行审计，并向群众公布结果；召集村民大会、村民代表大会或村民座谈会议，对村干部进行民主评议，对被评议为不称职的村干部责令辞职，对不辞职的村干部启动罢免程序。

实行村监事会制度，有利于村级组织形成深入了解民情、充分反映民意、广泛集中民智、切实珍惜民主的决策机制。决策前，通过监事会充分征求群众意见，体现群众意愿；决策中，通过监事会，吸收群众参与，发动群众献计献策，使决策尽可能科学；决策后依靠群众监督决策实施，不断调整完善决策，尽可能减少决策失误；决策实施后，通过监事会，让群众检验效果，以总结经验，汲取教训，为以后决策提供借鉴。由此可见，村“监事会”制度是体现农民主体地位，实现村民自治、激发农民创造活力的有效途径。

（四）建立健全村务监督委员会

现行的农村基层监督管理体制工作运行机制，与农村的新形势不相适应。主要表现在：一是组织监督缺失。由于村级至今没设立纪检组织，对村委会的同级监督存在空白和真空。二是民主监督体制缺位。按照决策、执行、监督三者分离的权力架构设置，现行的农村民主监督管理体制，决策层为村民会议或村民代表会议，执行层为村委会，唯独缺少独立、对等的村委会的监督层面。三是制度监督存在缺陷。现有的民主理财小组、村务公开监督小组和民主议事小组，均隶属于村委会，自下而上的监督作用难以有效发挥。

村务监督委员会的设立，有效地弥补了现行监督体制的不足。它由全体村民代表和党员代表会议民主选举产生，任期与村委会同届，与村委会同级。主要履行监督职责，监督民主选举、民主决策、民主管理情况，能够对村民选举进行有效的监督。

(1)完善民主管理制度，保障农民群众的参与权：一是推进村级事务民主管理；二是加强村民民主理财制度建设；三是规范农村集体财务收支审批程序。在我国，没有农民的民主，就没有社会主义民主；只有亿万农民积极投身于民主实践，社会主义政治文明建设才能顺利推进。民主管理的基本要求如下。

实行民主管理，首先要坚持和完善村民会议或村民代表会议制度。人口少且居住集中的村，应定期召开村民会议；人口多且居住分散的村，可定期召开村民代表会议。要明确规定村民代表会议的人员组成及其条件、职责、权利，制定议事内容和议事规则，确定活动方式、活动程序和活动时间，并按规定严格执行。

要按照国家法律、法规和政策，结合本地实际，明确规定民主议事的内容，凡属村务管理的重大事项及农民关注的热点、难点问题的处理，都应先召集党员大会讨论，再分别提交村民会议或村民代表会议讨论，征求党内外群众意见，按大多数人的意见实行民主决策，坚决纠正不顾群众意愿而由几个干部自行其是的做法。

要切实加强群众对村干部的民主监督。村委会班子及其成员的工作，都要由村民会议或村民代表会议进行民主评议或民主测评。对于党支部班子及其成员，应由村支部党员大会并吸收部分村民代表进行民主评议。

政务公开。政务公开主要是使政府的工作内容公开化，对政府筹划或正准备进行的各项工作，如城市建设、道路规划、医疗保健措施、事务处理等分类进行公开，并对各项工作内容及进程予以公开，任何公民都可以通过特定途径，如政务公开栏、政务公开网络等进行查询、监督。政务公开主要是明确职权、明确政府职能及其运作。而农村政务公开即村务公开。

“村务公开，民主管理”制度的实践表明，这项制度有助于保障广大农民群众享有知情权、参与权、监督权，激发广大农民参政、议政的积极性，促进农村的稳定，加快农村经济发展。

(2)重要意义和指导思想。实行村务公开和民主管理，使农村工作逐步走上规范化和制度化的轨道，有利于发展农村基层民主，活跃农村基层民主生活，保障农民群众直接行使民主权利，进一步扩大人民民主；有利于充分调动广大农民群众建设社会主义现代化的积极性和创造性；有利于加强农村基层组织和党风廉政建设，强化党员和群众对干部的监督，密切党群干群关系；有利于引导农村干部依法建制、以制治村，正确执行党的群众路线和党的政策，按章办事，做好工作。

三、村务公开的内容和方法

(一)村务公开的内容

村务公开要从农民群众普遍关心的和涉及群众切身利益的实际问题入手，凡属群众关心的热点问题，以及村里的重大问题都应向村民公开，如新上的经济项目，村里的财产和财务收支，征用土地和宅基地审批，计划生育指标，提留统筹方案及其他农民负担(包括劳动积累工和义务工)，集体土地和经营实体的承包，救灾救济款物的发放，村干部年度工作目标、工资奖金和功绩过失情况及其他公共事务等。要随着形势的发展变化和村民的要求，及时调整、充实村务公开的内容，真正做到凡涉及群众切身利益的大事，都以一定形式向村民公开，接受群众的监督。

村务公开的重点是财务公开。村级财务公开的内容，主要包括财务计划及其执行情况、各项收入和支出、各项财产、债权债务、收益分配、代收代缴费用、水电费、以资代劳情况及群众要求公开的其他财务事项。村集体经济组织要认真执行各项财务制度。

公开的内容要简洁明了，便于群众了解。公开的形式和方法可以根据实际情况因地制宜、灵活多样，如采用张榜公布、有线广播、召集村民会议或村民代表会议等。各村都应在本村适当的地方，建立专门的公开栏，进行张榜公布。

公开的时间要及时。需要公开的事项要尽早向村民公开，也可以采取定期公开的形式，一般一个月或两个月一次，至多不得超过三个月。有些时限较长的事项，可以每完成一个阶段，即公布一次进展情况。每一件较大事项完成之后，要及时向群众公布结果。

(二)村务公开的目的

让群众参与管理和监督村里的公共事务和公益事业。每一次村务公开后，党支部和村委会要及时召开党员大会、村民会议或村民代表会议，广泛听取群众的反映和意见。对群众提出的疑问，要及时做出解释；对群众提出的要求，要及时予以答复；对大多数群众不赞成的事情，应坚决予以纠正。要真正让村民参与公共事务的管理，实行有效的民主监督，不走过场，不搞形式主义。

(三)当前村务公开要落实“四权”

“四权”：一是定期知情权，农村大多数村组实行村务不定期公开，或能定期公开，对重大事情及时公开，并形成制度；二是监督审查权，加大对村务的审查力度，使村务公开明明白白，取信于民；三是预期知情权，将村组准备开展和正在开展的工作列入村务公开范围，让广大农民群众都来关心、支持村组工作；四是参与建议权，农民中有许多能人，他们对村组事务的决策和实施有其独特的见解，故应广泛收集意见，集思广益，让广大农民群众选择他们最想干、最愿干的事情，选择行之有效、事半功倍的实施办法，积极投身到村组各项事业中去。

政务的硬件建设。农村政务的硬件建设主要包括村务公开栏及财务电算化，在村务公开方面一些地区为切实做好村务公开和民主管理工作，摸索出了一些行之有效的办法，现简介如下。

(1)推行“七个一”工作法。一是一村一个固定公开栏。在村民集中活动方便的地方，设置固定的村务公开栏，村委会在公开栏上定期或不定期向村民公布村级管理事项。二是一片一个流动公开牌。三是一组一个公开中心户。在每个村民小组选择在村民中有一定影响的户，作为公开联系户。村民群众可以先向中心户反映，村委会定期或不定期到中心户收集意见。四是一户一张公开表。每季度将村级事务按照实施时间先后印制成公开表发放到每户，让村民及时了解村级事务。五是一地一批公开联络员。选择一些热心公益事业，有一定能力的村民担任公开联络员，收集、反映村民意见，传达村级决策事宜。六是定期议事会。对于村级重大决策，随时召开村民代表大会进行商议，平时定期召开会议。七是民主评议。民主评议村级事务和村干部工作情况。

(2)霞浦村务公开栏设置实现“三统一”。霞浦村位于潍坊市寒亭区，为进一步深化村务公开工作，真正保障人民群众依法行使民主权利，推进农村基层民主法治建设。霞浦街道党工委、办事处以规范村务公开栏设置为抓手，着力提高公开质量。针对先前有关村村务公开地点、公开内容不方便群众观看等弊端，由街道出资近 5 万元，对所属 23 个自然村的村务公开栏进行全面改建，做到公开栏设置的“三统一”。①“统一一”：统一设置地点，街道落实专人，会同村主要负责人，重新选定公开栏设置点，将公开栏全部由室内“搬到”室外，并相应设置醒目的公开栏标志。②“统一二”：统一版面大小，根据村务公开量，由街道统一精心设计，合理裁定版面，以避免出现公开栏过小，相关报表在张贴过程中重叠，而影响群众观看等现象。③“统一三”：统一规格模式，做到全街道的村务公开栏整齐划一，其中公开栏的设计采用封闭模式，起到防风、防雨、防人为破坏等作用，并防止公开内容丢失失真，影响群众进行监督。在着力加强村务公开硬件建设的同时，霞浦街道还注重把握好村务公开内容的完善、内容的按时公开、公开程序的到位等诸多环节。

(3)农村村务管理信息化的工作重点是村务公开，村务公开要以财务电算化公开为重点，并逐步拓宽村务管理信息的内容和范围，实现农村村务管理的网络化。实行财务电算化，即按照统一的财务制度要求规范农村的财务科目、记账程序和财务管理，同时，通过微机联网，接受乡镇及上级农经主管部门的监督和审计，实现农村财务管理的规范化，在此基础上，从农村财务电算化及公开的管理内容入手，推行包括村情介绍、党务村务公开，规章制度、公共咨询、信息服务等内容的村务管理，采取微机打印公开栏公开和触摸屏公开，进一步规范公开内容，提高公开质量。

第二节 精神文明建设

一、精神文明建设的含义

(一)社会主义精神文明建设的内容

现行《中华人民共和国宪法》从教育科学文化建设和思想道德建设两方面对精神文明建设做出了系统规定。

1. 教育科学文化建设

(1)发展社会主义教育事业。社会主义教育事业是实现社会主义现代化建设的基础。

(2)发展社会主义科学事业。

(3)发展卫生事业和体育事业，卫生和体育事业的发展水平，标志着一个国家和社会的文明进步程度。

(4)发展文学艺术和其他文化事业。

2. 思想道德建设的内容

思想道德建设决定了精神文明建设的性质，保证了社会主义建设事业的发展方向。

(1)普及理想教育，把我国建设成为富强、民主、文明、和谐的社会主义国家。落实习近平总书记提出的“富强、民主、文明、和谐，自由、平等、公正、法制，爱国、敬业、诚信、友善”的社会主义核心价值观要求。

(2)普及道德教育，树立和发扬社会主义道德风尚。国家提倡爱祖国、爱人民、爱劳动、爱科学、爱社会主义的公德。

(3)在人民中进行以共产主义为指导、以爱国主义为基础的思想政治教育。

(4)反对资本主义的、封建主义的和其他的腐朽思想。

(二)社会主义精神文明建设的根本任务和目标

社会主义精神文明建设的根本任务：适应改革开放和社会主义现代化建设的需要，培育有理想、有道德、有文化、有纪律的社会主义新人，提高整个中华民族的思想道德素质和科学文化素质。从根本上说，精神文明建设是培养人的，它的成果体现在人的素质的提高和全面发展上。因此，精神文明建设的根本任务就是要提高全体人民的思想道德修养和科学文化水平。具体说来，就是要培育有理想、有道德、有文化、有纪律的社会主义公民。“四有”标准的提出，使社会主义精神文明建设的根本任务和总目标更加具体和清晰。

全面建设小康社会的精神文明建设目标：全民族的思想道德素质、科学文化素质和健康素质明显提高，形成比较完善的现代国民教育体系、科技和文化创新体系、全民健身和医疗卫生体系。人民享有接受良好教育的机会，基本普及高中阶段教育，消除文盲。形成全民学习、终身学习的学习型社会，促进人的全面发展。

(三)社会主义精神文明建设的重要战略地位

社会主义物质文明建设和精神文明建设，是推动社会主义现代化事业的两个互相联动的轮子，也是综合体现宏伟目标实现程度不可或缺的成果。在社会主义现代化建设的过程中，要始终重视物质文明的发展，牢牢把握经济建设这个中心，努力把国民经济搞上去，这是实现民族振兴、国家富强、人民安居乐业的基础。同时，也要始终重视社会主义精神文明建设的发展，重视思想、道德、教育、科学、文化的建设，这是促进经济发展和社会进步的重要保证，也是任何时候不能动摇的。只有物质文明和精神文明和谐而协调地发展，社会主义社会才能充分显示它区别于其他社会形态的巨大优越性。把精神文明建设作为社会主义现代化建设事业整体战略部署的一个重要部分，从社会主义现代化建设全局的高度，来认识和把握两个文明的关系，坚持两个文明一起抓，加强精神文明建设，才能在全国范围内形成两个文明建设协调发展的良好局面。

(四)农村精神文明建设与全面建设小康社会的辩证关系

(1)加强农村精神文明建设是全面建设小康社会的迫切需要。党的十六大进一步提出："统筹城乡经济社会发展，建设现代农业，发展农村经济，增加农民收入，是全面建设小康社会的重大任务。"提高全民族的思想道德素质、科学文化素质和健康素质，形成较完善的现代化国民教育体系、科技和文化创新体系、全民健身和医疗卫生体系。人民享有接受良好教育的机会，基本普及高中阶段教育，消除文盲。形成全民学习、终身学习的学习型社会，促进人的全面发展，是全面建设小康社会的重要目标。我国十三亿多人口，近八亿在农村，这是我国的基本国情。要实现我国跨世纪发展的宏伟目标，必须保持农业和农村经济的持续稳定发展，紧紧抓住发展机遇，不断提高农民的素质和农村精神文明建设的水平，才能为全面推进农村经济发展和社会进步，提供精神动力、智力支持和思想保证。

(2)全面建设小康社会的目标任务要求必须加强农村精神文明建设。精神文明建设就是提高全民族素质。我国国情进一步证实，小康社会的建成，关键在于农村小康目标的实现，而社会主义社会新农村经济、政治、文化目标的实现取决于农民素质的提高。如果农村广大农民整体素质不高，农村社会主义精神文明建设也就不可能卓有成效地全面推进。因此，必须以提高农民素质为基点，围绕农村经济发展、农民增收致富、农村稳定来实施精神文明建设的各项措施，推进整个国家和社会的发展。

(五)加强农村精神文明建设

随着农村形势的不断发展，农民的思想道德观念发生了明显的变化，农民科学文化素质的提高得到了重视，文化活动日趋活跃。但现实中也存在着一些问题，一部分农民的思想观念与建设新农村的要求不相适应。在当前新形势下加强农村精神文明建设应做到以下四个环节。

(1)健全工作机制，提高村级组织和领导对精神文明建设的认识。农村精神文明建设是否落实，关键看村级组织发挥作用如何。一要注重提高村级组织及领导的认识，特别是村支书，这是推动农村经济发展和构建和谐社会的重要保证；二要注重建立有利于激励基层狠抓落实的有效机制，建立一套科学、规范的考核、奖惩机制。

(2)开展教育活动，增强新农村精神文明建设的吸引力。当前应把握以下几个方面的重点：一是注重引导农民坚持共同致富的发展方向，激励农民为发展集体经济、实现共同富裕、为改变村容村貌做贡献。二是倡导文明向上的生活方式，努力营造文明和谐的农村新风尚。三是加强科学文化知识培训，增强农民的科学意识，自觉摒弃封建迷信等陋习。四是强化法制教育，使广大农民形成自觉学法守法用法的社会氛围。

(3)抓好设施建设，为新农村精神文明建设提供保障。农村精神文明建设首先是搞好阵地建设，包括教育阵地、文化阵地、科技阵地、体育活动场所等。其次要与文明生态村创建活动相结合，让广大农民群众活动有场所、有器材，使之成为村民学习知识、掌握技术信息、开展活动、互相学习的综合性场所。

(4)创新活动载体，丰富新农村精神文明建设的内涵。开展精神文明建设活动，通过有形的整体，讲求教育的艺术性，才能吸引群众广泛参与，使之在参与中受教育，才能收到实效。

二、精神文明的软、硬件建设

（一）精神文明的软件（制度）建设

(1)从制度建设高度建设精神文明。制度建设是建设精神文明的重要内容，精神文明是人们改造客观世界的同时，主观世界也得到改造，从而表现在社会精神生产和精神生活发展方面的具体成果。中国特色社会主义伟大事业，不仅要求物质文明有一个大的发展，而且要求精神文明有一个大的发展。物质文明和精神文明都要搞好，才是有中国特色的社会主义。

精神文明的成果表现为教育、科学、文化知识的发达和人们思想、政治、道德水平的提高，进而把社会主义精神文明建设划分为两个方面，即思想道德建设和科学文化建设，并将其运用到实践中，极大地推动了我国社会精神生产和精神生活领域的巨大变化。作为上层建筑，这两种体制的制度性安排：一方面，与政治体制的建设密切相关；另一方面，也深刻地影响着社会的经济体制改革及发展。其中思想道德体制的建设，不仅决定精神文明建设的性质和方向，而且决定整个政治制度的经济基础运行和发展的性质与方向。因此，在精神文明建设方面，首先要取得体制内部的制度性平衡，才能使精神文明自身及与经济体制改革、政治体制改革等整个社会的发展相协调。

(2)制度建设在建设社会主义精神文明的实践中具有重要地位。从制度建设与社会主义精神文明建设的关系来看，它处于人们改造客观世界的自然界与改造主观世界的精神生产和精神生活之中。制度建设是人们改造社会的成果，表现为新的生产关系和社会政治制度的建立和发展，它凝聚着社会生产力的物质进步和为推动这一进步而涌现的全部思想、道德、科学、文化、教育发展及智慧。在社会主义社会，精神文明的程度，与制度建设和社会的精神生产、精神生活密切相关。社会主义制度建设的全部内容与社会主义精神文明建设的方方面面，呈现出不可分割的关系：一方面，制度建设的内容决定了社会主义精神文明的性质，同样也决定了在社会主义社会科学、文化、教育等非思想道德部分建设的体制性安排；另一方面，社会主义精神文明建设的全部内容，如果脱离了社会主义社会的制度建设，就会失去意义，这种建设实践本身就不存在。

从制度建设的本身来看，制度本身的建设和创新就凝聚着人类在精神文明方面的最高成就。现行制度学派的理论分析框架，重在根据经济发展与制度选择关系，以成本-收益分析和边际分析为原则，回答人们为什么选择这种而不是那种制度。然而，从人类历史进程看，制度的建立和创新应包含两种价值取向及这两种价值取向的统一。经济和效益的选择无疑是基本的，但文化-意识形态的选择并不是无足轻重的，这一选择通过制度强化人们的行为准则和社会的共同奋斗目标，以促进社会的内聚性，形成推动社会物质和精神进步的强大动力。所以，制度建设应该既是社会两种文明进步的结果，同时又是对这种进步起巨大推动力的社会存在。在制度建设中，凝聚着人类全部思想道德、科学文化的最高成果。社会主义社会的精神文明建设，如果脱离了与之相适应的制度建设，必将失去载体。

(3)精神文明制度建设的主要内容：①制定社会主义精神文明建设制度，保证社会主义物质文明建设和精神文明建设协调发展，促进经济和社会的全面进步。②对群众进行爱国主义、集体主义和社会主义教育，党的基本路线和方针政策教育，思想道德和民主法制教育，正确处理国家、集体、个人三者之间的利益，培养有理想、有道德、有文化、有纪律的新型干部群众。③创造文明卫生的生活环境，加强婚育新风进万家活动的宣传教育，开展健康有益的生育文化活动；开展计划生育优质服务创建活动，破除封建迷信，移风易俗，树立社会主义新风尚。

(二)精神文明的硬件(基础设施)建设

1. 指导思想

按照“生产发展、生活宽裕、乡风文明、村容整洁、管理民主”建设社会主义新农村的总体要求和“发展新产业、建设新民居、创建新机制、培养新农民、塑造新风貌、建好村班子”的六个重点，坚持以文明新村建设为突破口，全面推进社会主义新农村建设，促进农村经济社会快速协调发展。

以“五新一好”为目标，以加强思想道德建设、文化建设、民主法制建设和群众性精神文明创建活动为重点，促进政风、村风、民风的进一步好转，科技、文化、卫生等各项事业进一步发展，社会治安进一步好转、民居环境进一步改善，使全村村民的思想进一步解放、凝聚力进一步增强，道德水平、科学文化素养和文明程度进一步提高。

2. 精神文明硬件(基础设施)建设具体措施

(1)加强村级领导班子建设。积极创建领导班子好、党员干部队伍好、工作机制好、小康建设业绩好、农民群众反映好的“五好”党支部，村党支部、村民委员会班子全体成员要加强政治理论学习，认真贯彻执行党在农村的各项方针政策，努力实现好、维护好、发展好广大人民群众的根本利益，增强班子的凝聚力、战斗力和创造力，带领全村人民建设社会主义新农村。

(2)加强村民思想道德建设。①学习贯彻《公民道德建设实施纲要》。要广泛开展群众性道德实践教育，大力营造以德治村氛围，充分发挥道德教化功能，引导村民在社会上做一个好公民，在单位做一个好职工，在家庭做一个好成员，在学校做一个好学生，造就文明型农民，全面提高村民道德素质。②以“三德教育”为重点，逐步形成良好的道德规范。在全村大力提倡“爱国守法、明礼诚信、团结友善、勤俭自强、敬业奉献”的基本道德规范，着力抓好“社会公德、职业道德、家庭美德”教育，引导全体村民形成团结和谐、安全宁静、友好博爱的良好风尚，树立正确的恋爱观、婚姻观、生育观和家庭观，共同培养良好的家庭亲情、邻里友情，构建新型和睦的人际关系。③倡导健康文明新风尚。大力弘扬以爱国主义为核心的民族精神和以改革创新为核心的时代精神，激发农民群众发扬艰苦奋斗、自力更生的传统美德，为建设社会主义新农村提供强大的精神动力和思想保证。加强思想政治工作，深入开展农村形势和政策教育，认真实施公民道德建设工程，积极推动群众性精神文明创建活动，开展和谐家庭、和谐村组、和谐村镇创建活动。引导农民崇尚科学，抵制迷信，移风易俗，破除陋习，树立先进的思想观念和良好的道德风尚，提倡科学健康的生活方式，在农村形成文明向上的社会风貌。④坚持“富强、民主、文明、和谐，自由、平等、公正、法制，爱国、敬业、诚信、友善”的社会主义核心价值观要求。构成社会主义精神文明建设的重要内容，是社会主义精神文明建设的具体任务。⑤村风民风文明。成立红白理事会、道德评论会、老年人协会等群众组织，公民道德知识教育到位。积极开展各类文明创建活动，引导农民崇尚科学，抵制迷信，移风易俗，破除陋习，倡导科学健康的生活方式，形成积极向上的社会风貌。完善殡葬改革制度，建设公益性公墓或骨灰堂。

(3)加强社会主义先进文化建设。文化阵地建设，因地制宜地开展丰富多彩、健康向上的文体活动，努力满足人民群众日益增长的精神文化需求。一是建设群众文化活动室、群众文化大院、评选文化示范户，引导群众积极开展庭院文化、家庭文化，提高广大村民的文化素养；二是积极组织群众实施光纤电视入户，维护村广播室的正常运转和线路畅通；三是进一步加强村民阅报点建设，制作统一规范的村民阅报点牌子，使这一贴近群众、深受群众喜爱的载体充满生机和活力。广泛开展文化科技卫生“三下乡”活动。进一步巩固和加强广播电视“村村通”、文化站等基层文化设施建设。繁荣农村文化事业。推动实施农民体育健身工程。积极开展多种形式的群众喜闻乐见、寓教于乐的文体活动，保护和发展有地方和民族特色的优秀传统文化，创新农村文化生活的载体和手段，引导文化工作者深入乡村，满足农民群众多层次、多方面的精神文化需求。扶持农村业余文化队伍，鼓励农民兴办文化产业。完善文体活动场所，倡树文明亲朋风尚。建设“一院两室一橱窗”（科技文化大院、综合文体室、图书阅览室和规范的宣传橱窗），建设一个供农民休闲娱乐的文化体育场所，积极开展多种形式的文体活动，抵制腐朽落后文化。

(4)加强科普宣传和创业培训：一是培养技能型农民。要充分利用党员电教室、科技图书室、群众文化活动室等阵地，结合产业结构调整和项目实施的需要，多渠道、多形式地对村民进行科普知识宣传，加强农民实用技术培训和转岗技能培训，使每个劳动力掌握 1～2 门先进的农村实用技术。还要增强勤劳致富的培训。二是培训创业型农民。要加强各种协会建设，搭建农民创业大舞台，开办农民创业技能培训，组织农民学习创业知识和政策法规，落实农民创业扶持政策，解决农民创业过程中的实际问题，引进、开发适合农民创业的项目，提供项目选择参考，培养一批农民创业带头人和致富领路人。

(5)加强社会治安综合治理：一是利用各种载体，采取多种形式对全体村民进行法制宣传和普法教育，提高全体村民的法制意识和法律素养，造就守法型农民；二是要健全治安防范机制，建立群防群治队伍，创建平安和谐村社；三是健全组织领导，增强以村党支部为核心的治保会、调解会的战斗力，及时调解民间纠纷；四是引导全体村民开展“崇尚科学、反对邪教”和“远离毒品、珍爱生命、创建无毒村”的活动。

(6)加强村容环境卫生整治。要按照“村容整洁”的要求，以“四化”（道路硬化、街院净化、街道亮化、环境绿化）为基本标准。一是加强村民卫生知识教育，培养村民良好的卫生习惯；居住环境“四化”，实施“一池三改”（建沼气池，改圈、改厕、改厨）。二是集中抓好环境卫生的整治，污染治理基本达标；有公共卫生厕所，有排水设施，有垃圾收集运转场所，有畜禽喂养栏，有环境卫生、环境保护、村容村貌治理等规章制度，无违章建筑，无粪土乱堆、柴草乱放、畜禽散养、侵街占道等现象，达到“三清”（清垃圾、清河道、清路障）。三是坚持开展除“四害”（蚊子、苍蝇、老鼠、蟑螂）活动。四是建立村内保洁制度，采取建设垃圾存放池的办法，集中处理日常垃圾，提高广大村民的环卫意识。五是按照“千万工程”提质转型的要求，推进“人畜分离”和饲养环境，实现清洁生产、安全生产、文明生产。六是引导农民发展庭院花草，提高庭院绿化率，美化居住环境，改善农村人居环境，培养健康文明的生活习惯，建造人与自然和谐发展的生态家园。

(7)全面开展群众性精神文明创建活动。通过各种形式的群众性精神文明创建活动，造就“用语礼貌、行为规范、讲究卫生、尊老爱幼、乐于助人”的新型农民，促进家庭和睦、邻里和谐和村风乡风文明。一是广泛开展“好媳妇”“好妯娌”等为内容的“讲文明树新风活动”，在全村形成人人讲文明、处处树新风的良好风气。二是深入开展“婚育新风进万家”活动，以建立生育文化大院、计划生育中心户为阵地，使计划生育基本国策进村到社入户，用新型的生育文化教育群众，启迪群众。三是扎实开展农村“三户”评选活动。村上成立“遵纪守法户、五好家庭户、双文明户”的“三户”评选领导小组，制订评选条件，充分发动群众，广泛宣传“三户”创评的意义、标准和做法。让村民了解什么是“三户”，怎样创“三户”，怎样评“三户”，动员村民积极参与。四是认真推行农村廉政文化建设。要利用广播、会议、宣传栏等形式切实抓好村务公开、党务公开，对村级事务实行民主决策、民主管理、阳光操作，激发村民一心一意搞建设、千方百计抓发展的激情。

(8)加大精神文明建设投入，创造整洁优美环境。不断完善精神文明建设设施，从优化、净化、绿化、美化入手，积极营造整洁、优美、舒心的工作生活环境，保持文明单位良好的外在形象；进一步完善精神文明建设的保障机制，确保软硬件设施配套齐全，适应实效需要，搞好资料室、党员活动室、健身室的建设，为干部职工提供良好的学习和文体活动场所，使宣传思想工作与文明创建有机融合，共同发展。

第四篇　村庄专项规划与设计

第十二章

旧村改造规划

我国的村庄数量众多，类型复杂多样，多数形成历史悠久，基本上是在自给自足的自然经济条件下建设和发展的，由于缺乏规划，内部建设杂乱、缺乏公共建筑和基础设施建设，远不能够满足现代化生产、生活的需要。但就我国村庄的情况分析，绝大部分村庄不适宜重建，应该是在原村庄基础上的改造和整治。所以，旧村庄的改造和整治成为我国新农村建设的重要任务。

第一节　旧村改造规划概述

一、旧村改造的概念

旧村改造规划包括村庄整治、村庄修缮及根据各自情况侧重点不同开展村庄建设。按其改造程度可以分为大规模村庄整治修缮和小规模村庄整治修缮；按其改造内容可包括村容村貌改造、基础设施改造、公共建筑改造、居住环境及条件改造等。总之，旧村改造实质上就是通过不同的途径、方法将原来已经不适应现代生产生活发展的村庄条件加以改善，村庄面貌加以更新，村庄功能加以扩大完善，最终建设成符合现代化生产生活要求的、有利于社会和人的共同发展的社会主义新农村。

在旧村改造中要注意两点：一是改造不等于重建，各个村庄发展情况不同，各自特点也不同，经济实力也不尽相同，因此，要根据自己的实际情况进行合理有效的改造，而不能盲目的翻新重建，如果那样的话不仅浪费了资源，而且也违背了旧村改造和建设新农村的初衷。二是旧村改造和整治过程中要注意因地制宜，不搞一刀切，没有固定模式，因为各个村庄的历史、现状、各自特色、生产生活方式都各有不同，故要根据自己的实际情况因地制宜地进行村庄改造，真正实现社会主义新农村建设。

二、旧村改造的紧迫性和意义

（一）旧村改造的紧迫性

旧村改造要实现习近平总书记指出“望得见山、看得见水、记得住乡愁”的美好愿望，我国几千年形成的旧村庄承载着优秀传统的文化和悠久的历史，要注重旧村的改造任务。传统村落是中华优秀传统文化的鲜活记录，是中华民族承载历史、凝结乡愁、寄托希望的重要载体。

(1)不加快旧村改造将影响农村经济的快速发展。旧村的存在造成了农村人居环境的恶化，迫使农民在旧村周边一茬一茬、一圈一圈地建房，形成“祖孙三代都建房，最终孙有三幢房”的现象，其结果是：①重复建房使农民浪费了本该用于扩大农业生产和发展二、三产业的资金，造成“有钱建房，无钱生产”“房屋富余，经济落后”的后果；②无规划建房使很多区位好、面积大、人口多、过去就有圩市、本身拥有聚集潜力的村庄，难以形成街道、集市，无法发展成为村镇，也难以实现由农业经济向农工商经济的转型；③村庄无序膨胀占用过多土地，严重影响了农业和其他产业的发展。

(2)不加快旧村改造将严重影响农民生活质量的提高。旧村改造迟缓，使村庄水、电、路、通信等基础设施难以彻底改善，严重制约农民生活环境、交通出行、文化娱乐条件的改善和生活质量的提高，有人形容旧村中农民的生活：“新房屋，旧生活”“晴天车难进、雨天人难行”“电视只收一个台，不如去打麻将牌”。

(3)不加快旧村改造将进一步缩小农民的生存发展空间。旧村改造再滞后、农村建房再膨胀，农民在住房上的弃旧建新的行为进一步持续下去，农村将有更多的土地被挤占和浪费，造成农民“生活空间扩大，发展空间缩小”：不仅房屋本身要挤占大量土地，而且建房所需土石砖瓦等建材的生产也要破坏大量土地；不仅要挤占农村未来工商业和公益事业发展所需的土地，而且要挤占农业赖以生存和发展的十分珍贵的耕地；不仅要挤占农村经济社会的发展用地，而且要挤占关系农村生态环境、农民生存环境的林地等。

(4)不加快旧村改造将延缓农村精神文明水平的有效提升。村庄中存在“里边土坯房，中层砖瓦房，外围小楼房”，甚至破破烂烂、脏兮兮、乱糟糟的旧村环境中，农村的科技教育、文化卫生、治安稳定和农民的综合素质、文明素养的水平，很难找到硬件依托和心理支撑来加以提高。

(二)旧村改造的意义

近几年，我国以科学发展观统领经济社会发展全局，按照统筹城乡发展的要求，采取了一系列支农惠农的重大政策，农业和农村发展发生了积极变化，农民收入较快增长，农村基层组织建设得到加强，干群关系明显改善。但同时也必须看到，当前农业和农村发展仍然处在艰难的爬坡阶段，农业基础设施脆弱、农村社会事业发展滞后、城乡居民收入差距扩大的矛盾依然突出，解决好“三农”问题仍然是社会发展进程中重大而艰巨的历史任务。为全面落实“生产发展，生活富裕，乡风文明，村容整洁，管理民主”的总要求，从节约集约利用土地、对农村宅基地整理、搞好旧村改造方面着手。其意义主要有以下几个方面。

(1)可充分利用现有建设，节约资金。现有村镇大多是多年形成的，必然具有一些可利用的条件，如避风向阳、适于居住、地势高爽、排水无阻等，这些条件均可利用，以免造成不必要的浪费。

(2)可利用原有的绿化条件。村庄内现有四周绿化和村内绿化条件，可以统一在村庄改造规划下充分利用，从而使村庄内绿化体系尽快形成，以利在较短时间内美化村容，改变面貌。

(3)可利用原有的村貌。由于改造是在原有村庄上进行的，可使原有村庄风貌得到保护，符合群众对往昔的依恋之情。

(4)可利用原来的村庄旧址，不另占用大片耕地。新选址建村庄，一般需要几年的时间才能建成，因此旧村庄不能很快还田，形成新址旧基两处占地，不仅浪费和荒废了土地资源，有碍景观，还往往成为环境污染源。

旧村改造，是体现社会进步、农民生活水平提高的重要标志之一，是建设小康社会的一项不可缺少的内容，是缩小城乡差别、实现城乡一体化和密切党群关系的需要。旧村改造规划按照统筹城乡社会经济发展要求，以村庄规划为龙头，加大村庄环境整治的力度，完善农村基础设施，加强农村基层组织和民主建设，势必加快农村社会发展，使农村面貌明显改变，为加快实现农业和农村现代化，保证农民物质文明、精神文明、生态文明上一个新台阶打下扎实的基础。

第二节　旧村改造规划

一、旧村改造规划的原则

(一)集约利用土地、方便生活、有利生产原则

旧村改造是落实耕地总量动态平衡战略决策的一个重要途径，通过迁村并点、就地改造等方式，实现减小农居点建设用地面积，调整居住、农业、工业三大用地比例。如果单纯地为改造而改造达不到提高建设用地集约程度、开辟后备建设用地资源、增加有效耕地面积的目的，会偏离我国开展土地整理的初衷。

改造必须严格按照村镇规划和专项规划实施，而规划的编制则是全面考虑了农村居民生活、生产的需要。从不同用地比例的合理配置、道路网、绿化体系的布置，到水、电、暖等管网系统的设计，都体现了这一要求，科学、严密的规划能达到经济、社会和生态效益最完美的协调统一。改造前后，不只是村庄的外部形象发生了变化，最实质性的变化莫过于给农民带来的生活、生产上的方便。

(二)近远期相结合原则

旧村改造不是一朝一夕就能完成的，它包含了土建施工、资金积累与逐步投入、现有房屋的准许继续使用年限等因素，因此，必须树立长期持续的思想观念，以免在改造中因时间长久而放弃。一些新翻建的农宅，在结构、功能、标准等方面较新潮，造价高，这些农户的积蓄也因此而几尽消耗殆尽，若不从客观实际出发而简单的一刀切，不论新旧，统统拆掉新盖，不但在经济上农民难以承受，而且在思想上也得不到农民的赞同和支持，所以应允许新翻盖的房屋继续使用一定年限。再有，由于农村居民经济状况参差不齐，贫富差异有别，贫困户难以在短期内筹措到大量资金，从实际困难出发，应给予经济实力差的农户积累资金的时间，而这个积累过程少则数年，多则十几年。上述理由决定了旧村改造必须遵循长期持续的原则。我国村镇规划分远期规划和近期规划，远期为10～15年，近期为3～5年。

(三)因地制宜、实事求是、环境保护原则

我国地域广大，幅员辽阔，在文化背景、风俗习惯、自然条件、经济基础等方面存在着

较大的差异，不可能用简单的一两种改造模式来框定。应认真分析本村实际情况，根据自己的发展方向和目标，确定适合自己的改造周期、模式和具体的方案，宜迁则迁，宜留则留，切不可盲目套用，以免劳民伤财，无功无果。旧村改造，势必要伴随有大量的土木工程，大拆大迁大建，对于自身平衡能力较差的村落生态系统来说，极易造成破坏，从而影响农民生活和农业生产。乡镇企业，尤其是家庭作坊式生产，产生大量的废水、废气、废渣，极少经过处理，随意排放。这是环境污染的主要原因，旧村改造应充分考虑。

(四)公众参与、稳妥安定原则

旧村改造工作涉及农居点内村集体所有成员，村民的积极配合是相当必要的。以前在旧城改造过程中，一两户钉子户足以使改造工程耽搁许久，旧城改造如此，旧村改造亦是同理。旧村改造是一项为期数年的大工程，有很多的劳动就业机会，有条件的村民都可以参与。由此看来，村民的积极参与是改造得以顺利实施的必要保证。

二、旧村改造的目标及任务

(一)改造目标

从村庄现状分析和存在问题来看，旧村改造的基本目标或者说内容包括以下几条：①完善道路交通、给水、供电等基础设施建设；②完善村庄配套服务设施，增加绿地与休闲用地；③提高住宅建设标准，满足住宅采光、通风、日照、间距等要求，统一规划，统一设计；④合理调整居民点分布形态，适当有机集聚，节约耕地，有利生产，方便生活。

(二)改造任务

旧村改造是一项任务艰巨、政策性强、关系千家万户切身利益的系统工程，既涉及规划、土地、安置补偿和产权界定等规划、国土政策，又涉及改造主体确定、利益分配、社会改良等社会、经济方面因素。

目前，从村庄的建设现状来看，旧村建设最突出的问题是：一是建设标准低、规划落后、设施不全、绿化不足，人居环境差；二是建设混乱，违法、违章建设现象比较严重。总的说来，旧村现状及其问题的形成有其深刻的社会、经济、文化根源及地理背景，旧村的改造不是单纯的物质形态改造的技术问题，而关系设计、经济、社会、文化、政策等多方面的影响，涉及村集体、村民、政府、开发商等多方面的利益关系。因此，如何明确旧村改造的方向、目标、标准，如何制定真正合适的改造方案，如何从资金、政策、体制、操作方式等各方面真正保证改造的顺利实施，需要从多元的角度进行调查研究。

三、旧村庄布局特点

(一)旧村建设现状与存在问题

(1)用地布局相对松散、零乱，“空心村”现象较严重，人均用地规模大。由于习惯于建新不拆旧，一户占多地，使得村庄用地规模不断扩大。与此同时，旧村改造滞后，老宅基地闲置，“空心村”现象较严重，而且这些建筑绝大部分层数低，占地面积大。村庄用地的盲目扩大，不仅不利于各类服务设施的共建共享，还严重抑制了居住环境的改善和乡村城乡一体化水平的提高。

(2)村内建设环境较乱，亟待整治。村庄环境较乱，有待改善。村庄总体环境较乱，村内垃圾随地堆放的现象比较常见，村域内的水面、池塘水质由于农业养殖及工业生产日趋恶化，村庄环境亟待整治，村庄环卫设施亟待配套。

(3)村内建设布局混乱，整体景观杂乱无序。农居的建筑与环境不协调，村庄住宅老屋和新建房屋交错分布，布置较为凌乱。个人建房局限在各户宅基地上建造，缺乏统一规划，布局杂乱无序。

(4)村内基础设施配套不全，环境基础设施建设欠账较多。从村庄建设现状可以看出，由于农居点规模小，空间分散，给基础设施及公共设施的配置带来了一定的不便，村内村民公共文化娱乐设施欠缺，排污等基础设施缺乏，导致村庄环境恶化；垃圾随意堆放，垃圾收集与处理设施缺乏。

(二)旧村特色如何体现

旧村是几辈人主要以务农为主的人群集聚地，经历了数代乃至数十代人的繁衍、生息、发展，有着丰厚的历史文化积淀，有自己的生活习俗和信仰，有的甚至已经形成了自己独特的文化。在特定的历史背景下，这些村落无疑是村民们的美好家园，人们灵与肉的美好归宿，基本满足人们“衣食住行”的需要。但是随着时代的变迁，社会的进步，经济的发展，大多数旧村的现状已经不能满足人们的需求。因此，为加快实现城乡一体化，促进社会主义新农村建设，旧村改造规划迫在眉睫。

搞好旧村改造、新村建设，规划是龙头。在规划中，既要立足高起点、高水平，体现长远性和前瞻性，又要坚持因地制宜，体现农村文化传统和特色，避免改造后的村庄成了城市的缩影，失去了农村的特色，割断了村民原有的脉络联系。要在规划中体现农村特色，必须要在村庄道路、农居建筑设计两个重点上做好文章。

(1)道路规划。道路的规划是旧村改造规划的一项重要内容。一在村庄道路建设中，不要“讲阔气”，要因地制宜，根据道路功能合理确定道路宽度，因为道路宽度也是影响旧村改造实施的一个重要原因。一般来说，农村内部道路交通量较小，道路不必太宽，宽则增加拆迁量和造价，增加了规划实施的难度，导致规划不能实现。当然道路也不能太窄，影响交通。一般来说，平原地区的村庄主干道宽度以 12～16m 为宜，支路宽度应考虑两车相会。道路的主要功能是交通，是疏导人流与车流。道路的美化(栽种行道树，配置小品等)，这些在城市里几乎必需的东西，在农村可根据具体情况实施。二要根据村庄地形，合理设计道路线形，有些水乡地区、山区的村庄道路要因地形而设计，顺其自然，不要一味强调“直”“便捷”，只要连接平顺，走向合理，就可以减少拆迁，节约造价，增加规划的可操作性。三是在村庄道路规划中，道路密度的标准要有别于城市，因为农村村民的生活方式比较简单，在满足道路使用功能的前提下尽量减少投资。

(2)农居建筑。在村庄新建建筑设计中，要体现品位和特色，按照城市化要求和农村实际，注重营造不同的建筑风格，同时在建筑的平面布置设计中要尊重村民生产特点，要给村民的生产活动留有空间，如猪、羊、牛等家畜的饲养空间等。另外，要注意保留有特色的传统民居，以体现村庄历史文化底蕴。对于历史文化村落，在建筑立面整治中要体现历史，要与周边环境和谐统一。

体现村庄特色，除了在道路设计、农居建筑设计上做好文章外，还要在绿化、村庄布局等方面下工夫。例如，在村庄绿化规划上，不但树种选择上要采用乡土树种，而且在宅前屋后的绿化中，要根据农村实际，种植瓜果蔬菜也不失为一道亮丽的“农村风景”。

四、旧村改造的三种基本方式

近些年来，我国村镇的规划与建设方式大体可分为三种类型。

（一）移地新建

旧村户逐年迁入新选村址，前几年采用最多。

（二）旧村改造

利用旧村址，统一规划，逐步改造现有的房屋、街道、绿化和各种设施，挖掘内部潜力，增加住户。

（三）混合式

在一个中心村的外缘选择一片用地，使四周小村或零散住户并入，与中心村合并。其中，原有部分为旧村改造，迁入部分为新建，两部分要统一规划。

今后村镇的规划建设，如果还都继续采用“移地新建”的方式，一则脱离实际，违反客观规律；二则投资过多，造成浪费，并影响村镇面貌的迅速改变。因此这种方法，如没有特殊情况，今后不宜多用。

第三种类型（混合式），如为结合农业规划，为促进工农业的发展创造必要条件时，可适当采用。但因农民“故土难离”的思想较深，不易迁村并点，所以这种方法也不会太多使用。第二种符合我国实际情况，今后的村镇规划与建设应立足于“旧村改建”。

旧村改建的优点很多。现有的村镇一般来说都是经多年发展而形成的，均具备一些好的建设条件，如周围环境较好、气候优越；地势较高、交通方便、避风向阳、适于居住；水源充足、排水无阻等。如采用旧村改造的方法，上述条件均可充分利用。除此之外，旧村改造还有以下优点。

(1) 原有各项设施和房屋近期大部分可继续使用，有的略加修改或扩建即可满足远期规划的使用要求。例如，村镇现有的工业副业用房、仓库、公共建筑、车棚、畜舍和电力电信线路及大口水井等，这可避免大拆大建，节省开支、人力和物力。

(2) 现有四旁绿化在改建规划中大部可合理利用，居民点内绿化系统能尽快形成，有利于调节气候、壮观街景、美化村容。

(3) 适于村镇逐步建设的实际情况。农业收成好的年景可多改建一些，否则可少改建一些，仍使用旧房，这对生活、生产和村貌都没有大的影响。

(4) 经统一规划后进行改造的村镇，在平面布局上是比较灵活的。因为在规划改造时，有统一考虑，并可结合现状，使房屋在排列上、式样上、标准上均富有变化性。前几年新选址统一建设的村镇，总的看来大都比较单调、平淡，大体都一样，确实有些死板。

(5) 不另占耕地。选址新建，一般来说，一个村镇需几年或十几年才能建成，在这建设的过程中，旧村镇的宅基地多数不能及早还田，这就形成新址旧基两处占地，影响农耕面积。在规划建设中旧村改造的内容很多，主要包括：调整用地布局，使各块用地功能尽量合理，调整道路，完善路网；平整村基地，完整绿化系统，改善环境美化村容；预留公用设施的建设条件，改善给水设施，保护水源；改善厕所和畜舍，调整院落、房屋定位等。

五、旧村改造的主要内容

(一)改造旧村、旧房势在必行

(1)有利节约土地，缓解需求矛盾。通过对旧村旧房进行改造，达到节约土地、缓解土地资源不足与用地需求增长的矛盾。

(2)有利改善环境，形成文明新村。现在农民建设新住房，多是建在旧村周围，一家一户单体建筑的结果是形成新旧房屋混为一体，平房楼房交叉建设，公益事业、基础设施难以配套的局面，室内现代化、室外脏乱差。

(3)有利经济发展，增加群众收入。搞好旧村旧房改造，建设文明新村，能更好地为发展经济服务。

(4)有利节省资金，适应民情社情。改革开放后，群众生活水平得到了很大提高，希望住上宽敞舒适的新居，但财力还不是很充实，如果能创新一条既少花钱又能住新居的道路，必受群众欢迎。

(5)有利于更新农民观念，建立新的生活方式。其一，有利于淡化宗族观念。旧村、旧房改建后，重新布局，很自然地打破了传统族亲聚居的旧格局，使人们形成新型的邻里关系。其二，可改变封建习俗观念。农村的房屋建设，大多讲究“风水”“座向”，造成许多问题。现在旧村改造，则是讲究布局合理、通风采光、设施配套等，使住户都有舒适感。新旧鲜明对比，有助于村民改变陋习，破除迷信，树立相信科学的观念。其三，有利于形成健康、科学的生活方式。把旧房改建成面积不大而功能齐全的新居，适应了现代社会发展的需要，满足人们的会客、卫生、休息、娱乐的需要，使人们逐渐形成科学健康的生活方式。

(二)农宅的群体组合

农村中住宅多以低层独立式、联排式为主，可以较灵活地进行群体组合，主要采用的手法如下。

(1)错位组合：用最简单的方形宅基地进行错位排列组合，可以得出体型多变的住宅来，如锯齿形、“V”形、“L”形及“山”字形等，它不改变每个宅基地的大小，结构和构造简单，施工和一般排列形式一样，但错位组合后仍可获得多种体型，是常用的手法之一(图 12-1)。

(2)梯形插入：通过改变某些宅基地的形状作为过渡体块，改变拼接体的朝向，是一种较为有效的办法，此种手法宅基地变化不需太大，沿垂直方向小度角左右即可达到整个拼接体朝向变化，对单个住宅的影响不大，而对于庭院的围合，空间领域的创造，都起着积极作用(图 12-2)。

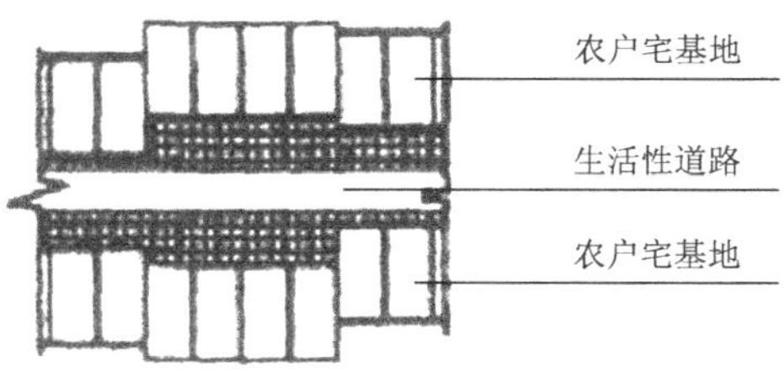

图 12-1 错位组合

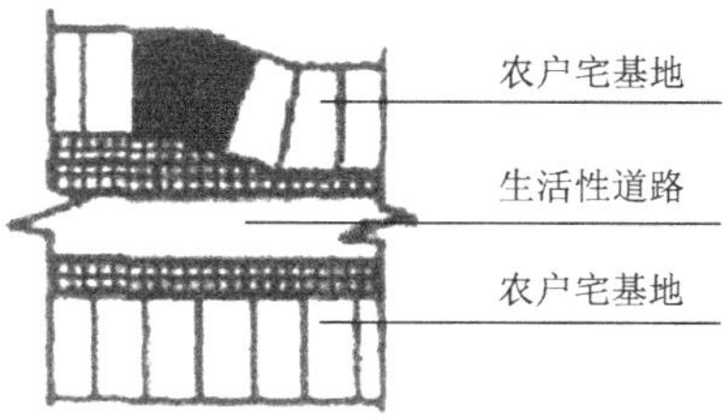

图 12-2 梯形插入

(3)错位断开：在长的拼接的适当位置断开。此种手法运用得当，对于打破立面构图、丰富邻里空间，具有明显的作用。

(4)建筑性质体量变化：在住宅组合中适当插入其他性质的建筑，如活动室、商业场所等，并在平面和层高上予以变化，也是活跃构图的一种有效手段。

(5)空间领域划分：采用富有地方传统象征意义的牌楼，标志性景观设施如钟楼、雕塑、绿化及地面铺装变化等来划分空间领域，如有商业街和邻里的入口，或以建筑构件如外墙、院墙等实体围合限定空间，增强标志性和场所感。

(三)巷道交往空间的规划

邻里交往是农村居民生活的重要内容，村民日常交往活动发生频率最高的地方在街头巷尾，通过日常的交往活动，加强居民邻里观念，融洽住户的相互关系，其是住户间交流信息、互通有无的重要手段，在住户意识中占有重要的地位。交往空间在建设中应注意以下几点。

(1)运用多种空间划分手段，创造出适合交往的空间领域，具体手法有：①利用花坛、地面变化等手法划分空间；②以藤架、棚架、树木等界定交往空间。

(2)交往设施的设置：调查所知，邻里的交往活动主要为谈话、棋类牌类活动、就餐等，交往设施应以桌凳为主。

(3)邻里交往的位置选择要：①有利于住户聚集，结合自然景观或古迹布置，如树木，水边、台地等；②布点应均匀，农户的日常交往或必经之处，如巷道入口、空间转角处应为考虑重点。

(四)道路交通

农村道路交通的特点和城市住宅小区还是有区别的，在设置时也得根据当地的实际情况来设计，这主要是由村民的居住和生活特点决定的，主要有以下几个方面。

(1)车辆种类繁多。由于村民所从事的劳动行业不同，存在着农业户、养殖户、运输户等，使得车辆的种类也比较丰富，农用机动车、小货车、面包车、摩托车是农村的主要交通工具。

(2)村庄的人流量较小。由于村庄整体规模和居住密度较小，相对人流量也比城市小，村内的交通没有城市住宅区复杂，因而对人车分流的要求没有城市住宅区迫切，人车混行的系统也较适合村庄使用，能提高道路的利用率，规模较大的中心村可考虑人车分流。

(3)停车位的设置。由于旧村的停车一般都是见缝插针式的，往往阻碍了村内的交通，影响村民的出行，因而停车位的设置显得尤为重要。

在村庄道路的改造过程中多采用同一标准的道路宽度，考虑能会车即可，但是对于规模较大的村庄应考虑采用分级的道路系统。

(五)公共设施建设

由于目前进行改造的村庄经济都相对较好，一般都采用了比原有公共设施更高一级的标准设置，例如，进行村庄道路的硬化，给排水系统的完善，供电线路的埋地敷设，根据接入城市电信网络的便捷程度、农户所能承受的费用成本来安装电话线路，使用清洁的沼气来解决日常的能源需求。由于作为一个村庄的公共设施的设置相对独立成系统，在改造的过程中配置也趋向于完整，但是某些规模较小的村，或离中心村距离较近，在设施高效利用的前提下，一般不适宜重复建设公共设施，因此，应根据村的规模大小实际情况来设置幼儿园、小学、卫生站、市场等公共设施。同时，公共设施的设置应考虑相对集中，由于村庄的规模相对不大，公共设施的集中设置容易形成规模，方便村民的使用。

1. 排水系统的规划

村庄排水规划的原则应从实际出发：其一为经济实用，在村庄的经济承受范围内。其二有利于分期建设，便于实际组织实施。其三为方便管理，平时维护方便。

管渠的形式：①混凝土管道，用在规模较大的中心村，它水流条件好，占地体积小，质量档次高。但一次性投资较大，建设速度较慢，周期较长，一次性资金组织困难，在大部分地区农村还不能大量推广。钢筋混凝土管道适用于经济状况较好，建设标准高的村庄。②经济较为发达的村落宜采用路两侧人行道设明沟盖板形式，这种形式既能排除路面上的雨水污水，也能满足村庄系统排水的要求，同时因为其工程造价低于钢筋混凝土管道，便于就地取材逐步建设，适于多方面组织人力、财力、物力，加快基础设施的建设速度，从而有较大的适应性。在现今大多数地区的经济建设水平下，具有较大的推广价值。③明沟形式。明沟同明沟盖板主要的不同是造价更加低廉，且易于维护，便于分段开展实施。绝大部分村庄的邻里基础设施建设都可采用这一形式。

在确定排水体制时，首先要按照村镇总的地势确定水线，然后确定分水区域，最后确定道路与排水沟渠的走向，选择决定排水口的位置，并应保证一定的排水坡度以保证水流通畅。排水体制可分为合流制和分流制两种。生活污水与雨水合并在同一个沟管排出，为合流制。生活污水，生产污水与雨水分别在两个排水系统排出为分流制。一般的村庄中，家庭多用干厕，粪便不排入沟渠而直接肥田。也没有大量的工副业生产废水，因此，大部分生活污水有害杂质少，且村落也一般没有条件进行污水处理，采用合流制较能适应目前的现实情况，一般生活污水汇集后可作灌溉用水，直接排入农田。

在工业园区附近的村庄，特别是村庄内有一定污染性质的村办企业，生产废水较多，如不作处理，会引起土壤变质，危害农作物。对于这类村庄，宜采用分流制和合流制相互结合的方式，生活污水和生产污水引至沉淀池消毒，使悬浮物和寄生虫卵大量死亡，达到一定水质标准后才能用以灌溉农田。

2. 垃圾的处理

随着农村居民生活水平和消费水平的提高，居民在日常生活、生产过程中产生的废弃物也越来越多，垃圾遍布、杂乱无章的现象随处可见，直接影响住区公共环境的质量，问卷调查表明，随着农民解决了温饱问题和基本的居住问题后，对于居住环境的关注逐渐由自家宅院而转向住区环境。相当多的居民对村落建设不满意的理由是环境脏乱差，改善邻里环境的一个重要方面就是农村垃圾问题的处理。处理垃圾主要有以下几个途径。

(1)利用沼气池处理一些有机废料如粪便、农产品废弃物及生活有机垃圾，均可作为沼气的发酵原料，这一办法可解决一部分有机废料的处理问题。

(2)人畜粪便基本上全部可以肥田，这方面的问题较小一些，基本上都可以利用。

(3)对于农业生产所产生的大量废弃物，如稻草、树叶等，不宜采用焚烧方式，宜立足于环境，就地取材。作为工业生产原料，用以制作植物板，可作建筑室内隔墙顶棚板，装饰板。减少住宅用砖量，使农村建房走向可持续的良性循环。

(4) 对于难以处理的建筑垃圾和无机废料，可利用其将农村中大量的沟、坑等填平后作为住宅建设用地使用。在调研中，看到这类无法利用的废弃地在各个村镇都不同程度地存在，有的村落中此类废弃地的面积还很大，利用这一措施既可节约耕地，又可增加建设用地。这些废弃物同时可以作为村镇建设硬化路面的路基使用，真正做到变废为宝。

总之，旧村改造是一项复杂的系统工程，涉及规划、社会、经济、村庄文化、传统等方方面面，因此，必须因地制宜，探索适合当地村庄特点的旧村改造模式。以人为本，尊重历史，尊重文化，节约投资，优化村庄环境，切切实实提高村民生活水平，改善村民居住环境，建设具有现代文化气息的社会主义新农村。

第三节 村庄整治规划

一、村庄整治规划的背景

由于长期存在的重城轻乡现象，当前我国农村问题突出表现在以下三个方面：一是各级财政对农村投入少，从农村获取多的局面尚未改变；二是影响农村社会稳定的一些深层次制度性的问题逐步显现、部分矛盾尖锐化；三是城乡人均基础设施投入差距越拉越大。实现十六大目标重点依然在农村。在村庄建设方面，以下问题、矛盾日益明显。

(一) 农村生态环境和部分地区的生存环境持续恶化

工业“三废”和城乡垃圾对村庄的污染正由局部向整体蔓延。化肥、农药的施用失控，农村环境的化学污染逐年加重。农村大规模的家畜养殖业缺乏环境治理。农村 3 亿多人饮用水水质不合格。

(二) 农村基础设施、公共服务设施建设一度被公共财政忽视，建设管理严重缺位

以 2000～2003 年为例，我国村镇人均公用设施投资分别为 36 元、42 元、68 元和 67 元，而同期城市建设人均固定资产投资为 487 元、658 元、887 元和 1320 元，投资差距一直在 13 倍以上，直接造成了我国广大农村地区基础设施严重匮乏，公共服务设施严重短缺，城乡发展差距逐年增大。

(三) 农村土地等紧缺资源大量消耗

2014 年全国城乡建设用地总量为 20.34 万 km^2，其中，城市建设用地 3.63 万 km^2，村镇建设用地 16.71 万 km^2。村镇建设用地总量是城市建设用地总量的 4.6 倍，人均建设用地从 1993 年的 147.8m^2 增加到 2002 年的 167.7m^2，增幅达 13.5%，农村每人平均增加了 19.9m^2 的建设用地。村庄建设用地总量和人均用地水平没有随着城乡一体化发展而降低。

(四) 农村建设管理混乱滞后严重制约了农村经济社会的全面进步，造成农民和社会财富的巨大浪费

以农房建设为例，2004 年农村住宅投资 2334 亿元，村镇住宅建设量近十年来一直保持在 6 亿 m^2 以上，1984～2004 年，我国农村住宅建设总量超过 108 亿 m^2，不少地区的农民住宅建了三到四茬，只见新房不见新村，造成农民和社会财富的巨大浪费。

总的来看，我国农村长期形成的粗放生产方式及落后生活方式，极大地制约了农村社会的协调发展，也制约了我国经济社会的全面协调发展，农民迫切要求改变农村落后的现状。为全面贯彻中央关于建设社会主义新农村的战略部署，做好新时期村庄整治工作，搞好村庄规划建设，改善农民居住条件，改变农村面貌，村庄建设整治工作迫在眉睫。

二、村庄整治规划的原则和指导思想

（一）村庄整治的基本原则

(1)资源整合利用、落实“四节”的原则。村庄整治要贯彻资源优化配置与调剂利用的方针。提倡自力更生、就地取材、厉行节约、多办实事。充分体现节地、节能、节水和节材的“四节”方针。

(2)因地制宜、分类指导的原则。村庄整治工作中应按照整治村庄的不同地域、不同类型、不同区位条件、不同经济水平等具体情况，因地制宜、分类指导，不搞一个模式、一刀切。

(3)区别对待，多模式整治的原则。对于散户散村及易受自然灾害影响的村庄、就地整治的村庄及空心村等不同村庄的整治工作应区别对待，根据实际情况，通过合理规划，采用不同模式进行改造、改建或异地重建，并应充分尊重当地村民的意愿，确立农民在村庄整治中的主体地位。

(4)保护历史遗存，弘扬传统文化的原则。在村庄整治中，注重对乡土文化的研究、继承与发扬，深入挖掘村庄发展的历史特征，协调处理好文化遗产的保护、利用与经济发展的关系，避免建设性破坏，并与村庄生产发展、村风文明建设等工作相衔接，促进村庄建设的可持续发展。

(5)创造宜居环境的原则。在村庄整治中，通过“四清四改”(清垃圾、清污泥、清路障、清柴垛、改水、改厕、改灶、改路)，清理空心房、废弃旧房、猪牛羊圈，实行人畜分居等有效方式整治村庄环境，营造宜人居住环境，促进家庭和睦、代际和顺、邻里和谐。

（二）村庄整治工作的指导思想和基本要求

村庄整治工作要紧紧围绕全面建设小康社会目标，树立和落实科学发展观，一切从农村实际出发，尊重农民意愿，按照构建和谐社会和建设节约型社会的要求，组织动员和支持引导农民自主投工投劳，改善农村最基本的生产生活条件和人居环境，促进农村经济社会全面进步。村庄整治要充分利用已有条件，整合各方资源，坚持政府引导与农民自力更生相结合，完善村庄最基本的公共设施，改变农村落后面貌。

村庄整治工作要因地制宜，可采取新村庄建设，空心村整理，城中村改造，历史文化名村保护性整治等有效形式；以村容村貌整治，废旧坑(水)塘和露天粪坑整理，村内闲置宅基地和私搭乱建清理，打通乡村连通道路和硬化村内主要道路，配套建设供水设施、排水沟渠及垃圾集中堆放点、集中场院、农村基层组织与村民活动场所、公共消防通道及设施等为主要内容进行整村整治；使整治后的村庄村容村貌整洁优美，硬化路面符合规划、饮用水质达到标准，厕所卫生符合要求，排水沟渠和新旧水塘明暗有序，垃圾收集和转运场所无害化处理，农村住宅安全经济美观、富有地方特色，面源污染得到有效控制，医疗文化教育等基本得到保障，农民素质得到明显提高，农村风尚得到有效改善。

三、村庄整治规划的整体思路、目标及内容

(一) 村庄整治规划的整体思路和目标

1. 村庄整治思路

坚持科学发展观，以“四清四改”(清垃圾、清污泥、清路障、清柴垛；改路、改水、改灶、改厕)为基本标准，大力改善农村生产生活条件，规划建设新村庄，发展壮大新产业，建立健全新组织，培育造就新农民，建设树立新作风，实现城乡协调发展、共同进步。以建设全面体现小康水准的社会主义新农村为目标，以村庄建设为重点，通过环境整治和村庄整理，使该村面貌取得显著改观。

2. 村庄整治总体目标

(1) 建立科学合理的村镇规划建设管理体制，把村镇规划建设纳入制度化、规范化的轨道。

(2) 完善农村基础设施，实现所有行政村通水、通电、通路、通电视电话，基本解决农村饮用水安全问题。

(3) 基本解决农村脏、乱、差现象。通过清垃圾、清粪堆、清柴草、清路障，改厨、改厕、改院、改圈，达到“规划科学、布局合理、功能齐全、环境优美”的目标；村庄改造面实现 60%以上，达到“布局合理、设施配套、环境整洁、村貌美化”的基本标准。

(4) 按一户一宅、节约用地、因地制宜、分类指导的原则推进民房建设，使 60%的民房达到方便生产生活、凸显风格特色、一户一厕、人畜分离。同时，引导农民拆除“空心房”，依法、有偿、自愿流转宅基地。

3. 具体目标

(1) 基础设施配套。①通村公路及村内主干道硬化，村内道路网布局合理，主次分明，村内主要道路和公共场所安装路灯。②给水、排水系统完善，管网布局规范合理，符合公共消防安全要求。自来水基本入户，饮用水符合卫生标准。排水实行雨污分流，雨水就近排入自然水体，污水排入化粪池或沼气池集中处理后综合利用。③村级组织有工作用房和村民议事、文体活动场地。

(2) 绿化建设。①做到“四旁”充分绿化，即村旁、宅旁、路旁、水旁。绿化要注重质量和效益，形成空间有变化的绿化系统。②按照人均用地标准规划村中心绿地及公共活动的绿化场地。③绿化应结合当地实际，提倡选栽经济树种和乡土树种，体现植物形态，建设绿色家园。

(3) 环境卫生治理。①村域内水面得到较好保护，水体清洁，水质达到区域达标水平，排涝工程建设符合国家规定标准。②农户建沼气池、改厕、改圈、改灶。③村内保洁制度健全，垃圾等废弃物集中处理，生产和生活污水得到处理，基本消除垃圾及废水污染。

(4) 农民住宅。①住宅建筑布局宜通过不同住宅选型，多户连体，移位错列，高低搭配，长短组合，形成富于变化的院落空间。严格控制独立式住宅数量，防止土地浪费。②新建住宅的朝向与间距应满足日照、通风和防火要求。③农民新建、改建房的宅基地(含附属设施)总面积，使用耕地的农户不得超过 140m^2，使用非耕地的不得超过 200m^2。住宅一般以三层以下为宜，总高度控制在 12m 以内。④住宅要尽可能用适用于本地推广的新技术、新材料、新产品，坚固耐用，抗震设防，施工简便，组合灵活，富有特色，易于调改，造价经济。

(二) 村庄整治规划的主要内容

根据我国村庄建设中表现较为突出的主要矛盾、主要问题，当前村庄整治的重点工作主

要集中在村庄基础设施、公共服务设施及农村环境面貌改造、能源综合利用、生态环境建设等十一个方面，其中又以以下七个方面的内容最为关键。

(1)道路交通问题。针对当前我国农村村庄道路交通设施建设中存在的村内道路硬化率低、无排水边沟、道路施工简陋、工程做法不科学、交通安全设施不完备等多方面问题，在整治规划中要对村庄道路规划原则、工程设施建设标准及相关指标、村庄道路的一般做法等内容做出详细具体的技术要求，如村内道路断面形式、坡度要求、交叉口做法、边沟设置方式、路面施工做法等。

(2)给水设施问题。改善当前我国大量农村地区存在的供水不安全、保证度差、水源二次污染严重、供水配套设施不完善等现象，进一步对取水设施建设、水源卫生防护，适宜农村地区的可行供水设备，输、配水管网的施工要求等做出明确规定。

(3)排水设施问题。农村污水处理设施严重匮乏、排水设施不足或缺少维护造成的无法有效利用已经成为农村环境恶化的主要原因之一。要逐步实现“雨污分流”排水体制的总体目标，进而对农村污水实施处理的建设方式，排污管道建设方法与敷设要求、管材选用建议、排水沟渠的断面形式等提出具体技术要求。

(4)粪便处理问题。农村改厕及粪便处理问题已成为各地新农村建设、村庄改造工作中高度关注、重点解决的问题之一。根据我国农村地区的实际情况，对农村户厕及公厕的布置方式、可行做法做出技术规定，并重点对化粪池、沼气池等常见、易用、易于推广的农村地区粪便无害化处理设施提出了建设要求及具体施工标准。

(5)垃圾处理设施问题。农村生活垃圾不做处理、随意堆放、缺少管理也是影响农村环境面貌的难点问题之一。根据各地经验，提出农村垃圾收集采用“每户分类收集—村集中—镇中转—县处理”的原则模式，并对垃圾收集点的建设要求、服务半径、处理标准等提出了相关技术规定。

(6)村庄环境面貌问题。村庄环境面貌的改善直接反映着农村经济发展、乡村文明、文化建设的综合水平，这项工作涉及从整体规划到农房建设的多方面内容。针对目前农村地区普遍存在的村容村貌“散、乱、差”的实际情况，要对包括村庄整体环境、村庄出入口及主要街道、农宅庭院等不同地段进行合理整治，并着重进行村庄废旧坑(水)塘与河渠水道的治理和实施农房的建设与改造。

(7)生态建设问题。当前我国农村地区的生态环境问题集中表现在综合环境指标下降和能源浪费严重两个方面。通过村庄整治工作，一方面要积极促进农村生态环境的全面改善；另一方面要为推动农村地区资源节约利用工作打下基础。按照建设“资源节约型、环境友好型”社会的战略目标，结合我国农村地区能源使用的实际情况和可行方式，提出将农村生态环境改善与多种能源并举相结合，加强可再生资源利用，实现农村生态循环的总体要求，为实现农村经济的可持续发展创造有利条件；为改善农村落后面貌，促进“三农”问题的解决，构建新农村和谐社会提供有力的技术支撑。

第四节 村庄整治技术规范

为提高村庄整治的质量和水平，规范村庄整治工作，改善农民生产生活条件和农村人居环境质量，稳步推进社会主义新农村建设，促进农村经济、社会、环境协调发展，中华人民共和国住房和城乡建设部制定了《村庄整治技术规范》(GB50445—2008)。

本规范的内容主要包括安全与防灾、给水设施、垃圾收集与处理、粪便处理、排水设施、道路桥梁及交通安全设施、公共环境、坑塘河道、历史文化遗产与乡土特色保护、生活用能等整治项目。具体整治项目应根据实际需要与经济条件，由村民自主选择确定，涉及生命财产安全与生产生活最急需的整治项目应优先开展。本规范以粗体字标志的内容为强制性内容，必须严格执行。

一、安全与防灾

(一) 一般规定

安全与防灾规划的一般规定有以下几点。

(1) 村庄整治应综合考虑火灾、洪灾、震灾、风灾、地质灾害、雷击、雪灾和冻融等灾害影响，贯彻预防为主，防、抗、避、救相结合的方针，坚持灾害综合防御、群防群治的原则，综合整治、平灾结合，保障村庄可持续发展和村民生命安全。

(2) 村庄整治应达到在遭遇正常设防水准下的灾害时，村庄生命线系统和重要设施基本正常，整体功能基本正常，不发生严重次生灾害，保障农民生命安全的基本防御目标。

(3) 村庄整治应根据灾害危险性、灾害影响情况及防灾要求，确定工作内容，并应符合下列规定：火灾、洪灾和按表 12-1 确定的灾害危险性为 C 类、D 类等对村庄具有较严重威胁的灾种，村庄存在重大危险源时，应进行重点整治，除应符合本规范规定外，还应按照国家有关法律法规和技术标准规定进行防灾整治和防灾建设，条件许可时应纳入城乡综合防灾体系统一进行。

表 12-1　乡灾害危险性分类表

灾害危险性 / 规模	划分依据	A	B	C	D
地震	地震基本加速度 $a/(m/s^2)$	$a<0.05$	$0.05\leqslant a<0.15$	$0.15\leqslant a<0.3$	$a\geqslant 0.3$
风	基本风压 $W_0/(kN/m^2)$	$W_0<0.3$	$0.3\leqslant W_0<0.5$	$0.5\leqslant W_0<0.7$	$W_0\geqslant 0.7$
地质	地质灾害分区	一般区		易发区、地质环境条件为中等和复杂程度	危险区
雪	基本雪压 $S_0/(kN/m^2)$	$S_0<0.3$	$0.3\leqslant S_0<0.45$	$0.45\leqslant S_0<0.6$	$S_0\geqslant 0.6$
冻融	最冷月平均气温/℃	>0	0～−5	−5～−10	<−10

应充分考虑各类安全和灾害因素的连锁性和相互影响，并应符合下列规定：按各项灾害整治和避灾疏散的防灾要求，对各类次生灾害源点进行综合整治。按照火灾、水灾、毒气泄漏扩散、爆炸、放射性污染等次生灾害危险源的种类和分布，对需要保障防灾安全的重要区域和源点，分类分级采取防护措施，综合整治。考虑公共卫生突发事件灾后流行性传染病和疫情，建立临时隔离、救治设施。

(4) 现状存在隐患的生命线工程和重要设施、学校和村民集中活动场所等公共建筑应对其进行整治改造，并应符合现行标准《建筑抗震设计规范》(GB50011)《建筑设计防火规范》(GB50016)《建筑结构荷载规范》(GB50009)《建筑地基基础设计规范》(GB50007)《冻土地区建筑地基基础设计规范》(JGJ118)等的要求。存在结构性安全隐患的农民住宅应进行整治，消除危险因素。

(5)村庄洪水、地震、地质、强风、雪、冻融等灾害防御中，宜将下列设施作为重点保护对象，按照国家现行相关标准优先整治：变电站(室)、邮电(通信)室、粮库(站)、卫生所(医务室)、广播站、消防站等生命线系统的关键部位；学校等公共建筑。

(6)村庄现状用地中的下列危险性地段，禁止进行农民住宅和公共建筑建设，既有建筑工程必须进行拆除迁建，基础设施线状工程无法避开时，应采取有效措施减轻场地破坏作用，满足工程建设要求：可能发生滑坡、崩塌、地陷、地裂、泥石流等的场地；发震断裂带上可能发生地表错位的部位；行洪河道；其他难以整治和防御的灾害高危害影响区。

(7)对潜在危险性或其他限制使用条件尚未查明或难以查明的建设用地，应作为限制性用地。

(二)消防整治

消防整治应注意以下几点。

(1)村庄消防整治应贯彻预防为主、防消结合的方针，积极推进消防工作社会化，针对消防安全布局、消防站、消防供水、消防通信、消防通道、消防装备、建筑防火等内容进行综合整治。

(2)村庄应按照下列安全布局要求进行消防整治。村庄内生产、储存易燃易爆化学物品的工厂、仓库必须设在村庄边缘或相对独立的安全地带，并与人员密集的公共建筑保持规定的防火安全距离。严重影响村庄安全的工厂、仓库、堆场、储罐等必须迁移或改造，采取限期迁移或改变生产使用性质等措施，消除不安全因素。

生产和储存易燃易爆物品的工厂、仓库、堆场、储罐等与居住、医疗、教育、集会、娱乐、市场等之间的防火间距不应小于 50m，并应符合下列规定：烟花爆竹生产工厂的布置应符合现行国家标准《民用爆破器材工厂设计安全规范》(GB50089)的要求。《建筑设计防火规范》(GB50016)规定的甲、乙、丙类液体储罐和罐区应单独布置在规划区常年主导风向下风或侧风方向，并应考虑对其他村庄和人员聚集区的影响。

合理选择村庄输送甲、乙、丙类液体、可燃气体管道的位置，严禁在其干管上修建任何建筑物、构筑物或堆放物资。管道和阀门井盖应有明显标志。

应合理选择液化石油气供应站的瓶库、汽车加油站和煤气、天然气调压站、沼气池及沼气储罐的位置，并采取有效的消防措施，确保安全。

燃气调压设施或气化设施四周安全间距需满足城镇燃气输配的相关规定，且该范围内不能堆放易燃易爆物品。通过管道供应燃气的村庄，低压燃气管道的敷设也应满足城镇燃气输配的有关规范，且燃气管道之上不能堆放柴草、农作物秸秆、农林器械等杂物。

打谷场和易燃、可燃材料堆场，汽车、大型拖拉机车库，村庄的集贸市场或营业摊点的设置及村庄与成片林的间距应符合农村建筑防火的有关规定，不得堵塞消防通道和影响消火栓的使用。

村庄各类用地中建筑的防火分区、防火间距和消防通道的设置，均应符合农村建筑防火的有关规定；在人口密集地区应规划布置避难区域；原有耐火等级低、相互毗连的建筑密集区或大面积棚户区，应采取防火分隔、提高耐火性能，开辟防火隔离带和消防通道，增设消防水源，改善消防条件，消除火灾隐患。防火分隔宜按 30～50 户的要求进行，呈阶梯布局的村寨，应沿坡纵向开辟防火隔离带。防火墙修建应高出建筑物 50cm 以上。

堆量较大的柴草、饲料等可燃物的存放应符合下列规定：宜设置在村庄常年主导风向的下风侧或全年最小频率风向的上风侧。当村庄的三、四级耐火等级建筑密集时，宜设置在村庄外，不应设置在电气设备附近及电气线路下方。柴草堆场与建筑物的防火间距不宜小于 25m。堆垛不宜过高过大，应保持一定安全距离。

村庄宜在适当位置设置普及消防安全常识的固定消防宣传栏；易燃易爆区域应设置消防安全警示标志。

(3) 村庄建筑整治应符合下列防火规定。

村庄厂(库)房和民用建筑的耐火等级、允许层数、允许占地面积及建筑构造防火要求应符合农村建筑防火的有关规定。

既有耐火等级低的老建筑有条件时应逐步加以改造，采取提高耐火等级等措施消除火灾隐患。

村庄电气线路与电气设备的安装使用应符合国家电气设计技术规范和农村建筑防火的有关规定。村庄建筑电气应做接地，配电线路应安装过载保护和漏电保护装置，电线宜采用线槽或穿管保护，不应直接敷设在可燃装修材料或可燃构件上，当必须敷设时应采取穿金属管、阻燃塑料管保护。

现状存在火灾隐患的公共建筑，应根据《建筑设计防火规范》(GB50016) 等国家相关标准进行整治改造。

村庄应积极采用先进、安全的生活用火方式，推广使用沼气和集中供热。火源和气源的使用管理应符合农村建筑防火的有关规定；保护性文物建筑应建立完善的消防设施。

(4) 村庄消防供水宜采用消防、生产、生活合一的供水系统，并应符合下列规定。

具备给水管网条件时，管网及消火栓的布置、水量、水压应符合现行国家标准《建筑设计防火规范》(GB50016) 及农村建筑防火的有关规定；利用给水管道设置消火栓，间距不应大于 120m。

不具备给水管网条件时，应利用河湖、池塘、水渠等水源进行消防通道和消防供水设施整治；利用天然水源时，应保证枯水期最低水位和冬季消防用水的可靠性。

给水管网或天然水源不能满足消防用水时，宜设置消防水池，消防水池的容积应满足消防水量的要求；寒冷地区的消防水池应采取防冻措施。

利用天然水源或消防水池作为消防水源时，应配置消防泵或手抬机动泵等消防供水设备。

(5) 村庄整治应按照国家有关规定配置消防设施，并应符合下列规定。

消防站的设置应根据村庄规模、区域位置、发展状况及火灾危险程度等因素确定，确需设置消防站时应符合下列规定：消防站布局应符合接到报警 5 分钟内消防人员到达责任区边缘的要求，并应设在责任区内的适中位置和便于消防车辆迅速出动的地段。消防站的建设用地面积宜符合表 12-2 的规定。村庄的消防站应设置由电话交换站或电话分局至消防站接警室的火警专线，并应与上一级消防站、邻近地区消防站，以及供水、供电、供气、义务消防组织等部门建立消防通信联网。

表 12-2　消防站规模分级

消防站类型	责任区面积/km²	建设用地面积/m²
标准型普通消防站	≤7.0	2400～4500
小型普通消防站	≤4.0	400～1400

5000 人以上村庄应设置义务消防值班室和义务消防组织，配备通信设备和灭火设施。

(6)村庄消防通道应符合现行国家标准《建筑设计防火规范》(GB500016)及农村建筑防火的有关规定，并应符合下列规定。

消防通道可利用交通道路，应与其他公路相连通。消防通道上禁止设立影响消防车通行的隔离桩、栏杆等障碍物。当管架、栈桥等障碍物跨越道路时，净高不应小于 4m；消防通道宽度不宜小于 4m，转弯半径不宜小于 8m；建房、挖坑、堆柴草饲料等活动，不得影响消防车通行；消防通道宜呈环状布置或设置平坦的回车场。尽端式消防回车场不应小于 15m×15m，并应满足相应的消防规范要求。

（三）防洪及内涝整治

防洪及内涝整治应注意以下几点。

(1)受江、河、湖、海、山洪、内涝威胁的村庄应进行防洪整治，并应符合下列规定。防洪整治应结合实际，遵循综合治理、确保重点，防汛与抗旱相结合、工程措施与非工程措施相结合的原则。根据洪灾类型确定防洪标准：沿江河湖泊村庄防洪标准应不低于其所处江河流域的防洪标准。邻近大型或重要工矿企业、交通运输设施、动力设施、通信设施、文物古迹和旅游设施等防护对象的村庄，当不能分别进行防护时，应按“就高不就低”的原则确定设防标准及防洪设施；应合理利用岸线，防洪设施选线应适应防洪现状和天然岸线走向；受台风、暴雨、潮汐威胁的村庄，整治时应符合防御台风、暴雨、潮汐的要求；根据历史降水资料易形成内涝的平原、洼地、水网圩区、山谷、盆地等地区的村庄整治应完善除涝排水系统。

(2)村庄的防洪工程和防洪措施应与当地江河流域、农田水利、水土保持、绿化造林等规划相结合并应符合下列规定。居住在行洪河道内的村民，应逐步组织外迁；结合当地江河走向、地势和农田水利设施布置泄洪沟、防洪堤和蓄洪库等防洪设施。对可能造成滑坡的山体、坡地，应加砌石块护坡或挡土墙。防洪(潮)堤的设置应符合国家有关标准的规定；村庄范围内的河道、湖泊中阻碍行洪的障碍物，应制定限期清除措施；在指定的分洪口门附近和洪水主流区域内，严禁设置有碍行洪的各种建筑物，既有建筑物必须拆除；位于防洪区内的村庄，应在建筑群体中设置具有避洪、救灾功能的公共建筑物，并应采用有利于人员避洪的建筑结构形式，满足避洪疏散要求。避洪房屋应依据现行国家标准《蓄滞洪区建筑工程技术规范》(GB50181)的有关规定进行整治；蓄滞洪区的土地利用、开发必须符合防洪要求，建筑场地选择、避洪场所设置等应符合《蓄滞洪区建筑工程技术规范》(GB50181)的有关规定并应符合下列规定：指定的分洪口门附近和洪水主流区域内的土地应只限于农牧业及其他露天方式使用，保持自然空地状态。蓄滞洪区内的高地、旧堤应予保留，以备临时避洪。蓄滞洪区内存在有毒、严重污染物质的工厂和仓库必须制定限期拆除迁移措施。

(3)村庄应选择适宜的防内涝措施，当村庄用地外围有较大汇水汇入或穿越村庄用地时，宜用边沟或排(截)洪沟组织用地外围的地面汇水排除。

(4)村庄排涝整治措施包括扩大坑塘水体调节容量、疏浚河道、扩建排涝泵站等，应符合下列规定。排涝标准应与服务区域人口规模、经济发展状况相适应，重现期可采用 5～20 年；具有排涝功能的河道应按原有设计标准增加排涝流量校核河道过水断面；具有旱涝调节功能的坑塘应按排涝设计标准控制坑塘水体的调节容量及调节水位，坑塘常水位与调节水位差宜控制在 0.5～1.0m；排涝整治应优先考虑扩大坑塘水体调节容量，强化坑塘旱涝调节功能。主要方法包括：将原有单一渔业养殖功能坑塘改为养殖与旱涝调节兼顾的综合功能坑塘。调整农业用地结构，将地势低洼的原有耕地改为旱涝调节坑塘。受土地条件限制地区，宜采用疏浚河道、新、扩建排涝泵站的整治方式。

(5)村庄防洪救援系统，应包括应急疏散点、救生机械(船只)、医疗救护、物资储备和报警装置等。

(6)村庄防洪通讯报警信号必须能送达每户家庭，并应能告知村庄区域内每个人。

(四)其他防灾项目整治

其他防灾项目整治包括以下几个方面。

(1)地质灾害综合整治应符合下列规定。应根据所在地区灾害环境和可能发生灾害的类型重点防御：山区村庄重点防御边坡失稳的滑坡、崩塌和泥石流等灾害；矿区和岩溶发育地区的村庄重点防御地面下沉的塌陷和沉降灾害；地质灾害危险区应及时采取工程治理或者搬迁避让措施，保证村民生命和财产安全。地质灾害治理工程应与地质灾害规模、严重程度，以及对人民生命和财产安全的危害程度相适应；地质灾害危险区内禁止爆破、削坡、进行工程建设，以及从事其他可能引发地质灾害的活动；对可能造成滑坡的山体、坡地，应加砌石块护坡或挡土墙。

(2)位于地震基本烈度Ⅵ度及以上地区的村庄应符合下列规定。根据抗震防灾要求统一整治村庄建设用地和建筑，并应符合下列规定：对村庄中需要加强防灾安全的重要建筑，进行加固改造整治。对高密度、高危险性村区及抗震能力薄弱的建筑应制定分区加固、改造或拆迁措施，综合整治；位于《村庄整治技术规范》规定的不适宜用地上的建筑应进行拆迁、外移，位于本规范前文规定的限制性用地上的建筑应进行拆迁、外移或消除限制性使用因素；地震设防区村庄应充分估计地震对防洪工程的影响，防洪工程设计应符合现行行业标准《水工建筑物抗震设计规范》(SL203)的规定。

(3)村庄防风减灾整治应根据风灾危害影响统筹安排进行整治，并应符合下列规定。风灾危险性为 D 类地区的村庄建设用地选址应避开与风向一致的谷口、山口等易形成风灾的地段；风灾危险性为 C 类地区的村庄建设用地选址宜避开与风向一致的谷口、山口等易形成风灾的地段；村庄内部绿化树种选择应满足抵御风灾正面袭击的要求；防风减灾整治应根据风灾危害影响，按照防御风灾要求和工程防风措施，对建设用地、建筑工程、基础设施、非结构构件统筹安排进行整治，对于台风灾害危险地区村庄，应综合考虑台风可能造成的大风、风浪、风暴潮、暴雨洪灾等防灾要求；风灾危险性 C 类和 D 类地区村庄应根据建设和发展要求，采取在迎风方向的边缘种植密集型防护林带或设置挡风墙等措施，减小暴风雪对村庄的威胁和破坏。

(4)村庄防雪灾整治应符合下列规定。村庄建筑应符合现行国家标准《建筑结构荷载规范》(GB50009)的有关规定，并应符合下列规定：暴风雪严重地区应统一考虑本规范防风减灾的整治要求。建筑物屋顶宜采用适宜的屋面形式。建筑物不宜设高低屋面；根据雪压分布、地形地貌和风力对雪压的影响，划分建筑工程的有利场地和不利场地，合理布局和整治村庄建筑、生命线工程和重要设施；雪灾危害严重地区村庄应制定雪灾防御避灾疏散方案，建立避灾疏散场所，对人员疏散、避灾疏散场所的医疗和物资供应等做出合理规划和安排；雪灾危险性C类和D类地区的村庄整治时应采取在迎风方向的边缘种植密集型防护林带或设置挡风墙等措施，减小暴风雪对村庄的威胁和破坏。

(5)村庄冻融灾害防御整治应符合下列规定。多年冻土不宜作为采暖建筑地基，当用作建筑地基时，应符合现行国家标准的有关规定；山区建筑物应设置截水沟或地下暗沟，防止地表水和潜流水浸入基础，造成冻融灾害；根据场地冻土、季节冻土标准冻深的分布情况，地基土的冻胀性和融陷性，合理确定生命线工程和重要设施的室外管网布局和埋深。

(6)雷暴多发地区村庄内部易燃易爆场所、物资仓储、通信和广播电视设施、电力设施、电子设备、村民住宅及其他需要防雷的建(构)筑物、场所和设施，必须安装避雷、防雷设施。

(五)避灾疏散

避灾疏散应注意以下几点。

(1)村庄避灾疏散应综合考虑各种灾害的防御要求，统筹进行避灾疏散场所与避灾疏散道路的安排与整治。

(2)村庄道路出入口数量不宜少于 2 个，1000 人以上的村庄与出入口相连的主干道路有效宽度不宜小于 7m，避灾疏散场所内外的避灾疏散主通道的有效宽度不宜小于 4m。

(3)避灾疏散场地应与村庄内部的晾晒场地、空旷地、绿地或其他建设用地等综合考虑，与火灾、水灾、海啸、滑坡、山崩、场地液化、矿山采空区塌陷等其他防灾要求相结合，并应符合下列规定：应避开本规范前文规定的危险用地区段和次生灾害严重的地段；应具备明显标志和良好交通条件；有多个进出口，便于人员与车辆进出；应至少有一处具备临时供水等必备生活条件的疏散场地。

(4)避灾疏散场所距次生灾害危险源的距离应满足国家现行有关标准要求；四周有次生火灾或爆炸危险源时，应设防火隔离带或防火林带。避灾疏散场所与周围易燃建筑等一般火灾危险源之间应设置宽度不小于 30m 的防火安全带。

(5)村庄防洪保护区应制定就地避洪设施规划，有效利用安全堤防，合理规划和设置安全庄台、避洪房屋、围埝、避水台、避洪杆架等避洪场所。

(6)修建围埝、安全庄台、避水台等就地避洪安全设施时，其位置应避开分洪口、主流顶冲和深水区，其安全超高值应符合表 12-3 的规定。安全庄台、避水台迎流面应设护坡，并设置行人台阶或坡道。

表 12-3　就地避洪安全设施的安全超高

安全设施	安置人口/人	安全超高/m
围埝	地位重要、防护面大、安置人口≥10000 的密集区	>2.0
	≥10000	2.0～1.5
	1000～10000	1.5～1.0
	<1000	1.0
安全庄台、避水台	≥1000	1.5～1.0
	<1000	1.0～0.5

注：安全超高指在蓄、滞洪时的最高洪水位以上，考虑水面浪高等因素，避洪安全设施需要增加的富余高度。

(7)防洪区的村庄宜在房前屋后种植高杆树木。

(8)蓄滞洪区内学校、工厂等单位应利用屋顶或平台等建设集体避洪安全设施。

二、给水设施

（一）一般规定

给水设施规划的一般规定如下。

(1) 村庄给水设施整治应充分利用现有条件，改造完善现有设施，保障饮水安全。

(2) 村庄给水设施整治应实现水量满足用水需求，水质达标。整治后生活饮用水水量不应低于 40～60L/(人 · d)，集中式给水工程配水管网的供水水压应满足用户接管点处的最小服务水头。水质应符合现行国家标准《生活饮用水卫生标准》(GB5749) 的规定。

(3) 村庄给水设施整治的主要内容包括水源、给水方式、给水处理工艺、现有设备设施和输配水管道的整治，并应根据当地实际情况完善其他必要的设备设施。

(4) 集中式给水工程整治的设计、施工应根据供水规模，由具有相应资质的专业单位负责。

(5) 生活饮用水必须经过消毒。凡与生活饮用水接触的材料、设备和化学药剂等应符合国家现行有关生活饮用水卫生安全的规定。

(6) 村庄给水设施整治应符合本规范安全与防灾中关于村庄现状用地中危险性地段的相关规定。

（二）给水方式

给水方式规划应注意以下几点。

(1) 给水方式分为集中式和分散式两类。

(2) 给水方式应根据当地水源条件、能源条件、经济条件、技术水平及规划要求等因素进行方案综合比较后确定。

(3) 村庄靠近城市或集镇时，应依据经济、安全、实用的原则，优先选择城市或集镇的配水管网延伸供水。

(4) 村庄距离城市、集镇较远或无条件时，应建设给水工程，联村、联片供水或单村供水。无条件建设集中式给水工程的村庄，可选择手动泵、引泉池或雨水收集等单户或联户分散式给水方式。

（三）水源

水源选取及保护应注意以下几点。

(1) 水源整治内容为现有水源保护区内污染源的清理整治或根据需要选择新水源。

(2) 应建立水源保护区。保护区内严禁一切有碍水源水质的行为和建设任何可能危害水源水质的设施。

(3) 现有水源保护区内所有污染源应进行清理整治。

(4) 选择新水源时，应根据当地条件，进行水资源勘察。所选水源应水量充沛、水质符合相关要求，无条件地区可收集雨(雪)水作为水源。水源水质应符合下列规定：采用地下水为生活饮用水水源时，水质应符合现行国家标准《地下水质量标准》(GB/T14848) 的规定；采用地表水为生活饮用水水源时，水质应符合现行国家标准《地表水环境质量标准》(GB3838) 的规定。

(5) 水源水质不能满足上述要求时，应采取必要的处理工艺，使处理后的水质符合现行国家标准《生活饮用水卫生标准》(GB5749) 的规定。

(四)集中式给水工程

集中式给水工程规划应注意以下几点。

(1)给水处理工艺的整治应符合下列规定。应根据水源水质、设计规模、处理后水质要求，参照相似条件下已有水厂的运行经验，确定水处理工艺流程与构筑物；原水含铁、锰量超标，可采用曝气氧化工艺；原水含氟量超标，可采用活性氧化铝吸附或混凝沉淀工艺；原水含盐量(苦咸水)超标，可采用电渗析或反渗透工艺；原水含砷量超标，可采用多介质过滤工艺;原水浊度超标可采用下列处理工艺：原水浊度长期不超过20NTU,瞬时不超过60NTU,可采用慢滤或接触过滤工艺。原水浊度长期不超过500NTU，瞬时不超过1000NTU，可采用两级粗滤加慢滤或混凝沉淀(澄清)工艺；原水藻类、氨氮或有机物超标(微污染的地表水)，可采用在混凝沉淀前增加预氧化工艺或在混凝沉淀后增加活性炭深度处理工艺。

(2)设备设施的整治应符合下列规定。给水工程设施的整治主要包括现有给水厂站及生产建(构)筑物、调节构筑物，以及水泵、消毒等设备设施的整治或根据整治需要增加必要的设备设施。

给水厂站及生产建(构)筑物的整治应符合下列规定：应符合《村庄整治技术规范》安全与防灾中关于村庄现状用地中危险性地段的相关规定。给水厂站生产建(构)筑物(含厂外泵房等)周围30m范围内现有的厕所、化粪池和禽畜饲养场应迁出，且不应堆放垃圾、粪便、废渣和铺设污水管渠。有条件的厂站应配备简易水质检验设备。出厂水总干管无计量装置的应增设计量装置。

调节构筑物的整治应符合下列规定：清水池、高位水池应有保证水的流动、避免死角的措施，容积大于 $50m^3$ 时应设导流墙，增加清洗及通气等措施。清水池和高位水池应加盖，设通气孔、溢流管和检修孔，并有防止杂物和爬虫进入池内的措施。室外清水池和高位水池周围及顶部宜覆土。无避雷设施的水塔和高位水池应增设避雷设施。

水泵的整治应符合下列规定：不能满足水量、水压要求的水泵宜进行更换。不能适应水量、水压变化要求的水泵宜增设变频设施。当水泵向高地供水时，应在出水总干管上安装水锤防护装置。

消毒设施的整治应符合下列规定：消毒方法和消毒剂的选择应根据当地条件、消毒剂来源、原水水质、出水水质要求、给水处理工艺等，通过技术经济比较确定。可采用氯、二氧化氯、臭氧、紫外线等消毒方法，消毒剂与水的接触时间不应小于30分钟。消毒剂及消毒系统应符合国家相关标准、规范的规定。

(3)输配水管道的整治应符合下列规定。现有供水不畅的输配水管道应进行疏通或更新，以解决跑、冒、滴、漏和二次污染等问题。

输水管道的整治应符合下列规定：应满足管道埋设要求，尽量缩短线路长度，避免急转弯、较大的起伏、穿越不良地质地段，减少穿越铁路、公路、河流等障碍物；新建或改造的管道应充分利用地形条件，优先采用重力流输水。

配水管道宜沿现有道路或规划道路敷设，地形高差较大时，宜在适当位置设加压或减压设施。

村庄生活饮用水配水管道不应与非生活饮用水管道、各单位自备生活饮用水管道连接。

输配水管道的埋设深度应根据冰冻情况、外部荷载、管材性能等因素确定。露天管道宜设调节管道伸缩设施，并设置保证管道稳定的措施，还应根据需要采取防冻保温措施。

输配水管道在管道隆起点上应设自动进(排)气阀。排气阀口径宜为管道直径的 1/8～1/12，且不小于 15mm；管道低凹处应设泄水阀，泄水阀口径宜为管道直径的 1/3～1/5。

管道分水点下游侧的干管和分水支管上应设检修阀。

室外管道上的闸阀、蝶阀、进(排)气阀、泄水阀、减压阀、消火栓、水表等宜设在井内，并有防冻、防淹措施。

(五)分散式给水工程

分散式给水工程规划应注意以下几点。

(1)手动泵给水工程的整治应符合下列规定。手动泵给水工程由水源井、井台和手动泵组成；水源井应选择在水量充沛、水质良好、环境卫生、运输方便、靠近用水中心、便于施工管理、易于排水、安全可靠的地点；并应符合本规范建立水源保护区的规定；水源井周边应保持环境卫生，并应有排水设施；井台应高出周边地面，高差应不小于 20cm。

(2)引泉池给水工程的整治应符合下列规定。引泉池给水工程由山泉水水源、引泉池与供水管网组成；整治前应对泉水出露的地形、水文地质条件等进行实地勘察，确定水源的补给及泉水类型；引泉池应设顶盖封闭，并设通风管。管口宜向下弯曲，包扎细网。引泉池进口、检修孔孔盖应高出周边地面 0.1～0.2m。池壁应密封不透水，壁外用黏土夯实封固，黏土层厚度为 0.3～0.5m。引泉池周围应作不透水层，地面以一定坡度倾向排水沟；引泉池池壁上部应设置溢流管，管径比出水管管径大一级，出水管距池底 0.1～0.2m，可在池底设置排空管。

(3)雨水收集给水工程的整治应符合下列规定。依据收集场地的不同，雨水收集系统可分为屋顶集水式与地面集水式两类；屋顶集水式雨水收集系统由屋顶集水场、集水槽、落水管、输水管、简易净化装置(粗滤池)、储水池、取水设备等组成；地面集水式雨水收集系统由地面集水场、汇水渠、简易净化装置(沉砂池、沉淀池、粗滤池)、储水池、取水设备等组成。

集水场的整治应符合下列规定：集水能力应满足用水量需求，并应与储水池的容积相配套，集水面应采用集水性好的材料。集水面的坡度应大于 0.2%，并设集水槽(管)或汇水渠(管)。集水面应避开畜禽圈、粪坑、垃圾堆、农药、肥料等污染源。储水池应符合本规范集中式给水工程中设备设施整治中有关调节构筑物的整治要求。

(六)维护技术

维护技术包括以下几点。

(1)验收应符合下列规定。集中式给水工程应通过竣工验收后，方可投入运行；建(构)筑物、给水管井、混凝土结构、砌体结构、管道工程、机电设备等施工及验收应符合国家有关施工及验收规范的规定。

(2)运行管理应符合下列规定。集中式给水工程应设置管理机构或由相关部门兼管，明确职责，落实管理人员；供水单位应根据具体情况，建立包括水源卫生防护、水质检验、岗位责任、运行操作、安全规程、交接班、维护保养、成本核算、计量收费等运行管理制度和突发事件处理预案，按制度进行管理；供水单位应取得取水许可证、卫生许可证，运行管理人员应有健康合格证；供水单位应根据工程具体情况建立水质检验制度，配备检验人员和检验设备，对原水、出厂水和管网末梢水进行水质检验，并接受当地卫生部门的监督。水质检验项目和频率等应根据当地卫生主管部门的要求进行；分散式给水村庄的供水主管部门应建立巡视检查制度，了解水源保护和村民饮水情况，发现问题应及时采取措施，保证安全供水。

三、垃圾收集与处理

（一）一般规定

垃圾收集与处理规划的一般规定如下。

(1)村庄垃圾应及时收集、清运，保持村庄整洁。

(2)村庄生活垃圾宜就地分类回收利用，减少集中处理垃圾量。

(3)人口密度较高的区域，生活垃圾处理设施应在县域范围内统一规划建设，宜推行村庄收集、乡镇集中运输、县域内定点集中处理的方式，暂时不能纳入集中处理的垃圾，可选择就近简易填埋处理。

(4)工业废弃物、家庭有毒有害垃圾宜单独收集处置，少量非有害的工业废弃物可与生活垃圾一起处置。塑料等不易腐烂的包装物应定期收集，可沿村庄内部道路合理设置废弃物遗弃收集点。

（二）垃圾收集与运输

垃圾收集与运输应注意以下几点。

(1)生活垃圾宜推行分类收集，循环利用。

(2)垃圾收集点应放置垃圾桶或设置垃圾收集池(屋)，并应符合下列规定：收集点可根据实际需要设置，每个村庄应不少于一个垃圾收集点；收集频次可根据实际需要设定，可选择每周1～2次。

(3)垃圾收集点应规范卫生保护措施，防止二次污染。蝇、蚊滋生季节，应定时喷洒消毒及灭蚊蝇药物。

(4)垃圾运输过程中应保持封闭或覆盖，避免遗撒。

（三）垃圾处理

垃圾处理应注意以下几点。

(1)废纸、废金属等废品类垃圾可定期出售。

(2)可生物降解的有机垃圾单独收集后应就地处理，可结合粪便、污泥及秸秆等农业废弃物进行资源化处理，包括家庭堆肥处理、村庄堆肥处理和利用农村沼气工程厌氧消化处理。

(3)家庭堆肥处理可在庭院或农田中采用木条等材料围成约 $1m^3$ 空间堆放可生物降解的有机垃圾，堆肥时间不宜少于2个月。庭院里进行家庭堆肥处理可用土覆盖。

(4)村庄集中堆肥处理，宜采用条形堆肥方式，时间不宜少于2～3个月。条形堆肥场地可选择在田间、田头或草地、林地旁。

(5)设置人畜粪便沼气池的村庄,可将可生物降解的有机垃圾粉碎后与畜粪混合处理。

(6)砖、瓦、石块、渣土等无机垃圾宜作为建筑材料进行回收利用，未能回收利用的砖、瓦、石块、渣土等无机垃圾可在土地整理时回填使用。

(7)暂时不能纳入集中处理的其他垃圾可采用简易填埋处理，并应符合下列规定：简易填埋处理场严禁选址于村庄水源保护区范围内，宜选择在村庄主导风向下风向，且应避免占用农田、林地等农业生产用地；宜选择地下水位低并有不渗水黏土层的坑地或洼地；选址与村庄居住建筑用地的距离不宜小于卫生防护距离要求；简易填埋(堆放)场主要处置暂时不能纳入集中处理的其他垃圾，倾倒过程应进行简单覆盖，场址四周宜设置简易截洪设施；简易填埋处理场底部宜采用自然黏性土防渗。

四、粪便处理

（一）一般规定

粪便处理规划的一般规定如下。

(1)村庄整治应实现粪便无害化处理，预防疾病，保障村民身体健康，防止粪便污染环境。

(2)应按实际需要选择厕所类型，其改造和建设应符合国家有关疾病防控的规定。户厕改造宜实现一户一厕。

(3)人、畜粪便应在无害化处理后进行农业应用，减少对水体与环境的污染。

(4)当地主管部门应对新改建厕所的粪便无害化处理效果进行抽样检测，粪大肠菌、蛔虫卵应符合现行国家标准《粪便无害化卫生标准》(GB7959)的规定；血吸虫病流行地区的厕所应符合卫生部门的有关规定。

（二）卫生厕所类型选择

卫生厕所类型选择如下。

(1)村庄整治中应综合考虑当地经济发展状况、自然地理条件、人文民俗习惯、农业生产方式等因素，选用适宜的厕所类型：三格化粪池厕所；三联通沼气池式厕所；粪尿分集式生态卫生厕所；水冲式厕所；双瓮漏斗式厕所；阁楼堆肥式厕所；双坑交替式厕所；深坑式厕所。

(2)厕所类型选择应符合下列规定：不具备上、下水设施的村庄，不宜建水冲式厕所；水冲式厕所排出的粪便污水应与通往污水处理设施的管网相连接；家庭饲养牲畜的农户，宜建造三联通沼气池式厕所；寒冷地区建造三联通沼气池式厕所应保持温度，宜与蔬菜大棚等农业生产设施结合建设；干旱地区的村庄可建造粪尿分集式生态卫生厕所、双坑交替式厕所、阁楼堆肥式厕所或双瓮漏斗式厕所；寒冷地区的村庄可采用深坑式厕所，储粪池底部应低于当地冻土层；非农牧业地区的村庄，不宜选用粪尿分集式生态卫生厕所。

(3)户厕应满足建造技术要求，方便使用与管理，与饮用水源保持必要的安全卫生距离，并应符合下列规定：地上厕屋应满足农户自身需要；地下结构应符合无害化卫生厕所要求、坚固耐用、经济方便。特殊地质条件地区，应由当地建筑设计部门提出建造的质量安全要求。

(4)应避免人畜共患病，并应符合下列规定：禁止人畜混居，避免人禽混居；血吸虫病流行地区与其他肠道传染病高发地区村庄的沼气池式户厕，不应采用可随时取沼液与沼液随意溢流排放的设计模式，严禁将沼液作为牲畜的饲料添加剂、养鱼、养禽等，严禁向任何水域排放粪便污水和沼液。

(5)使用预制式储粪池、便器与厕所其他关键设备前，应进行安全性与功能性的技术鉴定，符合要求的方可生产。

（三）厕所建造与卫生管理要求

厕所建造与卫生管理要求如下。

(1)厕所建造与卫生管理应符合下列规定。三格化粪池厕所：厕所内应有储水容器。排气管应与三格化粪池的第一池相通，高于厕屋 500mm 以上。使用前，储粪池应进行渗漏测试，不渗漏方可投入使用。储粪池投入运行前，应向第一池注入水至浸没第一池过粪管口。应定期检查过粪管是否堵塞，并及时进行疏通。第三格的粪液应及时清掏，清掏的粪渣、粪皮及沼气池的沉渣应进行堆肥等无害化处理。禁止在第一池取粪用肥；禁止向二、三池倒入新鲜粪液；禁止将洗浴水、畜禽粪通入储粪池。厕纸不宜丢入厕坑。

三联通沼气池式厕所：厕所内应有储水容器。新建沼气池需经 7 天以上养护，经试水、试压，不漏气、漏水后方可投料使用。首次投料启动采用沼气池沉渣或污染物作为接种物时，接种量为总发酵液的 10%～15%，采用旧沼气池发酵液作为接种物时，应大于 30%。沼气池发酵液含水量一般为 90%～95%。料液碳氮比一般为 20∶1。发酵最宜 pH 为 6.8。沼液应经沉淀后于溢流储存处掏取。根据当地用肥季节和习惯，沼气池宜每年出料 1～2 次。使用和检查维修沼气池时，必须严格防火、防爆和防止窒息事故发生。严禁在进粪端取粪用肥。严禁将洗浴水通入厕所的发酵间。严禁向沼气池投入剧毒农药和各种杀虫剂、杀菌剂。

粪尿分集式生态卫生厕所：厕所内应有覆盖料。应设置储粪池与储尿池，储粪池向阳采光，储尿池避光密封。应单独设置男士使用的小便器，管道与储尿池连接。出粪口盖板应用涂黑金属板制作。便器为粪尿分别收集型，南方村庄尿收集口直径宜为 30mm，北方村庄尿收集口直径宜为 60mm。地下水位高的地区宜建造地上或半地上式储粪池。新厕所使用前在坑内垫入约 100mm 干灰。便后在粪坑内加入干灰（草木灰、炉灰、庭院土等），用量为粪便量 3 倍以上。厕坑潮湿时应加入适量干灰。尿肥施用时需兑入 3～5 倍的水。冬季非耕作期不使用尿肥时，应密闭和低温保存。单坑在使用过程中，应不定期将粪坑堆积的粪便向外翻倒，翻倒时将外侧干燥储存 6 个月以上的粪便掏出。厕纸不宜丢入厕坑。

水冲式厕所：需有适度用水量，便器应用水封。寒冷地区厕所宜建造在室内，上下水管线应采取防冻措施。

双瓮漏斗式厕所：厕所内应有储水容器。排气管应与厕所的前瓮相通，高于厕屋 500mm 以上。使用前应先加水试渗漏，不渗漏后方可投入运行。启用前，应向前瓮加清水至浸没前瓮过粪管口。后瓮粪液应及时清掏，严禁向后瓮倒入新鲜粪液。后瓮粪液如形成白色菌膜，表明运行良好；未形成白色菌膜应调整用水量。厕纸不宜丢入厕坑。

阁楼堆肥式厕所：应保持储粪池通风，粪便、垃圾可作为堆肥原料。储粪池内的粪便发酵堆肥储存期为半年，厕坑容积根据每人每天粪便量与覆盖料量按 4kg 计算。需要用肥前 1 个月，应增加湿度达到可以升温的条件并保持粪堆温度 50℃以上 5～7 天，放置 20～30 天腐熟，清出粪肥，循环应用。

双坑交替式厕所：便后应用干细土覆盖吸收水分并使粪尿与空气隔开。应集中使用其中一个厕坑，满后封闭，为封存坑；同时启用另一个坑为使用坑，满后封闭；将第一个粪便清掏后，继续交替使用。封存半年以上的厕粪可直接用作肥料，不足半年的清掏后应经堆肥等无害化处理。

深坑式厕所：清掏粪便应进行堆肥处理后方可施肥应用。滑粪道斜坡长与排粪口长之比宜为 2∶1，坡度应达到 60°，排便口应加盖。排气管设计应与储粪池连通，设在厕屋内侧、外侧均可，可用砖砌或采用陶管，直径 100mm。修建时应高出厕屋顶 500mm 以上，同时安装防风帽。储粪池口应有盖，池口（直）径不应大于 300mm，并高于地面 100～150mm。

（2）储粪池应避免粪便裸露。

五、排水设施

（一）一般规定

排水设施规划的一般规定如下。

(1)村庄排水设施整治包括确定排放标准、整治排水收集系统和污水处理设施。

(2)排水量包括污水量和雨水量，污水量包括生活污水量及生产污水量。排水量可按下列规定计算：生活污水量可按生活用水量的75%～90%进行计算；生产污水量及变化系数可按产品种类、生产工艺特点及用水量确定，也可按生产用水量的75%～90%进行计算；雨水量可按照临近城市的标准进行计算。

(3)污水排放应符合现行国家标准《污水综合排放标准》(GB8978)的有关规定；污水用于农田灌溉应符合现行国家标准《农田灌溉水质标准》(GB5084)的有关规定。

(4)村庄应根据自身条件，建设和完善排水收集系统，采用雨污分流或雨污合流方式排水。

(5)有条件且位于城镇污水处理厂服务范围内的村庄，应建设和完善污水收集系统，将污水纳入城镇污水处理厂集中处理；位于城镇污水处理厂服务范围外的村庄，应联村或单村建设污水处理站。无条件的村庄，可采用分散式排水方式，结合现状排水，疏通整治排水沟渠，并应符合下列规定：雨水可就近排入水系或坑塘，不应出现雨水倒灌农民住宅和重要建筑物的现象；采用人工湿地等污水处理设施的村庄，生活污水可与雨水合流排放，但应经常清理排水沟渠，防止污水中有机物腐烂，影响村庄环境卫生。

(6)粪便污水、养殖业污水、工业废水不应污染地表水和地下水饮用水源及其他功能性水体，并应符合下列规定：粪便污水应经化粪池、沼气池等进行卫生处理或制作有机肥料，出水达到标准后引至村庄水系下游的低质水体或直接利用；养殖业污水宜单独收集入沼气池制作有机肥料，出水达到标准后引至水系下游的低质水体或直接利用；工业废水处理达到标准后，应排入村庄排水沟渠或村庄水系。

(7)缺水地区的村庄应合理利用生活污水。

(8)村庄排水设施应符合本规范安全与防灾中村庄现状用地中危险性地段的相关规定。

（二）排水收集系统

排水收集系统规划应注意以下几点。

(1)排水宜采用雨污分流，统一排放。条件不具备时，可采用雨污合流，但应逐步实现分流。雨污分流时的雨水就近排入村庄水系，雨污分流时的污水、雨污合流时的合流污水应输送至污水处理站进行处理或排入村庄水系的低质水体。

(2)雨水应有序排放，雨水沟渠可与道路边沟结合。污水应有序暗流排放，可采用排水管道或暗渠。

(3)排水沟渠沿道路敷设，应尽量避免穿越广场、公共绿地等，避免与排洪沟、铁路等障碍物交叉。

(4)寒冷地区，排水管道应铺设在冻土层以下，并有防冻措施。

(5)排水收集系统整治应符合下列规定：雨水排放可根据当地条件，采用明沟或暗渠收集方式；雨水沟渠应充分利用地形，及时就近排入池塘、河流或湖泊等水体，并应定时清理维护，防止被生活垃圾、淤泥淤积堵塞；雨水排水沟渠的纵坡不应小于0.3%，雨水沟渠的宽度及深度应根据各地降雨量确定，沟渠底部宽度不宜小于150mm，深度不宜小于120mm；

雨水排水沟渠砌筑可选用混凝土或砖石、条石等地方材料；南方多雨地区房屋四周应设置排水沟渠；北方地区房屋外墙外地坪应设置散水，宽度不应小于 0.5m，外墙勒脚高度不应低于 0.45m，一般采用石材、水泥等材料砌筑；特殊干旱地区房屋四周可用黏土夯实排水；有条件的村庄，宜采用管道收集生活污水，应根据人口数量和人均用水量计算污水总量，并估算管径，管径不应小于 150mm；污水管道宜依据地形坡度铺设，坡度不应小于 0.3%，距离建筑物外墙应大于 2.5m，距离树木中心应大于 1.5m，管材可选用混凝土管、陶土管、塑料管等多种地方材料。污水管道应设置检查井。

（三）污水处理设施

污水处理设施规划应注意以下几点。

(1) 有条件的村庄，应联村或单村建设污水处理站，并应符合下列规定：雨污分流时，将污水输送至污水处理站进行处理；雨污合流时，将合流污水输送至污水处理站进行处理；在污水处理站前，设置截流井，排除雨季的合流污水；污水处理站可采用人工湿地、生物滤池或稳定塘等生化处理技术，也可根据当地条件，采用其他有工程实例或成熟经验的处理技术。

(2) 村庄污水处理站应选址在夏季主导风向下方、村庄水系下游，并应靠近受纳水体或农田灌溉区。

(3) 村庄的工业废水和养殖业污水经过处理达到现行国家标准《污水综合排放标准》(GB8978) 的要求后，可输送至村庄污水处理站进行处理。

(4) 污水处理站出水应符合现行国家标准《城镇污水处理厂污染物排放标准》(GB18918) 的有关规定；污水处理站出水用于农田灌溉时，应符合现行国家标准《农田灌溉水质标准》(GB5084) 的有关规定。

(5) 人工湿地适合处理纯生活污水或雨污合流污水，占地面积较大，宜采用二级串联。

(6) 生物滤池的平面形状宜采用圆形或矩形。填料应质坚、耐腐蚀、高强度、比表面积大、空隙率高，宜采用碎石、卵石、炉渣、焦炭等无机滤料。

(7) 地理环境适合且技术条件允许时，村庄污水可考虑采用荒地、废地，以及坑塘、洼地等稳定塘处理系统。用作二级处理的稳定塘系统，处理规模不宜大于 5000m^3/d。

（四）维护技术

排水设施的维护技术包括以下几点。

(1) 村庄排水设施中的构筑物、砌体结构、管道工程、机电设备等施工验收均应符合国家有关施工及验收的规定，并应进行必要的复验和外观检查。

(2) 运行与管理应符合下列规定：井盖开启、损坏或遗失时，应立即采取安全防护措施，并及时更换；井深不超过 3m，在穿竹片牵引钢丝绳和掏挖污泥时，不宜下井操作；下井人员应经过安全技术培训，学会人工急救和防护用具、照明及通信设备的使用方法；操作人员下井作业时，应开启上下游检查井盖通风，井上应有两人监护，监护人员不得擅离职守。每次下井连续作业时间不宜超过 1 小时；严禁进入管径小于 0.8m 的管道作业；严禁把杂物投入下水道。

六、道路桥梁及交通安全设施

（一）一般规定

道路桥梁及交通安全设施规划一般规定如下。

(1) 道路桥梁及交通安全设施整治应遵循安全、适用、环保、耐久和经济的原则。

(2) 道路桥梁及交通安全设施整治应利用现有条件和资源，通过整治，恢复或改善道路的交通功能，并使道路布局科学合理。

(3) 道路桥梁及交通安全设施整治应按照规划、设计、施工、竣工验收和养护管理阶段分步进行。

(4) 当地主管部门应组织对道路桥梁及交通安全设施进行质量验收。

（二）道路工程

道路工程规划应注意以下几点。

(1) 村庄整治应合理保留原有路网形态和结构，必要时应打通断头路，保证有效联系。应考虑消防需要设置消防通道，并应符合《村庄整治技术规范》消防整治中村庄消防通道的相关规定。

(2) 道路路面宽度及铺装形式应满足不同功能要求，有所区别。路肩宽度可采用 0.25～0.75m。

主要道路：主要道路路面宽度不宜小于 4m。路面铺装材料应因地制宜，宜采用沥青混凝土路面、水泥混凝土路面、块石路面等形式，平原区排水困难或多雨地区的村庄，宜采用水泥混凝土或块石路面。

次要道路：次要道路路面宽度不宜小于 2.5m。路面宽度为单车道时，可根据实际情况设置错车道。路面铺装宜采用沥青混凝土路面、水泥混凝土路面、块石路面及预制混凝土方砖路面等形式。

宅间道路：宅间道路路面宽度不宜大于 2.5m。路面铺装宜采用水泥混凝土路面、石材路面、预制混凝土方砖路面、无机结合料稳定路面及其他适合的地方材料。

(3) 村庄道路标高宜低于两侧建筑场地标高。路基路面排水应充分利用地形和天然水系及现有的农田水利排灌系统。平原地区村庄道路宜依靠路侧边沟排水，山区村庄道路可利用道路纵坡自然排水。各种排水设施的尺寸和形式应根据实际情况选择确定，并应符合本规范排水收集系统整治的相关规定。

(4) 村庄道路纵坡坡度应控制在 0.3%～3.5%，山区特殊路段纵坡坡度大于 3.5%时，宜采取相应的防滑措施。

(5) 村庄道路横坡宜采用双面坡形式，宽度小于 3m 的窄路面可以采用单面坡。坡度应控制在 1%～3%，纵坡度大时取低值，纵坡度小时取高值；干旱地区村庄取低值，多雨地区村庄取高值；严寒积雪地区村庄取低值。

(6) 村庄道路路堤边坡坡面应采取适当形式进行防护。宜采用干砌片石护坡、浆砌片石护坡、植草砖护坡及植草护坡等多种形式。

(7) 村庄道路采用水泥或沥青路面时，土质路基压实应采用重型击实标准控制，路基压实度应符合表 12-4 的规定，达不到表 12-4 要求的路段，宜采用砂石等其他路面结构类型。

表 12-4　路基压实度

填挖类别		填方			零填方及 0~30cm 填方
深度/cm		0~80	80~150	150 以上	
路基压实度	中级路面	0.85~0.95	0.80~0.90	0.8~0.85	0.85~0.95
	低级路面	0.8~0.90	0.8~0.85	0.80~0.85	0.80~0.90

(8) 路面结构层所选材料应满足强度、稳定性及耐久性的要求，并结合当地自然条件、地方材料及工程投资等情况确定。各种结构层厚度应根据道路使用功能、施工工艺、材料规格及强度形成原理等因素综合考虑确定。

(9) 沥青混凝土路面适用于主要道路和次要道路，施工工艺流程及方法可按照现行相关标准规定进行，施工过程中应加强质量监督，保证工程质量。

(10) 水泥混凝土路面适用于各类村庄道路，施工工艺流程及方法可按照现行相关标准规定进行，施工过程中应加强质量监督，保证工程质量。

(11) 石材类路面及预制混凝土方砖类路面适用于次要道路和宅间道路，块石路面可用于主要道路，施工工艺流程可参照整平层施工、放线、铺砌石材或预制混凝土方砖、勾缝或灌缝、养护的步骤进行。

(12) 无机结合料稳定路面适用于宅间道路，施工工艺流程及方法可按照现行相关标准规定进行，施工过程中应加强质量监督，保证工程质量。

（三）桥涵工程

桥涵工程规划应注意以下几点。

(1) 当过境公路桥梁穿越村庄时，在满足过境交通的前提下，应充分考虑混合交通特点，设置必要的机动车与非机动车隔离措施。

(2) 现有桥梁荷载等级达不到相关规定的，应采用限载通行、加固等方式加以利用。新建桥梁荷载等级应符合有关标准的规定。

(3) 现有窄桥加宽应采用与原桥梁相同或相近的结构形式和跨径，使结构受力均匀，并保证桥梁基础的抗冲刷能力。

(4) 应对现有桥涵防护设施进行整修、加固及完善，重点部位为桥梁栏杆、桥头护栏。

(5) 桥面坡度过大的机动车与非机动车混行的中小桥梁，桥面纵坡不应大于3%；非机动车流量很大时，桥面纵坡不应大于2.5%。

(6) 村庄道路整治中，应考虑桥梁两端与道路衔接线形顺畅，交通组织合理；行人密集区的桥梁宜设人行步道，宽度不宜小于0.75m。

(7) 河湖水网密集地区，桥下净空应符合通航标准，还应考虑排洪、流冰、漂流物及河床冲淤等情况。

(8) 因自然条件分隔，居民出行困难而搭设的行人便桥，应确保安全并与周围环境相协调。

(9) 现有桥涵及其他排水设施应进行必要整合，进行疏浚，保证正常发挥排水作用。

（四）交通安全设施

交通安全设施规划应注意以下几点。

(1) 村庄道路整治中，应结合路面情况完善各类交通设施，包括交通标志、交通标线及安全防护设施等。

(2) 当公路穿越村庄时，村庄入口应设置标志，道路两侧应设置宅路分离挡墙、护栏等防护设施；当公路未穿越村庄时，可在村庄入口处设置限载、限高标志和限高设施，限制大型机动车通行。

(3) 在公路与村庄道路形成的平面交叉口处应设置减速让行、停车让行等交通标志，并配合划定减速让行线、停车让行线等交通标线；还可设置交通信号灯。

(4)村庄道路通过学校、集市、商店等人流较多路段时，应设置限制速度、注意行人等标志及减速坎、减速丘等减速设施，并配合划定人行横道线，也可设置其他交通安全设施。

(5)村庄道路遇有滨河路及路侧地形陡峭等危险路段时应设置护栏标志路界，对行驶车辆起到警示和保护作用。护栏可采用垛式、墙式及栏式等多种形式。

(6)现有各类桥梁及通道可分别设置限载、限高及限宽标志，必要时应设置限高、限宽设施，保证桥梁与通道的行车安全与畅通。

(7)村庄道路建筑限界内严禁堆放杂物、垃圾，并应拆除各类违章建筑。

(8)可在村庄主要道路上设置交通照明设施，为机动车、非机动车及行人出行提供便利。

(9)村庄中零散分布的空地，可开辟为停车位，供机动车及其他农用车辆停放。

(10)交通标志、标线的形状、规格、图案及颜色应符合现行国家标准《道路交通标志和标线》(GB5768)的规定。

七、公共环境

(一)一般规定

公共环境规划的一般规定如下。

(1)村庄公共环境整治应遵循适用、经济、安全和环保的原则，恢复和改善村庄公共服务功能，美化自然与人工环境，保护村庄历史文化风貌，并应结合地域、气候、民族、风俗营造村庄个性。

(2)村庄公共环境整治应覆盖村庄建设用地范围内除家庭宅院外的全部公有空间，包括：河道水塘、水系、晾晒场地等设施整治；建设用地整治；景观环境整治；公共活动场所整治及公共服务设施整治等内容。

(3)应根据村民需要，并考虑老年人、残疾人和少年儿童活动的特殊要求进行村庄公共环境整治。

(二)整治措施

公共环境整治措施如下。

(1)村庄内部废弃农民住宅、闲置房屋与建设用地，可采取下列措施改造利用。闲置且安全可靠的村办企业厂房、仓库等集体用房应根据其特点加以改造利用。原有建筑与新功能要求不符时，可进行局部改造；废弃农民住宅应根据一户一宅和村民自愿的原则，合理整治利用；暂时不能利用的村庄内部闲置建设用地，应整治绿化。

(2)村庄景观环境整治应符合下列规定。村庄主要街道两侧可采用绿化等手法适当美化，街巷两侧乱搭乱建的违章建(构)筑物及其他设施应予以拆除；公共场所的沟渠、池塘、人行便道的铺装宜采用当地砖、石、木、草等材料，手法宜提倡自然，岸线应避免简单的直锐线条，人行便道避免过度铺装；村庄重要场所可布置环境小品，应简朴亲切，以农村特色题材为主，突出地域文化民族特色；公共服务建筑应满足基本功能要求，宜小不宜大，建筑形式与色彩应与村庄整体风貌协调；根据村庄历史沿革、文化传统、地域和民族特色确定建筑外观整治的风格和基调；引导村民逐步整合现有农民住宅的形式、体量、色彩及高度，形成整洁协调的村容风貌；保留利用村庄现有水系的自然岸线，整治边坡与岸线建筑环境，形成自然岸线景观；保护利用村庄内部的古树名木、祠堂、名人故居、碑牌甬道、井台渡口等特色文化景观，并应符合《村庄整治技术规范》历史文化遗产的周边环境整治的相关规定。

(3)村庄公共活动场所整治应符合下列规定。公共活动场所宜靠近村委会、文化站及祠堂等公共活动集中的地段，也可根据自然环境特点，选择村庄内水体周边、坡地等处的宽阔位置设置，并应符合《村庄整治技术规范》安全与防灾中村庄现状用地中危险性地段的相关规定。

已有公共活动场所的村庄应充分利用和改善现有条件，满足村民生产生活需要；无公共活动场所或公共活动场所缺乏的村庄，应采取改造利用现有闲置建设用地作为公共活动场所的方式，严禁以侵占农田、毁林填塘等方式大面积新建公共活动场所。

公共活动场所整治时应保留现有场地上的高大乔木及景观良好的成片林木、植被，保证公共活动场所的良好环境。

公共活动场地应平整、畅通，无坑洼、无积水，雨雪天无淤泥。条件允许的村庄可设置照明灯具。

公共活动场所可根据村民使用需要，与打谷场、晒场、非危险品的临时堆场、小型运动场地及避灾疏散场地等合并设置。当公共活动场地兼作村庄避灾疏散场地使用时，应符合《村庄整治技术规范》避灾疏散中避灾疏散场地的相关规定。

公共活动场所可配套设置坐凳、儿童游玩设施、健身器材、村务公开栏、科普宣传栏及阅报栏等设施，提高综合使用功能。

公共活动场所上下台阶处应设置缓坡，方便老年人、残疾人使用。

(4)村庄公共服务设施的整治应按照科学配置、完善功能、相对集中、方便使用、有利管理的原则，并应符合下列规定。应根据村庄经济条件及实际需要确定公共服务设施的配置项目、建设规模，严禁超越本村实际，盲目求大求全；公共服务设施的设置应符合有关部门要求及相关规划内容；小学的设置及规模应符合当地教育部门的要求及相关规划，合理确定。

(5)村庄人员活动密集的场所宜设置公共厕所，并应符合《村庄整治技术规范》卫生厕所类型选择的相关规定。

八、坑塘河道

(一)一般规定

坑塘河道规划的一般规定如下。

(1)坑塘河道应保障使用功能，满足村庄生产、生活及防灾需要，严禁采用填埋方式废弃、占用坑塘河道。坑塘使用功能包括旱涝调节、渔业养殖、农作物种植、消防水源、杂用水、水景观及污水净化等，河道使用功能包括排洪、取水和水景观等。

(2)坑塘河道应符合下列规定。具备补水和排水条件，满足水体利用要求；水体容量、水深、控制水位及水质标准应符合相关使用功能。不同功能的坑塘河道对水体的控制标准可按表 12-5 确定。

表 12-5　不同功能坑塘河道水体控制标准

坑塘功能	最小水面面积/m^2	河道宽度/m	适宜水深/m	水质类别
旱涝调节坑塘	50000	—	1.0～2.0	V
渔业养殖坑塘	600～700	—	>1.5	Ⅲ
农作物种植坑塘	600～700	—	1.0	V

续表

坑塘功能	最小水面面积/m^2	河道宽度/m	适宜水深/m	水质类别
杂用水坑塘	1000～2000	—	0.5～1.0	Ⅳ
水景观坑塘	500～1000	—	>0.2	Ⅴ
污水处理坑塘(厌氧)	600～1200	—	2.5～5.0	—
污水处理坑塘(好氧)	1500～3000	—	1.0～1.5	—
行洪河道	—	自然河道宽度	—	—
生活饮用水河道	—	自然河道宽度	>1.0	Ⅱ、Ⅲ
工业取水河道	—	自然河道宽度	>1.0	Ⅳ
农业取水河道	—	自然河道宽度	>1.0	Ⅴ
水景观河道	—	自然河道宽度	>0.2	Ⅴ

注：水质类别所规定标准为不低于此标准。

(3)坑塘河道存在下列情况时，应根据当地条件进行整治：坑塘河道使用功能受到限制，影响村庄公共安全、经济发展或环境卫生；废弃坑塘土地闲置，重新使用具有明显的生态、环境或经济效益。

(4)坑塘河道整治应结合村庄综合整治统一实施，处理好与防洪、灌溉等相关设施的关系。

(5)应根据自然条件、环境要求、产业状况及坑塘现有水体容量、水质现状等调整和优化坑塘功能，并应符合下列规定。

临近湖泊的坑塘应以旱涝调节为主要功能，兼顾渔业养殖功能；临近村庄的坑塘应以消防备用水源、生活杂用水为主要功能；临近村庄集中排污方向的坑塘宜优先作为污水净化功能使用；坑塘功能调整不应取消和降低原有坑塘旱涝调节功能；河道整治不应改变原有功能，应以维护河道行洪、取水功能为主要目的。已废弃坑塘在满足《村庄整治技术规范》有关规定的情况下，可采取拆除障碍物、清理坑塘、疏浚坑塘进出水明渠、改造相关涵闸等措施整治，恢复其基本使用功能。

(二)补水

补水规划应注意以下几点。

(1)雨量充沛、地下水位较高地区的村庄，应充分利用降雨、地下水进行坑塘河道的自然补水，自然补水不能满足水体容量要求时，可采用人工方式。

(2)坑塘河道补水整治应贯彻开源节流方针，并应符合下列规定。根据当地水资源条件调整用水结构，发展与水资源相适应的产业类型，提高工业循环用水率，减少或取缔高耗水、低产能的中小型企业；污水宜集中收集、集中处理，经处理水质达标后可用于农业灌溉，减少新鲜水取用量。

(3)山区、丘陵地区的村庄宜充分利用现有水库效能进行蓄水；平原河网、湖泊密集地区的村庄宜充分利用现有取水泵站能力引水，并适度增加旱涝调节坑塘，提高村庄旱季补水应变能力。

(4)坑塘人工补水可根据当地条件，选择人工引水和人工蓄水两种方式。

人工引水应符合下列规定：原有引水明渠水源基本断流时，宜重新选择水源，采用人工引水方式补水。水源地宜选择临近坑塘、水量充沛的河道、湖泊、水库或其他旱涝调节坑塘，并应符合《村庄整治技术规范》给水设施中关于水源的规定。引水方式宜优先选择涵闸控制的自流引水方式，其次选择泵站抽升引水方式。引水明渠的布置应根据引水方位、地形条件选择在地势低洼、顺坡、线路较短的位置。引水明渠构造结合自然地形可采用浆砌砖、块石护砌明渠或土明渠。平原地区宜采用土明渠，山区及丘陵地区宜采用块石、砖护砌明渠。

人工蓄水应符合下列规定：坑塘原有引水明渠水源出现季节性缺水时，可选用人工蓄水方式补水，可采用在坑塘下游排水口处设置节制闸或滚水坝的蓄水方式补水。水深要求变化较大的坑塘应采用节制闸控制，按坑塘不同水深要求控制节制闸的开启水位；水深要求变化不大的坑塘可采用滚水坝控制，坝顶高度按坑塘正常水深相应水位高度控制。

(5)有取水功能的河道出现自然补水不足时，可采取下列措施。因水源断流出现自然补水不足时，下游取水构筑物较多的河道应采用人工引水方式保障河道最小流量；下游取水构筑物较少的河道可废弃原有取水构筑物，另选水源地取水，并应符合《村庄整治技术规范》给水设施中关于水源的规定。

因季节性缺水出现自然补水不足时，可采取局部工程措施人工蓄水。可在取水构筑物处适当挖深河床，降低进水孔或吸水管高度，满足取水水泵有效吸水深度，河床挖深不宜超过1m。

（三）扩容

扩容规划应注意以下几点。

(1)坑塘水体容量不能满足功能要求时，可进行坑塘扩容。

(2)可通过扩大坑塘用地面积、提高坑塘有效水深两种形式进行坑塘扩容，并应符合下列规定：应结合坑塘使用功能、用地条件选择扩容方案，宜首先选择清淤疏浚方式，满足坑塘有效水深；坑塘扩容规模除特殊要求外，水面面积和水深应符合《村庄整治技术规范》的有关规定。

(3)坑塘扩容整治与周边其他土地利用发生矛盾时，对旱涝调节、污水处理等涉及生产保障、公共安全、环境卫生的坑塘，应遵循扩容优先的原则，其他坑塘应遵循因地制宜、相互协调的原则。

(4)旱涝调节坑塘扩容整治应与村庄防灾、排水工程整治相协调，水体调节容量、调蓄水位应达到原有水利排灌控制要求。无相关规定的，其水面面积、常年水深应满足《村庄整治技术规范》有关规定的低限要求，并应符合《村庄整治技术规范》村庄排涝整治措施的相关规定。

(5)旱涝调节坑塘扩容整治应充分利用地势低洼区域的湖汊，并应符合下列规定。严禁随意在湖汊等地势低洼的坑塘上填土建造房屋，已建房屋应逐步拆除；原有单一渔业养殖功能坑塘可改为养殖与旱涝调节兼顾的综合功能坑塘；调整农业用地结构，退田还湖，宜将地势低洼的原有耕地改为旱涝调节坑塘；受土地条件限制、无法实施旱涝调节坑塘扩容整治的村庄，应按照统一防灾要求进行整治，弥补现有旱涝调节坑塘水体调节容量的不足。

(6)水景观坑塘扩容整治应根据用地现状，利用闲置土地扩容，满足水景观要求。

（四）水环境与景观

水环境与景观规划应注意以下几点。

(1)加强坑塘河道水环境保护，充分发挥功能作用。

(2)坑塘河道水环境保护应符合下列规定：设有集中式饮用水源取水口的河道、塘堰水体保护应符合《村庄整治技术规范》给水设施中水源保护区的相关规定；作为生活杂用水的坑塘不得有污水排入。

(3) 村庄采用氧化沟和稳定塘技术处理污水的，应选择距离村庄不小于 300m，并位于夏季主导风向下风向的坑塘，其周边应建设旁通渠，疏导汇流雨水直接排入下游水体。

(4) 不满足使用功能的水体应进行重点整治，按照先截污、后清淤、再修复的顺序逐步提高水体水质，并应符合下列规定。现有污水排放口应进行截污整治，建设截污管道排入污水集中处理场地；未接纳工业有毒有害污水的坑塘，清淤淤泥宜用作旱地作物肥料，且不应露天堆放。接纳工业有毒有害污水的坑塘，清淤淤泥应运送到附近污泥处置场进行无害化处置，无条件的可结合村庄垃圾简易填埋场处理，并应符合《村庄整治技术规范》垃圾处理中的相关规定；水体修复宜采用岸边带形种植芦苇、水中种植荷花等喜水植物方式。

(5) 村庄内部或临近村庄的水体可结合村庄布局进行景观建设，包括修建水边步道、开辟滨水活动场所、局部设置亲水平台及修整岸边植物等内容。水体护坡宜采用自然护坡、适度采用硬质护砌。严禁在水上建设餐饮、住宅等可能污染水体的建筑；水上游览设施建设不应分隔水体和减少水面面积。

(五) 安全防护与管理

安全防护与管理要求如下。

(1) 有危险和存在安全隐患的坑塘河道应实施安全防护整治。

(2) 坑塘安全防护应针对坑塘水深采用不同措施，保障村民生命安全。安全措施包括设置护栏、设置警示标志牌、改造边坡、降低水深、拓宽及平整岸边道路等，并应符合下列规定：水深在 0.8～1.2m 的水体、拦洪溪沟及蓄水塘堰的泄洪沟渠，应在显著位置设置固定的警示标志牌。水深超过 1.2m 的水体除设置警示标志牌以外，还应采取安全措施；坑塘水体宜减少直立式护坡，采用缓坡形式边坡，边坡系数不应小于 1∶2；不宜设置缓坡的水体，应在临水村庄的道路、公共场所等地段设置安全护栏，高度不应低于 1.05m，栏条净间距不应大于 12cm。其他临水区段水边通道宽度不应小于 1.2m，且应保证通道平整。

(3) 禁止在坑塘河道内倾倒垃圾、建筑渣土。

(4) 对坑塘河道实施维护管理，定期清淤保洁，保障整治效果。

九、历史文化遗产与乡土特色保护

(一) 一般规定

历史文化遗产与乡土特色保护规划的一般规定如下。

(1) 村庄整治中应严格、科学保护历史文化遗产和乡土特色，延续与弘扬优秀的历史文化传统和农村特色、地域特色、民族特色。对于国家历史文化名村和各级文物保护单位，应按照相关法律法规的规定划定保护范围，严格进行保护。

(2) 村庄中历史文化遗产和乡土特色应严格进行保护，并符合下列规定。下列内容应按照现行相关法律、法规、标准的规定划定保护范围，严格进行保护：国家、省、市、县级文物保护单位；国家历史文化名村；树龄在 100 年以上的古树及在历史上或社会上有重大影响的中外历代名人、领袖人物所植或者具有极其重要的历史、文化价值、纪念意义的名木；其他具有历史文化价值的古遗址、建(构)筑物、村庄格局和具有农村特色、地域特色及民族特色的建筑风貌、场所空间和自然景观应经过认定，严格进行保护。

(3) 村庄历史文化遗产和乡土特色保护工作应包括：调查、甄别、认定保护对象，制定保护及管理措施。

(4)村庄整治不得破坏或改变经认定应予以保护的历史文化遗产，整治措施应确保遗存的安全性和遗产环境的和谐性。历史文化遗产分布区内的村庄整治应制定专项方案，并会同文物行政部门论证通过后方可实施；涉及文物保护单位的整治措施应符合国家文物保护法律法规的相关规定。

(5)村庄整治应注重保护具有乡土特色的建(构)筑物风貌、山水植被等自然景观及与村庄风俗、节庆、纪念等活动密切关联的特定建筑、场所和地点等，并保持与乡土特色风貌的和谐。

（二）保护措施

历史文化遗产和乡土特色保护措施如下。

(1)历史文化遗产与乡土特色保护应符合下列规定。保护范围的划定和管理应按照《中华人民共和国文物保护法》《城市紫线管理办法》执行，保护范围内严禁从事破坏历史文化遗产和乡土特色的活动；具备保护修缮需求和相应技术、经济条件的村庄，应按照历史文化遗产与乡土特色保护要求制定和实施保护修缮措施；暂不具备保护修缮需求和技术、经济条件的村庄，应严格保护遗存与特色现状，严禁随意拆除翻新，可视病害情况严重程度适当采取临时性、可再处理的抢救性保护措施。

(2)历史文化遗产与乡土特色保护措施，应以保护历史遗存、保存历史和乡土文化信息、延续和传承传统、特色风貌为目标，主要包括下列内容。历史遗存保护主要采取保养维护、现状修整、重点修复、抢险加固、搬迁及破坏性依附物清理等保护措施；建(构)筑物特色风貌保护主要采取不改变外观特征，调整、完善内部布局及设施的改善措施；村庄特色场所空间保护主要采取完整保护特定的活动场所与环境,重点改善安全保障和完善基础设施的保护措施；自然景观特色风貌保护主要采取保护自然形貌、维护生态功能的保护措施。

(3)历史文化遗产的周边环境应实施景观整治，周边的建(构)筑物形象和绿化景观应保持乡土特色并与历史文化遗产的历史环境和传统风貌相和谐。文物保护单位、历史文化名村保护范围及建设控制地带内的村庄整治应符合国家有关文物保护法律法规的规定，并应与编制的文物保护规划和历史文化名村保护规划相衔接。

(4)历史文化名村的整治工作中应保护村庄的历史文化遗产、历史功能布局、道路系统、传统空间尺度及传统景观风貌,并应按照国家法律法规的有关规定制定、实施保护和整治措施。

十、生活用能

（一）一般规定

生活用能规划的一般规定如下。

(1)村庄生活应节约能源，保护生态环境，开发利用可再生能源。

(2)能源使用时应保证安全，防止燃烧排放物危害身体健康。

(3)村庄炊事及生活热水用能应逐步以太阳能、改良的生物质燃料等清洁环保能源代替低效率的燃煤、燃柴等常规能源消费类型，并应符合下列规定：选用符合标准的太阳能利用产品，建筑物的设计与施工应为太阳能利用提供必备条件，既有建筑物安装太阳能装置不应影响建筑物质量与安全；可根据村庄条件选择沼气、改良的生物质燃料、液化天然气或液化石油气等气体燃料，燃气供应场站应规范选址，燃气储运不应遗留安全隐患；城市附近的村庄可就近选择城镇管道燃气。

(4) 新建房屋应采取节能措施，宜采用保温技术与材料、被动式太阳房技术。有条件地区的村庄应逐步对既有房屋实施节能改造。

(5) 应因地制宜确定能源利用形式，可采用太阳能、改良的生物质燃料及沼气等实用能源。鼓励开发先进能源利用技术及建设示范工程，以逐步规模化和市场化。

（二）技术措施

生活用能的技术措施如下。

(1) 应推广使用省柴节煤炉灶，并应符合下列规定。省柴炉灶的热效率应不低于 20%，北方地区“炕连灶”柴灶热能综合利用效率应不低于 50%；需使用煤炭进行炊事或供暖的地区，节煤炉灶热效率不应低于 25%，小型燃煤单元集中供暖锅炉房热效率不应低于 50%。

(2) 生物质资源丰富区域，应逐步以热效率较高的生物质成型燃料替代秸秆、薪柴、煤炭等。生物质成型燃料生产厂宜根据燃料需求情况由村庄独建或多个村庄合建。

(3) 居住密集且具有大中型养殖场的村庄，应由村庄或镇建设大中型沼气供气系统，并应符合下列规定：沼气生产厂的选址应位于村庄常年风向的下风向，不应占用基本农田；沼气供应系统的设计、施工、验收等应符合现行标准《沼气工程技术规范》(NY/T1220) 的有关规定；沼液及沼渣应规范排放或综合利用，不应污染河道或地下水。

(4) 村庄新建公共建筑应采用太阳房，寒冷及严寒地区村庄的农民住宅宜采用被动式太阳房。

(5) 既有房屋的节能化改造宜根据现有建筑保温技术和材料的价格性能比，并考虑改造的方便和可操作性，分期分批实施。

(6) 年平均风速大于 2～3m/s 的地区，若具备适合风力发电机安装的场地，可考虑使用风能。家用风力发电系统应定期维护保养。村办风力发电系统应由专人负责维护保养，维护保养员须掌握相关技术。

(7) 根据当地资源条件，村庄可选择实施下列其他实用技术：距电力系统较远的山区村庄，可采用微水电或小水电进行供电；距电力系统较远的沿海村庄，可采用小型潮汐发电技术进行供电；距电力系统较远、但地热资源丰富的村庄，可采用小型地热发电技术进行供电；已实现供电且地温资源丰富的村庄，可采用热泵技术供应冬季采暖或夏季制冷。

第五节　村庄整治规划实例——以新河县东董村村庄改造为例

一、村庄概况

东董村属新河县西流乡管辖。村西部紧邻 308 国道，交通便利，区位优势明显。2015 年全村土地总面积为 297.48hm^2 (4462.20 亩)，人均土地面积为 4.06 亩。其中，耕地为 2668 亩，人均耕地面积约 2.43 亩；现状建设用地为 18.18hm^2，人均建设用地为 165.27m^2。村庄现有 300 户，人口 1100 人，户均人口 3.6 人。合作医疗人数 990 人；养老保险参保人数 687 人；低保人数 75 人；无幼儿园、小学；标准卫生室 1 个；农村超市 2 处；真武爷庙 1 座，位于村北。

脱脱丞相墓位于东董村东侧。墓地南北长 80m，东西宽 58m，墓基高于地面 2m。墓碑刻有“元太师右丞相脱公子周彬故里墓”。此墓地左侧实为元朝右丞相脱脱之墓。脱脱遇害后，他的三公子逃到此地，隐姓埋名，改名为周彬，直到后来事件平息后，才改回姓脱。全村都是元朝丞相脱脱的后代，无一外姓。

二、村庄建设现状

(1)道路。村庄主要道路形成“三横、两纵”格局。道路水泥硬化率为 90%。村内胡同基本未硬化。

(2)住宅。村民住宅院落共 488 处，新旧不一。二十世纪六七十年代建设的房屋为严重危房；八十年代至二十一世纪的建筑，大都不能满足新的居住环境的要求。

(3)公共服务设施。村庄公共设施中有村委会、图书室、卫生室、文化活动广场、小超市等。

(4)基础设施。村庄已实现集中供水，但无排水设施，部分路段雨季存在积水问题。沿主干路两侧设置了部分垃圾池，村域内有垃圾填埋场一处；燃料以液化气、电、煤为主，取暖方式为各户单独使用煤炉、小锅炉、空调和电暖气。

三、村庄建设存在的主要问题

(1)村庄无雨水排放设施，雨后道路积水较严重，无生活污水处理设施。

(2)村庄民居生活配套设施如厨房、厕所等相对落后，建筑风格参差不齐，风貌特色不突出。

(3)村庄绿化量少，缺乏行道树和公共绿地。

(4)村庄人均建设用地超标，闲置建设用地较多，土地利用不充分。

(5)村庄产业单一，工业和第三产业欠发达，农民收入偏低。

(6)村内没有幼儿园、敬老院，学前儿童需要去西董村上幼儿园，给家长带来不便。

(7)村庄中街道较窄，大部分胡同仅 2～3m，行车不便，不能满足现代化生产和生活的需求。

(8)相当部分的住房已不能满足现代化生活的需求，需要重建。农民建房使得多数农户返贫。

(9)村庄东部的脱脱丞相墓年代久远，需要修缮与保护。

四、村庄改造规划

(一)村庄性质

东董村是村域内主要的生活、生产服务基地，是以农业为主导产业的一般村。全村均为脱氏后代，无一外姓存在，祖先为元朝丞相，均为蒙古族，后改为汉族。

(二)产业发展规划

(1)第一产业：全村人均耕地面积为 2.43 亩。要发展现代化农业，除种植玉米、小麦等，还要发展大棚种植业 150 亩。规划在村北发展果树种植，以葡萄为主，到乡道边界，种植规模为 160 亩。

(2)第二产业：本村的部分土地已被农场征用，要积极安排村民到农场打工，对于入住的企业提出安排员工的要求；要积极培育本村的企业家，逐步使第二产业成为村庄的主要收入。

(3)第三产业：利用本村与县城紧密相连的区位优势积极发展第三产业，积极鼓励村民到县城打工或在县城自主创业，通过发展服务业，增加村民的多渠道收益，改善村庄经济状况。要利用村内的脱脱丞相墓搞好文化旅游产业，增加相关配套设施，增加村民收入。

五、村域基础设施规划

(一)村域道路规划

规划在村域内形成等级路与田间路相结合的网状路网结构。加强本村同县城和乡区联系，强化对外交通。田间路路面宽度控制在4～6m。

(二)村域给水规划

规划村庄农田灌溉以喷灌为主，可与周围村庄共建共享，保留现有村域内的坑塘和水渠，用于雨水的集蓄以节约水资源。

(三)村域电力规划

村庄的电力供应现状可满足，要加强对低压电网改造，以保证供电质量。

(四)村域农林绿化建设

加强田间、道路、沟渠两侧绿带建设，改善村庄生态环境。村域生态林应结合园林苗圃、经济林、防护林的建设，选用适合当地生长的树木。

六、村庄改造建设规划

(一)总体布局结构

因地制宜，延续原有的方格网路网格局，按照道路主次框架和用地功能布局，确定村庄总体布局结构为三横、两纵、两心。“三横”指东西向的三条主要街道，“两纵”指南北向的两条主要道路，“两心”指规划的文体活动中心、脱脱文化园。

(二)整体风貌控制

建设具有北方田园村庄特色的景观风貌。根据村民意愿，既有民居改造整修可采用坡屋顶改造与檐口整修，檐口颜色以青灰色为主，建筑墙体色彩采用淡黄色、白色等淡暖色调，对外墙立面美化、净化。规划新建住宅与公共建筑以两层为主，色彩与原民居协调。

(三)居住建筑用地规划

依据本村实际情况及村民意见，村庄基本无需向外发展，规划对村内房屋进行拆旧建新、填空补齐，重点对破旧房屋及空心房进行整治或翻新。住宅组团布局结合地形灵活布置，要以独门联排式为主，遵循适用、经济、安全、美观、节能的原则尽量利用新建筑材料。

（四）公共设施用地规划

(1)行政管理。规划村委会位置保持不变。

(2)幼儿园、敬老院。本村无幼儿园，因此，本次规划在村委会东侧新建幼儿园、敬老院等。

(3)文体娱乐。规划利用村中闲置地，新建小游园一个，为居民提供娱乐活动场所，丰富村民的文化生活。

（五）文化保护

在脱脱丞相墓原址扩建，形成脱脱文化园。

（六）村庄周边环境整治

清除村庄周边、路边积存的生活垃圾及柴草杂物、废弃建筑材料等，村内垃圾由县城垃圾车清运至县城集中处理。在村庄东侧建设两处交通减速指示牌。

（七）村庄基础设施布置

东董村电信线路由新河县电信局引来，可满足规划要求，规划主要是加强线路改造及设备升级保证通信质量。村庄能源主要是煤、电及液化石油气，规划远期能源主要以太阳能为主，加强新型清洁能源的推广利用。

（八）经济社会发展目标

(1)水、电、路、电视、电话、宽带实现"六通"；饮水安全得到解决。

(2)文化、医疗、公共服务设施健全；全民人均受教育年限达到10年，初中适龄人口入学率达到100%，高中阶段教育毛入学率达到85%。

(3)合作医疗参保率100%，五保老人集中供养率100%，养老保险参保率100%。

(4)村容村貌整洁优美。村庄按规划建设，街道整齐，净化、亮化，农户一户一宅，人畜分离。

(5)通往各行政村的公路硬化率达到100%，次要街道铺石率达到100%，村内绿化率达到30%以上，庭院绿化率达到50%以上。

（九）安全防灾

(1)防洪规划。村庄的防洪标准按十年一遇设防。充分利用村庄地形及建设区周围的坑塘及沟渠，以保证村庄内部雨水能够及时、顺畅地排出。

(2)抗震规划。本村内缺少避震疏散地，尤其是居住区，建筑密集道路狭窄不利于疏散减灾。结合建设规划中道路、广场、绿化建立疏散场地和通道，尤其绿化用地，建设过程中严禁侵占。

(3)消防规划。建立村民消防自治小组，加强村庄消防设施建设，按照消防规范要求配套消火栓、消防水鹤等设施，同时要加强消防安全教育，提高全民消防意识。

规划消防水量为同一时间内火灾次数一次，每次10L/s，并用消防水量与规划区最高时用水量之和校核管网。消防采用与生活管道混合供水方式。火灾发生时，管网最不利点应满足0.1MPa充实水柱。消火栓布置间距不大于120m。

疏通村庄主要道路，确保消防救援人员、车辆通行及消防疏散。村庄变压器设置与住宅应保证安全距离，防止火灾发生。按照不超过 150m 服务半径设置 3 个地下消防水池，每个消防水池容积按照 $36m^3$ 设置。

七、近期建设整治内容

（一）道路工程整治

要利用对口帮扶资金启动道路硬化工作，对旧村道路以改造拓宽为主，将道路分为村庄主路、支路和宅间路三级。规划需要硬化道路面积为 $14800m^2$，需要硬化便道面积为 $5054m^2$。

（二）环境卫生整治

垃圾处理按“就地分拣、综合利用、无害化处理”的流程进行。村庄组建专业垃圾清运队，配备专业清运车 2 辆。新增垃圾箱 17 个，整修村庄现有的垃圾池，并对垃圾池周边铺装硬质地面，方便清洁、转运。在村南设置垃圾装运站，还要与周围环境有 6m 以上的绿化隔离带。环卫人员定时定点收集垃圾，由县城垃圾车清运至县城集中处理。

（三）村容村貌整治

大力实施“绿化、美化、净化、亮化”工程，尽快实现路面硬化、村庄绿化、环境净化、庭院美化、村庄亮化。

(1) 治理“八乱”现象，即要求大力治理临棚乱搭、墙面乱画、庭院乱挂、柴草乱垛、粪土乱堆、垃圾乱倒、污水乱泼、禽畜乱跑现象。

(2) 庭院环境治理：庭院环境治理要做到“三化，二改建，一分离”，三化即庭院硬化、庭院绿化、环境美化。公共活动场地周围宜栽花种树以美化环境。

(3) 制定“门前三包”公约，责任落实到户，建立道路和村庄的卫生清扫保洁制度。

(4) 对村庄主要入口、水塘、公共场所等处作为环境整治的重点对象，搞好村庄整体形象建设。

(5) 对现状村庄中围墙大门破损，形式和风格与环境不协调，整治依据现状，对其进行修复，遵循经济、实用、美观、统一的原则，改善大门景观特质，增加夜间照明。

(6) 对沿主要道路的建筑外立面进行统一粉刷，清除墙体上的小广告，防止墙体单一，可在墙体上喷绘一些科普知识，丰富外立面。对于墙体的立面设计，要以浅灰色、浅黄色、白色等为主。

八、脱脱文化园

规划脱脱文化园一期工程：在脱脱丞相墓原地扩建 30 亩（共 37 亩）。完成墓地修缮工作，复原历史遗留的墓碑、碑座等文物及脱脱丞相的雕像；在墓南建设综合文化广场，供村民和游客举行祭祀活动、文化休闲等；综合广场南侧建设停车场一处，占地 $400m^2$，方便村民与游客停车。设一处公厕；停车场东侧新建一处一层建筑，为与脱脱相互映衬，外侧装扮成蒙古包形式，作为脱脱太师文化博物馆及服务中心；文化园东部改建成微高地、土丘形式的绿地，进行绿化，与九门烽火台相望；文化园北部种植松柏，形成松柏树林，在树林里西面新建脱氏骨灰堂，占地 $200m^2$；加强文化园四周的道路整修与绿化；文化园西侧农家外墙，结合蒙古元素绘制文化墙。文化园南侧几处农家房屋可发展为农家乐。东董村近期建设投资估算见表 12-6。

表 12-6　近期建设投资估算表

序号	整治项目	分项资金/万元	建设时序	资金来源
1	道路硬化	227.26	2015	上级支持+村民自筹
2	垃圾处理	6.051	2015～2016	上级支持+村民自筹
3	村庄绿化	50.8	2015	上级支持+村民自筹
4	污水排放	40	2015～2020	上级支持+村民自筹
5	新能源利用	73.95	2014～2020	上级支持+村民自筹
6	村民中心建设	11.35	2015	上级支持+村民自筹
7	标语广告整治	4	2015	上级支持+村民自筹
8	民居节能改造	202	2015	上级支持+村民自筹
9	脱脱文化园	260	2015～2020	上级支持+村民自筹
合计		875.411		

第十三章

新能源规划

第一节　新能源概述

一、开发新能源的迫切性、可实施性和意义

（一）迫切性

党的十六届五中全会提出，建设社会主义新农村是当前和今后相当长一段时期内我国所面临的重要任务。

传统的能源以煤炭、石油为主，多属资源有限或耗竭型，而且能源利用效率低，排放高，方便性差，影响环境卫生，严重制约新农村建设目标的实现。我国农村传统的生产生活方式决定了农村能源的利用方式和能耗结构。农村能源需求能否得到有效保障，将直接影响我国的能源安全。当前，我国农村的发展仍以传统生物质能的粗放式利用和商品能源的不断供给为基础。

在有限能源制约的同时，我国农村面临着许多不可忽视的环境问题。例如，由于农村生产生活中长期对煤炭、石油等化石能源的依赖，以及对薪柴、秸秆等直接燃烧、粗放使用，排放了大量二氧化硫、烟尘等污染物，成为农村大气环境污染及室内空气污染的主要污染源；大量农村生活用水、畜禽粪便得不到有效利用，成为水体污染、土壤污染的主要污染源，严重影响了农村居民的生活环境。在传统的农村发展模式下，能源粗放使用，且大量依靠不可再生能源，同时生产和生活中的废弃物得不到充分利用，资源浪费和环境污染并存。因此，建设社会主义新农村，必须改变现有的农村能源利用方式，综合利用农村物质资源，开发利用新能源，这不仅是保障国家能源安全的需要，也是改善农村环境、实现农村地区可持续发展的重要突破点。

（二）可实施性

风能、水能、太阳能、潮汐能、地热能等可再生能源既节约资源，又有利于生态环境保护，是目前世界各国所推崇的新型能源。

中国是世界最大的发展中国家，拥有丰富的可再生能源。其中，水能可开发资源为3.78亿kW，年发电量1.92万亿kW·h，居世界首位，目前已开发利用11%；生物质能源包括农作物秸秆、薪柴和各种有机废物，利用量约为2.6亿t标准煤，占农村能源消费的70%，全部用能的50%；在中国约960万km^2的国土上，太阳能在2/3的面积上年辐射量超过60万J/cm^2，每年地表吸收的太阳能大约相当于17万亿t标准煤的能量，开发利用前景广阔；风能资源总量为16亿kW，约10%可供开发利用；目前已探明的地热资源储量约为4642亿t标

准煤，现利用的仅约十万分之一；中国海洋能源资源更加丰富，其中可开发的潮汐能就有2000万kW以上。

（三）意义

新能源利用是推进社会主义新农村建设的重要内容。加快农村能源建设步伐，优化农村能源结构，积极推广沼气、秸秆气化、小水电、太阳能、风力发电等清洁能源技术，有利于实现新农村建设的可持续发展，有利于转变农民的生产生活方式，有利于改善农村的环境面貌，对于转变经济增长方式、提高科技在新农村建设中的含量、培育新型农民都具有非常重要的意义。发展农村新能源是建设节约型社会的现实选择，这降低了农业生产投入成本，带动了工业和服务业的发展，打破了束缚生产力发展的旧生产模式，促进了农村劳动力结构不断优化，既缓解了农民缺资金、缺劳力等实际困难，又有效地增加了农民收入，而且促进了乡风文明，提高了居民素质。

二、新能源在新农村建设中的地位和作用

新能源建设能促进农村经济发展，形成新的产业生产发展是新农村的物质基础，新农村建设的首要任务是生产发展。农业是农村的产业基础，生产发展首先指的是农业的现代化，以粮食生产为中心的农业综合生产能力的提高。“十一五”时期，不仅工业要转变增长方式，农业也要加大科学技术的推广应用，实现增长方式的转变。在调整农村经济结构的过程中：一方面协调粮食与其他作物的比例，力保中国的粮食安全；另一方面协调农业与非农产业的关系。要达到生产发展的目的，就要激活生产力中最活跃的因素——劳动力，新能源建设为农村经济的发展提供了空间。

第二节 新能源的产品及种类

一、新能源的种类

结合当前的技术条件和我国农村的实际情况，新能源包括太阳能、风能、水能、生物质能和地热能等，是洁净能源，对环境不产生或很少产生污染。新能源经过多年的发展已经开始在世界能源供应的战略结构中占据一席之地，越来越受到各国政府的重视。开发利用新能源成为世界能源可持续发展战略的重要组成部分，成为大多数发达国家和部分发展中国家21世纪能源发展战略的基本选择。

（一）太阳能

当前，我国农村新能源行业主要为太阳能热利用（太阳热水器、热泵、采暖、制冷空调、太阳房、太阳灶等）。目前，太阳能的利用有被动式利用（光热转换）和光电转换两种方式。太阳热水系统是目前我国太阳能热利用的主要形式。另外，太阳能可以利用日光温室进行反季节种、养业生产，也可利用光电发电和热水器转换为独立的电源、热源，直接用于城乡居民的生产和生活。

(二) 沼气

沼气包括小型沼气发酵装置及配套产品、沼气综合利用配套设施及技术、大中型沼气工程技术及装备、沼气发电技术及装备等。户用沼气池、养殖场大中小型沼气工程和村镇生活污水沼气净化工程，应尽快把养殖场畜禽粪便、村镇生活污水所产生的沼气，通过管道向居民集中供应，也可以直接发电，作为动力、照明之用。

(三) 生物质能

生物质能是绿色植物通过叶绿素将太阳能转化为化学能储存在生物质内部的能量。有机物中除矿物燃料以外的所有来源于动植物的能源物质均属于生物质能，它通常包括木材、森林废弃物、农业废弃物、水生植物、油料植物、城市和工业有机废弃物、动物粪便等。秸秆资源的综合利用主要有秸秆气化、秸秆固化成型、秸秆液化等。生物质能转换技术与装备包括生物质直燃和气化发电、生物质固化、生物质液体燃料乙醇及生物柴油等。

(四) 风能

风能是指地球表面大量空气流动所产生的动能，利用风力机可将风能转换成电力及风帆助航等。小水电是指容量为 0.5～1.0MW 的小水电站；容量小于 0.5MW 的水电站又称为农村小水电。水电站的开发方式，按照集中水头的办法，可分为引水式、堤坝式和混合式三类。

(五) 地热能

地热能是利用地球内部的热而获得的动力，温泉、间歇泉、沸泥浆池及喷口(火山气体和热地下水的出口)是这类能量的主要来源。这是一种地下水的深处循环和来自极深处的岩浆侵入到地壳后，把热量从地下深处带至近表层而产生的可供人类开发利用的能源。地热能的分布相对来说比较分散，开发难度大。但我国西藏自治区地热能的蕴藏量极为丰富，具有较大的开发潜力。

(六) 潮汐能

海水受月球和太阳的引力作用发生周期性的涨落，由此而产生的动能叫做潮汐能。利用这种动能建立各种形式的发电站即可进行潮汐发电。

以上这些技术和产品不仅可以为我国城镇和广大农村提供可持续应用的高品位清洁能源和节能技术，缓解常规能源供应的紧张局面，改善生态和人居环境，提高健康水平，还可以通过对以上各种可再生能源利用和节能技术的整合，发展生态种植和生态养殖，生产无公害农副产品，帮助农民增产增收，促进农业生产结构优化升级和良性循环发展。

二、新能源的规划标准

(一) 发展思路

以实施生态家园为主线，以创建文明生态村为平台，以推广各类可再生能源利用工程为载体，力求达到“三废”变“三料”形成“三益”，“三节”促“三净”实现“三生”的目标，即推进农村畜禽粪便、农作物秸秆、生活垃圾和污水(三废)向肥料、燃料、饲料(三料)的资源转化，实现经济、生态和社会三大效益；通过集成配套推广节水、节肥、节能(三节)

等实用技术和工程措施，净化水源、净化农田和净化村庄(三净)，实现生产发展、生活富裕和生态良好(三生)的目标，最终达到家居温馨清洁化、园区经济高效化、农业生产无害化、农民生活现代化、农村村庄和谐化(五化)的目的。

另外，在农村新能源利用时，要注意把握“四位一体”和“五配套”的概念。“四位一体”，就是以太阳能为动力，以沼气为纽带，将种植业和养殖业结合起来，在全封闭条件下将沼气池、猪禽舍、厕所和日光温室等一体化。这样既解决农村的能源供应，改善农民卫生和生活环境，又可以减少农作物和蔬菜生长中农药化肥的使用量，提高食品品质和食品安全。“五配套”能源生态农业模式是解决西北干旱地区的用水、促进农业持续发展、提高农民收入的重要模式。其主要内容是，每户建一个沼气池、一个果园、一个暖圈、一个蓄水窖和一个看营房。

(二)主要新能源规划标准

1. 农村生物能源

农村植物秸秆是生物能源的主要来源，目前的秸秆气化集中供气系统，多数以一个或几个自然村作为一个供气小区，由气化站、管网、户内用气设施三部分组成。气化站是气源生产厂，内设秸秆气化机组和储气装置，由管网与户内用气设施组成的燃气输配系统，将秸秆燃气以一定压力和流量连续不断地输配到用户。

(1)秸秆气化站的建立主要是秸秆在缺氧状态和加热条件下进行的反应，能量转换过程中产生可燃气体，投资在 50 万～60 万元。以山西榆次扬盘村为例，该村气化站日产燃气 1320m^3，消耗秸秆 660kg，全年可产气 45 万 m^3，利用秸秆 2250t，每年可节约原煤 440t。

(2)采用新型的秸秆气化炉，以户为单位，该炉把秸秆经热解、氧化、还原反应，3～5 分钟后便生产足够的气体供农户使用。一台秸秆气化炉比传统烧柴灶每年可节约秸秆 4.56t。

加快秸秆资源利用：一是秸秆气化，生成气体燃料，直接用于生活生产用能；二是秸秆固化成型，作为燃料直接燃烧，替代煤、油等燃料；三是秸秆液化产生生物油，直接用于锅炉等热力设备燃料，经再加工处理可替代柴油、汽油。秸秆经过生物工程发酵处理可生产燃料乙醇，是新型生物能源。

秸秆是重要的农作物资源，搞好秸秆综合利用，能有效地促进农、林、果、牧发展。利用秸秆和柴草覆盖果园，保墒保肥不长草，冬天保温，夏天防旱，秸秆还可以增加土壤有机质，提高耕地质量，促进作物持续高产；青储氨化，过腹还田，可加快节粮型高效畜牧业的迅速发展；秸秆气化，可改变农户燃料结构，提高农村用能的水平和品位。

2. 沼气的推广应用

发展沼气，可以在解决群众生活用能的同时，带动生态养殖业和高效种植业的发展，不仅提高了农产品质量和产量，而且从各个方面直接或间接地促进了农村经济的发展，具有显著的经济效益。建一口 8～10m^3 的沼气池，约需投资 1500 元，利用这口沼气池农户年可节省燃料和电费 700 元，减少化肥和农药使用量，节支 150～200 元，养畜增效 150～200 元，种植业增效也有 150 元，一口沼气池一年带来的直接效益在 1200 元左右。如果把沼气综合利用与农业生产活动直接联系起来，发展庭院经济、生态农业，效益更加显著，必将成为增加农民收入的重要手段。

通过农业生态家园建设，“猪-沼-果”“牛-沼-菜”“羊-沼-粮”等良性生态生产模式的大力推广应用，提高了农业生产的科技含量和管理水平。

将沼气用于储粮，不但可以减少化学农药的消耗和粮食损失，还可以消除粮食储存中的污染；将沼气用于水果保鲜，可保持水果的品质，延长供应时间，提高经济价值；沼液用于果树、农作物喷肥，可以增强抗病性和防冻能力；沼渣用于施肥、栽培食用菌，可以提高土壤肥力，减少土壤病虫危害，增加无公害农产品产量和质量。如果把沼气池建设与优果工程或无公害大棚蔬菜等高产值作物生产结合起来，带来的效益会更大。北方“四位一体”模式，将大棚、禽畜舍、沼气池和厕所等优化组合，形成太阳能、沼气、种植、养殖业四位一体，使之优势互补，多业结合，形成一个较为完整的农村能源生态系统工程。与普通大棚相比较，冬季黄瓜、番茄和茄子等每平方米可增产 2～5kg，而且都是无污染的优质产品；生猪在冬季仍可增重出栏；又由于自产能源和肥料，可大大节省支出，其纯收入远超过常规农业生产，农户人均收入可超千元。

沼气发电。燃气发动机或双燃料发动机是以沼气为燃料产生动力来驱动发电机产生电能的发电系统。主要由沼气发动机、发电机、沼气脱硫器、输电设备、余热利用设备等部分组成。

3. 开发利用太阳能

太阳能产业是一个新兴产业，在农村能够得到广泛利用：一是利用玻璃、薄膜等材料，建设太阳能日光室，主要用于反季节种养业；二是太阳能热水器；三是太阳能光伏发电，主要用于城乡居民生产和生活方面，如太阳能路灯、家庭照明等。我国太阳能资源丰富，全国总面积 2/3 以上的地区年日照超过 2000 小时，陆地面积每年接受的太阳辐射能相当于上万个三峡工程发电的总和。

太阳灶的应用在保护环境、利用热能方面是无可比拟的。太阳能家庭热水中心每平方米截光面积的集热器可节约 120～180kg 标准煤，按每平方米太阳能热水器每年替代标准煤 100kg 计算，替代电 450kW · h，减排二氧化碳 100kg。

太阳电池发电。太阳电池是利用光生伏打效应把太阳辐射能转换成电能的转换器，又叫做光伏电池。太阳电池发电系统由太阳电池方阵、储能蓄电池组、控制器和逆变器等部分组成。有光照时，太阳电池方阵输出的直流电通过控制器向蓄电池组充电，然后经过逆变器逆变为交流电后为负载供电。系统一般配有备用的柴油发电机组，以保证在连续阴雨天太阳电池方阵没有输出时仍然能够正常供电。这种系统适用于太阳能资源丰富的地区，它运行维护简单，可靠性高，但由于目前的造价高，因而仅适宜于在一些用电量不大、人口少、居住分散而又无其他发电方式可供选择的地区应用。我国已在西藏自治区安多县和改则县分别建成 100kW 和 80kW 的光伏电站。

4. 风能

风力发电是利用风力发电机将风能转换成电能的发电系统。我国目前为农牧民提供基本生活用电和部分生产用电的 10kW 以下的微小型风力发电系统，一般采用独立运行的微小型风力发电机配以蓄电池组输出直流电，或经过逆变器逆变后输出交流电；也可以与柴油发电机组构成风-油互补发电系统，实行切换运行、并网运行或并联运行，以交流电输出；还可以再加上太阳能电池组成风-光-油互补发电系统。

第三节 新能源设计方法

一、总体改造

村庄总体改造如下。

(1)改造厕所、禽畜舍与建造沼气池结合起来。建一座 $8m^3$ 沼气池，投资 700～800 元，每池年可处理粪便 12t。

(2)垃圾、柴草的堆放，应统一规划，采取防自燃、防渗漏、防流失、防扬散等措施。

(3)农村污水的排放应结合沼气池的建设，使污水通过管道直接排放于沼气池内，既为沼气池增加了活性微生物，又防止了地面污水横流。

二、新能源设计方法

(一)秸秆气化

1. 秸秆气化基本原理

秸秆进入气化炉内首先被干燥，然后随着温度的升高，其挥发物质析出并在高温下热解(裂解)。热解后的气体和碳在氧化区与供入的气化剂(空气、氧、水蒸气等)发生燃烧反应。燃烧后的气体，经过还原区与碳层反应，成为含一氧化碳、氢气、甲烷等成分的可燃气体，由下部抽出，经过净化后送出使用，作为农村生活、发电、烘干、锅炉等气体燃料。

2. 秸秆气化工艺流程

秸秆气化工程一般采用下吸式气化器，由螺旋上抖器、气化反应器、剩气净化器、风机和储气装置等六部分组成。再加上安全装置、管网和室内设备，用户即可用上清洁的秸秆燃气。其工艺流程如下：秸秆粉碎—气化反应、降温除尘—净化—储气柜储存—管道输送、居民厨房。

3. 秸秆气化技术的特点

(1)秸秆气化技术基本成熟。目前，未用的秸秆气化机组构造简单，安装运行管理比较方便，气化率高达 70%～86%。秸秆气化的主要成分是一氧化碳、甲烷和氢气，热值为 $5016kJ/m^3$(即每立方米燃气可等价于 0.48kg 原煤)。

(2)使用成本较低。每户每年支出 300～360 元，即可满足一年的炊事用能需求。

(3)减轻环境污染。运用秸秆气化技术后，每户每天只需 2.5～3kg 秸秆，仅相当于直接燃烧时的 1/5～1/4，不仅少释效了二氧化碳，而且少排放许多灰烬；既能改变村容村貌，又可减少火灾事故的发生。

4. 秸秆燃气优势

秸秆燃气与城市人工燃气相比，除了所用的原料不同，其气化剂和气化原理基本相同，都是在燃气发生器内进行热解反应，产生一氧化碳、氢气、甲烷等可燃气体，并采用管道供气，因此，被称为中国农村人工煤气。沼气是每户居民分散管理，独立经营，而秸秆燃气是集中供气，管道输送，使用更方便、技术更先进，是开发利用农村能源的又一新途径。它是继城市人工煤气、天然气、液化石油气、沼气之后的又一新气源，并且有更大的优势：一是原料充足价廉，用作气化原料的农作物秸秆及树枝、树叶、杂草，量大面广，是取之不尽、用之不竭的可再生能源，可就地取材，具有当地效益；二是规划灵活，可因地制宜，具备条件的先建设，逐步发展，符合农村发展的实际情况；三是实现农村生活燃料燃气化，燃气供应管道化，改变农村用能方式，是提高农村人口气化率的最佳途径。

5. 秸秆燃气的效益分析

秸秆气化以秸秆、稻壳等为原料，通过高温裂解气化，将固体燃料转换成气体燃料，取代秸秆、液化气作为主要日常燃料。原料充足价廉，既节能环保、又节省开支，改变了农村用能结构，充分体现了经济、社会、生态效益的高度统一。

(1)经济效益。1kg 秸秆可产生 2m^3 燃气，制气成本一般为 0.11～0.15 元/m^3；农户均按 4 口人计算，每户每天约需 4m^3 秸秆燃气；以兴建一个日产量 800m^3 秸秆燃气站为例，可供 200 户居民全天 24 小时用气，200 户居民每年可节约标准煤 420t，节约燃料费 12.6 万元。每户居民需支出燃气费用 180 元，而使用液化气每户每年需 12 罐，每罐按 60 元计算，共支出费用 720 元,使用秸秆燃气比使用液化气每年节省费用 540 元。秸秆气化后的产物(主要是灰分)富含水稻生长所需的钾，可作为钾肥施入稻田，既可防止环境污染，又可为水稻生产提供优质肥源。

(2)社会效益。秸秆燃气，让农民用上了方便、清洁、经济的管道燃气，深受农民欢迎。农民提高了生活质量和文明程度，节省了用于炊事的劳动量和时间，改善了环境和庭院卫生。同时，建一个秸秆燃气站也解决了部分人的就业问题。

(3)生态效益。秸秆气化的能源利用率为 35%，比直接燃用秸秆提高了 2～3 倍的利用率，节约了能源，并带来显著的经济效益。就农作物秸秆来说，直接燃烧 1t 秸秆向大气排放约 15kg 二氧化碳。全国农村炊事排放的二氧化碳量每年为 5 亿～6 亿 t，尽管这种污染是分散的，但其污染总量不可低估。秸秆燃气对于北方资源型城市，其推广应用的价值更加巨大。

(二)应用实例

北京市大兴县大辛庄、山东省桓台县腾寨村和邮家村，各投入 40 万元建成了村级供气站，每小时供气 400～500m^3，可供 100 多户居民家庭炊用气，最远供气距离为 7km。这 3 个供气站的燃气生产成本为每立方米 0.2 元左右，经村补贴后，按每立方米 0.1～0.2 元向用户收取燃气费。

三、沼气的开发和利用

(一)沼气的性质和用途

沼气又称生物气，是有机物质在厌氧条件下经多种微生物分解转化而成。它是一种以甲烷为主的可燃气体。由于最初发现于沼泽中，所以又称为沼气。

由发酵法产生的沼气，一般甲烷含量为 50%～70%，二氧化碳为 30%～35%，其余是少量的硫化氢、氢气、氮气、一氧化碳和水蒸气等，在发酵的早期阶段则含有较多的氨气。人们用以燃烧的主要是其中的甲烷。甲烷是无色无味的气体，沼气有点臭味是由于含有少量的硫化氢。甲烷由 1 个碳原子和 4 个氢原子构成，不含氮、磷、钾等元素，所以不必担心燃烧时会把发酵原料中的肥分烧掉。沼气与空气混合燃烧时，呈淡蓝色火焰，最高温度可达 1400℃，能够产生大量的热能。纯甲烷每立方米发热量约为 8800kcal。

（二）沼气基本原理

沼气发酵过程是数量巨大、功能各异的多种微生物所进行的生命活动过程。在这一过程中，不同的微生物按照各自的营养与生理要求，对沼气池(消化器)中的各种物质进行转化，使各种复杂的有机物得到降解，并生成多种产物，甲烷就是众多产物中的一种。要想沼气池多产气和产好气(甲烷含量高)，就得创造适宜条件，保证微生物有旺盛的生命力，使其物质代谢和能量转换持久不衰。

（三）沼气的利用

发展和普及沼气。目前发展沼气主要有农村户用沼气池、养殖场大中小型沼气工程。户用沼气池主要是将农户的人、畜粪便放入沼气池，经过发酵，生成可燃沼气，解决农户的烧水、做饭、照明等生活用能问题。养殖场大中小型沼气工程主要是用来处理养殖场畜禽粪便，所产生的沼气可以通过管道向居民集中供应，也可以直接发电，作为动力、照明之用。一户农民建一口 $8m^3$ 的沼气池，年产沼气 $350m^3$ 左右，一般可解决 10 个月的做饭、烧水、照明用能。

（四）沼气作为农村新能源的作用和意义

发展沼气，促进了资源循环利用，推进了资源节约型、环境优美型的新农村建设。沼气生态家园建设是以沼气为纽带，一池带动“两业”，实行“三改”，达到“三化”(一池就是建一座合格的沼气池；“两业”就是通过沼气建设带动种植业和养殖业的发展；“三改”就是通过沼气建设，配套进行改厕、改猪牛栏、改厨房，有条件的还进行改水、改路、改房；“三化”就是庭园经济高效化、农业生产无害化、家居环境清洁化)。这种以沼气为纽带，以“养殖-沼气-种植”三位一体生态农业为核心，再带动“三改”，实现“三化”的生态家园建设，把植物生产、动物转化、微生物还原的生态原理运用到农业生产中去，前促养殖后带种植的匹配关系，不仅有效地推动了养殖业和种植业的发展，开发了可再生能源，保护了森林资源，而且从根本上改变了农村的落后面貌，农民的生活水平和人居环境得到了根本改善，促进了经济、社会、环境的协调发展，实现了农业、农村的可持续发展和社会的文明进步。此外，沼气生态家园建设遵循了生态学规律，将清洁生产、资源综合利用、生态设计和可持续消费等融为一体，实现废物减量化、资源化和无害化，使经济系统和自然生态系统的物质和谐循环，维护自然生态平衡，符合“减量化、再利用、再循环”的基本原则，体现了生态经济的本质，是建设资源节约型、环境优美型社会主义新农村的重要举措。

第十四章

村庄的历史文化保护与传承

我国历史文化悠久，村庄是传统文化的载体。历史名镇、古村落众多，村庄中的古树、古井、牌坊、宗庙等景观或建筑更是不乏其数，它们是各地传统文化、民俗风情、建筑艺术的真实写照，反映了历史文化和社会发展的脉络，是祖先留给我们的宝贵遗产。但是近年来，不少村庄在进行经济发展和大规模建设过程中，忽略了历史文脉的科学保护，一味地采取拆旧建新或营造仿古建筑、仿古一条街的做法，对村庄中的传统风貌、街区建筑造成很大程度的破坏。如何科学有效地保护历史文化村镇，处理好保护与发展的关系，编制村庄保护规划就成为村庄规划中重要的一个环节。

2014 年中央 1 号文件指出："制定传统村落保护发展规划，抓紧把有历史文化等价值的传统村落和民居列入保护名录，切实加大投入和保护力度。"

第一节　村庄历史文化的概念及保护意义

一、村庄历史文化的概念与分类

(一) 文化遗产

1972 年，联合国教育、科学及文化组织通过的《保护世界文化和自然遗产公约》第一条对文化遗产作了明确的界定。文化遗产是指"文物：从历史、艺术或科学角度看具有突出的普遍价值的建筑物、碑雕和碑画、具有考古性质的成分或结构、铭文、窑洞以及联合体；建筑物：从历史、艺术或科学角度看，在建筑式样、分布均匀或与环境景色结合方面，具有突出的普遍价值的单立或连接的建筑群；遗址：从历史、审美、人种学或人类学角度看具有突出的普遍价值的人类工程或自然与人联合工程以及考古地址"。简单地说，联合国教育、科学及文化组织所指的文化遗产，主要是指文物、建筑物及遗址。

《国务院关于加强文化遗产保护的通知》(国发[2005]42 号) 于 2005 年 12 月 22 日下发。这一通知首次明确了我国历史文化遗产概念，指出："文化遗产包括物质文化遗产和非物质文化遗产。

(二) 物质文化遗产

物质文化遗产是具有历史、艺术和科学价值的文物，包括古遗址、古墓葬、古建筑、石窟寺、石刻、壁画、近代现代重要史迹及代表性建筑等不可移动文物，历史上各时代的重要实物、艺术品、文献、手稿、图书资料等可移动文物；以及在建筑式样、分布均匀或与环境景色结合方面具有突出普遍价值的历史文化名城(街区、村镇)。据不完全统计，目前我国拥有可移动的文化遗产有1200万件，已知地下、地上不可移动的文化遗产有40余万处。

(三)非物质文化遗产

非物质文化遗产是指各种以非物质形态存在的与群众生活密切相关、世代相承的传统文化表现形式，包括口头传统、传统表演艺术、民俗活动和礼仪与节庆、有关自然界和宇宙的民间传统知识和实践、传统手工艺技能等，以及与上述传统文化表现形式相关的文化空间。

二、村庄保护规划的意义

村庄中的古建筑与古村落是历史文化遗产的重要组成部分，它们反映了不同时期、不同地域、不同经济社会发展阶段形成和演变的历史过程，真实记录了传统建筑风貌、优秀建筑艺术、传统民俗民风和原始村落空间形态，具有很高的研究和利用价值。村庄保护不仅在文化遗产的抢救意义上，也在地域文化学意义和现代文明建设的意义上。特别是在新农村建设中，古村落的保护更具有深远的意义。

(一)古建筑与古村落被破坏现状堪忧

中国的乡村建筑原本是非常有特色的，并非只存在于故宫、孔庙、泰山、乔家大院等这类供人参观的“标本”里。北方的四合院、西北的窑洞、西南的“干栏式”、闽南的圆形“土楼”，都堪称世界乡村建筑的典范。然而，一些地方把新农村建设片面理解为新村建设，结果许多古建筑、古村落在盖新房、建楼房的大拆大改大建中遭到破坏。

另外，随着农村经济的繁荣，作为村庄主体的农民富裕之后，开始向往现代城市的生活方式，村民纷纷营造新房或旧房翻新。乡村传统建筑被认为是“土气”，人们追“新”求“异”，比赛着盖高楼，更有甚者，用西洋的建筑充斥中国的乡村。大规模拆改建，使一些有文化价值的乡土建筑永久消失。

(二)古建筑与古村落蕴含着深厚的历史人文价值

(1)千年历史的记忆。古建筑与古村落作为乡土建筑的精华，具有极高的文物价值。它们以古老的物质元素，凝固的建筑艺术，反映了不同时期、不同地域、不同经济社会发展阶段形成和演变的历史过程，鲜明地折射出中国悠久的历史和民族文化的传统，真实记录了传统建筑风貌、优秀建筑艺术、传统民俗民风和原始村落空间形态，成为了解中国历史、文化的一个重要窗口。它们是民族深厚历史和传统的记忆和载体。

(2)农耕文化的精粹。中国是一个农业大国，农村是最基本的社会单元。农耕文化丰富多样，既包括村落的规划、各类建筑、桥梁、庙宇、名木古树等物质文化遗产，也蕴含各类民风习俗、传统节日、民间信仰、传统技艺等非物质文化遗产，比较完整地代表了中国传统文化的形式和内容，是物质文化遗产和非物质文化遗产的综合体。无论从建筑学的角度还是从文化传承的角度都亟须保护。保护住目前很有限的古建筑与古村落，就是保护我们自己文化的根基；保护农村的文化遗产，就是保护我们传统文化的源头。

(3)民族精神的折射。古建筑与古村落是千百年来人和当地自然环境矛盾斗争又和谐共存发展出来的，体现了中华民族特有的精神情感。我国有着浓郁的乡土观念，对很多人来说，对祖国、对家乡的爱，正是体现在一个个具体的建筑或村落中。用现代文明的眼光透视古老文明，古建筑与古村落是被遮掩的瑰宝，民族的深重感情是其中最深奥的精髓。

三、农村文化遗产保护的意义

农村是人类文明最重要的承载地，从原始部落到氏族公社到村镇再到城市和邦国，这一演化的历史是人类社会共同的发展轨迹。我国是一个拥有 7000 年农耕文明的农业大国，中华民族的祖先曾在这片广袤的土地上创造出独特而令人瞩目的农业文明。这种文明的因子渗透于民族精神和物质的各个层面，铸就了我们的民族品格和民族特性。因此，中华民族的文化根基在农村，在一座座村庄、集镇和田野下。今天保存于各地农村的各具特色的乡土建筑、民情风俗、手艺技能、文物古迹等都是重要文化遗产。据有关方面统计，我国政府已公布的近 7 万处各级文物保护单位中有半数在农村，此外还有大量已登记但未公布或者尚未发现的文物点，同时，农村各类非物质文化遗产也是极其丰富的。这些文化遗产是历史留给我们的珍贵财富，如果保护得好，利用得当，完全可以作为建设新农村的“材料”和“基础”。因为人类社会的每一次进步都是在原有积累上的超越和创新，完全建立在废墟上的建设是靠不住的。因此，保护农村文化遗产是一项关系我国文化安全的艰巨任务。

第二节　农村历史文化遗产保护存在的问题

目前，我国农村文化遗产保护工作面临很多问题。究其根源，可以概括为如下三点：一是专门针对农村文化遗产保护的法律法规缺位，现行相关法律可操作性不强；二是政府在农村文化遗产保护中的主导作用有待进一步加强；三是农民保护文化遗产的自觉意识尚未真正觉醒，其主体作用未能得到有效发挥。具体而言，主要存在如下五大问题。

一、法律层面的规范和保障匮乏

应该说，无论是物质文化遗产还是非物质文化遗产保护，我国当前都面临着缺乏法律层面的规范和保障的问题。就物质文化遗产而言，当前，文化遗产的保护是涵盖在文物保护的范围之内的。但是，单靠《文物保护法》来保护文化遗产已远远不够。例如，我国《文物保护法》规定，凡涉及古城的建设，不能以破坏历史文物为代价，必须完整地保留文物的遗迹原状。在文物保护单位的建设控制地带内，不得建设危及文物安全的设施，不得修建其形式、高度、体量、色调等与文物保护单位的环境风貌不相协调的建筑物或者构筑物。在对文物保护单位的革命遗址、纪念建筑物、古墓葬、古建筑、石窟寺、石刻等进行修缮、保养时，必须遵守不改变文物原状的原则，要修旧如旧。已经全部毁坏的文物，不得重新修建。但这些基本都是非常原则性的规定，缺乏具体的操作规范，在实践中很难把握，“有法难依”也就成了文化遗产保护工作中常见的事。同时，《文物保护法》中所称的文物多是单体，其意义在于个别建筑物和个别艺术杰作单体上的价值，而文化遗产的价值往往更多在于整体，通过《文物保护法》来保护文化遗产显得“有心无力”。

2011 年 6 月 1 日，我国的《非物质文化遗产保护法》开始实施。它顺应了时代发展潮流，回应了人民群众的热切期盼，标志着我国非物质文化遗产保护即将走上法制轨道，迈入新的历史阶段。但是，专门针对农村的文化遗产保护的法律还是处于初始状态。

二、文化遗产生存环境恶化

“开发”与“保护”的矛盾在我国城市化进程中比比皆是。在新农村建设的过程中，这个问题同样存在，且更加严重。出于发展经济的“迫切心情”，在很多农村，“开发”被置于首位，文化遗产惨遭“建设性”破坏，生存环境受到严重威胁。

在“开发”与“建设”被置于优位的情况下，农村文化遗产及其生存环境所遭受的破坏体现在多个方面：一是直接在古遗址、墓地上进行建设或取土作业，导致这些遗产被破坏甚至毁灭；二是对传统古街区、民居及其他古建筑强行拆除，使其完全消失；三是借改造之名，除了拆除古旧建筑等物质文化遗产之外，还违反有关对历史街区或古建筑的维修原则，使其失去了原有的风格；四是在古建筑、石刻等文化遗产的周边乱搭乱建或开山炸石，严重破坏了它们的历史环境和整体风貌。

农村文化遗产生存环境恶化且频频告急，其思想根源在于很多地方没有摆正新农村建设中开发建设与文化保护的关系，只见经济，不见文化，把文化遗产保护看作发展的障碍，把保护与发展看作一对不可调和的矛盾，看不到文化遗产潜在的价值，把传统特色看做是落后的、与现代化不相容的东西。在很多地方，存在“新农村建设就是新村庄建设”的认识，认为“旧城旧村”就是过去岁月留下的破烂摊子，是新农村发展的包袱，要“新”就要“破旧立新”，把所有农村都建成华西村式的千篇一律的“洋农村”。殊不知，这样将致使原有珍贵文化遗存、文化风貌和文化生态一扫而光，会割断中华民族的文化根脉。

三、文物流失问题严重

中国是世界上文化遗产最丰富的国家，但也是世界上文物流失最为严重的国家之一，是盗窃、走私文物犯罪活动最为猖獗的国家之一。据统计，我国政府已公布的近 7 万处各级文物保护单位约有半数在农村，此外农村还有大量已登记但未公布或者尚未发现的文物。但是，由于疏于管理，盗掘古墓、盗窃文物案件频频发生，尤其河南、陕西等文物大省走私文物案件频繁发生；由于没有相关的保护法规，古董贩子乃至外国人在农村尤其是古村落肆意廉价地搜寻宝贵的文化遗存，使大量文物最终流向海外。文物流失，主要由我国文物保护法规不健全、一些管理部门疏于职守、农民保护文化遗产意识淡漠等多方因素所致。

四、非物质文化传承断档

广大农村从来都不是文化的沙漠，相反，它蕴藏着极为丰富的乡土文化；农民不是没有文化的群盲，相反，他们中间藏龙卧虎，大量的“乡土艺术家”生在农村、长在农村，其艺术养分直接来自于农村，和农民有着天然相通性，他们是农村文化建设中最活跃的因子，也是传承农村非物质文化遗产的重要载体。然而，令人忧心的是，这些依附个体存在、身口相传的珍贵非物质文化传统正面临传承断档的危险。

目前，掌握一定传统艺术技能的民间艺人已为数不多，且大都年龄比较大，但年轻人出于政策、经济等因素的考虑，往往不愿花太多心思在传承民间艺术上，这就使得非物质文化出现传承困难、后继乏人的现象，无数珍稀罕见的民俗技艺和民间文艺伴随着老艺人的逝去而销声匿迹；民间年画、民间皮影等经典民间文艺随着它们生存土壤的变化而悄然离去，许多口耳相传的非物质文化如剪纸、糖画等也都在无声无息地消失。无可否认，非物质文化传承断档，与农村文化遗产保护缺少政策和资金支持有直接关系。

五、民族文化日益松动瓦解

中国有 56 个民族，每个民族都有独特的文化，值得保护和传承。但现在，在文化遗存相对丰富的少数民族聚居地区，由于人们生活环境和条件的变迁，民族或区域文化特色消失速度加快。如今，一些民族语言，如赫哲语、满语、塔塔尔语、畲语、达让语、阿侬语、仙岛语等，会使用的都不超千人，随着最后一个鄂伦春人的迁徙和定居农区，他们的狩猎文化也至此终结。在现代文明的冲撞之下，在城市化进程的推动下，在新农村建设的号角声中，这些形成于成百上千年的民族文化板块正在松动和瓦解，中华文化的多样性遭遇前所未有的挑战。

第三节　村庄保护规划的编制方法

一、村庄保护规划的原则

（一）原真性原则

古建筑的原真性是村庄价值特色的根本所在，在保护整治中应防止不合理使用及额外添加对建筑遗产造成的真实性损害，任何修复工作都应力争做到最低限度的干预、使用原材料，并采用可逆性技术。

（二）整体性原则

村庄是包括建筑、环境、空间格局及人类活动等元素在内的统一整体，所有组成元素都与整体有着一定意义的联系。因此，在保护中不能将其彼此割裂开分别对待，而应从整体上去考虑它们之间的关系，才能保持村庄风貌的完整性。

（三）新老建筑相协调原则

村庄的老建筑是反映村庄历史文化价值和传统风貌的核心所在，这就要求新建筑应该从建筑体量、色彩、形式等方面与老建筑相协调，以保持和维护村庄所代表的一定历史时期建筑风貌的主导特征，使这一地区的主流建筑文化得以延续和继承。

（四）近远期相结合原则

保护规划的实施是一个长期的过程，因此，要根据当地的保护现状、保护规模及经济发展状况，来制定近期和远期保护规划的目标、任务及实施措施，以保证规划有计划、有步骤地实现，防止保护整治中短期行为的出现。

（五）保护与发展互促原则

保护是为了保证村庄内的建筑遗产不受破坏，为一定历史文化时期提供真实见证。但保护活动并不是静止不动地保护，并不是要一味地限制当地的经济发展；相反，健康适度的旅游开发等经济活动，在展示遗产风貌和筹集保护资金等方面，不仅不会对古建筑、古村落造成破坏，而且会起到积极的促进作用。

(六)保护规划与建设规划相衔接原则

村庄保护规划从性质上应属村庄建设规划的专项规划，后者在村庄保护上起宏观决策作用，前者应在后者的指导下展开。对于在建设规划层次基于保护因素而做出的如人口规模控制、古村落格局保护、建设用地及道路交通布局的调整、市政基础设施的安排等，保护规划都要以其为依据并与之相衔接。对确有不完善之处，可根据需要作进一步补充调整。

二、村庄保护规划的内容

(一)价值特色确认

在对村庄自然环境、历史文脉、建筑风格及空间布局进行分析的基础上，总结提炼出自身独有的价值特色，明确保护和发展利用重点。

(二)保护范围划定

根据文物古迹、古建筑、传统街区的分布范围，并在考虑村庄现状用地规模、地形地貌及周围环境影响因素的基础上，确定保护范围层次、界限和面积。

(三)建筑保护整治规划

根据保护范围内建筑的现状风貌、规模年限、考古价值等情况，对建筑进行保护整治，主要包括三方面内容：一是保护原有的文物古迹和历史建筑；二是整治已建成的新式建筑；三是控制引导未建的新建筑。

(四)街巷空间保护规划

根据街巷现状格局形态，在保持原有历史风貌的前提下，对街巷的空间尺度、街巷立面和铺地形式提出保护整治要求。

(五)重点地段保护规划

针对核心保护区内重点地段和空间节点采取的具体保护整治措施，主要内容包括两部分：一是空间整治，即对具体空间布局提出整治方案，确定具体建筑的平面形状、位置及小品的设计和布置等；二是建筑整治，即对具体建筑的立面和门、窗、屋顶等建筑构件提出相应保护和整治要求。

(六)环境综合调整规划

基于保护角度，对建设规划中与历史环境保护有影响的规划内容进行适当深化调整。主要内容包括用地布局、道路交通、绿化、公用工程设施、环境保护和环境卫生等规划的调整完善。

(七)旅游发展规划

在分析村庄旅游资源类型、分布及发展条件的基础上，进行村庄的旅游市场定位、旅游资源整理及景区划分、线路设计和旅游环境容量测定。

(八)近期保护规划

确定近期内修缮整治的重点及时序安排，详细列出要修缮整治的街区、建筑及需要改造的基础设施项目，做出相应的技术经济分析及投资估算，提出近期环境整治的具体措施。

(九)保护实施措施

提出保护规划实施措施和方法建议，包括拟定保护管理办法、建立保护资金的筹集渠道、鼓励公众参与、加强宣传教育等。

三、村庄保护规划编制方法

(一)基础资料调查

对村庄基础资料调查主要从以下几个方面展开。

(1)历史文化与地理方面：包括村庄的历史沿革、镇(村)址的兴废变迁、自然地形及地貌状况、历史文化传统，以及名人轶事、民间工艺、饮食文化等。

(2)古建筑保护现状方面：包括两部分，一是村庄内现存古建筑总规模(建筑面积)、原貌保存程度及整体风貌特色等；二是文物古迹、历史建筑单体的位置面积、现状用途、产权归属、建筑规模、建筑高度、建筑年代、建筑材料、建筑特征及保存完好度等内容。

(3)环境与基础设施方面：村庄内的水系、大气及山体植被等环境的保护状况，道路、绿化及各项工程设施现状建设情况。

(4)居民保护意向方面：为使保护活动得到居民的支持和参与，进一步了解居民在古建筑保护、房屋改造及工程设施方面的基本意愿，必要时进行居民保护意向调查。

(二)确认价值特色

应从地域性、历史性、文化性及村落格局、建筑风格特性等方面分析总结村庄的价值特色。

地域性是指村庄代表的地域范围和地貌特征，如江南水乡、北方山城、海滨小镇、草原村落等都很明确地指出了地域性。

历史性是指村庄在一定历史时期内对区域社会发展所担负的职能分工或起到的革命历史作用，如重大历史事件发生地、革命政权机关驻地及区域商业物资集散地等都反映了村庄的历史性。

文化性是指村庄建筑布局和形式风格所反映出的深层次文化内涵，如一些村庄所体现的商业文化、防御文化、民俗文化、名人文化等。

村落格局是村庄多年来建设发展及变迁兴废的真实写照，反映了一个村镇的规划建设思想，很具有识别性。

建筑风格则在地形、气候、建筑材料、建造方式及民族风情等方面体现了不同地区村庄的差异。

(三)划定保护范围

划定村庄保护范围涉及层次、性质、划分方法及面积大小等几个问题。

(1)保护范围的层次。参考国内外历史地区划分保护范围的做法，结合村庄的特点，建议将村庄保护范围划分为三个层次：核心保护区、风貌控制区、协调发展区。划定时应考虑不同村镇的具体情况，如现状规模、周围环境及保护需要等，适当增减保护层次，科学灵活地划定保护范围。

(2)保护范围各层次的性质。核心保护区是村庄历史风貌的核心区域，集中体现了村庄历史文化价值特色；风貌控制区是村庄历史风貌的背景区域，能够起到核心保护区的“衬景”

作用；协调发展区是村庄历史风貌的外延区域，能够对村庄的整体风貌产生一定影响。

(3) 划定的原则和方法。核心保护区的划定应本着“空间结构完整、传统风貌完好、视觉景观连续”的原则，沿村庄内较集中分布的文物古迹、历史建筑和传统街区的外围边界限进行；风貌控制区的划定应本着“延续风貌、渐进过渡”的原则，在核心保护区以外一定的距离之内，结合街道、河流、城墙、山地等明显的地理界限进行；协调发展区的划定应本着“整体和谐，浑然一体”的原则，考虑由村镇内外的视觉眺望点（如古城墙、古塔、山峰等）向四周眺望时景观的完整性，结合地貌、植被等自然环境的整体性，并兼顾行政区划界限进行。

(4) 保护范围与建成区、规划区范围的联系。从概念上讲，村庄保护范围与建成区或规划区范围是有一定区别和联系的。建成区是实际已成片开发建设并基本具有市政公用和公共设施的区域；而规划区、保护区则是分别因建设发展或保护需要而实行规划控制的区域。在实际划定过程中，要根据具体情况协调三者之间的相对关系。对于规划规模较小的村镇，保护区范围甚至可以大于规划区范围。而对于现状规模就很大，并已开辟新区进行建设的村镇，保护区范围也可小于建成区范围。

(5) 保护范围的大小。保护范围面积大小要适度，过大则没有针对性，使保护规划难以落实，给建设发展带来不必要的影响；过小则不能保证历史的完整性，不利于村庄整体历史环境的保护。综合分析国内部分村庄的保护范围划分实例，一般来讲，核心保护区应在 10～30hm^2；风貌控制区应在 30～50hm^2；协调发展区浮动范围较大，可在 50～150hm^2，根据情况还可适当扩大。

(6) 提出不同范围的保护要求。核心保护区应以保护修复为主，对区内建筑实行局部改造和内部更新；风貌控制区则保护、建设并重，新建筑要延续历史风貌特征；协调发展区以建设发展为主，区内建筑要与整体历史环境尽量协调一致，不产生明显的视觉冲突。

（四）保护整治建筑

建筑的保护整治是村庄保护的重要技术措施。文物古迹和历史建筑是村庄历史信息的真实记忆，集中体现了村庄的历史文化价值和特色，必须保护修复好；新建筑是村庄发展建设的产物，是村庄建筑文化的丰富和延续，为保证村庄历史风貌不受破坏，新建筑就要与老建筑相协调，进行必要的整治和控制引导。建筑保护整治的做法主要包括鉴定分析、拟定清单、选择保护整治模式及进行建筑高度、色彩、形式、体量等方面的控制引导等。

(1) 进行鉴定分析。鉴定（identification）就是对村庄保护范围的每一处建筑在登记造册的基础上，对其建筑类型、建筑风貌、建筑保存度及历史文化特征进行评价分析和归类，这直接决定其保护等级的划分和保护措施模式的选择。

(2) 拟定保护清单。根据鉴定分析情况，对村庄需要保护整治的建筑逐一标号列出，并进行保护类别、等级的划分。一般将村庄保护范围内的建筑划分为保护建筑和整治建筑两大类，其中对保护类建筑又可划分为重点保护、一般保护两个等级。

(3) 选择保护整治模式。建筑保护与整治模式很多，要根据不同建筑的保存状况、类型特征及保护等级来选择确定。保护与整治模式一般有以下几种。

保存（conservation）：对象是文物古迹，包括已批准的各级文物保护单位和尚未批准的“准文物”建筑，即在不改变文物原状的基础上进行修缮保养。

修复（restoration）：对象是历史建筑，即在保持原有建筑风貌的基础上，对建筑外立面进行修缮，对建筑内部设施和布局进行适当改造。

更改(modification)：对象是在一定程度上与历史风貌不协调的新式建筑，即按照历史风貌要求对建筑的高度、色彩、形式、体量等方面进行适当修改。

更新(renovation)：对象是在很大程度上与历史风貌不协调的新式建筑，即对原有建筑进行拆除，新建符合历史风貌要求的建筑或环境空间。

再生(revitalization)：对象是已不存在的文物古迹或历史建筑，即根据历史资料进行原貌重建。

(4)建筑高度控制。以村庄内的古建筑为参照物，制定新建筑的高度控制指标，目的是保护古建筑宜人的尺度和空间轮廓线，形成较好的视觉廊道。建筑高度控制主要有两方面内容：一是建筑高度分区。针对我国村庄内保存下来的古建筑主要为明清以后所建，且大多为民居建筑、园林和寺庙，建筑层数多为一、二层的情况，建议在核心保护区和风貌控制区内新建筑高度控制在二层以下，协调发展区新建筑高度宜在四层以下，具体建筑高度视当地情况而定。在平原水乡地区，建筑高度应形成以核心保护区为中心，由低到高、由内向外逐渐升高，分层次控制的布局形态；在山地丘陵地区，则应根据地形变化起伏，进行分片控制。二是景观视廊控制。在村庄内选择有一定高度的视觉眺望点，如山峰、古塔、城墙、骑楼等，控制各视觉眺望点周围及相互之间的建筑高度，保证在一定区域内的视线可达性和各眺望点之间的通视性，形成较好的村庄历史风貌观赏线路。

(5)建筑色彩、形式和体量引导。由于我国幅员辽阔，受不同地形、环境、气候、风土人情和文化习俗的影响，不同地区的古民居建筑色彩和形式多种多样，体量相差也较大。因此，要分析当地民居建筑在色彩、形式、体量方面的主特征，作为引导新建筑建设的依据。例如，江南水乡古镇民居建筑色彩以黑、白、灰为主色调，建筑形式多为坡屋顶，建筑体量小巧，这就基本确定了在当地古镇(村)内新建筑的引导要求。

(五)保护街巷空间

村庄街巷空间是人们体验历史风貌的主要通道，一般包括街道、巷道、弄道三种空间类型，在水乡村镇还包括河道及沿河街道等类型。街巷空间保护除保证村庄原有街巷、河流的格局线型不被破坏以外，还要从以下几方面进行保护整治。

(1)街巷空间尺度。主要是指街巷宽度与沿街建筑高度之间的宽高比。村庄从街道到巷弄是空间尺度逐渐减小的过程，一般来讲，河道空间的宽高比大于 1；街道宽高比小于 1 而大于 1∶3；巷弄的宽高比则小于 1∶3。在保护修复及建设过程中，要注意街巷空间尺度的变化，以更好地保护古村镇的特有氛围。

(2)街巷立面。村庄街巷立面是随街巷的交通属性和生活功能不同而不断变化的，既有商业街道和沿河街道两侧开敞丰富的一面，也有巷弄两侧相对封闭单调的一面。要根据不同街巷立面的现状情况及功能要求，进行街巷立面的保护和整治，尤其是要注重保持沿街建筑在立面形式、建筑材料、建筑色彩方面的统一性、连续性和视觉景观的完整性。对于与历史风貌不相协调的建筑要采取拆除或更新改建等措施加以改造，使传统街巷立面得到延续。

(3)街巷铺地。街巷铺地形式大致有石板路、青砖或方石路、弹石路等类型。铺地类型从一定程度上也反映了街巷的层次等级变化，一般主要街道采用石板路，而巷弄则采用青砖路和弹石路。在街巷铺地保护整治中，应保持和采用当地传统的建筑材料和铺装形式，尽量避免实施路面工程改造，以免造成道路景观的破坏。

（六）编制旅游规划

在村庄保护规划中加入旅游规划内容，将有助于对村庄进行合理的开发利用。

第四节　农村历史文化遗产保护措施

一、物质文化遗产的保护措施

物质文化遗产是祖祖辈辈留下来的劳动结晶，是中华文明传承的一个重要的方面，因此，保护好物质文化遗产，让农村完整地保持鲜明的民族特色、独特的地域特征和优秀的文化传统具有重要的历史和现实意义。

（一）完善法律法规，使物质文化遗产保护在制度层面上走向规范化

加快制定农村物质文化遗产保护的专项法规、规章，对农村物质文化遗产的认定标准和程序、保护原则和措施、监督管理等方面做出具体规定，将农村物质文化遗产保护工作逐步纳入法制化、科学化、规范化的轨道。要加大宣传这些法律法规的力度，使农民群众认识到保护文化遗产的意义，以及保护文化遗产与其切身利益的关系，培养广大农民群众尊重和保护文化遗产的意识，引导和鼓励他们参与文化遗产保护。

另外，要深入研究各地农村物质文化遗产的特点和共性，争取在近期内形成具有较强针对性和适用性的农村物质文化遗产保护技术标准、规范。同时，抓紧制定保护历史文化名村的专项规章，以农村物质文化遗产分布密集的历史文化名村、名镇保护为重点，带动和全面推进新农村建设中的物质文化遗产的保护工作。并制定乡规民约，把文化遗产的保护开发写入其中，让农民在保护的同时得到实惠。

（二）提高群众的物质文化遗产保护意识

广大农民是新农村文化建设的主体，也是文化遗产保护的重要力量，保护文化遗产应充分调动村民的积极性。当前一些地方的物质文化遗产由于历史久远，投入不足，年久失修，破损严重；一些地方的非物质文化遗产也面临失传的危险。因此，要培养他们尊重和保护文化遗产的意识。

(1)通过宣传、教育，传授保护的知识和方法，引导和鼓励他们参与文化遗产保护。可开展文化遗产知识下乡、真心专题文艺演出、广播电视宣传等多种活动，运用群众喜闻乐见的形式如开展游园、联欢和展示村庄民俗风情等为主要内容的民俗节日和灯会、庙会，满足农民群众精神文化生活的需求，增强农民群众的幸福感。

(2)政府有关部门要支持、帮助农民，不是与民争利或是包办代替，更不要进行纯粹商业性开发。另外，还要重视解决群众的实际问题，如对在古村落内生活贫困、无房居住或占用公共祠堂居住的农民，由政府就近规划一块新农村建设安置地，并采取减免费用等措施安置搬迁户。这样既保护了文化遗产，又改善了群众生活。

(3)建立和健全文化遗产志愿者和业余文保员制度，加大在农村地区宣传文化遗产保护，使他们自发的、朴素的行为变为一种自觉的、有意识的、科学的保护行动。

(三)加大资金投入，抢救破坏严重的物质文化遗产，保护尚待修葺的物质文化遗产

首先，各级政府要将文化遗产保护经费纳入本级财政预算，保障区域内乡土建筑等重点文化遗产保护经费的投入。然后，要充分发挥市场机制作用，积极发展农村文化事业和文化产业，推动社会各方面力量积极参与。最后，要制定和完善有关社会捐赠和赞助的政策措施，动员社会能人、受益群众捐资，调动社会团体、企业和个人参与文化遗产保护的积极性，多渠道解决农村文化遗产的投入问题，建立起政府、社会、集体、个人按比例共同出资承担的投入机制。

(四)变被动为主动——在保护的前提下发展旅游业，发挥物质文化遗产的社会效益

由于探古求知是人们共同的心理需要，文物古迹遂可成为一项重要的旅游资源。而旅游业的发展一方面可提高全社会的旅游综合经济效益，解决了文物古迹维修保护的经济问题；另一方面也可增加农民的收入，调动村民保护物质文化遗产的主动性和积极性。把历史文化名镇名村、传统村落及传统文化资源较多的村庄，作为农家乐等乡村休闲旅游业发展的重点，促进保护、利用与经济发展的良性互动，使其成为展示和弘扬我国农村传统文化的重要窗口。其他有条件的村庄，可结合传统文化资源，发展乡村旅游，促进农民增收和村庄的发展。

(五)将物质文化遗产的保护列入村庄建设总体规划

要对农村地区的物质文化遗产资源进行全面普查，全面了解和掌握文化遗产的分布状况、生活环境和保护现状，分类制定保护规划，明确保护范围，建立保护制度。在村庄建设过程中，凡涉及物质文化遗产保护事项的基本建设项目，必须依法接受文化文物行政部门的评估。而乡村建设规划的制定和实施也应与当地文化遗产保护规划相一致。

二、非物质文化遗产的保护措施

(一)通过详尽普查确定非物质文化遗产保护的内容及范围

文化遗产是不可再生的珍贵资源。随着经济全球化趋势和现代化进程的加快，农村的文化生态正在发生巨大变化，许多非物质文化遗产传人——老艺人、匠人、歌手、乐师、舞者、民间传人相继去世，有的民间艺术由于时代变迁，无业为继，缺乏传承人，已经失传或面临濒危。通过对非物质文化遗产的全面普查，尽可能详尽地了解掌握资源存量、资源藏量，摸清历史和现状。加快对广大农村重要非物质文化遗产的认定，理清保护范围，确立保护内容。全面了解和掌握非物质文化遗产的种类、数量、分布状况、生存环境和保护现状，为非物质文化遗产保护打下坚实基础。

(二)尽快建立名录体系

对传统非物质文化遗产和非物质文化生态保护较完整的区域，除有计划地进行动态的整体性保护外，对确属濒危的民族非物质文化遗产和非物质文化生态区，要尽快建立保护名录，出台保护政策，落实保护措施，抓紧进行抢救。进一步完善名录体系评审标准，严格评审工作，逐步建立各级文化遗产保护名录。对列入非物质文化遗产名录的项目，在制定科学保护

计划的同时，要明确有关保护的责任主体，对列入非物质文化遗产名录的代表性传人，要有计划地提供资助，鼓励支持其开展传习活动，确保优秀非物质文化遗产的传承发展。

（三）切实壮大非物质文化遗产主体力量

广大农民是农村文化遗产的创造者和传承者，也是非物质文化遗产的所有者，非物质文化遗产保护只有动员广大农民的积极参与才能取得真正成效。因此，非物质文化遗产保护既要坚持以政府为主导，明确各级政府和有关部门的重要职责，更要通过宣传教育提高村民保护非物质文化遗产的积极性和自觉性，使村民真正成为非物质文化遗产保护的主要力量。同时，也要在广大青少年中加强传统民间文化教育，以增进学生的传统民族文化和乡土文化观念与共识。

（四）落实非物质文化遗产保护资金

非物质文化遗产保护工作面广量大，内容众多，时间跨度较长。各级人民政府要建立非物质文化遗产保护中心，将非物质文化遗产保护纳入本级财政经费预算，保障重点经费投入。同时，在进行农村现代文化设施建设时，适当增加非物质文化遗产保护费用，用于保护农村非物质文化，在扶持具有民族传统和地域特色的民间工艺外，还可以给村民一定经费补贴。这种用于非物质文化遗产保护上的花费，从长远看是完全值得的，因为农村非物质文化遗产保护的根本目标就是保护非物质文化遗产本身，让非物质文化遗产得到延续传承，并满足人们的精神心理需要。

（五）协调非物质文化保护与经济发展之间的关系

努力寻求非物质文化遗产保护与当地经济发展良性循环的路径，保护非物质文化遗产和发展经济社会是相辅相成、相互促进的，充分发挥它们潜在的价值，将传统非物质文化发扬光大，促进农村经济社会健康发展。非物质文化遗产作为一种极富吸引力的文化旅游资源，近年也已成为许多村镇发展经济、提高农民收入的重要手段。实践证明：在新农村建设中，通过鼓励开展乡村旅游活动，让集体和村民增加经济收入，从而激发村民对非物质文化遗产保护的积极性，实现非物质文化保护与旅游开发的良性循环，是当前农村非物质文化遗产保护较为经济、可行的方式。

（六）将非物质文化遗产保护纳入村庄建设规划

村庄建设是个系统工程，非物质文化遗产保护更是一项功在当代、利在千秋的伟大事业。在村庄建设中对非物质文化遗产不仅要求进行全面普查，系统认定、分类，更要制定全面的、近期的、中期的、长远的保护工程，进行科学规划，针对性地制定切实可行的保护措施和方案。将农村非物质文化遗产保护的内容纳入村庄总体规划中，形成良性互动。

第五节　历史文化名村保护规划

一、中国的历史文化名村

在中国现有约60万个村庄中，具有保护价值的古村落大约有5000个。2003年国家建设部和文物局共同颁布了《中国历史文化名村或中国历史文化名镇评选办法》，并根据此评选办法，分别于2003年、2005年、2007年、2008年、2010年和2014年陆续公布了六批中国历史文化名村名录，共涉及276个村。

历史文化名村是我国历史文化遗产的重要组成部分，这些历史文化名村保存有丰富的、具有重大历史价值或纪念意义的文物，能较完整地反映一些历史时期传统风貌和地方民族特色，是所在省市乡村旅游的典型代表，也最能体现该地区的农耕文化、历史价值和民族风情。历史文化名村的评定有效地保护了濒临灭绝的人类历史文化遗产，并通过旅游活动的展开，为传统古村落的传承和延续注入了新的活力，开辟了新的发展之路。因此，对于那些文化资源丰富、具有保护价值的传统古村落，应积极申报国家级、省级历史文化名村。

二、历史文化名村保护规划编制

2008年，《历史文化名城名镇名村保护条例》颁布实施，规定历史文化名城名村批准公布后，历史文化名村所在地县级人民政府应当组织编制历史文化名村保护规划。

2012年，为规范历史文化名城、名镇、名村保护规划的编制工作，提高规划的科学性，住房和城乡建设部、国家文物局联合下发了《历史文化名城名镇名村保护规划编制要求(试行)》，其内容主要包括历史文化名城、历史文化街区、历史文化名镇、名村保护规划编制工作的要求，其中关于历史文化名村保护规划编制的相关要求如下。

(一)规划的深度要求

历史文化名村保护规划的深度要求与村庄规划相一致，其保护要求和控制范围的规划深度应能够指导保护与建设。

(二)规划主要内容

规划的主要内容包括：①评估历史文化价值、特色和现状存在问题；②确定保护原则、保护内容与保护重点；③提出总体保护策略和村域保护要求；④提出与名村密切相关的地形地貌、河湖水系、农田、乡土景观、自然生态等景观环境的保护措施；⑤确定保护范围，包括核心保护范围和建设控制地带界线，制定相应的保护控制措施；⑥提出保护范围内建筑物、构筑物和历史环境要素的分类保护整治要求；⑦提出延续传统文化、保护非物质文化遗产的规划措施；⑧提出改善基础设施、公共服务设施、生产生活环境的规划方案；⑨提出保护规划分期实施方案；⑩提出规划实施保障措施。

(三)总体保护策略和规划措施

总体保护策略和规划措施包括：①协调新村与老村的发展关系；②保护范围内要控制机动车交通，交通性干道不应穿越保护范围，交通环境的改善不宜改变原有街巷的宽度和尺度；③保护范围内市政设施，应考虑街巷的传统风貌，要采用新技术、新方法，保障安全和基本使用功能；④对常规消防车辆无法通行的街巷提出特殊消防措施，对以木质材料为主的建筑应制定合理的防火安全措施；⑤保护规划应当合理提高历史文化名村的防洪能力，采取工程措施和非工程措施相结合的防洪工程改善措施；⑥保护规划应对布置在保护范围内的生产、储存爆炸性、易燃性、放射性、毒害性、腐蚀性物品的工厂、仓库等，提出迁移方案；⑦保护规划应对保护范围内污水、废气、噪声、固体废弃物等环境污染提出具体治理措施。

(四)核心保护范围的保护要求与控制措施

(1)提出街巷保护要求与控制措施。

(2)对保护范围内的建筑物、构筑物进行分类保护，分别采取以下措施：文物保护单位，按照批准的文物保护规划的要求落实保护措施；历史建筑，按照《历史文化名城名镇名村保护条例》要求保护，改善设施；传统风貌建筑，不改变外观风貌的前提下，维护、修缮、整治，改善设施；其他建筑，根据对历史风貌的影响程度，分别提出保留、整治、改造要求；对基础设施和公共服务设施的新建、扩建活动，提出规划控制措施。

(五)建设控制地带规划控制措施

编制历史文化名村保护规划，应当对建设控制地带内的新建、扩建、改建和加建等活动，在建筑高度、体量、色彩等方面提出规划控制措施。

(六)近期规划措施

近期规划措施包括：①抢救已处于濒危状态的文物保护单位、历史建筑、重要历史环境要素；②对已经或可能对历史文化名镇名村保护造成威胁的各种自然、人为因素提出规划治理措施；③提出改善基础设施和生产、生活环境的近期建设项目；④提出近期投资估算。

第六节 村庄保护规划实例
——河北省井陉县于家村村庄保护规划

一、于家村概况

于家村位于河北省石家庄市井陉县中西部的太行山区，距省会石家庄市 50km。于家村是明代著名政治家、军事家、民族英雄于谦后裔的居所。于家村建于明成化年间，至今有 500 多年历史。于氏家族在此繁衍至今已有 24 代，420 多户，1600 多口人，95%以上是于氏家族，其他为康姓。

于家村环境清幽、僻静，“不到村口不见村”。进村之后就会发现：石楼石阁、石房石院、石桌石凳、石碾石磨、石街石巷、石桥石栏随处可见，到处都是石头文化。步入街头，犹如徜徉在一座色彩斑斓的天然石头博物馆。整个村落基本保持着明清时期的建筑风格。全村共有石头房屋 4000 多间，石头街道 3700 余米，石井窑池 1000 有余，石春梯田 2000 多亩，石头用具 2000 多件，石头碑碣 200 多块(现尚存数十块)，是名副其实的石头村。

于家村明清石头建筑群、于氏祠堂及家谱保存完好。在于家石头古村落的民居建筑中，石头院房占绝大部分。建筑古朴自然，民间工艺别具一格。于氏先人对建房布局和街道设置都有明确规范，村落中横贯东西的路被称作街，是村落的主干道；纵贯南北的路称作巷，连接各条街；通往各家各户的小路叫胡同。全村共有六街七巷十八胡同。古旧街巷街宽 3～4m，巷和胡同宽 2～3m，全为青石铺就。街、巷、胡同共同构成了村落内相互联系的交通纽带。

于家村是中国山乡古村落的典型，是石头文化的集中表现，是农民建筑艺术的代表作。1998 年 11 月 1 日于家村被河北省民俗学会命名为“于家石头民俗村”，2000 年 10 月被中国村社发展促进会命名为全国三百村之一的“中国民俗文化村”，成为石家庄市第一个民俗旅游村，河北省唯一一处古村落省级保护单位。2007 年 5 月 31 日被建设部和国家文物局命名为“中国历史文化名村”。

二、保护规划提要

（一）古村落保护范围的确定

于家村的保护范围分为：古村落核心区、古村落保护重点控制区、古村落建设控制地带和古村落风貌协调区。

古村落保护核心区。于家村作为河北省文物保护单位，将石头民俗博物馆以南，村南公路以北，清凉阁以西，古建筑集中分布的区域划为古村落核心区。

古村落保护重点控制区。原则上沿古村落核心区的界限向外扩展 50m 的范围作为古村落保护重点控制范围。在于家村古村落的各个方向，根据地形和规划意图，保护范围的界限有所调整。保护范围内不得进行其他建设工程或者爆破、钻探、挖掘等作业，如因特殊情况需要在保护范围内进行其他建设工程等作业的，必须保证文物保护单位的安全，并经有关部门批准，在批准前应当征得文物行政部门同意。古村落核心区以南地区，应根据保护规划调整用地性质，逐步整理为文物保护用地和绿化保护用地；古村落核心区以西地区的保护范围应严格控制用地建设，根据保护规划可以保持现状的土地使用性质，保护范围内的整治、改造建设须经规划和文物主管部门的审批；古村落核心区以北的保护范围为绿化保护用地，原则上不再安排新的建设项目。

古村落建设控制地带。古村落建设控制范围原则上从古村落保护重点控制范围界限向外扩展 100m 的范围。古村落周边的建设控制范围根据山势、地形确定。在建设控制地带内进行建设工程，不得破坏于家村的历史风貌；工程设计方案应当经文物行政部门同意后，报规划建设主管部门批准。

古村落风貌协调区。规划区内建设控制范围外周边建设用地即古村落风貌协调范围。具体划分范围参照于家村用地规划和保护范围规划。

（二）古建筑保护规划

古建筑构成了于家村旅游资源的主体，旅游发展会不同程度影响古建筑，必须在充分保护的前提下适度开放。游客的旅游时间、路线、人数等必须根据古建筑保护的需要加以严格控制。短期内保护达不到旅游开发安全需求的，应暂缓作为景点开放。

(1) 典型古建筑保护与恢复于家村典型古建筑包括古庙、古阁、古戏楼等达 25 座之多，且全为石头建筑：清凉阁、真武庙、全神庙、于氏宗祠、观音阁、龙天阁、李密庙、岳飞庙、三座山神庙、三座五道庙、四座古戏楼及永固阁、擦石阁、马王阁、券门阁、西头阁、小西阁、沟边阁等。于家村四道村门三道是庙，六条街道四条有阁，八座大庙四座庙院，四座戏楼其形各异。

目前保存完好的仅有 10 处，主要介绍以下几处。

清凉阁。按照《文物保护法》，严格保存其历史现状，严禁对其结构、建筑外观进行擅改，严禁采用现代涂料、构件进行外观装饰，严格控制清凉阁内部的日（次）游人容量，认真做好楼阁的及时维修工作，采用当地石材石料进行修缮，整旧如故，以存其真，保持其风格原味。对其周围环境进行整治，拆除部分仿古、新建的建筑物，营造观赏价值较高的景观节点。

观音阁。严格保存其历史遗存，保护楼阁结构形式，定期做好建筑维护工作。整治周围环境，拆除西侧影响景观风貌的卫生院，结合北侧“蜃气楼”，进行场地设计，安排部分游憩设施，将其开辟为村落的公共活动场地，并于节庆、假日期间开展各类独具特色的传统文化艺术活动，如晋剧演出、民俗表演等活动。

于氏宗祠。保护于氏宗祠内部完整的院落结构，加强庭院绿化建设，改善内部绿化环境，做好院落的防火措施，在院落内安放灭火器等灭火工具，定期做好宗祠内建筑的维修工作。

真武庙。内部整饬墙体立面形式、色彩、材料、风格等，使之与周围环境景观风貌协调统一。改善内部庭院环境。结合南侧戏台，营造民俗特色浓郁的活动空间。

需要恢复的古建筑：龙天阁、永固阁、擦石阁、马王阁、券门阁、西头阁、小西阁、沟边阁等已不复存在。要依据原来的建筑风格、体例、建筑材料来重新规划，重现这些古建筑。

(2)典型院落及民居保护。重点对官坊街、底下街、高头凹街等古街道的沿街房屋进行维修。

恢复古村落的原生环境，拆除一些不协调建筑，本着保护传统空间格局，充分考虑现状和可操作性的原则，对古村落的所有建筑物进行分类保护与整治。坚持真实性和修旧如故原则。

根据于家村现状村落结构及景观风貌特点，在严格保护现有传统建筑特色及景观基础上，对部分与传统风貌不相协调的地段进行环境整治，提升古村落整体景观价值并增强视觉观赏效果。

为居住在古民居的居民提供特定的政策补偿及资金保证。引导传统文化复兴，实现古风再现、诗情画意、经济繁荣、安居乐业的目标。

(3)街道维修。

官坊街。重点大修全神庙前广场，其次是官坊街全长修补。

底下街。重点大修观音阁广场，其次是全长修补，打造画廊一条街。

其他古街巷全长修补。

(三)自然生态景观保护规划

对于家村古村落进行多层次绿化，建立山地–田园–村落–庭院生态防护体系。

第一层次绿化：山体植被的保护培育。

第二层次绿化：村庄周围田园风光与绿色果园带的保护和建设。

第三层次绿化：村内绿色廊道和公共活动区域的绿化，沿路拐角绿化，遮掩一些新民居和旧民居，突出古民居。

第四层次绿化：庭园绿化，结合古民居主人的喜好，选择不同树种，烘托古民居氛围。

南山的北坡遍植垂柳与桃树、杏树等，以应于谦《暮春客途即景》的诗中景色：“雨中红绽桃千树，风外青摇柳万条。借问春光谁管领？一双蝴蝶过溪桥”。把村口的古石桥命名为“溪桥”。使游客观赏到暖风芳草、红桃青柳、清新秀丽之景。

村落内保留、修剪原有的庭院植物石榴、葡萄、竹等，在接待游客的农家小院种植菊花，营造“采菊东篱下，悠然见南山”的意境。

加强绿化，严禁乱砍滥伐，严格“三废”处理，充分考虑环境与资源的承载力，防止短期行为。

(四)综合保护规划

保护好现有写生资源，对写生价值较高资源进行划片保护，责任到人。

清除乱搭乱建，增加绿化面积，提高卫生质量，创造天人合一的居住环境。

对交通方式做必要的限制，保护青石道路。

做好环境卫生整治工作。目前要做好路面平整、村内保洁、整治“三乱”等工作。环境保护要形成有效机制，要培养村民良好的卫生习惯，力争创造良好的旅游环境。探索卫生管理和群众自觉相结合的新型管理模式。

合理控制旧区内的人口密度，既要避免空心村现象，又要避免环境超负荷。

(五)加强古村落保护宣传

提高公民素质。加强古民居知识的普及和居民保护意识。

利用政府和社会的力量，尤其是各种新闻媒体，大力宣传于家村旅游资源，尤其是古村落特色旅游资源，促进旅游与保护协调发展。

第十五章

村庄旅游规划

第一节　村庄旅游规划概述

在村庄规划过程中，不能忽视村庄的旅游功能挖掘和塑造。对于有条件开发旅游或具有旅游潜在价值的村庄，应做出其旅游规划。

一、乡村旅游的概念

世界旅游组织在推荐给各国政府官员、地方村庄和旅游经营者使用的《地方旅游规划指南》一书中对乡村旅游（rural tourism）的界定是“旅游者在乡村（通常是偏远地区的传统乡村）及其附近逗留、学习、体验乡村生活模式的活动。该村庄也可以作为旅游者探索附近地区的基地”。

根据我国乡村旅游发展的实际情况，乡村旅游有广义与狭义之分。广义上，乡村旅游包含所有在城市市区以外、乡村地域范围内、以其有旅游价值的各种自然和人文因素为对象开展的旅游活动。狭义上，乡村旅游是指在乡村地区、以特有的乡村人居环境为基础开展起来的旅游活动，即狭义的乡村旅游既要求旅游活动落实到乡村，又要求以乡村特有的自然人文景观、乡村生产生活为旅游内容。因而，它不包含城市里开展的农业观光园、农业工厂、民俗文化村等形式，也不包含与农村生活、传统习俗、农业生产毫不相干的风景名胜区、自然保护区、森林公园等特殊环境保护地带开展的旅游。但因优美纯朴、特色鲜明的乡村人居环境和民俗文化而设立的风景区，如丽江大砚镇、阳朔地区等，则属于乡村旅游的范围。因此，一般情况下，乡村旅游应该指的是狭义的内涵，即不仅要求旅游活动落实到乡村地域，而且要求以乡村特有的自然、田园、人文景观及乡村生产生活为旅游内容，吸引旅游者前往休息、观光、休闲、体验、娱乐及学习。

二、乡村旅游的基本状况

乡村旅游在欧美发达国家已有百年以上历史，备受世界各国政府关注。新西兰、爱尔兰、法国等国家把乡村旅游作为稳定农村、避免农村人口盲目向城市流动的重要手段，在资金、政策上给予大力支持；加拿大、澳大利亚、东欧和太平洋地区的许多国家，都把乡村旅游作为农村地区经济发展的重要手段。

我国的乡村旅游起源于20世纪80年代。截至目前，已建成的两万多个旅游景区（点），一半以上分布在广大的农村地区。由国家旅游局倡导创建的“全国农业旅游示范点”达359家，遍布内地31个省、区、市，覆盖了农业的各种业态。据测算，全国乡村旅游景区（点）每年接待游客超过3亿人次，旅游收入超过400亿元人民币。过去几年，“五一”、“十一”

和“春节”三个旅游黄金周，全国城市居民出游选择乡村旅游的约占70%，每个黄金周形成大约6000万人次规模的乡村旅游市场。

三、发展乡村旅游的重要意义

（一）促进农业产业化发展

乡村的资源，大至山山水水，小至野草闲花，都是可经营的农业资源。而农村旅游业正是以这些可归结为“田园风光”的景色为主要依托，拓展了农业的功能，提高农产业的附加值。乡村旅游能够有效地促进当地农业的产业化经营，带动农副产品和手工艺品加工、交通运输、房地产等相关产业发展。云南省腾冲县和顺镇通过发展乡村旅游，带动了第一产业、推动了第二产业、拉动了第三产业，进一步优化了农村产业结构，促进了经济良性发展。2005年全镇实现总收入2100万元，比发展旅游前的2000年增长147%。

（二）促进农村生产发展和农民生活富裕

旅游业是劳动密集型产业，与其直接相关的行业有24个，间接相关的行业有124个，能吸收较多的劳动力就业。世界旅游组织认为，旅游业每增加一个就业人员，能为社会创造6～8个就业机会，乘数效应极大。乡村旅游使许多农民成为旅游从业者，直接增加了农民收入。农民可以通过打零工、办旅馆、摆小摊、开餐馆、加工纪念品等方式增收，还可以通过参与乡村旅游项目的入股分红增收。四川省成都市锦江区三圣花乡着力打造“五朵金花”，发展乡村旅游，推动了农村的土地流转、农宅出租，带动了相关产业发展。

（三）促进农民素质提高和乡风文明建设

乡村旅游促进了农村地区经济社会发展，提高了农民的生活水平和质量，促进了农民素质和农村文明程度的提升。农民通过参与乡村旅游的发展过程，精神世界和文化生活得到丰富。一些农村结合旅游业的发展需要建设了图书室、文化室，加强了文化传播，一些农村举办了各种培训班，提高了农民的素质。乡村旅游把城市的许多新信息、新理念带到农村，对农民素质和乡风民俗具有潜移默化的影响，使学文化、学技术成了一些农民的自觉行动，许多村民学起了普通话、外语和计算机，全面提升了农民素质。江西省婺源县李坑村发展乡村旅游五年多来，呈现出村风好、民心顺、积极向上的精神面貌。

（四）促进环境保护和可持续发展

发展乡村旅游的农村乡镇，通过开发和保护旅游资源，使广大农民有了很强的环保意识，促进了当地环境资源、生态资源和文化资源的保护，增强了农村地区的可持续发展能力。为了增加旅游吸引力和旅游接待能力，发展乡村旅游的农村更加注重对自然生态环境的保护，更加注重改善道路、水、电、通信等基础设施，更加注重对住房、厕所、厨房的维修和改造，更加重视绿化美化和环境卫生，因而有利于农村自然生态环境和居住条件的改善。

（五）推进农村基层管理民主

发展乡村旅游，以农民为主体，农民可以自愿选择是否参与乡村旅游开发，也可以选择参与乡村旅游开发的方式，还可以自发成立旅游协会、农村经济联合体等行业组织，给农民创造了新的发展机会。乡村旅游具有现代服务业的特性，它的发展为农村引入了现代管理理念。一些地方在基层组织的引导下，农民自主决策、民主决策，促进了农村管理民主，一些农村纷纷成立各种协会，民主管理水平不断提高。

四、村庄旅游规划的概念

村庄旅游规划，是根据村庄所在地区的旅游发展规律和具体市场特点而制定目标，以及为实现这一目标而进行的各项旅游要素的统筹部署和具体安排，是为充分利用村庄功能、发挥村庄效益而从旅游角度考虑的一种规划。

村庄旅游作为一种特殊的旅游形式，其规划应该高站位、高品位，做到既能持续地吸引游客，又能使村庄逐步发展，并能使当地居民从该项活动中获得效益。

五、村庄旅游规划的指导思想

（一）可持续发展思想

在规划哲学理念上，可持续发展已经成为全世界的共识。对于可持续旅游开发，世界旅游组织在 1990 年曾经提出过八条原则，可以概括为：区域整体性原则、生态性原则、可持续原则、公平原则、充分的信息与沟通、地方公众主导、规划分析优先、良好的规划监测。在规划理念上，可持续旅游开发强调文化的完整性和生态过程，强调对自然和文化生态的保护和延续。

在村庄旅游规划中，更应该倡导可持续发展思想，因为乡村环境和乡村文化本身的脆弱性特征，要求在可持续发展原则的指导下，有效地开展村庄旅游规划工作，以便对乡村资源进行科学性开发、培育性开发，从而保障村庄旅游的持续性健康发展。

（二）村庄参与思想

1997 年 6 月，世界旅游组织、世界旅游理事会与地球理事会联合颁布了《关于旅游业的 21 世纪议程》，明确提出将地方居民作为旅游业发展的关怀对象之一，并把村庄参与当做旅游发展过程中的一项重要内容。

村庄参与是体现村庄因素和居民意志的有效机制，在乡村旅游规划中实施村庄参与能够协调村庄居民与当地政府、开发商、旅游者等之间的关系，实现各方的利益诉求，也有助于规划与当地环境、村庄和文化协调一致的产品，从而有利于实现旅游业的可持续发展。

（三）生态旅游思想

从 20 世纪 80 年代以来，生态旅游在西方就开始受到高度重视，并逐渐成为旅游市场中增长最快的一个分支。生态旅游是一种不以牺牲环境为代价，与自然环境相和谐的旅游，是以亲近大自然为主题的旅游。生态旅游更强调对自然景观的保护，是一种具有可持续发展意义的旅游方式。同时，生态旅游还把环境教育、科学普及和精神文明建设作为核心内容。

六、村庄旅游规划的基本内容

村庄旅游规划主要包括旅游产业发展规划和旅游开发建设规划。其中，旅游产业规划主要包括旅游发展战略、旅游形象规划、主题产品设计等；旅游开发建设规划包括基础设施规划、服务设施规划、配套设施规划、环境保护规划、投融资规划、市场营销规划等。

旅游开发建设规划基本上融入村庄建设规划中，本章不再赘述。如果一个村庄需做旅游规划，那么旅游产业规划是其核心。

第二节　村庄旅游产业规划

旅游产业规划的制定是发展村庄旅游最基础和最重要的工作。产业规划的好坏不仅决定着近期村庄旅游的发展水平，而且直接关系村庄旅游的未来和长远目标的实现。因此，必须从科学发展的角度，以资源为基础，以市场为导向，以效益为目标，在优势分析、市场论证的基础上科学制定规划。

一、村庄旅游发展战略规划

（一）战略的概念

战略是确定企业长远发展目标，并指出实现长远目标的策略和途径；战略是企业面对激烈变化、严峻挑战的环境，为求得长期生存和不断发展而进行的总体性谋划；战略是指根据市场现状及远景预测，结合自身资源基础，规划的企业发展轨迹和确立的企业奋斗目标。无论给“战略”赋予何种定义，其本质都脱离不了经营环境分析、未来发展预测、远景目标设定、勾画远景目标轨迹和制定战略策略等要素。

（二）村庄旅游发展战略的特征

村庄旅游发展战略是设立旅游远景目标并对实现目标的轨迹进行的总体性、指导性谋划，属宏观管理范畴，其主要特征如下。

(1)指导性。村庄旅游发展战略需指出旅游发展方向、远景目标，并筹划实现目标的发展轨迹及指导性的措施、对策，在旅游经营管理活动中起着导向的作用。

(2)全局性。村庄旅游发展战略着眼于未来，通过对旅游大环境的深入分析，结合自身资源，站在系统管理高度，对旅游的远景发展轨迹进行全面的规划。

(3)长远性。兼顾短期利益，村庄旅游发展战略着眼于长期生存和长远发展的思考，确立远景目标，并谋划实现远景目标的发展轨迹及宏观管理的措施、对策。除根据市场变化进行必要的调整外，制定的战略通常不能朝令夕改，具有长效的稳定性。

(4)竞争性。竞争是市场经济不可回避的现实，也正是因为有了竞争才确立了“战略”在经营管理中的主导地位。面对竞争，村庄旅游发展战略需要进行内外环境分析，明确自身的资源优势，通过设计适当的旅游模式，形成特色经营，增强对抗性和战斗力，推动旅游可持续发展。

(5)系统性。立足长远发展，村庄旅游发展战略确立远景目标，并需围绕远景目标设立阶段目标及各阶段目标实现的经营策略，以构成一个环环相扣的战略目标体系。

(6)风险性。任何一项决策都存在风险，村庄旅游战略决策也不例外。市场研究深入，行业发展趋势预测准确，设立的远景目标客观，各战略阶段人、财、物等资源调配得当，战略形态选择科学，制定的战略就能引导村庄旅游健康、快速的发展。

（三）村庄旅游发展战略的主要内容

村庄旅游发展战略应确定旅游发展方向、旅游长期战略目标和短期战略目标、实现目标的主要手段等，其中，长期战略目标和短期战略目标是制定和实施旅游发展战略的核心内容。旅游长期战略目标是旅游发展的总体目标，短期战略目标是包含在长期战略目标内的、阶段性的、分解后的战略小目标。

确定长期目标的内容，应清楚简洁和量化，长期目标应符合市场规律，是可实施的计划，而且长期目标应是动态的，并可随环境改变而及时调整。

短期目标是用来实现长期目标的阶段性分解任务的，是对长期目标的深入评价和实际工作开展。短期目标实际工作开展应按照各目标的轻重缓急顺序进行。顺序一旦确定，即能建立短期目标以实现长期目标。

二、村庄旅游形象规划

旅游形象是指旅游目的地(包括其旅游活动、旅游产品及服务等)在人们心目中形成的总体印象。旅游形象规划是受企业CI策划的启发和广告业的影响带动，以及国内旅游业的迅猛发展等综合因素的作用下，在对旅游地和旅游景点的传统意义认识基础上形成的一种全新的形象识别和营销系统。通过旅游形象的定位、主题口号的提出、视觉形象的设计与推广等基本形象战略可以极大地促进区域旅游业的发展。

(一)村庄旅游形象规划应遵循的基本原则

(1)优势集中原则。村庄相对其他旅游客体范围较小，所以在塑造旅游形象时一定要集中优势，聚焦到某一点上凸显，让其他形象围绕它扩散出光环，而不能抵消和削弱它。

(2)个性专有原则。旅游形象的个性是指一个旅游地区在形象方面有别于其他地区的高度概括的本质化特征，是区域自身多种特征在某一方面的聚焦与凸显。这种特征往往是透过文化这个深层面折射出来的。它可以是历史的、自然的或社会的，也可以是经济的、政治的或民族的。

(3)生态突出原则。生态旅游是现代旅游活动发展的必然趋势，村庄旅游形象更应强调人与自然的和谐发展，在旅游标志、宣传口号上尽量突出生态旅游的主题。

(4)形象鲜明原则。根据旅游形象的时空规律，特别是信息内容和传播渠道对形象认知的影响，塑造易懂易记、形象鲜明的村庄旅游形象。

(二)村庄旅游形象规划的内容

(1)景观形象规划。景观形象规划包括引景区形象规划、村庄核心景区形象规划、重点景区形象规划、辅助景区及设施形象规划等。其中，村庄核心景区是构成村庄旅游区形象的核心区，应通过景区核心景观、主体景观、文化核心要素等凸显村庄旅游形象。

(2)文化形象规划。高品位旅游形象的塑造要依靠高品位旅游文化的塑造。文化形象规划包括村庄主形象文化规划、建筑及装饰小品文化规划、旅游企业文化规划等。

(3)大众形象规划。大众形象规划包括媒体宣传规划、节庆活动规划、服务形象规划等。各个环节都要给游客良好的印象，从而合力打造优势的村庄旅游形象。

三、村庄旅游主题产品规划

发展旅游的村庄要根据自身条件，找准自己的发展方向，进行旅游主题产品规划。经过多年发展，村庄旅游主题发展方向主要有观光休闲、体验参与、学习教育、品尝购物等。

(一)观光休闲旅游

(1)观光休闲种植业，指具有观光休闲功能的种植业。可根据当地气候与土壤等条件，种植适销对路的观光作物，如万亩青纱帐、成片向日葵等，为游客提供观光、休闲、参与、追忆的场所。

(2)观光休闲林业，指具有观光休闲功能的林场、果园、造型植物区等，为游客提供观光、野营、探险、避暑、科考的场所。

(3)观光休闲牧业，指具有观光休闲功能的牧场、养殖场、狩猎场等，为游客提供观光、放牧、狩猎、骑乘的场所。

(4)观光休闲渔业，指具有观光休闲功能的滩涂、湖面、水库、池塘等水体，为游客提供观光、捕捞、垂钓的场所。

(5)观光休闲副业，指具有观光休闲功能的农产品深加工、工艺品制造等，为游客提供观光、参与、品味的场所。

(6)观光休闲生态农业，指具有观光休闲功能的农林牧渔土地综合生态利用模式，如林果粮间作、农林牧结合、桑基鱼塘等农业生态景观，为游客提供观光、教育的场所。

(二)体验参与旅游

(1)DIY活动中心。DIY即“do it yourself”，自己动手做的意思。例如，乡村特色传统工艺品DIY、乡村传统糕点食品DIY、乡村游戏工具DIY等。

(2)租赁农园。租赁农园模式是指农民将土地或家畜出租给市民，市民通过养殖或种植这些动植物获得农事体验，农民从中收取一定租金的一种体验旅游形式。其主要目的是让市民体验农业生产过程，享受耕作乐趣。多数租用者只能利用节假日到乡下作业，平时则由农园提供者代管。农业租赁所生产的农产品一般只供租赁者自己享用或分赠亲朋好友。

(3)民俗体验，即以乡村和少数民族地区特有的传统建筑、居民生活习俗、传统农事活动、传统文化和节庆、奇异风情等为基础，开发形成独特地域和民族风情的乡村旅游项目。

(三)学习教育旅游

(1)学习农园，是指部分学校在假期将学生安排到某些农村去体验生活或参与农村建设，如中学生的“勤工俭学”活动、大学生的“三下乡”活动及实习活动。活动目的主要是培养青少年坚韧、朴实、健康、正直的人格。

(2)乡村博物馆。集中展现乡村文化历史的旅游产品，所涉及的内容深入传统乡村生活的所有领域，包括农业生产、传统艺人制作、传统生产工具和交通工具、传统经营项目、当地的娱乐生活、著名的地方事件和宗教事件、遗址、传说与民间故事、寓言和方言、地方音乐、民间体育、特色餐饮等，可以是室外保留的项目，也可以是室内陈列的展品。

(3)乡村野营，是指游客选择地势比较平坦的地方，利用帐篷、睡袋、汽车旅馆、小木屋等开展郊野旅游或郊外过夜，享受大自然的野趣。

(4)乡村俱乐部。例如，在原来知青集中的乡村建立“知青俱乐部”；开展“知青回‘家’游”；利用水库、湖泊、鱼塘、河段建立“垂钓俱乐部”；选择适宜的地方建设“乡村高尔夫球俱乐部”或“乡村高尔夫球练习场俱乐部”等形式多样的乡村俱乐部。

(四)品尝购物旅游

(1)特色饮食。乡村特色食品主要有以下特征：①选用当地特色原料制作而成；②是当地比较有名的传统食物，如洪泽湖边上的“小鱼锅贴”、东北山村的“小鸡炖蘑菇”、黎族的“竹筒饭”等；③按照乡间作法烹制而成，例如，在以米饭为主食的乡村，大多使用铁锅、柴火烧饭，烧出来的味道特别香；④符合现代健康、营养、“绿色”无公害的现代潮流，一些乡间传统的“粗、杂、野”的食物中，含有现代健康饮食所不可或缺的成分。

⑵特色纪念品。乡村纪念品是有着在乡村旅游过程中所购买的具有鲜明地域、民族特色、体现乡村地方文化，具有纪念意义的特色商品。其中包括工艺美术品、土特产、民俗产品、文化类。

第三节　村庄旅游产业规划实例
——河北省正定县高平村旅游产业规划

河北省正定县高平村是河北省旅游局指定的“河北省首批乡村旅游规划示范点”之一。高平村地处冀中平原，距省会石家庄市 26km。高平村具有光荣革命传统，其地道遗址具有较高的革命历史价值、文化价值和军事价值，是电影《地道战》的原型村。高平村现有耕地5716 亩，人均耕地 1.19 亩。高平村耕地基本为水浇地，其中实现地下管道灌溉的有 3600 亩。高平村经济结构以农业为主，主要种植小麦、玉米等。该村养殖业有一定发展，主要养殖奶牛、鸡等。另外，该村食用菌栽培有一定规模。

一、旅游产业规划思路

根据高平村特点，规划组提出“红绿并重、重视互动”的旅游产业规划思路，明确了其开发方向。

(一)“红色+绿色”

高平村乡村旅游发展要突出“红色”主线，体现“红色”特征，发挥“红色旅游”的革命传统教育功能。同时，高平村乡村旅游发展不能脱离绿色农业的发展，要重视“绿色”，建设生态农业、体验农业、高科技农业的观光、采摘园区。

(二)“观光+体验”

高平村旅游发展要重视观光与体验的紧密结合。对于“红色”部分，通过项目设计，使游客在参观地道、观看电影之后，还能够参与到“抗战”“攻防”等活动中来；对于“绿色”部分，要把观光农业同采摘农业紧密结合；对于“民俗”部分，要使游客能够充分地体验民俗的乐趣与魅力。

二、旅游产业规划提要

(一)战略发展方向

⑴大、中、小学爱国主义教育基地、素质教育基地、德育教育基地。

⑵地下、房内、房上三维立体作战体系的国防教育基地。

⑶生态农业、休闲农业、高科技农业示范基地。

⑷室内室外相结合的活的农业博物馆。

⑸都市周边的休闲度假乡村。

⑹抗战影视拍摄基地。

（二）战略目标

通过旅游项目的实施，准确定位高平村的发展方向，做到乡村旅游与社会主义新农村建设、文明生态村建设统一方向、统一步调，使高平村村容整洁、村民富足、村风纯正，成为河北省乃至全国的乡村旅游示范点。

（三）战略措施

(1) 与河北省团委及石家庄市团委联合组建河北省、石家庄市红色教育基地。

(2) 与河北省军区合作，组建三维立体作战体系军事教育基地。

(3) “媒体+旅游公司”，打造与宣传《地道战》原型村的优势形象。

(4) “投资商+村民组织+专家团队”，形成生态、休闲、高科技农业开发经营合力，开创河北省省会周边农业旅游新局面。

（四）战略宣传口号

(1)《地道战》原型村——河北 · 正定 · 高平。

(2) 到高平去——做一天农民，当一天民兵。

(3) 走进地道，触摸历史；拥抱高平，亲近农村。

(4) 走进地道，回忆硝烟战火；漫步田园，体验幸福生活。

(5) 保家卫国，昔日抗战胜地；怡田乐园，今朝和谐乡村。

（五）高平村旅游框架设计

高平村旅游框架设计见图 15-1。

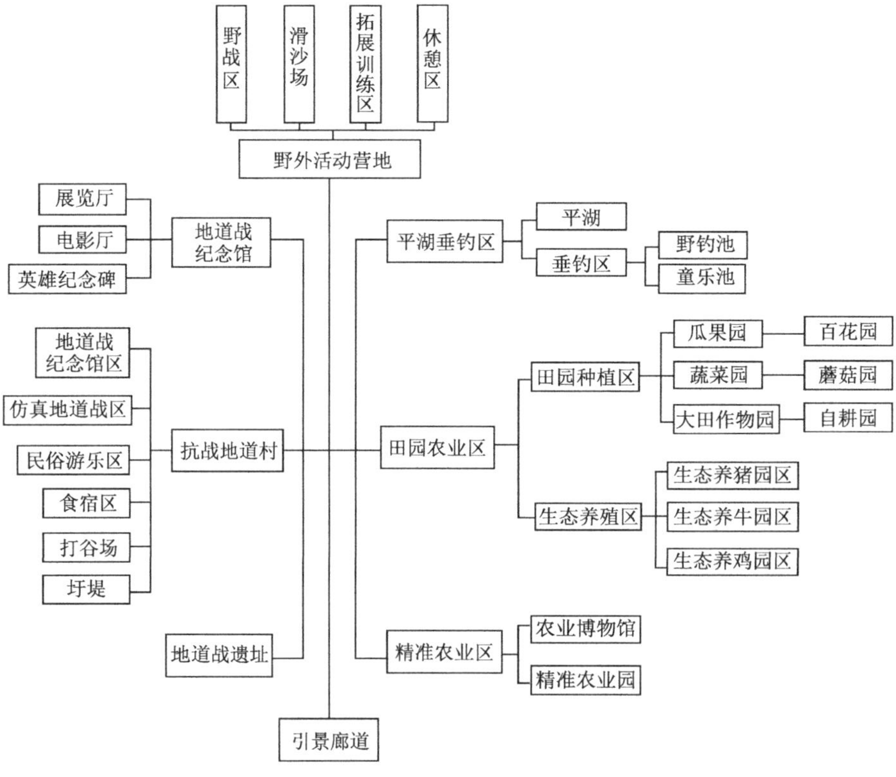

图 15-1　高平村旅游框架设计

(六)旅游接待设施规划

近期组织农户进行家庭旅馆建设，规划建设床位300张，满足军训学生需要。餐饮以农户、现有饭店为主，村集体组织协调。

中期在抗战地道村进行村集体旅馆建设，规划建设床位500张，满足休闲度假游客需要。在抗战地道村建设村集体饭店，营建大锅饭、自采自做等餐饮方式，创建特色餐饮。

远期建设农业专家楼等高档接待设施，规划建设高档床位200张，在中期特色餐饮的基础上提升档次。

(七)旅游标示设施规划

在主要景点、旅游道、停车场、宾馆、服务街、旅游公厕、公用电话亭，设置规范、醒目的公共信息指示牌和公共信息图形指示牌。指示牌、地图、路标、标志等，采用枪支、炮弹、农作物等图案，尽量与环境协调，明显而又融洽。

(八)旅游商品开发规划

1. 红色旅游商品

红色旅游商品主要有：军用设备模型，如炮架、土地雷模型、枪支模型、老式电话等。地道模型，如地道全景模型、灶台、马槽等局部精细小模型；其他可活动或可拆式模型，如纺车、磨、水井、农舍、煤油提灯等；野战装备，如沙地迷彩服、军事地图、指南针、多用小军刀、水壶、背包等；民兵服装，如便鞋、白手巾、白褂、腰带、烟袋等；简易设备制作，如火柴枪制作、千层底布鞋制作等。

2. 绿色旅游商品

绿色旅游商品有：农业劳作工具，如春夏秋的田间耕作，舂米、推磨、喂牛、打水等；农产品采摘，如花生、蘑菇、西瓜、玉米、草莓、苹果、桃、核桃、枣等；生态禽蛋，如散养笨鸡、笨鸡蛋、保健鸡蛋等；特色农家饮食，如热切丸子、葡萄药酒等。

3. 农家艺术品

农家艺术品主要有：手工艺品，如剪纸、风筝等民间手工艺的现场制作、表演、展卖；泥吧、陶吧、面吧，供游客亲手制作陶器、泥塑、面塑作品；木作坊，使游客学习加工木制品的零件、组装、上色。

第五篇　村庄规划技术与管理

第十六章　村庄规划管理

第一节　村庄管理概述

一、村庄管理的概念

村庄管理是村庄发展与建设的一个重要的组成部分，它涉及村庄的各个方面，具体而言，村庄管理是指各级政府和村庄行政部门，为实现村庄规划发展和建设目标，而对村庄发展与建设和规划所进行的决策、规划、组织、指挥、协调、监督和服务等的一项综合性活动。

决策是决定村庄发展所制定的目标，在种种发展的可行性发展方案中筛选出适合于村庄发展的方案的过程。根据选定的目标确定村庄发展的方向、目标、规模，确定村庄发展的结构、空间布局，确保村庄的有序、健康、快速发展。

规划是对村庄未来发展的具体安排，是对未来发展的管理依据。规划的目标、方针、具体的战略部署安排都是村庄建设和发展的具体落实的任务。

组织是实现目标和部署的行政行为，村庄建设与发展的目标和部署要实现，就必须进行必要的组织安排。因此，村庄建设与发展必须建立一个高效的组织系统，指导安排各项事业的建设和部署的落实，使各项工作有计划、有步骤地进行。

指挥是通过组织系统，依据国家和各级政府的法律、法规、政策、条例，各种建设的标准规程，作出指示，发布命令，组织协调各部门、各团体及个人所落实要求，组织各种建设活动。使得村庄建设在协调、稳健中发展。

控制是决策和规划的目的，是使村庄健康、有序发展的前提。只有控制好，才能使村庄各项建设和事业的发展按照理性的、有步骤地发展和建设；才会实现既定的目标。合理、有效地控制使村庄建设处在理想状态之中，可以按照规划的目标进行建设和发展。

协调是村庄建设与发展的重要措施，无论是决策、规划、组织、指挥、控制，还是具体到某一项具体事情、事务，协调的作用就是处理各种矛盾的最好方式。

二、村庄管理的任务、依据与原则

(一)村庄管理的主要任务

总任务是认真执行国家有关村庄的方针、政策，以国家村庄建设法规为准则，科学地组织和领导村庄建设和规划的各项活动，正确处理村庄建设活动中的各种问题，促进村庄建设和规划事业的健康发展。具体有以下几个方面：①贯彻执行国家有关村庄发展与建设的方针、政策和法规；②落实各级政府和相关部门制定各种规划；③组织编制或调整完善村庄规划和建设计划；④完成上级政府部门安排的各项任务和统计报表；⑤沟通农民意愿与上级政策的要求；⑥组织或指导实施村庄规划，控制和监督各项建设活动；⑦组织和督促对村庄基础设施实施与村庄环境的维护管理；⑧探索研究村庄建设自身的发展规律，提高管理水平。

(二)村庄管理的依据

村庄管理的依据主要有四个方面：①政策制度；②法律法规；③规划和计划；④农民意愿。

(三)村庄管理的原则

根据村庄规划建设的基本要求和一般法则，村庄建设管理应遵循以下基本原则。

(1)目标管理原则。以目标作为监督村庄建设和管理活动的指南，随时对照目标纠正实施中出现的偏差，以保证村庄建设任务和管理任务能够出色地完成。

(2)依法管理的原则。随着村庄的发展，村庄建设管理的分工越来越细，管理的内容越来越多，而且由于管理对象隶属关系不同，条件千差万别。村庄行政主管部门需要处理好各种关系和矛盾，这就决定了村庄管理具有社会面广、政策性强的特点，并且必然要以村庄建设的法规为准绳，依法治村，依法行政。

(3)依靠群众的管理原则。村庄管理涉及千家万户，村庄管理的好坏，直接关系广大农民的切身利益和社会的稳定，因此，村庄管理者要走出去，面向公众，引导和发动群众，让大家了解国家有关村庄建设的法律法规、建设方针和重大规划部署，把贯彻执行好村庄建设方针和实施村庄规划变成广大群众的自觉行为，使广大群众主动配合相关部门，做好村庄管理工作。

(4)整体效益原则。村庄是一个由自然、经济和社会组成的复合系统，村庄管理的任务就是实现村庄复合系统的结构优化和整体功能的充分发挥。因此，实现村庄建设与发展的经济效益、社会效益和生态效益的有机统一，是村庄管理的出发点和归宿。为此，必须实行“统一规划、合理布局、综合开发、建设配套”的方针，用系统的观点全面地分析影响村庄管理的一切因素和条件，以及这些因素、条件之间的关系，然后在此基础上拿出多种方案，加以对照、比较、论证，择优进行选用。

第二节　村庄的行政管理

一、行政管理要求

坚持服务农民、依靠农民，完善农村社会管理体制机制，加强农村村庄建设，保持农村社会和谐稳定。健全党和政府主导的维护农民权益机制，拓宽农村社情民意表达渠道，做好农村信访工作，加强人民调解，及时排查化解矛盾纠纷。农村广大干部要进村入户做好下访工作，切实把矛盾和问题解决在基层、化解在萌芽状态。深入开展平安创建活动，加强农村政法工作，推进农村警务建设，实行群防群治，搞好社会治安综合治理。建立健全农村应急管理体制，提高危机处置能力。巩固和发展平等团结互助和谐的社会主义民族关系。全面贯彻党的宗教工作基本方针，依法管理宗教事务，反对和制止利用宗教、宗族势力干预农村公共事务，坚决取缔邪教组织，严厉打击黑恶势力。

行政管理是指依靠行政组织，运用行政力量，按照行政方式来管理村庄建设活动的方法。它在村庄规划中起着重要的作用，是执行村庄管理的必要手段。村庄行政管理是最基层的执行管理，要认真执行科学的行政管理，必须以客观规律为基础，按照国家所采取的每一项行政管理措施和指令，尽可能符合和反映客观规律及经济规律的要求。主要包括以下几方面：①研究和制定村庄规划与建设的战略目标及发展目标，编制村庄各类规划；②进行村庄行政管理的组织与协调；③对村庄规划建设活动进行监督，保证村庄规划的实施和建设目标的实现。

二、村庄行政管理的内容

(1)把维护农民合法权利作为村庄公共管理的主要目标。通过现代村庄公共管理，着力解决农村社会最突出的问题，使农村公共管理能够正确处理政府与农民间的关系。

一是按照现代公共管理的要求，优化村庄管理职能，把主要的职能放在社会管理和公共服务上；二是充分发挥村民自治在乡村治理中的作用，切实充分发挥乡村内部的自主性力量在公共服务供给、社会秩序维系、冲突矛盾化解等多领域的基础作用；三是积极引导和鼓励发展农村新型合作经济组织，尽快改善农村新型合作经济组织的法律和宏观政策环境；四是按照建立现代乡村公共管理的要求，积极推进村庄行政改革。

(2)健全村民自治的各项具体制度规定。在《中华人民共和国村民委员会组织法》试行多年后，应根据在实行中出现的各种问题，完善村民自治制度的各项具体制度规定，使村民在处理村级事务时有依据可循，保证管理民主的顺利实施。要做到农村各项事务的决定和处理均有法律、法规和政策可依。健全监督机构，完善监督内容。健全监督机构，主要是健全村委会内部成员之间的相互监督、外部群众的民主监督和乡镇政府对村级工作的监督。完善监督内容：一是要做好村务公开，对村务公开的内容要全面和具体，这是实行民主监督的前提和实现民主管理的必要条件。二是村务公开要细致，对民众感兴趣的问题一定要讲清楚，消除群众的疑虑。对财务的管理和监督不应由村干部的亲属插手，应由村民负责。三是建立村级议事机构，村内出现大事、难事都必须通过村民议事机构讨论，征求群众意见，实行民主决策。只有这样，社会主义新农村建设才能取得成效。

三、村庄管理的缺陷及解决方法

要解决好村庄规划与管理跟不上问题。村庄管理的特点就是上有千条线，下由一针穿，事无巨细，要全面贯彻落实，村庄管理具有很大的难度和存在多方面的缺陷。例如，村庄规划建设管理跟不上，主要表现在以下三个方面：一是规划实施管理跟不上，如在农民申请建房时管理人员不能做到现场勘察、放样、监督三到场；二是农民建设质量监督管理跟不上；三是违章建筑处理跟不上。主要原因在于，村庄建设管理机构不健全，管理员队伍不稳定，管理人员素质有待提高。解决管理跟不上：一是要加强乡镇村镇管理办公室建设，保证有办公场所、办公设备(测量仪器、绘图工具等)和必要的办公经费。二是要稳定村镇建设管理人员队伍。每个乡镇村镇建设管理办公室都必须配备1名以上的专职管理人员。管理人员的办公经费和人员工资列入同级政府财政预算，实行全额拨款。同时，乡镇村镇建设管理办公室实行垂直管理，以减少地方和部门利益及各种关系对村镇规划建设管理的干扰。三是建议配备村一级的规划建设管理员(可由村地监察员兼任)，纳入村级几大员的管理，以解决乡村规划建设管理中工作量大、管理跟不上的问题。四是要加强培训，提高管理人员水平。要按照不同层次，分期分批地开展村镇规划建设管理人员专业知识和法律法规培训，并建立和形成规划建设管理培训制度，做到经常学习培训。

总之，村庄的管理要在不断地发展中逐渐完善，通过实践，克服管理不完善和存在的缺陷。使村庄行政管理成为村庄建设与发展的有力的组织者。

第三节　村庄土地管理

一、贯彻执行基本国策

土地制度是农村的基础制度。按照产权明晰、用途管制、节约集约、严格管理的原则，进一步完善农村土地管理制度。土地资源是农民的生存基本生产资料，也是农民生活的基本保障，农村土地管理关系每个农民的切身利益，因此对于土地资源的管理，要引起高度重视。因为我国人多地少，土地资源相对短缺，所以必须坚持贯彻“十分珍惜、合理利用和切实保护耕地”的基本国策，以搞好农村国土资源管理为总目标，推进社会主义新农村建设与发展。

(一)大力宣传相关法律法规，提高农民的法制意识

农民是推进社会主义新农村建设的主力军，农民的法制意识如何，直接影响社会主义新农村的建设进程，影响国土资源管理工作的开展。因此，在农村必须大力宣传国土资源管理的有关法律法规，达到家喻户晓，人人皆知，提高农民的法制意识，增强农民学法、用法、守法的自觉性，调动农民参与这项工作的积极性，确保国土资源管理工作的顺利进行。

(二)搞好土地规划和人居环境治理，改变村容村貌

要做好村庄土地利用总体规划，要与村庄规划相协调与衔接；要搞好农村新建住房的布局，控制土地容积率，引导建设楼房式住宅，提高土地利用率和利用效益；要搞好村庄地籍调查，绘制地籍图，建立地籍档案，为规划提供基础资料。对村庄规划和实施的形式可多种多样；对老村盘，采取先规划，逐步实施。一是对经济条件差的地方，采取老房可继续住，翻新旧房时，再执行规划的办法；二是对经济条件允许的地方，可规划好后，一步到位执行规划。对于新村盘或新批的宅基地，要搞好规划，并严格执行规划。对于矿区的村庄，要搞好预测和评估，塌陷稳定后，且仍能生活居住的煤矿塌陷区村庄，也按老村盘的方式实施；对于塌陷后积水不能居住的，要搞好新村盘选址、新村庄的规划和实施，实现新村新面貌。在规划的基础上，要加强农村环境整治，重点建设村内道路、给排水和垃圾处理等公共设施，引导和帮助农民切实解决住宅与畜禽圈舍混杂问题，改善农民生活居住条件、环境卫生状况和村容村貌。

（三）深化农村土地使用制度改革

深化农村土地使用制度改革：一是深化农村土地使用制度改革，依法试行农村集体建设用地流转；二是推进征地制度改革，积极开展征地制度改革试点工作。提高征地补偿标准，保证征地补偿款按时足额到位。确保被征地农民不因征地而降低生活水平，切实保障被征地农民的利益。

（四）控制建设用地规模，加强基本农田保护

控制建设用地规模，加强基本农田保护：一是切实保护耕地特别是保护好基本农田。做到“三个不能”，即总量不能减少、用途不能改变、质量不能下降。二是严格执行土地管理法律法规。做到“三个依法”，即依法管地用地、依法审批土地、依法查处各种违法违规行为。三是加强土地规划管理和用途管制，不得随意改变农用地的用途。四是充分运用价格机制调控土地，抑制多占、滥占和浪费土地。

（五）积极筹措资金，支持土地开发整理

建设社会主义新农村，要坚持“多予少取放活”的方针，重点在“多予”上下工夫。一是依法严格收缴“涉土”的耕地占用税、耕地开垦费、新增建设用地有偿使用费、土地出让金等各项费用；二是使用好这部分资金，切实用于土地开发整理复垦和“空心村”治理。

（六）要禁止乱采、滥采矿产资源

农民由于技术和管理水平低，就地开矿、采矿会造成粗放经营、环境污染和安全问题，必须严格控制矿产资源的开采管理，禁止乱采、滥采。企业在农民居住地区开矿、采矿也要严格管理，防止环境污染，影响农民的正常生产和生活。在农民居住地区还要搞好地质灾情预测预报，把灾害损失降到最低限度。

（七）规范、合理利用土地资源

土地管理是一项基本国策，节约用地是每个公民的义务，更是建设和国土部门的职责。应以村镇规划为龙头，以乡镇规划为依据，制定小城镇和中心村两级规划，实行建房定点、设施定位、规模定形、用地定量，在“四定”的基础上，制定基本农田保护规划和其他有关专业规划。

二、解决好“空心村”问题

（一）“空心村”的成因

“空心村”是指在农村村庄建设中，由于缺乏科学规划、宅基地管理不严等，村民新建住房沿村界向外扩张，形成村外新房林立、村内破烂闲置的现象。“空心村”不仅浪费土地资源，影响村庄景观，也阻碍了村庄规划的实施。“空心村”是各种因素共同促成的：一是部分村民举家外出务工，家中房屋多年无人居住；二是无规划乱建，有的农民没有报请土地规划部门同意，只是和村干部私下协商得到默许，便占用耕地私搭乱建，造成既成事实；三是一户多宅，一些农民在规划区建新房，而老宅却不拆，原因是年轻人住新房，旧房给老年人居住，或是用来放置生产工具和粮食等。

（二）“空心村”改造的措施

改造“空心村”应做到以下几点：一是要把村庄规划摆在首位，对农民建房坚持先规划，后批地，确保建设有序进行。二是要严格推行“一户一宅”制，鼓励农民拆旧建新，农民新建房屋时，必须签订合同，保证搬进新房后及时拆除旧房；对于“一户一宅”难落实、孤寡老人难安置、贫困户难建房情况，要制定相应的解决办法，如收购旧房预留建房空地、兴建类似敬老院的老人安置房、帮助信贷和适当补偿等。三是在改造“空心村”工作中，要充分发挥农民的主体作用，政府重在引导，拆房、安置、规划、公用设施、补偿标准、经费筹措等事项由村民讨论定下制度，大家共同遵守。四要充分利用空闲地，注重发展庭院经济，这样既可改善村庄的环境，消除“空心村”，又可促进农民增收。

三、规范宅基地的管理和制度建设

（一）建立规范、有序的农村宅基地市场体系

随着社会主义市场经济体制的建立，土地要素市场从无到有逐步建立起来，初步形成了土地市场体系的框架，但农村宅基地市场依旧是一片空白。为完善社会主义市场体系，协调大量潜在宅基地供需，必须建立农村宅基地市场。建立规范有序的农村宅基地市场，形成合理的价格体系，使价格在农村宅基地的有效配置中发挥基础性作用。

（二）农村宅基地超占部分实行有偿使用

首先，通过对农用地的分等定级和农用地价格的评估，将农民实际使用的宅基地对号入座，确定其应向集体土地所有者交纳的租金数额。这样既消除了群众心中的不平，又增加了集体收入。其次，建立“宅田挂钩”管理机制，其实质就是不交宅就交钱。这主要是针对采取行政手段强行收回大量的超占宅基地执行难、容易引起矛盾冲突的情况而采取的一种经济手段。对超过省、自治区、直辖市规定的宅基地使用面积标准的，一律交纳超占费。具体标准应按各地人大制定的《农民宅基地使用权登记条例》规定的标准执行。通过运用上述经济手段，宏观调控农民建房，尽量利用村内空闲地和山坡荒地，不用、少用耕地，尽量使用劣等地，不用、少用优等地。这既有利于规范农民建房用地，又能达到保护集体和国家利益的目的。

（三）引进市场竞争机制，多渠道筹措资金

在村庄建设用地上，充分引进市场竞争机制，用经济杠杆来调节土地供给，促进村庄建设用地向高效、集约方向发展。宅基地整理资金可以是农民自筹，也可以是通过向村民拍卖村内建设用地使用权所得的收益；移民建镇等大规模的宅基地整理还可争取政府的财政支持和有关部门与企业的资助，对土地整理资金实行专款专用。宅基地整理除按规定由用地农民和单位负担外，还可通过建立激励机制，积极鼓励有意参与的个人和单位投入到宅基地整理中来，让农村宅基地整理成为全民性活动。

（四）对农村宅基地进行整理规划

农村宅基地整理必须坚持统一规划、分步实施的原则。农村宅基地整理规划指的是村庄整理规划，即对某一村庄宅基地的利用进行重新安排，包括原有宅基地利用的调整、腾出宅基地的利用、规划扩大宅基地的定位等。在编制农村宅基地整理规划工作中，要坚持高起点、高标准，认真贯彻建设新农村的指导思想。要以城乡一体化规划、农村现代化规划和城镇体

系规划为依据，明确村庄建设的长远规划格局，实行定位、定性、定规模。对进行宅基地整理的村庄规划，要坚持以人为本，把改善农村居民的生活生产环境条件放在首位。要充分重视村内基础设施的配套和建筑物的合理布局。同时，还要注意处理好与原有建筑物的关系，特别是一些竣工时间不长的建筑，可以保留的尽量予以保留。此外，规划要走群众路线，要依靠村民参与，集思广益，充分尊重村民的意见。

第四节　基础设施的管理

一、农村基础设施的主要内容

农村的基础设施应该包括村庄道路、桥梁、供水、排水和污水处理、环境卫生、绿化、供电、邮电、通信等设施。广义的基础设施还应包括农村公共服务设施，即中小学、幼儿园、老年活动室、文化室、卫生室、村庄服务、文教卫生等公益设施。总体上看，我国农村基础设施政策还不够完善，建设资金、技术、运营、管理体制等各个方面均未形成系统完善的政策。

坚持以政府为主导，以农户为服务对象，发展乡村文化设施和文化场所，构建农村公共文化服务网络。结合和配合乡村空间重构，统筹文化、教育、科技、体育和青少年、老年活动场所的规划建设和综合利用，努力做到相关设施能够共建共享，着力解决农村文化设施分散、使用效率不高的问题。特别要注重农村文化设施建设与村庄规划的衔接，提高资金使用效率。

二、大力加强农田基础设施建设

农田基础设施建设包括农田水利工程、耕地保护和生态建设等内容。

在搞好重大水利工程建设的同时，不断加强农田水利设施建设。加大大型排涝泵站技术改造力度，配套建设田间工程；大力推广节水技术；切实抓好以小型灌区节水改造、雨水集蓄利用为重点的小型农田水利工程建设和管理；继续搞好病险水库除险加固，加强中小河流治理。

要大力加强耕地质量建设，实施新一轮沃土工程，科学施用化肥，引导增施有机肥，全面提升地力。增加测土配方施肥补贴，继续实施保护性耕作示范工程和土壤有机质提升补贴试点。农业综合开发要重点支持粮食主产区中低产田改造和中型灌区节水改造。

建设农田生态工程，对于农田要制订计划，逐步实现田、水、路、林、电、村综合治理的规划，有计划地建设高标准、稳产、高产的生态农田；要建立和完善水电、采矿等企业的环境恢复治理责任机制，从水电、矿产等资源的开发收益中，安排一定的资金用于企业所在地环境的恢复治理，防止水土流失。

三、加快乡村基础设施建设

把农村建设成为广大农民的美好家园，必须切实改善农民生产生活条件，科学制定乡镇村庄建设规划。加快农村饮水安全工程建设，五年内解决农村饮水安全问题。加强农村公路建设，确保“十一五”期末基本实现乡镇通油(水泥)路，进而普遍实现行政村通油(水泥)路，逐步形成城乡公交资源相互衔接、方便快捷的客运网络。推进农村能源建设，扩大电网供电人口覆盖率，推广沼气、秸秆利用、小水电、风能、太阳能等可再生能源技术，形成清洁、经济的农村能源体系。实施农村清洁工程，加快改水、改厨、改厕、改圈，开展垃圾集中处理，不断改善农村卫生条件和人居环境。推进广电网、电信网、互联网“三网融合”，积极发挥信息化为农服务作用，发展农村邮政服务。健全农村公共设施维护机制，提高综合利用效能。

要着力加强农民最急需的生活基础设施建设。在巩固人畜饮水解困成果基础上，加快农村饮水安全工程建设，优先解决高氟、高砷、苦咸、污染水及血吸虫病区的饮水安全问题。有条件的地方，可发展集中式供水，提倡饮用水和其他生活用水分质供水。要加快农村能源建设步伐，在适宜地区积极推广沼气、秸秆气化、小水电、太阳能、风力发电等清洁能源技术。从2006年起，大幅度增加农村沼气建设投资规模，有条件的地方，要加快普及户用沼气，支持养殖场建设大中型沼气。以沼气池建设带动农村改圈、改厕、改厨。尽快完成农村电网改造的续建配套工程。加强小水电开发规划和管理，扩大小水电代燃料试点规模。要进一步加强农村公路建设，到“十一五”期末基本实现全国所有乡镇通油(水泥)路，东、中部地区所有具备条件的建制村通油(水泥)路，西部地区基本实现具备条件的建制村通公路。要积极推进农业信息化建设，充分利用和整合涉农信息资源，强化面向农村的广播电视电信等信息服务，重点抓好“金农”工程和农业综合信息服务平台建设工程。引导农民自愿出资出劳，开展农村小型基础设施建设，有条件的地方可采取以奖代补、项目补助等办法给予支持。按照建管并重的原则，逐步把农村公路等公益性基础设施的管护纳入国家支持范围。

四、加强村庄规划和人居环境治理

随着生活水平提高和全面建设小康社会的推进，农民迫切要求改善农村生活环境和村容村貌。安排资金支持编制村庄规划和开展村庄治理试点；可从各地实际出发制定村庄建设和人居环境治理的指导性目录，重点解决农民在饮水、行路、用电和燃料等方面的困难，凡符合目录的项目，可给予资金、实物等方面的引导和扶持。加强宅基地规划和管理，节约村庄建设用地，向农民免费提供经济安全适用、节地节能节材的住宅设计图样。引导和帮助农民切实解决住宅与畜禽圈舍混杂问题，搞好农村污水、垃圾治理，改善农村环境卫生。注重村庄安全建设，防止山洪、泥石流等灾害对村庄的危害，加强农村消防工作。村庄治理要突出乡村特色、地方特色和民族特色，保护有历史文化价值的古村落和古民宅。要本着节约原则，充分立足现有基础进行房屋和设施改造，防止大拆大建，防止加重农民负担，扎实稳步地推进村庄治理。

第五节　环境卫生、村容村貌管理

农村环境问题是城乡差别的主要问题。村庄环境由于投入不足，缺乏管理机构、设施、人员和资金，使得农村环境脏、乱、差，使得村庄环境管理存在许多问题，值得特别关注。村庄的环境卫生、村容村貌的管理，包括村庄的环境卫生与村庄的环境保护的管理和村庄保护的内容。

一、村庄环境管理

(一)村庄环境卫生管理

村庄环境卫生管理是建设新农村达到环境舒适、优美、清洁、卫生的必然措施，它将影响村民的身体健康和村庄的文明程度。所以要采取以下措施管理村庄环境卫生。

(1)建立健全村庄环境卫生制度。制定环境卫生管理标准、落实责任区的划分，坚持检查制度、奖罚制度和家禽圈养、公共场所的管理等内容。配制专职环卫员，负责公共场所街道、公共厕所的清扫、消毒和垃圾清运工作，做到清运及时。

(2)责成村庄住户要发扬“各扫门前雪”精神，实行门前三包，群众动手，处处干净。

(3)生产、经营性垃圾，要谁生产，谁负责，清运到指定地点。

(4)村庄内适当位置要配备和设置垃圾箱和垃圾集中点，并要求村民及单位都要使用和爱护这些设施，建立村民督导小组。

(5)制定村规民约，人人爱惜卫生，建设好垃圾坑、箱、粪坑等设施，不随意倾倒垃圾，实行圈养禽畜，并定时清圈除粪、喷药灭蝇。最好用沼气池处理粪便、垃圾。

(6)不在街道堆放柴草燃料等，并定期进行环境卫生检查评比活动。

(二)环境保护管理

环境保护是我国的一项基本国策。村庄环境保护要坚持“预防为主、综合治理”的方针，坚持“谁开发谁保护、谁污染谁治理”的原则，防止乡镇企业、养殖业的污染。积极开展农村生态建设，保护农村生态平衡。

(1)整合乡镇企业。对于一些规模小、污染严重、无治理能力的小企业关、停、并、转、迁，部分集中到工业园区，不要让乡镇企业污染村庄；对于可改造的企业经过技术改造、改革工艺、更新设备，减少“三废”排放量；对于有条件可治理污染的区域和企业，统一安排到治污点。

(2)加强自然资源的管理。保护自然资源主要是指对土地、水、生物和环境资源的保护，要贯彻土地利用的基本国策和环境保护的基本国策，防止水土流失，防止污染，防止由于人的活动造成破坏。

(3)积极建设生态农业和生态村。可根据农业生态建设的不同模式，结合当地的实际情况选择生态建设的方式，推进农业的生态建设和生态村的建设。

(4)加强村庄的绿化美化管理。充分利用当地的实际情况，搞好绿化美化，如利用住宅、公共场所、房前屋后、道路、渠道两旁搞好绿化；或利用分片包干的办法实行责任制搞好绿化；鼓励农民利用宅院搞好绿化。通过各种绿化措施，达到村庄绿化美化的目标。

二、村容村貌的管理

(一)历史文化遗迹

历史文化遗产保护作为村庄发展战略中的一个重要组成部分，已成为规划建设中不可缺少的内容。村庄历史文化保护不仅意味着文物古迹或历史地段的保护，还包括村庄经济、社会和文化结构中各种积极因素的保护与利用。

保存：一般指各级重点文物单位应根据相关法规及技术规范，不得改变文物的现状(含改造或拆毁）。

保护：一般指对历史建筑、传统民居等文化遗产及其他环境风貌的保护。

防护：一般指重要的安全防护工作，如防震、防火、防洪等，不含对建筑区的具体维护或维修工程。

整治：多指对历史建筑外观、周边环境、基础设施的改善、整理及优化工作。按照“符合历史、照顾习惯、体现规划、好找好记”的原则，确定并设置村庄的道路、胡同名牌，并要加强管理。

（二）建筑风格的管理

各类服务亭店，如售货亭、书报亭、电话亭及信报箱等，为居民提供多种便利和服务，在设置时要注意美观实用、造型精致、色彩鲜明，既要便于人们寻找和使用，又不能影响各项交通和景观。雕塑和建筑小品在创造舒适、优美的环境，加强村庄文明建设方面起着重要的作用。村庄雕塑要体现地方特色和时代精神，要结合与本地有密切关系的历史名人、重大事件和有启迪意义的神话传说，因地制宜地选定村庄的雕塑题材。

（三）道路管理

道路是村庄的骨架，在组织村庄生产和生活方面起着重要作用。道路红线是根据实际需要而科学规划确定的，道路必须规划宽度线，任何建筑物、构筑物不得侵占红线内的空间和地面，任何单位和个人都不得随意掘动路面，禁止在人行道上摆摊设点，停放机动车、兽力车，禁止烧、压、砸、泡及其他腐蚀、损害道路的活动。

第六节　科教文化管理

为了贯彻落实“科教兴国”的基本国策，对于农村的科教文化管理也需高度重视。农村科教文化管理包括农村的义务教育、农民的素质教育和农村卫生事业几个方面的内容。

一、加快发展农村义务教育

发展农村教育，促进教育公平，提高农民科学文化素质，培育有文化、懂技术、会经营的新型农民。巩固农村义务教育普及成果，提高义务教育质量，完善义务教育免费政策和经费保障机制，保障经济困难家庭儿童、留守儿童特别是女童平等就学、完成学业，改善农村学生营养状况，促进城乡义务教育均衡发展。

普及和巩固农村九年制义务教育。对贫困家庭学生免费提供课本和补助寄宿生生活费，建立健全农村义务教育经费保障机制，进一步改善农村办学条件，逐步提高农村中小学公用经费的保障水平。加强农村教师队伍建设，加大城镇教师支援农村教育的力度，促进城乡义务教育均衡发展。加大力度监管和规范农村学校收费，进一步减轻农民的教育负担。在有条件的地方要逐步发展普及高中的义务教育。

二、加强农民素质教育

社会主义文化建设是社会主义新农村建设的重要内容和重要保证。坚持用社会主义先进文化占领农村阵地，满足农民日益增长的精神文化需求，提高农民思想道德素质。扎实开展社会主义核心价值体系建设，坚持用中国特色社会主义理论体系武装农村党员、教育农民群众，引导农民牢固树立爱国主义、集体主义、社会主义思想。推进广播电视村村通、文化信息资源共享、乡镇综合文化站和村文化室建设、农村电影放映、农家书屋等重点文化惠民工程，建立稳定的农村文化投入保障机制，尽快形成完备的农村公共文化服务体系。扶持农村题材文化产品创作生产，开展农民乐于参与、便于参与的文化活动，建立文化科技卫生“三下乡”长效机制，支持农民兴办演出团体和其他文化团体，引导城市文化机构到农村拓展服务。重视丰富农民工文化生活，帮助他们提高素质。广泛开展文明村镇、文明集市、文明户、志愿服务等群众性精神文明创建活动，倡导农民崇尚科学、诚信守法、抵制迷信、移风易俗，遵守公民基本道德规范，养成健康文明的生活方式，形成男女平等、尊老爱幼、邻里和睦、勤劳致富、扶贫济困的社会风尚。加强农村文物、非物质文化遗产、历史文化名镇名村保护。发展农村体育事业，开展农民健身活动。

(一)开展农村劳动力技能培训

健全县域职业教育培训网络，加强农民技能培训，广泛培养农村实用人才。提高农民整体素质，培养造就有文化、懂技术、会经营的新型农民，是建设社会主义新农村的迫切需要。支持新型农民科技培训，提高农民务农技能，促进科学种田。扩大农村劳动力转移培训阳光工程实施规模，提高补助标准，增强农民转产转岗就业的能力。加快建立政府扶助、面向市场、多元办学的培训机制。整合农村各种教育资源，发展农村职业教育和成人教育。

(二)繁荣农村文化事业

要增加对农村文化发展的投入，加强县文化馆、图书馆和乡镇文化站、村文化室等公共文化设施建设，继续实施广播电视“村村通”和农村电影放映工程，发展文化信息资源共享工程农村基层服务点，构建农村公共文化服务体系。推动实施农民体育健身工程。积极开展多种形式的群众喜闻乐见、寓教于乐的文体活动，保护和发展有地方和民族特色的优秀传统文化，创新农村文化生活的载体和手段，引导文化工作者深入乡村，满足农民群众多层次、多方面的精神文化需求。扶持农村业余文化队伍，鼓励农民兴办文化产业。加强农村文化市场管理，抵制腐朽落后文化。

(三)倡导健康文明新风尚

大力弘扬以爱国主义为核心的民族精神和以改革创新为核心的时代精神，激发农民群众发扬艰苦奋斗、自力更生的传统美德，为建设社会主义新农村提供强大的精神动力和思想保证。加强思想政治工作，深入开展农村形势和政策教育，认真实施公民道德建设工程，积极推动群众性精神文明创建活动，开展和谐家庭、和谐村组、和谐村镇创建活动。引导农民崇尚科学，抵制迷信，移风易俗，破除陋习，树立先进的思想观念和良好的道德风尚，提倡科学健康的生活方式，在农村形成文明向上的社会风貌。

三、积极发展农村卫生事业

基本医疗卫生服务关系广大农民幸福安康，必须尽快惠及全体农民。巩固和发展新型农村合作医疗制度，提高筹资标准和财政补助水平，坚持大病住院保障为主、兼顾门诊医疗保障。完善农村医疗救助制度。坚持政府主导，整合城乡卫生资源，建立健全农村三级医疗卫生服务网络，重点办好县级医院并在每个乡镇办好一所卫生院，支持村卫生室建设，向农民提供安全价廉的基本医疗服务。加强农村卫生人才队伍建设，定向免费培养培训农村卫生人才，妥善解决乡村医生补贴，完善城市医师支援农村制度。坚持预防为主，扩大农村免费公共卫生服务和免费免疫范围，加大地方病、传染病及人畜共患病防治力度。加强农村药品配送和监管。积极发展中医药和民族医药服务。广泛开展爱国卫生运动，重视健康教育。加强农村妇幼保健，逐步推行住院分娩补助政策。坚持计划生育的基本国策，推进优生优育，稳定农村低生育水平，完善和落实计划生育奖励扶助制度，有效治理出生人口性别比偏高问题。

积极推进新型农村合作医疗制度试点工作，加强以乡镇卫生院为重点的农村卫生基础设施建设，健全农村三级医疗卫生服务和医疗救助体系。有条件的地方，可对乡村医生实行补助制度。建立与农民收入水平相适应的农村药品供应和监管体系，规范农村医疗服务。加大农村地方病、传染病和人畜共患疾病的防治力度。增加农村卫生人才培养的经费预算，鼓励各种社会力量参与发展农村卫生事业。加强农村计划生育服务设施建设，继续稳定农村低生育水平。

第七节 人口管理

一、人口的基本管理

（一）农村人口素质管理

村庄人口要着重提高农村劳动力的素质：一是通过一系列的文化组织和专业素质培训来提高农民的科学文化素质，利用成人教育增加农村劳动力的科技知识；二是利用积极健康的文化活动增加村民的闲暇文化生活，增强精神文明建设，使之成为社会主义新农村建设中的新型农民；三是利用现代媒体的功能加强对农民的素质教育。

（二）建立农村劳动力的流动管理和人口流动管理制度

加强村庄内人口管理，主要是人口流动造成的不稳定因素，尤其是劳动力的流动状况，要不断地进行登记摸底，掌握本村的常住人口和外来人口迁移情况。

二、农村劳动力就业安置

劳动力的转移是我国农村建设中一个非常复杂的大问题，它事关农村社会安定的问题，对于劳动力的安置要高度重视。伴随农村机械化程度的提高，产生大批剩余农村劳动力是必然的趋势。农村劳动力的就业安置成为未来一个时期我国社会建设中的焦点问题。关于农村劳动力的安置途径主要有三：一是经过转移进入城镇成为城市的人员；二是就地转业，成为农村第二产业和第三产业的劳动力；三是就地消化，即发展农业产业化，增加农业就业的渠道。农民就业的安排与管理则是建设新农村的重要任务之一。农村劳动力转移的管理：一是做好登记、统计工作，做到心中有数；二是根据转化方向搞好技术培训；三是解决农民转移后的后顾之忧，使得出走的农民出去能安心工作，回来能够顺利生活。

三、建立农村社会保障体制

贯彻广覆盖、保基本、多层次、可持续原则，加快健全农村社会保障体系。按照个人缴费、集体补助、政府补贴相结合的要求，建立新型农村社会养老保险制度。创造条件探索城乡养老保险制度有效衔接办法。做好被征地农民社会保障，做到先保后征，使被征地农民基本生活长期有保障。完善农村最低生活保障制度，加大中央和省级财政补助力度，做到应保尽保，不断提高保障标准和补助水平。全面落实农村五保供养政策，确保供养水平达到当地村民平均生活水平。完善农村受灾群众救助制度。落实好军烈属和伤残病退伍军人等优抚政策。发展以扶老、助残、救孤、济困、赈灾为重点的社会福利和慈善事业。发展农村老龄服务。加强农村残疾预防和残疾人康复工作，促进农村残疾人事业发展。

建立农村的社会保障机制，逐步建立覆盖全部农村的社会保障体系，使农民也像城市居民那样，人有所教、病有所医、老有所养，形成一整套完整的保障措施。进一步完善农村“五保户”供养、特困户生活救助、灾民补助等社会救助体系。探索建立与农村经济发展水平相适应、与其他保障措施相配套的农村社会养老保险制度。落实军烈属优抚政策。形成老有所养，生活得到保障，安心农村生产生活。

第八节　村庄资金管理

农村金融是现代农村经济的核心。创新农村金融体制，放宽农村金融准入政策，加快建立商业性金融、合作性金融、政策性金融相结合，资本充足、功能健全、服务完善、运行安全的农村金融体系。加大对农村金融政策支持力度，拓宽融资渠道，综合运用财税杠杆和货币政策工具，定向实行税收减免和费用补贴，引导更多信贷资金和社会资金投向农村。各类金融机构都要积极支持农村改革发展。

资金是农村建设与发展的重要限制因素，资金的管理显得十分重要。村庄资金管理主要是指资金的计划、筹措、运用、监督和控制。

农村资金主要是指从事农村建设发展所用的资金。目前，我国农村基本是一家一户经营模式，农民所拥有的资金基本上是满足个体生产、个体建设和个体经营需求，很少用于村庄的基本建设，这也是农村基本建设落后的一个主要原因。因此，村庄建设所需要的资金来源与管理显得十分重要。

目前，我国农村的资金管理与村庄建设发展的形势有很大的差距，农民不仅贷款难，而且存款也困难，主要是农村的金融业发展缓慢，跟不上形势发展的需要。金融机构一般不在农村设服务点，国家仅有农村信用社在为农村服务，其他银行不在农村设置服务机构，从而造成民间高利贷款非常活跃，影响农村金融业的正常发展。

一、资金的来源与筹措

（一）资金的来源

(1)财政拨款。国家明确制定“城市支持农村，工业反哺农业”的战略方针，这就意味着国家对于农村的建设与发展将有较大的投入与支持，无疑会对农村的建设与发展带来前所未有的机遇。国家的投入是农村加快建设与发展的主导因素，国家财政拨款的增加，能加大、加快农村建设的步伐，因此对财政拨款的管理显得十分重要。财政拨款包括村庄建设(含基础设施、公益建筑)、土地开发整理、农村生态建设、产业扶持等，这些款项基本是专款专用，不得随意挪用，要严加管理。

(2)银行贷款。银行贷款也是农村建设与发展的主渠道之一。银行贷款是金融业融入村庄建设的方式之一，对社会发展起到保驾护航的作用。

(3)集体收入。集体收入主要是指农村资源变更所得收益，如集体土地的转让、划拨、用于建设用地的有偿使用等，还有集体中用于工矿企业的收益。集体收入是村庄建设和发展的资金的重要渠道之一。

(4)利用外资。部分村庄在建设和发展中，可能利用部分外来资金，其渠道有三：一是港澳台同胞、海外侨胞对于家乡的投资；二是部分村庄有某种优势，受到国外投资者的青睐，外商投资建设村庄；三是国家在建设新农村中采取富裕地区帮助落后地区，采取“一帮一，共同富裕”的策略，富裕地区向相对贫穷的村庄给予的资金支持。这些外来资金都是村庄建设中需要认真管理的资金。

(5)群众集资。在村庄建设中有些公益事业需要大家集资完成，群众个人集资也是村庄建设的资金来源渠道之一。

(二)资金的筹措

村庄建设事业中所需的资金往往不是某一种资金所能完成的，应是多方面筹措共同协调完成。因此，在村庄建设和发展中，注意统筹安排，多方筹措，合理安排资金的使用。

二、资金的使用与管理

资金的使用与管理是最为敏感的话题，也是村民最为关心的问题，因此，对于资金的使用与管理要高度重视。资金的使用与管理一般包括制定使用计划、明确资金的使用来源与出处和资金的管理。

(一)制订计划

(1)资金的需求计划。村庄建设计划应根据村庄规划来制定。村庄建设计划应是一项一议，目标十分明确，要做到专款专用。

(2)资金来源筹集计划。正像前面所说，许多建设项目并非是由一种资金所完成，应是多方筹措。因此，要明确制定资金筹集计划。

(3)编制资金来源、使用说明。对于村庄建设项目的资金来源出处、使用方向都要做出明确的说明，并向广大村民做出具体说明与公示。

(二)资金的使用

(1)明确收入。根据计划，说明资金筹集的渠道和筹款的多少，作为项目的总收入。

(2)公布预算。明确项目的工程量、材料的市场价格、各项建设需要资金的数量。

(3)项目建设所采用的方式，包括项目建设者的选择、选择的方式、工程的监理、施工的标准、施工的具体要求等内容。

(4)资金支付。对于资金的支付要有明确规定，如预付的比例、各时段支付的比例、工程不合格处理方式方法等。

（三）资金的管理

(1)资金要专款专用。为了保障建设项目的顺利进行，筹集到的建设项目资金必须专款专用，任何人不得挪用，不允许干其他事项。

(2)专人负责。对于建设项目的筹集款项要有专人负责，并设有专人监管，防止建设资金挪用。

(3)定期向村民公布。根据项目建设情况，要分阶段向村民公示资金使用情况，对于资金出现的问题要征求村民的意见。

(4)要做好资金使用的审计工作。项目工程建设资金的使用情况要不断向资金提供者进行回报，并经过相关部门的审计。

第九节　村庄档案管理

一、村庄档案概述

（一）档案概念

村庄档案管理是指村庄在建设与发展中应归档保存的各种图表、图纸、文字资料，计算材料，影像制品、照片、影片、电子档案及各类光盘等有纪念意义的资料、文件等。

（二）档案的意义与作用

1. 档案的意义

档案是村庄建设与发展的主要记载、记录，是记载村庄发展历史的第一手资料；也是用于村庄建设与发展的基础资料，更是做出村庄规划决策的重要基础资料；村庄的档案记载村庄发展中的大事，将是留给子孙后代的重要记录，同时也是对村庄发展历史上发生的重大事件的记载，为进行村史教育提供原始资料。

2. 档案的作用

档案的作用：①是村庄建设和管理的重要依据；②是村庄建设成就的真实记录；③是村庄规划、设计和科学研究的必要手段；④是村庄建设和发展中技术交流的重要工具；⑤是为各级政府和相关部门规划提供决策的依据。

（三）村庄档案的内容

村庄档案的内容有：①有关村庄建设、设计、规划及相关的法律、法规、规程、标准等；②村庄发展的基础资料(村庄的演变、历史大事记、村庄的名人、历代组织状况)；③村庄管理的基础资料(村庄人口、资源、经济发展、主导产业、基本建设等)；④村庄规划的成果资料(村庄已完成的各种规划资料、上级各部门涉及的规划)；⑤建设项目的可行性论证、规划、工程预算、决算、施工、竣工验收资料；⑥房地产建设与规划资料；⑦每年村庄发展统计资料；⑧村庄建设基础资料。

二、村庄的档案管理

(一)村庄档案的收集

村庄档案的收集是按照国家有关部门的规定，通过例行的接收制度和专门收集的方法，把分散在各个项目的规划人员、施工人员、项目管理人员及各家各户的基础资料，对于需要统计、存档的资料进行收集的过程。

(二)档案的分类

档案的分类方法有很多，如可以按专业分类、按工程项目分类、按专题分类、按时空间分类等。按专业划分，专业包括人口、土地、建设、基础设施、乡镇企业、环境保护、交通等内容；也可以按第一、第二、第三产业划分，如第一产业又可以分为农、林、牧、副、渔等；按工程项目可以划分为建设项目，如交通项目、生态项目、基础设施项目等，按建筑可以分为生产建筑、公共建筑和农业生产建筑等；按专题可以划分为基础设施类、公益建筑类、农业生产类、工副业管理类等。

(三)档案的归档

村庄发展与建设项目要根据国民经济社会统计的需要，逐项列出统计归类，按照实际情况分别建立档案，进行系统整理：一是满足上报的需求；二是满足村庄发展统计的需要。为村庄建设与发展建立完整系统的资料。

(四)档案的保存

(1)建立档案室。有条件的村庄可以建立档案室，较小的村庄也可以与办公室合用，但必须建立档案管理处室，把各种档案妥善保管起来。

(2)档案室的条件。档案室应建立在环境好、空气清新干燥的地方，要保持室内适宜的温度和湿度，要做到“六防”，即防火、防潮、防光、防尘、防虫、防鼠。

第十节　乡村建设规划许可制度

《中华人民共和国城乡规划法》对乡村建设规划许可作出了规定。中华人民共和国住房和城乡建设部制定了《乡村建设规划许可实施意见》，明确了乡村建设规划许可实施的范围、内容，规范程序。

一、乡村建设规划许可的原则

（一）强化管理

按照先规划、后许可、再建设的要求，依法加强管理，规范乡村建设秩序，维护村民公共利益，保持乡村风貌。

（二）高效便民

以服务农民为目标，简化程序，明确时限，提高工作效率，做好事前、事中、事后服务，提高服务质量。

（三）因地制宜

结合实际制定乡村建设规划许可实施细则，建立切实可行的管理机制，明确适宜的乡村建设规划许可内容和深度。

二、乡村建设规划许可的适用范围

在乡、村庄规划区内，进行农村村民住宅、乡镇企业、乡村公共设施和公益事业建设，依法应当申请乡村建设规划许可的，应按本实施意见要求，申请办理乡村建设规划许可证。

确需占用农用地进行农村村民住宅、乡镇企业、乡村公共设施和公益事业建设的，依照《中华人民共和国土地管理法》有关规定办理农用地转批手续后，应按本实施意见要求，申请办理乡村建设规划许可证。

在乡、村庄规划区内使用原有宅基地进行农村村民住宅建设的，各省、区、市可参照本实施意见，制定规划管理办法。

乡村建设规划许可证的核发应当依据经依法批准的城乡规划。

城乡各项建设活动必须符合城乡规划要求。城乡规划主管部门不得在城乡规划确定的建设用地范围以外作出乡村建设规划许可。

乡镇企业是指乡、村庄内的各类企业。乡村公共设施和公益事业包括垃圾收集处理、供水、排水、供电、供气、道路、通信、广播电视、公厕等基础设施和学校、卫生院、文化站、幼儿园、福利院等公共服务设施。

三、乡村建设规划许可的内容

乡村建设规划许可的内容应包括对地块位置、用地范围、用地性质、建筑面积、建筑高度等的要求。根据管理实际需要，乡村建设规划许可的内容也可以包括对建筑风格、外观形象、色彩、建筑安全等的要求。

各地可根据实际情况，对不同类型乡村建设的规划许可内容和深度提出具体要求。要重点加强对建设活动较多、位于城郊及公路沿线、需要加强保护的乡村地区的乡村建设规划许可管理。

四、乡村建设规划许可的主体

乡村建设规划许可的申请主体为个人或建设单位。

乡、镇人民政府负责接收个人或建设单位的申请材料，报送乡村建设规划许可申请。城市、县人民政府城乡规划主管部门负责受理、审查乡村建设规划许可申请，作出乡村建设规划许可决定，核发乡村建设规划许可证。

城市、县人民政府城乡规划主管部门在其法定职责范围内，依照法律、法规、规章的规定，可以委托乡、镇人民政府实施乡村建设规划许可。

五、乡村建设规划许可的申请

进行农村村民住宅建设的，村民应向乡、镇人民政府提出乡村建设规划许可的书面申请，申请材料应包括：①国土部门书面意见；②房屋用地四至图及房屋设计方案或简要设计说明；③经村民会议讨论同意、村委会签署的意见；④其他应当提供的材料。

进行乡镇企业、乡村公共设施和公益事业建设的，个人或建设单位应向乡、镇人民政府提出乡村建设规划许可的书面申请，申请材料应包括：①国土部门书面意见；②建设项目用地范围地形图（1∶500或1∶1000），建设工程设计方案等；③经村民会议讨论同意、村委会签署的意见；④其他应当提供的材料。

乡、镇人民政府应自申请材料齐全之日起 10 个工作日内将申请材料报送城市、县人民政府城乡规划主管部门。

城市、县人民政府城乡规划主管部门和乡、镇人民政府应对个人或建设单位做好规划设计要求咨询服务，并提供通用设计、标准设计供选用。乡镇企业、乡村公共设施和公益事业的建设工程设计方案应由具有相应资质的设计单位进行设计或选用通用设计、标准设计。

六、乡村建设规划许可的审查和决定

城市、县人民政府城乡规划主管部门应自受理乡村建设规划许可申请之日起 20 个工作日内进行审查并作出决定。对符合法定条件、标准的，应依法作出准与许可的书面决定，并向申请人核发乡村建设规划许可证。对不符合法定条件、标准的，应依法作出不予许可的书面决定，并说明理由。

七、乡村建设规划许可的变更

个人或建设单位应按照乡村建设规划许可证的规定进行建设，不得随意变更。确需变更的，被许可人应向作出乡村建设规划许可决定的行政机关提出申请，依法办理变更手续。

因乡村建设规划许可所依据的法律、法规、规章修改或废止或准予乡村建设规划许可所依据的客观情况发生重大变化的，为了公共利益的需要，可依法变更或撤回已经生效的乡村建设规划许可证，由此给被许可人造成财产损失的，应依法给予补偿。

第十七章

村庄规划的主要措施

第一节　村庄与城市社区的异同

村庄和城市的基层社区本意是一样的，是人群的居住地。但因为我国在六十多年的建设中形成了城乡二元化结构，城乡有明显的差异，不仅存在于社会形态，而且存在于意识形态中。

村庄与城镇虽然都是居住区，但由于经济社会的分工不同、生产生活方式不同和文化与意识形态不同，存在着异同点，这是编制村庄规划时必须注意的事项。编制这些规划的人员基本上是学城市规划的人，这就要研究村庄与城市社区的差异性，使他们明确村庄与城市社区有着明显的不同,避免在编制规划时完全按照城市社区规划的办法去完成村庄的规划编制，形成一些脱离实际的、不符合农村生产与生活的、不便实施的村庄规划。

一、村庄与城市社区的相同点

（一）经济社会最基础的空间区域

村庄与城市社区都是最基层的社会组织，是经济社会大系统的末端，是集经济社会空间中人流、物质流、能量流、信息流于一体的综合管理的基层管理机构。都在空间上占据一定的具体位置，都需要一定的建筑物来满足居民的基本需求；村庄的建设要逐步实现统一管理的格局，围绕村庄管理要建设统一的管理机构。

（二）社会最底层的管理组织

它们都需要社会最基层的管理机构，都居住着一定的人群，这些居民都需要有共同生活的基础设施与公益设施。因此，村庄内要有一定的物质基础，即完善的公益设施和良好的基础设施，如基础设施中的道路、给排水、电力、通信、供暖、供气等设施；公益设施中如村庄中的管理中心，小学，幼儿园，卫生所(室)，青少年、老年活动室，图书室，科技室，商业服务设施，敬老院等场所，以满足生活在这个村庄的人们生产生活的物质需求和精神需求。

（三）人的共同文化意识

生活在村庄的人群基本上都有一定的精神文化基础，构成他们生活的精神需求内容，有着相互依赖、相互联系的社会交往习惯，有着共同的理想目标、价值观念、信仰、归属感、风俗习惯，也就是传统的人文文脉，即共同的社会文化意识。

（四）村庄共同的“邻里关系”

生活在村庄的人们都有彼此相互交流的需求，也就是所谓的“邻里关系”问题。农村是我国传统文化的发源地和继承地，因此，各地要因地制宜注意保留传统文化的用地、宗教用地，使得传统文化得以发扬和继承。

（五）所有的村庄建设都需要规划设计

对于城市社区和村庄来说，都需要建设和规划设计，都要在规划指导下进行建设。规划设计要居住环境人性化，生活环境方便化，生态环境要趋向自然化。

二、村庄与城市社区的差异性

（一）生产生活方式的不同

农村的村民基本上是以农业生产为主，由长期农村的自给自足的传统农业发展而来，村庄就构成他们生活的居住空间，生产与生活的方式与城市有着重大的不同点；城市社区的居民基本上是以工业、第三产业为主，城市居民来自五湖四海，基本上属于新移民的居住点，因此，村庄与城市社区有着本质的区别。农民从事农业生产，需要大型农机具的存放，收割粮食的晾晒、储存，这些都是村庄规划中要予以安排的内容。村庄除了不安排工业建设用地外，还要考虑农民的农业养殖用地。

（二）文化的基础不同

村庄基本上是以传统文化为主，沿袭几千年来的农耕文化。例如，农村的乡土文化、孝道文化、宗族文化、宗教文化、祭祀文化、邻里文化，这些特色文化在城市里就远远不同，城市受外来文化影响为主，使得城市文化与农村文化有着明显的不同，由于不同的文化历史渊源不同，文化的理念不同，就使得村庄与城市社区有着深层次的差异，这是在编制村庄规划时必须注意的内容。村庄的建设，要考虑农村传统红白喜事的安排，红事在行政中心的大堂；白事在宗祠，宗祠按姓氏建大、小房间；村边建设纪念堂，按姓氏安排房间。对农村传统人脉继续延伸的思考，农村是传统文化和传统习俗、宗族文化的发源地与继承地，要注意宗族观念、历史人文人脉的继承与发扬，在建设新村庄时，应尽可能按照习俗安排。

（三）生产生活的需求不同

农民生活在村庄中，村庄不仅是居住的空间，而且也是生产需求、交流需求的空间，在这方面就与城市居民有着较大的区别，例如，村庄中建设外来人口居住公寓。我国国情表明，城市人口大部分来源于农村，这些人口逢年过节、清明祭祖等时间要回到老家来，当村庄建设后，没有他们的住宅。因此，各村庄要根据实际情况，酌情安排居住公寓，使得还乡人员能够得到安置。

（四）人与人之间的关系不同

农村是农民长期居住生产生活在一起的环境，甚至世世代代生活在一个村庄中，彼此之间邻里关系、宗族关系、亲戚关系甚密，在生产生活上互相利用、互相关照、互相关系都十分复杂，因此，村庄人与人的关系是规划设计中必须注重的内容。而城市生活中就没有村庄的这些人与人之间的关系。因此，生产生活文化背景的差异是村庄规划设计中的重要环节。

（五）消费观念与消费方式的不同

城市人群属于上班族，基本收入主要来源于工资收入，基本上按月发放工资，相对是有保障的收入来源。城市人依靠工资过活，会出现“月光族”之类的消费方式。而农民的收入来源于土地的农业收入，现在的农民进城务工，工资收入也是个来源。因为收入的不同，对于消费的观念也不一样，这就造成农民的消费与城市人的消费观念不同。农民收入后，主要考虑的是修建房屋、安排儿女婚嫁等事宜，需要长期的积累。

（六）居住环境的不同

按照我国的现状，城市与农村的居住环境有着较大的差异。城市的基础设施、公共服务设施均是由国家投资兴建的，给城市的居民提供一个良好的生存环境，基本上是以人造环境为主，是现代化生活空间的表象；而农村却是以自然环境为主，以原始生活状态为主要形态，农村基本上是由农民自主建设，国家投资较少，所以形成了城乡居住景观的差异。一提起农村就给人一个“脏、乱、差”的景象，农村的路难走、水难吃、电不足、通信不方便等一系列问题构成了城乡之间居住环境的明显的差距；另外，农民精神文化需求的公共服务设施严重不足，使得农民的精神文化生活显得枯燥单一，这也是现代多数农村青年不满足农村生活的主要原因，这也正是我国经济社会发展中存在的主要矛盾之一。

（七）规划的主体与理念的不同

城市社区的建设是在城市规划指导下建设的居住区，是要严格按照城市的控制性详细规划进行建设，政府是城市建设与规划的主体，是一种“自上而下”的规划设计理念；而村庄农民则是规划的主体，对于村庄的规划设计要按照农民的意愿进行规划设计，是一种“自下而上”的规划设计理念。因此，城市建设和村庄建设是有着重大区别的。

第二节　村庄规划未来趋势和发展的对策

一、村庄规划未来趋势

（一）突出村庄规划的综合性、系统性和特色性

村庄规划的综合性、系统性和特色性体现在三个方面：一是强调面上要有“全面建设”的理念，确保村庄规划的全覆盖。完善村庄规划的覆盖面，改变现有建设规划以村庄建设用地为研究对象的局限性，加强对区域内非建设用地的规划控制，加强政治文明、精神文明和生态文明建设的力度，强化村庄综合规划作用的机制。二是完善村庄规划体系和编制内容，加强村庄规划编制深度，从区域的角度出发，建构覆盖乡村全域思路清晰且行之有效的规划体系，发挥村庄规划在土地管理上的作用，保障城乡健康有序发展。三是从城市与村庄两者的角度出发，村庄规划要摆脱沿用城市规划的编制模式，考虑村庄自身特点和特殊性，在促进城乡互动的基础上，形成突出重点的特色规划体系。从村庄自身的角度出发，规划要根据不同村庄各自的资源禀赋和区位条件，对不同类型村庄制定相应的规划要求和策略，突出村庄规划的针对性和特色性，特别注意不要搞成“千村一面”的格局。

(二)加强村庄规划在土地利用中的应用机制

(1)提倡参与式发展和管理。村庄规划管理部门应积极参与农村集体土地进入市场办法的制定、农用地征地目录的制定及经营性、公益性用地分类划定的决策过程。

(2)严控计划实施，健全管理体系。科学制定、严格执行近期建设规划和年度建设计划，结合建设用地年度供应计划对集体建设用地的入市时序和空间进行严格管制，以防止农村集体土地集中进入市场和大量农民卖地进城，增大城市管理难度，以避免出现城镇化失控的局面。建议地方政府根据城乡总体规划、土地利用总体规划、乡村规划及近期建设规划等制定土地征收计划、土地流转计划，并严控计划的编制和实施。

(3)把规划的刚性与弹性结合，提高规划的可操作性。第一，体现在具体的规划内容上，要控制不容违反的刚性内容，放开弹性内容以与市场接轨。例如，公益性用地和经营性用地的界定要考虑用地的动态性，对集体经营性建设用地范围和开发强度控制指标的划定要纳入强制性内容，而用地强度的制定，要采用动态平衡的手法，以区域总量平衡替代原有地块平衡，以实现弹性和灵活性调整。对基本农田、一般农田、其他农用地、生态及水体保护的重点区域的划定要纳入强制性内容，避免开发对耕地及生态资源的侵害。第二，体现在编制方法上，由于乡村地区面广点散，加上经济发展水平普遍较低，在编制经费、编制专业技术人才、适用的村庄规划技术标准等整体缺乏的状况下，针对不同类型农村，编制应灵活调整其内容体系和相应的审批流程及实施管理程序，提供弹性、可选择的引导控制规划方法。通过采取简化与细化并行的方法，防止资金与人力的浪费，提高规划的可操作性。第三，在投资建设主体多元化的趋势下，要摆脱计划调控的编制理念，追求规划理性决策与市场导向的资源配置方式相结合，除一些重要的强制性的内容外，其他内容则给足弹性，以满足发展需求。

(三)加强“多规合一”的发展机制

加强村庄规划与土地利用规划的衔接，形成双规配合指导和调控农村集体土地的局面。在规划编制、审查、审批、实施的各阶段有机协调，采取同步编制、同步调整的方式，在规划期限、规划范围、用地分类标准、土地利用指标、基础性数据、耕地保护指标等方面都要统一。首先，要深化村庄规划体系与土地规划体系的对应衔接，不同层级的村庄规划与对应层级的土地规划对应衔接。然后，在编制内容上重点落实建设用地的规模、布局的衔接。村庄规划建设总用地规模要严格遵循土规给定的规模，并借鉴土规中“边界控制”的理念，与土地规划相协调，划定村庄建设用地规模边界和扩展边界，并在规划用地平衡表或有关数据说明时明确区分规模指标和扩展指标，在充分考虑社会经济发展条件下，合理控制村庄建设用地范围。最后，建立“同编同调、循环衔接”的多规编制组织模式。

(四)寻求差异化的村庄产业发展道路和成长动力机制

村庄规划应当对村庄经济和社会发展的动力机制进行深入研究，以市场为导向选择专业化主导产业，按需分配利用集体建设用地，合理引导各农村的专业化分工，形成多种类型的村庄，如现代农业型村庄、生态休闲旅游村庄、历史文化名村、加工和商贸型村庄等，以获取比较优势和规模效益，形成产业的分区域合理分工协作。尤其对区位和资源条件较好的保留村庄，更应该将特色发扬与村庄经济挂钩，走专业化、差异化发展道路。村庄规划应从村庄经济多元发展、村庄社会和谐发展、村庄空间集约发展、村庄生态安全发展及土地等方面，进行宏观统筹要求和微观建设指导，构建促进城乡一体化的功能体系。

二、从国家层面上要采取的措施与政策

村庄建设对我国来说是一件历史性的任务，也是未来一个时期要完成的重大历史任务，可以说，村庄建设是我国重构山河的千秋万代的大业，是建设和谐社会的主要措施之一。因此，对于村庄建设要从国家层面上予以高度重视，也就是搞好“顶层设计”。

（一）制定长期发展的战略规划

建设社会主义新农村是一个长期的任务，在短时间内是不可能完成的工作。所以，从国家层面上要制定一个长远的发展规划与战略。要充分认识这项工作的长期性和艰巨性，这次农村的变革比起解放初的土地改革、十一届三中全会后的实行联产承包责任制要难得多，是涉及农村几千年的旧的意识观念的彻底改变、农民的“吃、喝、住、行”等生产生活环境的历史性变革，这次变革是农村改天换地的大变革，是重构河山的巨变，也是我国历史上投资最大、建设里程最长的一项艰巨的任务。所以，对于建设社会主义新农村，要做出长远发展规划，要树立长期作战的战略指导思想。

（二）建设相关的法律法规

村庄建设是一个新生事物，也是实现我国建设和谐社会目标的重要措施。因此，为保障村庄健康、稳定、快速的发展，必须建立一套完整的法律法规体系，从根本上提供保障。要从国家、省(自治区、直辖市)制定相应法律法规，明确建设社会主义新农村的法律条款、实施细则，用法律法规保障这项长期实施的建设任务。以村庄的管理为例，村庄的组织领导怎样安排？怎样工作？怎样管理？村庄的建设在某种程度上既不能按照《村民委员会组织法》进行规范，又不能按照《城市村庄居民委员会组织法》进行规范，究竟是如何管理？需要新的组织法来安排。

（三）确定一个权威的管理部门

村庄建设虽然看上去是个较小的区域，但其建设内容却涉及诸多的职能部门，如农村的居住建设、社会建设、经济建设、文化建设、环境建设等内容。所以，它不是任何一个职能部门所能包揽的，要确定一个超越政府诸多职能部门的机构来总管这项工作。要避免众多部门来管，结果形成都不管的格局，如果这样会使得这项工作处于一个尴尬的局面。

（四）正确处理好农村土地所有权和使用权的制度问题

农村的变革不可能不涉及土地制度。我国农村实行的是土地所有权与土地使用权分离的二元化结构。这种制度是在我国这个特殊环境下形成的，这种制度的本身就使得农民不可能把应有生产资料——土地变为自己的财权，使得农民并不能把土地这种生产资料作为生产与生活中的可支配的财产使用。那么，面临这次建设新村庄时，农民的宅基地如何处理？农民承包的责任田如何分配？在建设中搬迁后旧的村庄如何处理？联产承包责任制规定土地使用权三十年不变，这些问题如何处理？等等涉及土地的一系列问题都应有个明确说法，所有这些都涉及我国土地制度的变革，这也是新农村、村庄建设必须要研究的问题。

（五）建立一套适应村庄建设的运营体制

党的十八届三中全会《决定》指出：“加快构建新型农业经营体系。坚持家庭经营在农业中的基础性地位，推进家庭经营、集体经营、合作经营、企业经营等共同发展的农业经营

方式创新。坚持农村土地集体所有权，依法维护农民土地承包经营权，发展壮大集体经济。稳定农村土地承包关系并保持长久不变，在坚持和完善最严格的耕地保护制度前提下，赋予农民对承包地占有、使用、收益、流转及承包经营权抵押、担保权，允许农民以承包经营权入股发展农业产业化经营。鼓励承包经营权在公开市场上向专业大户、家庭农场、农民合作社、农业企业流转，发展多种形式规模经营。”“鼓励农村发展合作经济，扶持发展规模化、专业化、现代化经营，允许财政项目资金直接投向符合条件的合作社，允许财政补助形成的资产转交合作社持有和管护，允许合作社开展信用合作。鼓励和引导工商资本到农村发展适合企业化经营的现代种养业，向农业输入现代生产要素和经营模式。”建设村庄不同于经营城市，所以不能照搬经营城市的思路与策略来经营村庄。这就需要对建设村庄进行尽快的研究，找出一条切实可行的发展道路。对于村庄的建设必须实行政府、市场两手抓，缺一不可。要坚持以政府为主导、市场为辅的运营体制，地方政府与职能部门负责、乡镇领导主管、村委会、村民代表积极配合的管理体制，农民是新村庄的主人，要充分考虑他们的利益，在制定建设的方针政策时，要以农民的愿望为主，统筹兼顾，要做到国家、集体、个人三者利益充分考虑，各得其所。从这个方面分析，建设村庄要比建设城市困难些。但也应看到农民的需求标准并不高，要在充分理解他们的基础上，让他们成为建设的主力军。

(六)确定村庄建设资金的来源和渠道

村庄建设最主要的制约因素就是资金问题。村庄建设主要受益者是农民，但我国大部分地区的农民并不富裕，完全依靠农民的资金来建设村庄就很难实现既定的目标。所以，建设村庄的资金来源要结合我国的实际情况，坚持走多渠道筹措的道路。党的十八届三中全会《决定》指出“赋予农民更多财产权利。保障农民集体经济组织成员权利，积极发展农民股份合作，赋予农民对集体资产股份占有、收益、有偿退出及抵押、担保、继承权。保障农户宅基地用益物权，改革完善农村宅基地制度，选择若干试点，慎重稳妥推进农民住房财产权抵押、担保、转让，探索农民增加财产性收入渠道。建立农村产权流转交易市场，推动农村产权流转交易公开、公正、规范运行。”对于资金的筹集应该是多方面的：一是国家富强了，国家要拿出一定的资金作为村庄建设基础设施、公益设施的基本资金；二是地方政府多方筹措部分资金帮助村庄配套新村庄所需的公共产品；三是农民自筹一些资金用于居住建设。对于农民所有的原来的宅基地、房屋也应视为个人财产，应按照市场价格折价，计入农民投资的一部分；对于农村建设用地用于复垦的土地，按照国家已有的政策要置换为国家建设用地的要给予一定额度的补助，也可以计算作农民投资的一部分，这样就减轻了农民的实际投资的额度。在实际运作中也要发挥银行的信贷作用，利用银行的信贷减轻农民的投入，把建设新农村村庄置放在一个较长的历史时期去完成；还可以利用市场机制，让开发商在建设过程中作为资金的投入者，加快建设的速度，但开发商最终目的是赚钱，国家及各级政府要根据当地实际情况要让开发商挣到钱、又不能谋取暴利，实现政府、开发商、农民共赢的格局。对于有条件的地方积极鼓励引用外资，如侨民多的地方，引入外资加快建设。实际上村庄建设是拉动我国内需的最主要的市场因素。原因一是我国农村数量大、面积广、人口多，农村建设需求量大；二是我国农村大多地区较为贫穷落后，农村住房质量低下，重建、新建的任务量大；三是近些年党和国家实行支持“三农”的政策，农民得到实惠，变得富裕起来，农民改变与改善物质生活的条件具备了，农村亟待变革的形势十分迫切；四是国家贯彻建设和谐社会的发展目标，国家对农村建设的力度加大。这些都给农村建设与发展带来了前所未有的发展形势。

三、从市场角度要建立效率机制

（一）坚持政府与市场两只手齐抓共管的发展机制

我国正在建立社会主义市场经济体制，市场经济的发展给新农村建设注入了活力。实践证明，在我国建设村庄的过程中，离开政府、市场两者是不可能实现目标的，二者缺一不可。因此，从建设新农村起始，就要坚持政府、市场齐抓共管的发展道路。

（二）要建立政府、开发商、农民共赢的发展格局

在村庄建设中政府为了建设和谐社会目标、为了保民生的工程实施、为了实现城乡统筹发展，要坚持走“城市支持农村、工业反哺农业”的道路；开发商利用村庄建设时机，房地产市场转移到农村去，利用农村的风险较小、利润较小的特点可以稳稳地获得一定的回报，也是有利可取的；农民是建设村庄最大受益者，要充分利用国家建设社会主义新农村的契机，改善居住条件、居住环境、改变几千年来依靠自己建房居住的历史，也像城市人一样住上高标准的住宅。在建设村庄过程中存在着这样和那样的问题，但这是历史潮流、是经济社会发展的必然、是建设和谐社会、实现小康社会目标的必经之路，要在建设中克服种种问题，达到政府、开发商、农民共赢的局面。

（三）效率与公平兼顾，利益分成、避免暴利

党的十八届三中全会《决定》中指出：“经济体制改革是全面深化改革的重点，核心问题是处理好政府和市场的关系，使市场在资源配置中起决定性作用和更好发挥政府作用。”在处理政府与市场作用于村庄建设的问题时，要坚持社会公平与效率并重的理念。政府作为建设村庄的主导，要制定法律法规、制定一系列的政策，目的是充分研究村庄建设的问题，及时调整前进中的道路与方向。要坚持“以人为本”，充分考虑农民的利益，充分发挥政府的指导作用，掌控在建设村庄中的利益分配，做到既满足农民建房的需求，又要照顾开发商合理的利益分成。这样做的目的就是既给开发商一定的利益，保证项目建设的效率，又保障村庄建设适应农民居住的需要。

对于市场来说，市场在建设新村庄的任务中扮演了重要的角色。我国在近些年城市建设中涌现出了大批量的开发商，在目前城市开发建设出现转型时期，一些小规模的开发商面临着重新选择的格局，村庄建设就给这些开发商一次机遇。但对于农村的开发并不可能像城市开发那样具有很大的利润，但村庄是一个很大的市场，也是开发商继续发展的一个出路。要本着为社会做贡献，同时自己也可以继续发展的理念，面对村庄巨大的市场寻找一条适合自己的发展道路。

四、从基层组织角度要制定长期发展的战略

县、乡（镇）两级政府是实施村庄建设的主要领导者，两级政府要认真落实国家相关的法律法规、相关的政策。首先组织编制切实可行的规划，要坚持以规划为先导，明确未来发展与建设的方向；要明确两级政府的权、责、利，把这项长期的工作列为不同时期的责任与任

务，实行行政责任制；要把县内村庄建设任务分配到年度、村庄，根据当地的实际条件进行排序，决定先后顺序，明确每年度的具体任务；政府不但是项目的组织者，也是完成任务的执行者，也是项目执行情况的监督者，这当中要把一些具体业务推向市场、推向社会；对于完成好的地方政府国家要大力表彰、并赋予一定的物质奖励。

五、从农村建设角度要积极争取快速发展

对于农村来说，农民是这项活动的主要受益主体，因此，要对农民进行广泛的推广和宣传教育，使他们认识到建设村庄是彻底改善居住环境和生活条件的百年大计；鼓励农民加入村庄建设任务中来，对于积极的地方要奖励，对那些有条件而不积极的地方要进行处罚；对于农民原有的宅基地、建筑的房屋要进行评估，要根据当地的、当时的物价进行折价充实到新村庄中；积极鼓励农民入住新村庄后对旧宅基进行复垦，对于领先复垦者予以奖励；积极引导农村村庄建设后，综合整治农用土地，充分发挥土地的最大利用率和效率，同时也有利于农业产业化的发展；要根据农村生产与生活的需求、农民传统文化的需求，在新村庄中安排大型农机具存放场、安排粮食晾晒场地和储存地方、要安排农民办理红白喜事的场所、安排祭祖、祭祀及宗教信仰所需要的场所，这些一般在城市建设规划中均是没有的；要充分合理地安排农业养殖用地，使农民保持多业发展的格局。

六、研究与制定村庄建设的技术规程

对于建设村庄来说，这应该是一件新鲜事物。尽管我国在城镇建设方面取得了巨大的成就与技术成果，但农村村庄建设在许多方面毕竟不同于城镇建设的内容与模式，这也就是说建设村庄不可照搬城镇规划的技术规程，仅可供参考，而不可照搬。这就给建设村庄提出编制适合自己特点的技术规程的要求，需要相关的部门与大专院校的技术人员进行研究，如农村的基础设施的规格、农村生产与生活所需要的公益设施的标准都应该有一套适应村庄的规程。

七、培育一支村庄建设的技术队伍

村庄建设是一项长期的历史任务，不仅现状需要规划的队伍，更重要的是培育一支长期留守在农村维护规划建设与管理实施的技术队伍。这项工作具有重要的历史意义。规划是一时的任务，但规划管理、基础设施的维修、公益设施的管理都需要具有一定建筑技术的人才来实现。因此，从长计议，培养农村懂规划、会管理、能维修的技术人才是村庄建设的一项重要任务。

主要参考文献

安国辉. 2008. 土地利用规划. 北京: 科学出版社.
安国辉. 2009. 村庄规划与管理. 北京: 中国农业出版社.
白四座. 2007. 新农村建设与古村落保护(上). 中国旅游报, (7)(11).
陈威. 2007. 景观新农村: 乡村景观规划理论与方法. 北京: 中国电力出版社.
崔英伟. 2008. 村镇规划. 北京: 中国建筑工业出版社.
方明, 刘军. 2006. 新农村建设政策理论文集. 北京: 中国建筑工业出版社.
高化囤, 宋迎喜, 孙宁, 等. 2007. 关于中国发展乡村旅游的思考. 甘肃农业, (1): 11～14.
高瑞, 尤瑞玲, 张纯洁. 2007. GIS 技术在新农村规划中的应用. 西安文理学院学报, (1): 90～92.
顾朝林. 2005. 城镇体系规划——理论、方法、实例. 北京: 中国建筑工业出版社.
郭焕成. 1991. 黄淮海地区乡村地理. 石家庄: 河北科学技术出版社.
建设部村镇建设办公室等. 2002. 全国村镇规划设计优秀方案图集. 北京: 中国建筑工业出版社.
李兵弟. 2011. 中国城乡统筹规划的实践探索. 北京: 中国建筑工业出版社.
李兵弟, 张文成. 2006. 三农问题与村镇建设政策理论文集. 北京: 中国建筑工业出版社.
李孟波. 2007. 新农村规划问题研究. 农村观察, (6): 18～21.
刘亚臣, 汤铭潭. 2004. 小城镇规划管理与政策法规. 北京: 中国建筑工业出版社.
汤铭潭. 2004. 小城镇发展与规划概论. 北京: 中国建筑工业出版社.
汤铭潭. 2006. 小城镇规划技术指标体系与建设方略. 北京: 中国建筑工业出版社.
汪晓敏, 汪庆玲. 2007. 现代村镇规划与建筑设计. 东南大学出版社.
王云才, 郭焕成, 徐辉林. 2006. 乡村旅游规划原理与方法. 北京: 科学出版社.
魏有广. 2007. 乡村旅游规划体系研究. 济南: 山东大学硕士学位论文.
新农村建设与古村落保护(上). http://www.hi898.com/html/focus/20070711/808.html.
杨梅. 2005. 乡村旅游的扬弃与后工业化主题产品设计. 重庆工学院学报, (9): 33～36.
张军海, 胡文亮, 李仁杰. 2002. 地理信息系统基本原理. 西安: 西安地图出版社.
张泉, 王晖, 陈浩东, 等. 2006. 城乡统筹下的乡村重构. 北京: 中国建筑工业出版社.
张万芳. 2008. 中国新农村规划建设简明实用教程. 北京: 中国建筑出版社.
赵勇. 2004. 历史文化村镇保护规划研究. 城市规划, (8): 54～59.
中国城市规划设计研究院, 建设部城乡规划司. 2005. 城市规划资料集 1、2、3. 北京: 中国建筑工业出版社.
中国城市规划设计研究院, 中国建筑设计研究院, 沈阳建筑工程学院. 2002. 小城镇规划标准研究. 北京: 中国建筑工业出版社

附表　村镇用地的分类和代号

类别代号		类别名称	范围
大类	小类		
R		居住建筑用地	各类居住建筑及其间距和内部小路、场地、绿化等用地，不包括路面宽度等于和大于 3.5m 的道路用地
	R1	村民住宅用地	村民户独家使用的住房和附属设施及其户间间距用地、进户小路用地，不包括自留地及其他生产性用地
	R2	居民住宅用地	居民户的住宅、庭院及其间距用地
	R3	其他居住用地	属于 R1、R2 以外的居住用地，如单身宿舍、敬老院等用地
C		公共建筑用地	各类公共建筑物及其附属设施、内部道路、场地、绿化等用地
	C1	行政管理用地	政府、团体、经济贸易管理机构等用地
	C2	教育机构用地	幼儿园、托儿所、小学、中学，各类高、中级专业学校、成人学校等用地
	C3	文体科技用地	文化图书、科技、展览、娱乐、体育、文物、宗教等用地
	C4	医疗保健用地	医疗、防疫、保健、休养和疗养等机构用地
	C5	商业金融用地	各类商业服务业的店铺、银行、信用、保险等机构及其附属设施用地
	C6	集贸设施用地	集市贸易的专用建筑和场地，不包括临时占用街道、广场等设摊用地
M		生产建筑用地	独立设置的各种所有的生产性建筑及其设施和内部道路、场地、绿化等用地
	M1	一类工业用地	对居住和公共环境基本无干扰和污染的工业，如缝纫、电子、工艺品等工业用地
	M2	二类工业用地	对居住和公共环境有一定干扰和污染的工业，如纺织、食品、小型机械等工业用地
	M3	三类工业用地	对居住和公共环境有严重干扰和污染的工业，如采矿、冶金、化学、造纸、制革、建材、大中型机械制造等工业用地
	M4	农业生产设施用地	各类农业建筑，如打谷场、饲养场、农机站、育秧房、兽医站等及其附属设施用地，不包括农林种植地、牧草地、养殖水域
W		仓储用地	物资的中转仓库、专业收购和储存建筑及其附属道路、场地、绿化等用地
	W1	普通仓储用地	存放一般物品的仓储用地
	W2	危险品仓储用地	存放易燃、易爆、剧毒等危险品的仓储用地
T		对外交通用地	村镇对外交通的各种设施用地
	T1	公路交通用地	公路站场及规划范围内的路段、附属设施等用地
	T2	其他交通用地	铁路、水运及其他对外交通的路段和设施用地
S		道路广场用地	规划范围内的道路、广场、停车场等设施用地
	S1	道路用地	规划范围内宽度等于和大于 3.5m 以上的各种道路及交叉口等用地
	S2	广场用地	公共活动广场、停车场用地，不包括各类用地内部的场地
U	U1	公用工程设施用地	各类公用工程和环卫设施用地，包括其建筑物、构筑物及管理、维修设施等用地
		公用工程用地	给水、排水、供电、邮电、供气、供热、殡葬、防灾和能源等工程设施用地
	U2	环卫设施用地	公厕、垃圾站、粪便和垃圾处理设施等用地
G		绿化用地	各类公共绿地、生产防护绿地，不包括各类用地内部的绿地
	G1	公共绿地	面向公众，有一定游乐设施的绿地，如公园、街巷中的绿地、路旁或临水宽度等于和大于 5m 的绿地
	G2	生产防护绿地	提供苗木、草皮、花卉的圃地，以及用于安全、卫生、防风等防护林带和绿地
E		水域和其他用地	规划范围内的水域、农林种植地、牧草地、闲置和特殊用地
	E1	水域	江河、湖泊、水库、沟渠、池塘、滩涂等水域，不包括公园绿地中的水面
	E2	农林种植地	以生产为目的的农林种植地，如农田、菜地、园地、林地等
	E3	牧草地	生长各种牧草的土地
	E4	闲置地	尚未使用的土地
	E5	特殊用地	军事、外事、保安等设施用地，不包括部队家属生活区、公安消防机构等用地